La Communication

Cet ouvrage est composé de textes inédits et d'articles parus dans le magazine *Sciences Humaines* revus et actualisés.

Direction éditoriale: Véronique Bedin
Secrétariat d'édition et iconographie: Laure Teisseyre
Couverture et maquette intérieure: Isabelle Mouton
Fabrication: Natacha Reverre
Droits d'auteur: Sandra Millet
Promotion: Nadia Latrèche
Diffusion : Patricia Ballon

Diffusion: Seuil
Distribution: Volumen

38, rue Rantheaume
BP 256, 89004 Auxerre Cedex
Tel.: 03 86 72 07 00/Fax: 03 86 52 53 26
ISBN = 978-2-912601-63-6

La Communication

Coordonné par

Philippe Cabin et Jean-François Dortier

3e édition actualisée

Éditions Sciences Humaines

JEAN-FRANÇOIS DORTIER

LA COMMUNICATION : OMNIPRÉSENTE, MAIS TOUJOURS IMPARFAITE

La communication limpide et transparente est un mythe. Les messages sont souvent ambivalents, le récepteur sélectionne les données et les véritables enjeux sont souvent cachés : c'est ce que nous apprennent les recherches sur la communication depuis bientôt un demi-siècle.

LA COMMUNICATION DE FACE À FACE

L'être humain débute sa carrière de communicateur très tôt. À peine sorti du ventre de sa mère, il se met à hurler, crier, pleurer. Ces pleurs manifestent-ils la douleur, la colère, la peur ? On ne sait trop. Peut-être tout cela à la fois... Pour l'entourage, c'est un premier « signe » : le bébé est donc bien vivant.

C'est ainsi que l'on commence à communiquer.

Les premiers contacts...

Le premier cri du nouveau-né n'est pas un acte de communication intentionnel. Très vite, le bébé découvrira cependant que ses cris sont un moyen pour entrer en contact avec les personnes qui l'entourent, pour appeler maman, lui faire comprendre qu'il a faim, qu'il a mal, ou tout simplement qu'il veut être pris dans les bras, bercé, caressé...

Les scientifiques ont découvert depuis peu ce que les mères savaient depuis toujours : la communication entre la mère et son nourrisson - même privée de langage – est d'une grande richesse. Les études sur le sujet – principalement d'orientation psychanalytique et éthologique – sont désormais très nombreuses. Elles nous apprennent plusieurs choses:

– les conduites de communication sont à la fois riches, précoces et subtiles; elles passent par plusieurs canaux: l'odorat, le toucher, la voix, les gestes, les regards, les mimiques, etc.;

– ces interactions ont une importance centrale dans le développement psychologique de l'enfant. Développement social et intellectuel bien sûr, mais aussi dans l'équilibre affectif. Même bien nourri, l'enfant privé de contacts, connaît rapidement de graves troubles (1);

La communication chez les animaux

Les observations sur la communication des bébés confirment ce que l'on a déjà observé à propos des animaux: la richesse du répertoire communicationnel non verbal. Dans toutes les espèces animales, on communique. Et on communique même beaucoup: pour appeler un mâle ou une femelle à la période des amours (brame du cerf ou clignotement de la luciole), pour retrouver ses petits (miaulement aigu de la chatte), pour marquer son territoire (l'urine du lion qui délimite son royaume), pour définir les relations hiérarchiques (le « baisemain » du dominé au dominant chez les chimpanzés), pour demander la nourriture (les piaillements des poussins). Cette communication passe par des canaux chimiques (grâce à l'émission dans l'air de certaines molécules d'alcool, la femelle Bombyx du mûrier émet un appel sexuel que le mâle peut recevoir à plusieurs centaines de mètres), visuels (les parades nuptiales des oiseaux), auditifs (chant d'appel sexuel – ou *calling song* – des grillons), tactiles (chez les guêpes sociales d'Europe et chez l'abeille domestique, les échanges de nourriture « bouche à bouche » sont réglés par des signaux tactiles précis au moyen des antennes), etc.

Certains de ces comportements sont programmés génétiquement, d'autres sont acquis par apprentissage. C'est le cas du chant des oiseaux. Pour certains, comme le passereau Swamp sparrow, par exemple, le chant est stéréotypé et en grande partie programmé génétiquement. En revanche, le pinson peut apprendre les chants d'oiseaux d'espèces proches de la sienne si on l'élève avec eux.

La communication « non verbale »

La communication « non verbale » – gestes, regards ou postures – conserve chez l'adulte humain une grande importance.

La communication non verbale correspond d'abord à l'expression du visage et aux postures du corps que l'on adopte. Dans une conversation entre deux personnes, le fait de croiser les bras en regardant le sol n'a pas du tout la même signification que de regarder son interlocuteur en souriant, en hochant la tête et en ouvrant grand les yeux. Dans un cas, on exprime un retrait ou une distance critique, dans l'autre, une approbation bienveillante. Les gestes de la main, les postures du corps, le ton de la voix, les expressions du visage, sont révélateurs du degré d'intimité avec l'interlocuteur, de l'intérêt que l'on porte au sujet de la conversation, de la volonté de poursuivre ou non l'échange.

Souvent, la communication non verbale est en correspondance avec le message que l'on veut faire passer ; mais parfois elle trahit celui qui parle. C'est le cas lorsque la voix se met à trembler dans un entretien d'embauche, un examen ou une conférence, alors que l'on voudrait justement pouvoir donner l'apparence du naturel.

La communication non verbale a été étudiée sous plusieurs angles : psychologues et éthologues se sont intéressés aux multiples significations des expressions du visage, l'anthropologue américain Ray Birdwhistell a fondé la « *kinésique* * », étude de la communication par les mouvements du corps (2), Edward T. Hall a fondé la « *proxémique* » qui étudie la gestion par l'individu de son espace et des distances entre personnes dans les processus de communication (3). Dans une optique encore plus élargie, Yves Winkin jette les bases d'une « anthropologie de la communication » qui, adoptant une démarche ethnographique, observe minutieusement les formes de communication telles qu'elles se déroulent sur les lieux de travail (réunion, entretien), dans les lieux semi-publics (terrasse de café), ou privés (à la maison), pour comprendre comment le contexte et la culture façonnent les types de communication (4).

La communication non verbale, c'est aussi la façon de se vêtir, (maquillage, tatouages, styles de vêtements).

* Les mots suivis d'un astérisque sont expliqués en fin d'ouvrage (mots clés).

Vers une société de communication ?

Cinq cent mille ans au moins séparent l'invention du langage de celle de l'écriture. Il faut encore attendre cinq mille ans entre la naissance de l'écriture et celle de l'imprimerie. Puis l'histoire s'accélère : un peu plus de quatre cents ans entre l'invention de l'imprimerie (Gutenberg vers 1450) et celle du téléphone (Graham Bell en 1876), de la radio (Guglielmo Marconi en 1899).
Seulement quarante ans plus tard, la télévision émet ses premiers programmes réguliers. Encore quarante ans et naissent le « multimédia » puis les « NTIC* » (Internet, portable...).
À chaque grande étape de l'histoire des communications, l'humanité semble faire un bond en avant.

Les six fonctions du langage selon Jakobson

Dans *Essais de linguistique générale* (1), le linguiste Roman Jakobson propose de distinguer six fonctions du langage :

- la fonction « expressive » ou émotive traduit les émotions ;
- la fonction « conative » a pour but d'agir sur le destinataire (par exemple en donnant un ordre) ;
- la fonction « phatique » vise à établir ou à maintenir un contact (comme lorsque l'on dit « *Allô !* » au téléphone) ;
- la fonction « métalinguistique » consiste à réguler son propre discours (« *Je voudrais dire que* », « *Voilà ce que je pense*... », « *Et cœtera, et cœtera*... ») ;
- la fonction « poétique » vise à la recherche des effets de style ;
- la fonction « référentielle » consiste à transmettre une information.

Note

1. R. Jakobson, *Essais de linguistique générale*, Minuit, 1981 [2 t. 1963-1973].

On ne mesure pas assez cette révolution qu'a constitué l'écriture dans l'évolution de l'humanité. Elle a permis de codifier les connaissances, d'accéder à une certaine abstraction qui n'était pas permise par la transmission orale (5). Elle a aussi été un formidable moyen de transmission des connaissances – et des croyances – par-delà les distances, les frontières et le temps. Hérodote peut continuer à nous raconter ses voyages autour de la Méditerranée, Montaigne nous aider à réfléchir sur la vanité de l'homme, ou Goethe nous attendrir sur le sort de Wilhelm Meister.

Le livre et la presse sont aussi des vecteurs des mutations sociales. On admet, par exemple, que le livre a joué un grand rôle dans les transformations culturelles à partir du XVIe siècle : « *L'invention du caractère d'imprimerie mobile par Gutenberg a accéléré la diffusion du livre, autorisant ainsi le schisme protestant, l'esprit du libre examen, l'essor du rationalisme puis de la philosophie des Lumières.* » (6)

Plus généralement, quel rôle joue la télévision dans la diffusion des valeurs et des modes de vie ? C'est l'une des interrogations centrales soumises à la sociologie des médias.

Seuls les futurologues ont des réponses tranchées sur la question. Marshall McLuhan (1911-1980) fut l'un des premiers à s'interroger sur les effets des médias. On lui doit quelques formules célèbres, aussi évocatrices que douteuses : « *The message is the medium* », qu'on peut mieux comprendre lorsque l'on sait la fascination qu'exerce la télévision par le pouvoir de l'image. L'autre grande idée est celle du « village planétaire », c'est-à-dire d'un monde où les moyens de communication permettent d'abolir les frontières et ses différences culturelles.

La sociologie de la communication et des médias tempère aujourd'hui l'idée d'un déterminisme technologique qui voudrait que les techniques puissent, à elles seules, transformer les modes de vie.

La sociologie des médias

La sociologie des médias est forte aujourd'hui de très nombreuses recherches (7). L'américain Harold H. Lasswell avait, dans les années 40, formulé un programme de recherche sur les médias à partir de cinq grandes interrogations : Qui ? dit quoi ? comment ? à qui ? avec quels effets ?

Contre le déterminisme technologique : le transistor, le rock et le baby-boom

« Quand le transistor apparut en France dans les années 50, Philips, qui en fut le premier fabricant, a réalisé une étude de marché dont les résultats ont été catastrophiques : il n'y avait aucun marché potentiel pour le transistor. Cependant, vous le savez, le transistor eut un bel avenir.

Comment peut-on expliquer le succès inattendu de cet appareil ? Deux phénomènes, indépendants du monde technique mais concernant largement la génération des baby-boomers, permettent d'expliquer à la fois l'échec des prévisions de cette société d'études de marché et le succès de l'appareil. Le premier est une mutation fondamentale de la famille. Schématiquement, cette génération qui est née après-guerre a établi avec ses parents d'autres modes relationnels. Certains sociologues de la famille parleront de démocratie familiale ou d'un rapport d'autonomie beaucoup plus grand.

Le second élément n'a rien à voir avec la sociologie de la famille. Il s'agit d'une rupture fondamentale dans l'histoire de la musique : l'invention du rock.

Si vous associez le rock, l'autonomie des adolescents dans la famille et l'invention d'un composant solide, vous constituez un nouveau système de communication qui est cet appareil de radio portable utilisé principalement pour l'écoute de la musique.

De cette petite histoire, on peut tirer me semble-t-il, une leçon importante pour notre débat : il n'y a pas de déterminisme technologique. Ce ne sont pas les techniques qui transforment à elles seules les sociétés. » (1)

Notes

1. P. Flichy « Nouvelles technologies et communication : mythes et réalités », dans J.-F. Dortier (dir.), *La Communication appliquée aux organisations et à la formation*, Demos Éditions, 1998.

Qui sont les producteurs d'information ? (journalistes, hommes politiques, responsables de presse, etc.) ; que disent-ils ? (quels sont les messages diffusés : information, divertissement, publicité...) ; comment ? (par quels canaux : presse, télévision, radio ?) ; à qui ? (quel est le public touché ?) ; avec quels effets ? (manipulation, influence indirecte, suggestion).

Ces cinq questions génèrent à elles seules une foule de recherches spécialisées. Ainsi le problème classique : « Quel est l'effet des médias sur le public ? » se décline en de nombreuses sous-questions : quels sont les effets de la violence télévisuelle sur les jeunes, les effets de la publicité sur les comportements de consommation, les effets de l'information sur la fabrication de l'opinion publique ? etc. Les réponses à ces questions sont beaucoup moins unilatérales qu'on ne le croit souvent.

Dans une enquête célèbre, déjà vieille de cinquante ans, sur les effets médiatiques de la campagne électorale américaine sur l'opinion des électeurs, le sociologue américain Paul Lazarsfeld avait montré que, contre toute attente, les médias parvenaient assez peu à changer les opinions préalables du public. L'écoute d'un discours de droite, même à haute dose, ne suffit pas à changer l'opinion de l'électeur de gauche. Et inversement ! Les auditeurs des chaînes de télévision conservent durablement leur opinion, alors qu'ils écoutent tous les mêmes messages. Depuis cette enquête fondatrice, les théories sociologiques se sont affinées. Pour le « modèle de l'agenda », les médias ne font que sensibiliser le public à certains thèmes (le sport ou la sécurité) par le seul fait d'en parler souvent. Ils accordent moins d'importance à d'autres sujets. Ce faisant, les médias n'imposent pas une opinion commune sur tel ou tel sujet, mais attirent l'attention à leur propos. Ce que l'on résume par la formule : « Les médias ne nous disent pas ce qu'il faut penser mais ce à quoi il faut penser. » (8)

De façon générale, les spécialistes admettent bien aujourd'hui que les médias ont une influence sur le public, mais cette influence n'est ni mécanique, ni uniforme (schéma de la propagande), elle est indirecte, diffuse et différenciée (9).

Vers une société de communication ?

Depuis les années 50, l'essor des médias de masse (presse, radio, télévision) a été accompagné d'autres mutations sociales importantes en matière de communication :

– le développement parallèle de la publicité, du marketing et de la communication politique ;

– la prolifération des outils de communication comme le téléphone (fixe puis portable), et le réseau Internet ;

– le développement de la communication politique et de la communication d'entreprise ;

– en même temps, s'est produite une révolution dans les relations sociales : le déclin de l'autorité traditionnelle (dans le couple, la famille, l'école, l'entreprise) a laissé place à la concertation, l'écoute, la négociation, la discussion, l'échange, bref, la « communication » entre parents et enfants, entre maris et femmes entre cadres et salariés, entre professeurs et élèves.

La convergence de ces évolutions a donné naissance à deux phénomènes distincts :

– la formation des sciences de l'information et de la communication qui se sont données pour mission d'analyser les différentes formes de communication (voir l'article de K. Philippe dans cet ouvrage) ;

– l'éclosion d'une idéologie de la « la société de communication ».

L'utopie de la communication

L'apparition d'une « idéologie de la communication » a pris corps dans les années 1980 sur la base de transformations réelles – essor des médias, de la téléphonie, des communications interpersonnelles, de la communication d'entreprise. Mais, à partir de là s'est construite une vision idéale de la société de communication. Cette vision repose sur quelques idées simples : la société de communication permet d'abolir les frontières spatiales, temporelles et sociales entre les hommes. Elle permet une communication généralisée et transparente : « généralisée » à tous les niveaux de la vie sociale (relations personnelles, entreprise, enseignement) et « transparente », car les techniques de communication permettent une communication sans tabous, sans malentendus, sans secrets, et une démocratisation de la vie sociale.

Cette idéologie de la communication a fait l'objet de sévères critiques. Le sociologue Philippe Breton parle d'« utopie de la communication » pour désigner une idéologie forgée dans la seconde partie du XXe siècle, et qui envisage la résolution des problèmes sociaux et humains sur la base d'une communication universelle et transparente entre les hommes. Lucien Sfez y voit le déploiement d'une « utopie » technicienne et déshumanisante sans consistance (10), Erik Neveu s'est attaché à dévoiler les différentes facettes du « mythe » de la société de communication (11).

Les failles de la communication

Les études sur la communication apportent un démenti au mythe d'une communication totale et transparente rendue possible par la puissance de la technique d'une part, par les vertus de la démocratisation d'autre part. La communication se développe sans conteste. Mais elle ne pourra jamais être totalement neutre et sans ombre. Il y a plusieurs raisons à cela : la communication est souvent à sens unique ou dissymétrique, les enjeux implicites brouillent les échanges et interdisent de tout dire, les messages sont souvent ambigus, le récepteur jamais totalement réceptif... Il importe de dévoiler ces ressorts cachés de la communication pour apprendre à les maîtriser.

Les enjeux implicites de la communication

La seconde raison des difficultés et ambiguïtés de la communication tient aux enjeux sociaux et humains, souvent implicites, qu'elle recèle. La communication ne se réduit pas à un seul échange d'informations. Communiquer, c'est aussi défendre une image de soi, chercher à influencer autrui, marquer son territoire, etc.

Dans le domaine des relations interpersonnelles, Edmond Marc Lipiansky distingue quatre types d'enjeux : les enjeux liés à l'identité (garder la face lors d'un débat par exemple), les enjeux territoriaux (maintenir une distance pour protéger son espace personnel), des enjeux relationnels (rapports hiérarchiques), des enjeux d'influence (manipulation, persuasion). Ces enjeux agissent fortement sur les processus de communication et contribuent à structurer la relation (12).

Les messages sont souvent ambigus

Une autre limite à une communication véritablement transparente réside dans la difficulté à formuler des messages clairs et explicites. La polysémie des termes contribue fortement à rendre la communication ambiguë.

La pluralité des significations d'un même mot ou d'un même message a été mise en évidence par la sémiologie, science des signes dont Charles S. Peirce (1839-1914), Roland Barthes (1913-1980) et Umberto Eco (né en 1932) sont les principaux représentants. Le vocabulaire que nous employons, les propos que nous tenons sont souvent porteurs d'une multiplicité de sens. C'est le premier obstacle qui risque déjà de biaiser une bonne communication (13).

Le récepteur n'est pas passif

Une autre grande leçon des sciences de la communication est que le récepteur du message n'est jamais passif. Toutes les recherches le montrent : l'attention du lecteur, de l'auditeur ou du spectateur est toujours sélective. En lisant un texte, aussi captivant soit-il, le lecteur « décroche » toujours à un moment et perd une partie de l'information donnée. C'est ce qui se passera forcément à la lecture de ce texte. Le processus de filtrage de l'information est renforcé par le fait qu'émetteur et récepteur ont rarement les mêmes centres d'intérêts et préoccupations. Ce qui est dit par l'un n'est pas entendu par l'autre. D'où les éternels malentendus qui surgissent dans toutes les relations personnelles : « *Mais si, je te l'ai dit!* », « *Mais non, je te le jure!* », « *Mais si, j'aurais dû enregistrer!* »

Les travaux de psychologie cognitive ont montré que l'individu n'est jamais un spectateur neutre. Il filtre, décode, sélectionne, réinterprète l'information reçue.

Quand la forme agit sur le contenu

Autre leçon importante des théories de la communication : la forme du message rejaillit toujours sur le contenu. Un même message « *Voulez-vous cesser de fumer?* » sera perçu très différemment, et provoquera des réactions différentes s'il est demandé avec un sourire poli, sur un ton péremptoire ou par le biais d'une note de service. Un même texte contenant les mêmes idées et arguments n'aura pas la même force de conviction selon qu'il est présenté sous la forme d'un manuscrit raturé ou lorsqu'il est imprimé dans une revue prestigieuse. La présentation influe insidieusement sur le poids du message : la forme

Le modèle télégraphique de Claude Shannon (1948)

Le premier modèle de la communication est celui proposé par l'ingénieur américain Claude E. Shannon. Dans un article fondateur, « The Mathematical Theory of Communication », publié en 1948, il propose un modèle linéaire qui repose sur une chaîne d'éléments : la source d'information, l'émetteur qui transforme le signal en un code (la voie humaine se transforme en impulsions électriques dans un téléphone), le canal de transmission, le récepteur qui décode les signaux et, enfin, le destinataire du message.

Pour C. Shannon, qui travaillait pour la Bell Telephon, il s'agissait de proposer une solution mathématique au problème suivant : comment transmettre dans des conditions optimales un message à travers un moyen de communication (téléphone, télégraphe…) ? De fait, sa théorie permettait de calculer le nombre d'informations circulant par un canal donné (la ligne du téléphone) une fois le message transformé en signaux électriques. Le modèle de C. Shannon a connu un destin singulier : bien que visant à répondre à un problème technique précis, il sert aujourd'hui de matrice de référence pour les sciences de la communication. Référence ambiguë, car s'il est d'usage de le présenter en premier, c'est pour s'en démarquer aussitôt. Car, si les spécialistes ont compris une chose : c'est que la communication humaine ne pouvait se réduire à un modèle mathématique.

agit sur le fond, le contenant sur le contenu.

Dès lors, la maîtrise de l'expression orale ou écrite, l'art de l'argumentation et de la présentation de soi sont des éléments essentiels dans la communication. D'excellentes idées ou informations peuvent être noyées si elles sont exprimées sous une forme trop complexe ou ennuyeuse. À l'opposé, des idées douteuses ou triviales peuvent trouver crédit lorsqu'elles sont exprimées avec talent.

Apprendre à communiquer

Résumons-nous : la communication est omniprésente dans nos sociétés. Mais c'est un art difficile. Les échanges sont souvent inégalitaires, les enjeux et sous-entendus sont multiples, le récepteur n'est pas toujours attentif, ni le message bien élaboré. Autant de raisons qui pourraient rendre pessimiste sur les capacités de communiquer. Le plus étonnant, écrivait André Malraux, n'est pas l'incompréhension, mais que, compte tenu des espaces infinis qui nous séparent, nous parvenions parfois à nous comprendre...

Il faut en prendre son parti : le projet d'une communication transparente est illusoire. D'abord la communication ne peut résoudre les problèmes d'organisation ou de relations humaines qui ne sont pas de son ressort. Ensuite, la communication restera toujours un acte complexe et difficile.

Faut-il en conclure qu'une bonne communication est impossible ? Au contraire. La prise de conscience de ses biais ouvre la voie à une meilleure maîtrise de la communication. Connaître les ressorts de la communication – ses embûches, ses obstacles, ses enjeux invisibles – permet de mieux en jouer.

Notes

1. Le psychanalyste américain d'origine hongroise R. Spitz (1887-1974) a décrit les troubles « d'hospitalisme » et de dépression anaclitique dus aux carences affectives chez le nourrisson dans *La Première Année de la vie de l'enfant,* Puf, 1958 ; voir aussi A. Sameroff et R.M. Emde, *Les Troubles des relations précoces,* Puf, 1993.
2. R. Birdwhistell, *Introduction to Kinesics*, 1952 ; et « Un exercice de kinésique et de linguistique : la scène de la cigarette », dans Y. Winkin, *La Nouvelle Communication,* Seuil, 2000 [1981].
3. E.T. Hall, *La Dimension cachée,* Seuil, 1971 et Y. Winkin, op. cit.
4. Voir l'article de Y. Winkin, « Vers une anthropologie de la communication », dans cet ouvrage.
5. Voir J. Goody, *La Raison graphique. La domestication de la pensée sauvage*, Editions de Minuit, 1979, et J.-F. Dortier, « L'écriture, un tremplin pour la pensée », *Sciences Humaines*, n° 109, 2000.
6. D. Bougnoux, « Pourquoi des médiologues ? » (voir son texte dans cet ouvrage).
7. *J. Lazar,* Sociologie de la communication de masse, Armand Colin, 1997.
8. J. Lazar, *L'Opinion publique*, Dalloz/Sirey, 1995.
9. C.-J. Bertrand (dir.), *Médias, introduction à la presse, la radio et la télévision*, Ellipses, 1999 (2e éd.).
10. L. Sfez, *Critique de la communication*, Seuil, 1988.
11. E. Neveu, *Une société de communication*? Montchrestien, 2003 (3e éd.).
12. A. Mucchielli propose quant à lui une typologie des enjeux de la communication assez voisine en cinq points : enjeux informatifs, enjeux relationnels, enjeux d'influence, enjeux de positionnement d'identité, enjeux normatifs qui portent sur la régulation des relations elles-mêmes (voir *Psychologie de la communication*, Puf, 1995).
13. Paradoxe : E. Morin soutient au contraire que le flou entretenu dans nos propos est parfois ce qui rend aussi la communication possible (voir son texte dans cet ouvrage).

Sciences de la communication : les grandes références

1930 – 1940 – 1950 – 1960

COMMUNICATION DE MASSE

SOCIOLOGIE DES MÉDIAS ET DE LEUR INFLUENCE

H.D. Lasswell (1902-1978)
P. Lazarsfeld (1901-1976)
E. Katz (né en 1927)
R.K. Merton (né en 1915)
C. Hovland

M. McLuhan (1911-1980)
- *La Galaxie Gutenberg* (1962)
- *Pour comprendre les médias* (1964)

COMMUNICATION INTERPERSONNELLE

K. Lewin
(1890-1947)
Dynamique des groupes

N. Wiener (1894-1964)
- *Cybernétique* (1948)

C.E. Shannon (né en 1916)
- *Théorie de l'information* (1948)

ECOLE DE PALO ALTO

G. Bateson (1904- 1980)
E.T. Hall (né en 1914)
R. Birdwhistell (né en 1918)
P. Watzlawick (né en 1921)
D. Jackson (1920-1968)

E. Goffman (1922-1982)
- *Les Rites d'interaction*

ANALYSE DE CONVERSATIONS

LINGUISTIQUE

F. de Saussure
(1857-1913)

R. Jakobson (1896-1962)
- *Les Cinq Fonctions du langage*

J. Austin (1911-1960)
- La pragmatique

SÉMIOLOGIE (SCIENCE DES SIGNES)

R. Barthes
U. Eco
A. Greimas

Sociologie des médias : à partir des années 40, de nombreuses recherches sont menées aux Etats-Unis sur la sociologie des médias et notamment leur influence sur le public.

La dynamique des groupes : elle étudie les mécanismes d'influence, les changements d'attitude et les réseaux d'affinité qui s'opèrent au sein d'un groupe. La communication est également un de ses domaines de recherche privilégiés. Kurt Lewin est le fondateur de la dynamique des groupes. Jacob Moreno, celui de la sociométrie.

Norbert Wiener : professeur au MIT, il a créé la cybernétique en 1948 comme science des machines automatiques autorégulées. La cybernétique a eu une forte influence sur la naissance des modèles de la communication.

Claude Shannon : mathématicien, il est le père de la théorie mathématique de l'information qui fut le modèle de référence des sciences de la communication.

École de Palo Alto : on désigne ainsi les auteurs regroupés autour de Gregory Bateson, Paul Watzlawick et Edward T. Hall, qui se sont intéressés à la communication interpersonnelle, à la communication non verbale et aux formes de la communication pathologique.

Erving Goffman : sociologue américain. Il montre que la communication entre personnes est fortement régulée par des rites d'interaction et que la présentation de soi (la mise en scène) est un enjeu prépondérant de cette relation.

Première partie

La communication : enjeux et modèles

- **L'enjeu humain de la communication**
  Edgar Morin
- **La communication animale**
  Jacques Goldberg
- **Pour une psychologie de la communication**
  Edmond Marc
- **Les modèles de la communication**
  Alex Mucchielli
- **Les sciences de l'information et de la communication**
  Karine Philippe

EDGAR MORIN

L'ENJEU HUMAIN DE LA COMMUNICATION

Pourquoi communique-t-on ? Pour informer, pour s'informer, connaître, se connaître, expliquer, s'expliquer, comprendre, se comprendre.

Le lien fondamental évident qui existe entre communication et organisation dans les sociétés humaines est tout aussi fondamental dans l'organisation cellulaire du vivant. Le fonctionnement de la cellule est coordonné par un système de computation, d'information, de communication. L'information génétique portée par l'ADN (acide désoxyribonucléique) est copiée puis transmise par l'ARN messager (acide ribonucléique) jusqu'à l'organite chargé de le traduire en une protéine qui correspond au message inscrit sur l'ADN. Je ne traiterai cependant pas ici de ce lien organisation/communication qui est pourtant essentiel. Il y a un deuxième aspect dont je ne parlerai pas: c'est l'extension continue d'une sorte de réseau neurocérébral artificiel composé du fax, du téléphone portable, du modem relié à l'ordinateur et, plus récemment, d'Internet. Alors de quoi parlerai-je? D'un point qui m'importe, qui est l'objet de mes obsessions et qui a été résumé dans le titre « L'enjeu humain de la communication ». Pourquoi communique-t-on? On communique pour informer, s'informer, connaître, se connaître éventuellement, expliquer, s'expliquer, comprendre, se comprendre. Je vais assez rapidement examiner les problèmes se posant à chacun des niveaux, puis je centrerai sur le problème, pour moi essentiel, de la compréhension.

Information et connaissance

Au premier niveau se trouve la relation entre information et connaissance. Il y a une phrase de Thomas S. Eliot qui m'a toujours fasciné. Ce poète anglais disait : « *Quelle est la connaissance que nous perdons dans l'information et quelle est la sagesse* (wisdom) *que nous perdons dans la connaissance* (knowledge) *?* »

La signification du premier terme de cette citation est évidemment la suivante : l'information peut être conçue comme une unité discrète ; cette particule qui est mise en relief dans la théorie de la communication de Claude Shannon. Cette unité élémentaire d'information, appelée le bit, ne se charge de sens qu'intégrée à une connaissance qui l'organise. Une pluie quotidienne d'informations vous inonde sans que vous soyez capables de l'organiser, donc de la connaître. Dans ce contexte, que représente la connaissance par rapport à l'information ? La connaissance est ce qui permet de situer l'information, de la contextualiser et de la globaliser, c'est-à-dire de la placer dans un ensemble. Face à un excès d'informations, nous risquons de tomber de Charybde en Scylla. Soit nous sommes soumis à une information pléthorique inorganisée que, très rapidement, nous oublions, parce qu'incapables de la structurer ; soit l'information est trop bien organisée, c'est-à-dire sélectionnée par un système théorique rigide. Ainsi, par exemple, un système de propagande politique effectuera un tri dans les informations reçues du monde. Celles qui semblent confirmer la validité dudit système seront captées. Les autres seront rejetées, réfutées. Le propre de l'information est de nous apporter un élément décisif et de nous surprendre. Or, le propre d'une théorie est de penser avoir tout expliqué. Elle résiste à la surprise et essaie de rattacher l'information au système préexistant. Vous aurez toujours ce conflit entre une théorie peu flexible qui ne parvient pas à se transformer pour capter l'information qui la contredit, et des informations qui n'ont plus de sens parce qu'inorganisées. Ainsi, la connaissance est l'organisation, non seulement des informations, mais également de données cognitives. Du reste, dans la théorie de C. Shannon aujourd'hui très banalisée, on a un peu gommé l'intérêt des trois termes : information, bruit et redondance. Le bruit, ou *noise*, est ce grouillement d'événements dépourvus de sens d'où brusquement jaillit l'information qui éclaire. Pourquoi éclaire-t-elle ? Parce que l'on peut l'intégrer dans ce qu'il appelait la redondance. La redondance indique que le nouveau ne peut s'inscrire que sur ce qui est déjà connu et organisé, sinon le nouveau n'arrive pas à être du nouveau et retourne au désordre. Mais le mot « redondance » a un second sens : pour être sûr que l'information parvienne, il faut la répéter, il faut la confirmer. D'où la nécessité de faire répéter au téléphone le numéro de rue ou le numéro de téléphone que l'on vous donne, etc.

Effectivement, dans la transmission d'informations existe toujours le risque d'erreur au moment de la réception.

La connaissance est ainsi : ce qui situe, contextualise, globalise l'information et un certain nombre de données antérieures, connues, etc. J'aborderai maintenant une fonction importante du processus qui mène à la connaissance : l'explication.

Expliquer

Expliquer, c'est avoir recours à des déterminismes, des causalités, voire des finalités. C'est utiliser, dans l'objectif de connaître un objet en tant qu'objet, tous les moyens recensables, logiquement et empiriquement, en procédant par déduction, induction, etc. Évidemment, l'explication est souvent un exercice difficile. Comment peut-on, par exemple, expliquer les causes de la guerre de 14-18? L'attentat de Sarajevo déclenche une succession d'événements qui mèneront à la Première Guerre mondiale. L'assassinat de l'archiduc François-Ferdinand sera suivi trois semaines plus tard par l'ultimatum de l'Autriche-Hongrie à la Serbie, puis la Russie se mobilise, suivie par la France et enfin, l'Allemagne déclare la guerre à la France et envahit la Belgique, provoquant l'entrée en guerre de l'Angleterre. Vous avez un processus en chaîne qu'il faut situer dans le temps, dans l'histoire, dans le cadre des forces politiques d'alors : par exemple, de la rivalité des impérialismes économiques en présence, etc. Expliquer, tâche extrêmement difficile ! L'explication ne saurait d'ailleurs suffire à la connaissance du fait appréhendé. L'élément essentiel manquant est celui que j'aborderai maintenant : la compréhension.

Comprendre

La compréhension introduit la dimension subjective dans la connaissance et dans l'explication. Je l'analyserai à deux niveaux. Tout d'abord, je reprendrai une distinction classique de la pensée allemande qui oppose l'explication et la compréhension. L'explication se caractérise par son objectivisme; à l'opposé, la compréhension nécessite toujours le recours à un processus d'empathie, de sympathie, donc à un processus subjectif. L'explication permet de connaître un fait humain (sujet) en tant qu'objet; la compréhension permet de comprendre un sujet en tant que sujet. Si je rencontre une jeune fille en pleurs, je pense qu'elle a un chagrin, je pense qu'elle souffre. Peut-être a-t-elle perdu un être cher? Peut-être a-t-elle été abandonnée par son fiancé? Je peux être touché, ému par son chagrin car je sais ce qu'est le chagrin, ce que sont l'amour et la perte d'amour. En revanche, je peux appréhender objectivement le phénomène des pleurs en procédant à l'analyse du liquide lacrymal. J'obtiendrai alors des éléments précis sur sa composition chimique et son degré de salinité. Ils ne me permettront cependant jamais de comprendre ce que veut dire pleurer. Dans le processus de la compréhension, pour moi qui suis sujet, *ego*, l'autre est devenu un *« ego alter »*, un autre moi. De moi à moi, je comprends ce que peut être un « je », ce que peut être un autre moi. Prenons un autre exemple, si je dis : *« Jean-François aime Béatrice Dalle. »* Je le comprends, tout d'abord subjectivement, parce que je trouve Béatrice Dalle très attirante. D'autre part, à un niveau plus profond, j'ai moi-même été amoureux. Je peux comprendre ce sentiment-là. Il serait impossible de saisir le sens de la phrase : *« Jean-François aime Béatrice Dalle »* de façon purement objective. Ainsi la compréhension est un moyen de connaissance. C'est un instrument évidemment sujet à erreurs, à malentendus. D'ailleurs tout, toujours, dans la communication comporte le risque d'erreur. C'est une fatalité à laquelle nous ne pouvons pas échapper.

À un second niveau, le terme de compréhension non seulement s'oppose à celui d'explication mais, à un niveau plus ample, englobe et intègre l'explication. Il fait fonctionner simultanément le mode objectif et le mode subjectif. Pour comprendre les êtres qui nous entourent, nous devons les connaître en tant qu'objets effectivement, mais en même temps, en tant qu'êtres humains, subjectivement. Parmi les sciences humaines, certaines utilisent fréquemment les méthodes quantitatives. Par exemple, l'économie a ainsi une connaissance objective de tout un ensemble de processus. Mais pour comprendre un phénomène, elle oublie l'être humain, la subjectivité, la souffrance, l'espoir, les mythes, les tourments... Il est évident que nous sommes dans une époque où ce problème est devenu capital. Le déferlement des connaissances d'experts – compartimentées et techniques, fondées sur des indices objectifs – tend à refouler tout ce qui n'est pas quantifiable. Ainsi se trouve éliminé totalement le subjectif, le sujet de la connaissance. Pour ces sciences humaines, le problème est d'intégrer le sujet.

Après avoir tracé le cadre général, je vais maintenant préciser les problèmes, les difficultés se posant à chacun des niveaux et je terminerai par celui de la compréhension.

Les difficultés de chaque niveau de communication

Au niveau premier, celui de l'information, quel est le problème fondamental posé ? C'est celui des erreurs involontaires ou provoquées. Il y a toujours du « bruit », c'est-à-dire quelque chose qui perturbe la communication. D'ailleurs, tous les langages évoluent à partir d'un certain nombre d'erreurs d'audition et de formulation.

Au niveau de la connaissance se pose un problème beaucoup plus perturbant encore que celui qui sévit au niveau précédent. C'est l'existence de structures de pensée que j'appelle « paradigmes », c'est-à-dire les principes, les relations logiques entre les concepts maîtres qui déterminent le mode de connaître. Par exemple, si vous avez une structure de pensée déterministe, vous rejetterez tout ce qui vous semble aléatoire. Confronté à un fait humain, vous rechercherez le déterminisme. Tout ce qui ne rentrera pas dans votre schéma sera écarté comme insignifiant. Si vous avez une structure de pensée atomisante, vous ne percevrez que des individus isolés, des particules, etc., vous rejetterez tout ce qui apporte la moindre relation de continuité entre les éléments. La structure de pensée dominante dans notre société est disjonctive et réductrice. Elle est disjonctive parce qu'elle sépare les faits, les données, les problèmes, les disciplines, etc. Elle est réductrice parce qu'on essaie, alors, de donner l'explication d'un ensemble organisé à partir d'un élément simple qui le constitue. C'est ainsi devenir aveugle à ces ensembles, à ces systèmes. Je pense qu'il y a inintelligibilité d'une structure de pensée à l'autre. Si vous utilisez un système de pensée qui réduit l'humain au naturel, tout ce que vous expliquerez de l'humain se résumera, comme

Richard Dawkins (1) le prétend, à l'action des gènes. Ainsi les comportements sociaux humains seront réduits aux comportements sociaux des animaux ou des insectes. Si vous avez une structure de pensée disjonctive, vous éliminerez tout ce qui est biologique chez l'être humain, son corps, son cerveau, et ne retiendrez que la dimension culturelle et psychologique. Dans tous ces cas, vous aurez une vision mutilée.

Pour moi, il est tout à fait naturel de penser en terme d'unité du multiple et du multiple de l'un. Au cours d'une discussion sur l'humain, certains voient la variété et la diversité des individus et des cultures et finissent par gommer l'unité de l'espèce humaine. D'autres ne voient que l'unité de l'espèce humaine et finissent par occulter la diversité des cultures. Ainsi, en possession de données, d'informations et de connaissances identiques, il leur est difficile de s'entendre...

Je me référerai à une expérience personnelle. Mon ami Alain Touraine et moi étions récemment invités par un hebdomadaire à interviewer Lionel Jospin. Au cours de cet entretien, j'avais l'impression subjective désagréable de me trouver déphasé. Pourquoi ? A. Touraine disait que le parti socialiste n'était pas encore assez moderne et qu'il devait l'être absolument. Je pensais, pour ma part, que le problème n'était ni d'être moderne – la modernité étant déjà très problématisée –, ni de s'adapter à ce qui était actuel. Je jugeais qu'il fallait chercher et servir non pas un projet, mais une voie, une idée, orientée vers le futur. L. Jospin et A. Touraine ont trouvé mon propos inconvenant ! L. Jospin a déclaré : « *Vous savez, les grandes idéologies, c'est fini ; elles sont mortes, nous sommes les grands brûlés de l'idéologie.* » Cependant, une idée n'est en rien une idéologie. Je mesurais alors à quel point je ne parvenais pas à me faire comprendre.

Je discute fréquemment politique et j'ai souvent l'impression d'être confronté à des interlocuteurs myopes, rétrécissant la politique à l'économie. Ils ne s'interrogent pas sur les grands défis, les grands processus, les grandes perspectives. Dans ce débat avec Jospin, j'apparaissais comme un individu développant des idées générales et creuses, totalement dépourvu de réalisme. Nous ne nous comprenions pas alors que nous parlions des mêmes choses.

Cependant, je sais qu'ils ne m'ont pas compris, mais eux ignorent qu'ils ne me comprennent pas. Quand A. Touraine dit qu'il faut répondre aux défis du temps présent, faisant référence d'une certaine façon et en partie à « la modernité », je le comprends. Quand, en réponse à A. Touraine, L. Jospin met en avant les traditions, l'enracinement dans le passé, je le comprends. Dans ce contexte, j'essaie d'avoir un « méta point de vue » : je maintiens mon point de vue en intégrant celui de l'autre.

J'arrive ainsi à ces intéressantes questions : comment se comprendre ? comment s'entre-comprendre ?

La compréhension

À mon avis, pour accéder à la compréhension, il faut reconnaître les paradigmes, c'est-à-dire les structures de pensée, qui nous gouvernent et qui gouvernent les autres. Elles sont ce que Magoroh Maruyama a appelé les *mind scapes* ou « paysages mentaux ». Les paysages mentaux à l'intérieur desquels nous sommes ne communiquent absolument pas les uns avec les autres.

Mais que comprend-on dès lors que nous sommes conscients de nos paradigmes et de ceux de l'autre ? On comprend l'incompréhension ! L'acquis est capital. Nous parvenons ainsi à l'intelligibilité de l'inintelligibilité dans les relations humaines. Nous comprenons ce qui est d'habitude mis sur le compte des malentendus, des difficultés, de surdité, de mauvaise volonté, d'idioties, etc. La compréhension n'est possible qu'à l'intérieur d'un même paradigme. Quand nous avons un paradigme qui se connaît, on peut comprendre bien ceux qui ne nous comprennent pas. Dans ce cas, nous évitons d'être gouvernés par des structures de pensée dont nous sommes totalement inconscients. Dans ces conditions, il est possible de développer ce que j'appelle le « méta point de vue ».

J'atteins maintenant l'idée finale et peut-être cruciale de mon exposé : le problème de la compréhension humaine.

La compréhension humaine

J'ai déjà expliqué que le rapport avec l'autre, « *ego alter* », se fait par la médiation de l'*alter ego*. Mais qu'est-ce que l'*alter ego* ? Arthur Rimbaud disait : « *Je est un autre.* » Anthropologiquement, nous avons à l'égard de nous-même une relation d'étrangeté, c'est-à-dire un rapport subjectif/objectif. Je m'explique. Je crois que demeure en nous une forme archaïque de la connaissance de nous-même. Elle est cette image, cette idée de double, de spectre, de fantôme qui nous accompagne, que nous découvrons dans nos miroirs. De fait, nous pratiquons sans arrêt un dialogue avec nous-même : nous sommes deux. Comme disait Carlos Suarez, la solitude, c'est l'inexorable dualité. Le deux est dans le un. Ainsi capables d'avoir cette relation d'extériorité avec nous-même, nous pouvons avoir une relation d'intériorité avec autrui. Cependant, ce pouvoir d'empathie et de sympathie, cette aptitude à considérer autrui comme sujet, ne suffit pas. Des difficultés internes et externes interfèrent.

Le premier obstacle, pour comprendre autrui, est l'incompréhension qui règne à l'égard de nous-même. C'est notre capacité de nous auto-occulter. En anglais, on appelle cela la *self deception*, c'est-à-dire la tromperie, le mensonge à l'égard de soi-même. C'est un processus qui fonctionne sans arrêt. Il y a toute une part de nous-même qui nous ment, nous dupe, nous fait oublier ce qui nous gêne, nous fait mettre en relief ce qui nous plaît. Cette auto-mystification permanente est vérifiée chaque fois que l'on nous remet en mémoire un souvenir qui nous étonne ! Nous nous interrogeons alors : « *Cela s'est-il réellement passé ainsi ?* » Effectivement l'événement décrit est conforme à la réalité mais il nous gênait un peu ; il a alors été oublié ! Ce processus, nous ne l'utilisons pas uniquement à l'égard de l'ego, mais également à l'égard de l'« *ego alter* ».

La seconde difficulté dans la compréhension de l'autre est cette tendance à le réduire à une personnalité figée, à l'enfermer dans une image fixe. On tend à ignorer cette dimension fondamentale qui est la multipotentialité, la multipersonnalité d'autrui. Les dérives, les accidents qui surviennent dans les existences sont ces phénomènes étonnants engendrés par les croyances et les mythes qui nous possèdent. Réduire l'autre à un seul trait, un seul épisode de sa vie, pour le définir en totalité, installe une totale incompréhension. Hegel disait : « *Si je traite quelqu'un qui a fait un crime de criminel, je réduis toute sa personnalité, toute sa vie à l'acte criminel qu'il a commis.* » Prenons l'exemple de Cioran. En Roumanie, dans sa jeunesse, il a été fasciste et a écrit, durant cette période, des textes effrayants. Depuis ces années-là, il a changé, regretté, fait son autocritique, et écrit tout à fait autre chose. Cependant, des articles ont paru affirmant que le Cioran fasciste se camouflait toujours sous sa vision pessimiste et désespérée. Je pense, quant à moi, que l'on ne peut réduire personne à un épisode de son passé ou de sa jeunesse. C'est cela le refus de la réduction.

L'incompréhension

C'est pour toutes ces raisons que le phénomène généralisé est celui de l'incompréhension et du malentendu.

On serait en droit de penser que les individus que l'on comprend le moins sont ceux qui sont le plus éloignés de nous. On ne connaît rien des rites d'une tribu, d'un peuple inconnu. Quel est le rite de politesse, de courtoisie? On ne comprend pas. C'est vrai. Mais ce sont des incompréhensions qui peuvent se résoudre dès que l'on a appris ces rites, dès que l'on se connaît mutuellement. Il existe, d'ailleurs, de plus en plus de petits guides à cet usage. Par exemple, quand vous parlez business avec un Japonais, il ne faut jamais parler de l'affaire au début, il faut attendre la fin. Paradoxalement, l'incompréhension est beaucoup moins modulable, réductible, quand elle implique des proches. Elle peut être terrifiante au sein d'une même famille, entre parents/enfants, enfants/parents, etc. Il y a également des milieux professionnels où l'incompréhension est énorme. Permettez-moi de vous citer une anecdote. J'ai assisté au *Monde de l'éducation*, à une réunion préparatrice au numéro sur l'université. Quelques intervenants ont abordé le sujet de la haine sévissant entre universitaires. Cette haine-là vient non seulement de la rivalité, de la compétition mais en plus, elle est cette haine intellectuelle abstraite pour les idées d'autrui, pour les idées de ceux qui vont sur votre territoire. Un de nos participants, autrefois président d'université, raconta une séance de commission de sélection de philosophes. Réunis pour statuer sur un cas, ils l'oublièrent rapidement. Ils commencèrent à se critiquer les uns les autres, à presque s'insulter et à discuter sur un mode terrifiant. Ce président d'université demanda alors à son huissier: *« Achetez-moi tout de suite deux kilos de bananes. »* Il avait l'impression d'être face à un groupe de singes s'agitant et se disputant sur un arbre. Les bananes furent distribuées. Chaque participant ouvrit la banane et la mangea tout en continuant la discussion. À l'issue de cette réunion, sans avoir atteint en rien l'objectif fixé, l'un des participants dit : « *C'est une excellente idée d'avoir pensé à nous donner quelque chose à manger; la prochaine fois, je préférerais un gâteau.* » La relation d'incompréhension existait donc à deux niveaux : entre les philosophes présents et à l'égard du geste même qui essayait de leur faire comprendre qu'ils ne se comprenaient pas.

Souvent, je songe au miracle du cinéma. Sur l'écran, nous voyons Chaplin vagabond ; il nous émeut et nous l'aimons, lui, le sale, le pauvre... Cependant, en sortant du cinéma, au coin de la rue, se tient un clochard. Alors, on se détourne, on trouve qu'il sent mauvais, on l'évite, on a peur. La compréhension a fonctionné devant l'écran. Les films nous montrent souvent des gangsters qui, effectivement, accomplissent des actes de cruauté ; mais en même temps, nous les voyons en proie aux sentiments humains d'amitié ou d'amour. Grâce au cinéma, nous percevons la complexité des individus et, du coup, nous comprenons. C'est pour cela que le cinéma, pourtant tant décrié, a une dimension beaucoup plus humaine que la réalité quotidienne.

Nous avons, je pense, un besoin vital de la compréhension lié à ce besoin tout aussi vital de la « reliance », la communication qui nous relie les uns les autres.

Les outils de la compréhension

Autrefois, l'idée d'âme et le mot « âme » étaient beaucoup utilisés. C'est un mot très protoplasmique, et pour en illustrer l'usage, je citerai cette anecdote. Jacques Monod, un scientifique tout à fait objectiviste et rigoureux me surprit un jour en parlant d'un épistémologue.

Il me dit à son propos : « *Il n'a pas d'âme.* » J'ai alors parfaitement compris ce qu'il voulait me dire. Ainsi, certains mots, bien que sémantiquement très incertains, sont des outils puissants permettant l'accès rapide à la compréhension. La musique est une communication de l'âme. Le mythe communique de l'irrationalisable. Et, évidemment, la rationalité communique de l'intelligibilité. Mais nous savons bien que pour comprendre, la musique ne suffit pas, le mythe ne suffit pas, la rationalité ne suffit pas. L'amour aussi nous fait connaître, mais il est capable en même temps de nous aveugler. Tous ces modes de communication et de compréhension – fragmentaires, jetés en vrac, livrés pêle-mêle – doivent être synergisés. Tout cela – informations, idées, valeurs, mythes, explications, musiques, images – devrait être assemblé et complémentarisé. Finalement, je pense que la compréhension serait à la fois le moyen et la fin de la communication humaine. Quel est le paradoxe contemporain? Un accroissement considérable des moyens de communication induit peu de communication (au sens de « compréhension »). Pourtant, il s'agit là d'un enjeu décisif pour que nous puissions éventuellement sortir de la barbarie de la communication humaine.

Notes

1. R. Dawkins, *Le Gène égoïste*, Odile Jacob, 1996.

Ce texte est tiré de l'intervention d'Edgar Morin au forum « La communication : état des savoirs », organisé les 22 et 23 mai 1997 par Demos Formation et Sciences Humaines. Il a été publié dans les actes du forum : *La Communication appliquée aux organisations et à la formation*, Demos, 1998.

Jacques Goldberg

La communication animale

S'ils ne s'expriment pas vraiment dans une langue aussi pure que celle que leur a prêtée Jean de La Fontaine, le chat, le renard ou la poule ont chacun un mode d'expression propre à leur espèce. La communication existe dans tout le règne animal et même dans tout le monde vivant.

L'étude de la communication animale est parfaitement interdisciplinaire : des éthologistes et des linguistes, des psychologues et des sociologues, mais aussi des neurophysiologistes, endocrinologues ou chimistes s'y intéressent. Elle peut fournir des modèles de recherche et de réflexion pour les communications proprement humaines et va également permettre de mieux comprendre le langage humain en ce qu'il a de différent ou de commun avec celui des autres espèces vivantes.

La communication, propriété de la matière vivante

La communication existe déjà à tous les niveaux de la matière vivante : génétique, métabolique et neurologique.

Au niveau génétique, le transfert d'information entre macromolécules d'acides nucléiques – ADN et ARN – peut être considéré comme une première forme de communication. Ne parle-t-on pas d'« ARN messager » ? Le message codé est d'une très grande complexité et à travers l'édification des protéines, il va faire de la cellule, de l'individu, de l'espèce, ce qu'ils sont en définitive.

Les processus métaboliques (physiologiques) permettent aux cellules de communiquer entre elles par des moyens plus rapides : hormones et autres molécules chimiques transportées dans le milieu intérieur constituent un modèle biochimique de communication.

Au cours de l'évolution, la sensibilité cellulaire s'est perfectionnée au niveau de certaines cellules jusqu'à faire émerger une propriété nouvelle, la sensorialité: réception spécialisée plus élaborée des *stimuli* extérieurs (non plus seulement olfactifs mais aussi visuels ou sonores).

Les cellules sensorielles regroupées ensuite en organes sensoriels ont dû, avec le perfectionnement évolutif des espèces, développer un système de connexions entre elles et les organes moteurs capables de répondre: c'est ce qui a constitué le système nerveux. L'ensemble de ces connexions va permettre la communication animale. Elles n'ont cessé avec le système nerveux, de devenir plus complexes tout au long de la phylogenèse (évolution des organismes vivants, des premières cellules aux espèces les plus complexes) des espèces. Tout système social est obligatoirement un système de communication. Chacun des membres de la société est émetteur et récepteur de signaux et les rôles peuvent s'interchanger. Toute société implique pour son fonctionnement l'existence d'un système de communication qui lui est propre. La communication, au sens biologique, peut être définie comme l'action qu'exerce un organisme (ou une cellule) sur lui-même en modifiant son comportement (généralement de façon adaptative).

À chaque espèce son langage

Chaque espèce animale vit dans un monde qui lui est propre, et va développer des moyens de communication adéquats et adaptés. La communication animale est avant tout un transfert d'informations convoyées par des signaux ou des combinaisons de signaux différents, émis en direction des congénères. Les individus récepteurs réagissent d'ailleurs aux signaux de leurs congénères par un comportement adapté. Comment déterminer que l'action commise par un animal constitue vraiment un signal? Certains cas ne présentent aucune difficulté surtout lorsque le changement opéré est rapide: certains signaux d'alarme des parents déclenchent l'immobilité immédiate des poussins; les signaux de détresse des petits sont toujours de bons signaux pour les parents, de même certaines substances sexuelles ou sociales. Ou encore tous les signaux de menace ou de combat...

Mais il n'en est pas toujours ainsi: les parades sexuelles des oiseaux mâles, leurs chants et les luxueux déploiements de leurs plumes magnifiques modifient la croissance des glandes sexuelles et le comportement reproducteur des femelles. après un long temps de maturation. De même, les changements sont souvent latents et non visibles dans l'immédiat. Des phéromones sociales, substances chimiques émises par les membres d'un groupe, assurent la régulation démographique des populations de mammifères ou le nombre d'individus par castes chez les insectes sociaux (fourmis, termites, abeilles) : ces régulations et ces modifications sont essentielles à la vie des sociétés ; elles passent pourtant tout à fait inaperçues, au moment de l'émission même des signaux.

La bonne connaissance d'une espèce et la familiarité qu'un chercheur peut acquérir avec celle-ci permettent souvent de décrypter aisément la fonction d'un signal. Les différentes postures de menace de la mésange bleue, par exemple, sont fort complexes, mais les séquences de comportement, bien observées, sont, en elles-mêmes, édifiantes. On peut aussi parfaitement tester dans bon nombre de cas, comme chez les mouettes, les postures de menace en les faisant répondre à des leurres, sortes de maquettes en bois pourvues d'ailes et de plumes.

Chez les poules, l'élément essentiel de reconnaissance individuelle se situe au niveau de la crête et des plumes du cou et de la tête : si l'on peint de couleurs anormales ou si l'on revêt les poules de cagoules, elles deviennent incapables de se reconnaître et toute la hiérarchie sociale, si bien fixée en temps normal, en est totalement perturbée.

Les signaux agissent sur tous les canaux possibles : même les ultrasons, comme chez les dauphins ou les chauves-souris, permettent de s'orienter et de communiquer. Les poissons électriques (mormyres ou gymnotes) font de même en utilisant des signaux électriques.

Les signaux visuels sont, eux, beaucoup plus répandus dans les groupes zoologiques les plus divers : vertébrés, crustacés, insectes. Ils sont directs, rapides et bien localisés, mais ne peuvent être utilisés que le jour, sauf dans le cas de ceux qui produisent eux-mêmes lumière ou luminescence : lucioles, vers luisants ou poissons des grands fonds. Chez les espèces diurnes, ces signaux visuels sont le plus souvent des mouvements stéréotypés ou des postures faciles à reconnaître. Souvent aussi, des couleurs ou des structures spéciales sont mises en évidence à l'appui d'une communication donnée. Certaines espèces sont dotées de cellules spéciales (chromatophores) permettant de changer de couleur rapidement et de communiquer leur état ou leurs intentions. Mais plus simplement, les plumages saisonniers ou les changements de couleur des poils des mammifères peuvent aussi prendre valeur de communication.

La communication visuelle agence souvent des signaux plus complexes : danses nuptiales des épinoches, danses guerrières des poissons du Siam, danses de reconnaissance des abeilles indiquant la qualité, la direction et la distance d'une source de nourriture.

La communication acoustique est tout aussi répandue chez les animaux terrestres que chez les vertébrés aquatiques, y compris les poissons (moins muets qu'on ne le pense habituellement !). L'avantage des signaux acoustiques sur les visuels est de pouvoir être reçus en dehors de la ligne droite (chemin obligé dans le visuel). Ils peuvent être produits par des organes très divers : cordes vocales des mammifères, syrinx des oiseaux, organes musicaux stridulants chez les sauterelles ou les grillons. Ils transmettent comme les signaux visuels, des informations concernant l'âge, l'espèce, l'état de motivation, l'identité individuelle ou sexuelle, le groupement ou la dispersion. Ils évitent les hybridations interspécifiques, synchronisent les activités sexuelles et jouent un grand rôle dans les comportements entre jeunes et parents.

La communication chimique, la plus ancienne dans l'histoire de la vie, mais aussi la plus répandue encore dans le monde animal actuel, peut jouer dans certaines circonstances les mêmes rôles que les précédents. Il s'agit de la transmission de substances chimiques par diffusion dans les courants d'air ou d'eau. De nombreuses espèces marquent ainsi leur territoire (zone défendue contre les congénères) : sécrétions de glandes spéciales, émissions d'urines ou projections d'excréments. Certaines substances encore permettent d'avertir les congénères d'un danger imminent : la peau de certains poissons blessés libère une substance qui avertit les autres membres du banc. Ces substances (phéromones) sécrétées en quantités infinitésimales (de l'ordre du millionième de gramme) ont une puissance fantastique : certaines femelles de papillons peuvent attirer les mâles des kilomètres à la ronde...

Bien que tributaires des supports de transmission (le vent par exemple), ce qui réduit leur efficacité, les signaux chimiques sont efficaces en ce qu'ils reflètent le mieux la composition chimique de leur émetteur et la spécificité des messages. Ils permettent également une excellente modulation avec le système neuroendocrinien. On a ainsi pu parler d'un véritable système neuro-exocrinoendocrinien (nerveux – phéromone – hormone). Les signaux ne se limitent pas à déclencher simplement une réaction chez le congénère, de façon simple. L'ordre des phrases dans le chant est d'une grande importance pour la reconnaissance de l'espèce par les congénères. Contrairement à ce que l'on a cru pendant longtemps, les répertoires des oiseaux, loin d'être stéréotypés, sont très divers. Les motifs des chants sont variés au sein d'une même espèce et l'on se trouve en présence d'une véritable syntaxe.

Le répertoire des oiseaux chanteurs est généralement composé de catégories peu nombreuses de sons (une dizaine environ) mais le nombre des thèmes de chants peut atteindre chez certaines espèces des valeurs étonnantes: la grive musicienne possède cent soixante-dix thèmes, le rouge-gorge, plusieurs centaines. Les étourneaux se servent des éléments sonores de leur entourage et augmentent ainsi leur répertoire. De même chez les singes Rhésus, les messages sont interprétés différemment selon la séquence des sons émis. Les signaux changent souvent de valeur et de signification en fonction du contexte. Un même signal engendrera la fuite ou le combat suivant le lieu où il est émis. Nombreuses aussi sont les espèces qui possèdent des signaux d'alarme différents selon le type de prédateur communiqué à ses congénères. Le contexte interne (état hormonal par exemple) peut donner des significations tout à fait différentes à un même signal.

Communication animale, langage humain: une opposition arbitraire?

L'homme est, certes, la seule espèce à posséder le langage verbal qui permet l'émission de séquences de mots, de propositions ou de phrases. Des règles complexes et bien déterminées, transmises au moins en partie par la culture, en régissent l'ordonnance. Le langage humain est conventionnel et appris dans le contexte social.

Pourtant, certaines espèces animales, comme nous l'avons

Du chant des baleines au coassement de la grenouille

Le chant des baleines a fasciné tous ceux qui ont eu l'occasion de l'entendre. Il est connu depuis la plus haute Antiquité. Déjà, quand les marins partaient en haute mer, il leur arrivait d'entendre ces longues séquences d'appels venues du fond de l'eau. La légende voulait qu'il s'agisse de sirènes.

Il faut attendre les années 70 pour que l'on commence à étudier scientifiquement ce « chant des baleines ». Le premier travail des chercheurs a d'abord consisté à placer des micros sous l'eau pour enregistrer. Premier constat : quels que soient les cétacés – qu'il s'agisse de dauphins, d'orques, de cachalots, de rorquals, de baleines bleues ou blanches... –, tous émettent des sons : du cliquetis caractéristique des dauphins aux sombres grognements des orques. Ce que l'on nomme le « chant des baleines », qui peut ressembler parfois à une voix humaine, désigne en fait les cris caractéristiques des baleines à bosses *(Megaptera novaeangliae)*.

Deuxième constat, ces chants sont composés de plusieurs thèmes différents (4 à 8) qui se décomposent en phrases caractéristiques. Quand les chercheurs ont voulu comparer ces chants entre eux, ils ont découvert qu'au sein d'une même espèce, le chant n'est pas uniforme. Il existe des « dialectes » propres à chaque groupe de cétacés. Mieux : ces chants peuvent se transmettre d'un groupe à l'autre. En 2000, une équipe de chercheurs de l'Université de Sydney (Australie), dirigée par Michael Noad, a pu constater qu'un groupe de baleines qu'elle étudiait au large de l'Australie avait changé complètement son répertoire de chant en moins de deux ans (entre 1998 et 2000). Ces baleines avaient adopté le répertoire d'un autre groupe de baleines venant de l'océan Indien et qui était arrivé dans leurs eaux (1).

Un message universel

Roger Payne, un des pionniers des recherches sur le sujet (2), a remarqué que le chant des baleines s'entendait uniquement sur les aires de reproduction. Il semble que seuls les mâles émettent ces chants, dans le but d'attirer les femelles et de s'imposer face à leurs concurrents.

Voilà qui rapproche le chant des baleines d'un autre chant : celui des oiseaux. Eux aussi ne sont émis que par les mâles ; eux aussi sont destinés à attirer les femelles et à impressionner les concurrents. Nous avons là le plus fréquent et le plus universel des messages dans le monde animal : marquer son territoire, attirer un partenaire. Le brame du cerf, le cri-cri du grillon et le coassement de la grenouille relèvent tous du même message. Gary M. Fellers, de l'Université du Maryland, a passé quatre étés au bord du même étang pour tenter d'interpréter le sens du coassement de la grenouille. Il a repéré deux types de cris. L'« appel amoureux » ou « appel d'accouplement » s'adresse toutes les 5 ou 6 secondes à la femelle. Cette « sérénade » est également un signal destiné aux autres mâles : il vise à marquer son territoire. En effet, si un mâle approche à moins de 80 centimètres, le coassement se fera plus fort et éraillé. Le « cri de rencontre » indique à l'intrus qu'il doit déguerpir. S'il s'y refuse, le combat aura alors lieu.

De quoi « parlent » les animaux ?

La communication animale ne se limite pas aux appels amoureux ou à la mise en garde des concurrents. La chatte miaule pour appeler ses petits, elle crache pour effrayer un agresseur, elle ronronne pour manifester son contentement. La danse des abeilles informe les congénères sur la position de la nourriture. La variété de ses formes et la subtilité de son expression ne doivent pas cacher que la communication se restreint à une gamme limitée de messages : alerte, appel, marquage de territoire ou de position sociale, appel amoureux.

Qu'elle prenne la forme de la grimace, du message chimique ou de la position du corps, les chercheurs ont maintenant compris que la communication animale répondait à des fonctions précises et strictement limitées. Voilà ce qui distingue en premier lieu la communication animale du langage humain. Les animaux n'ont, au fond, pas grand-chose à se dire.

JEAN-FRANÇOIS DORTIER

Notes

1. M. Noad et al., « Cultural Revolution in Whale Songs », *Nature*, 30 novembre 2000.
2. R. Payne, *Among Whales*, Scribner Editions, 1996.

vu, émettent, elles aussi, des séquences complexes de signaux nécessitant un apprentissage. En effet, chez beaucoup d'espèces d'oiseaux, lorsqu'on place un individu en chambre sourde, isolé de ses parents et de ses congénères, il est incapable de communiquer car il n'a pu apprendre le langage de son espèce. Certaines espèces d'oiseaux établissent de véritables dialectes d'un lieu à l'autre.

L'opposition entre signal inné stéréotypé chez l'animal et la capacité d'émissions apprises et symboliques chez l'homme devient donc dépassée, surtout lorsque l'on prend en compte la possibilité d'utilisation de symboles chez les singes anthropoïdes. La différence serait-elle d'ordre quantitatif plutôt que qualitatif ?

La communication animale n'est pourtant jamais futile alors que le langage humain peut véhiculer des images irréelles ou permettre la spéculation, la fraude ou le mensonge (les cas décrits de mensonges chez l'animal revêtent quelques doutes quant à leurs significations). Quant au langage humain, il détient la particularité unique de pouvoir exprimer des messages à propos du langage lui-même.

Les comparaisons les plus sûres et les plus intéressantes se feront certainement au niveau des communications non verbales dont certaines se retrouvent à la fois chez l'homme et chez l'animal. La richesse et la diversité des expressions, mimiques, postures, gestes sont telles dans la communication non verbale qu'elles sont en même temps une difficulté pour déterminer l'origine de ces signaux : biologique ou culturelle.

Certaines de ces expressions (sourire, rire, pleur, salutation, flirt, colère) se retrouvent dans toutes les cultures humaines (universaux). Les affects primaires (joie, tristesse, colère, surprise, dégoût) sont associés le plus souvent à des expressions faciales présentes un peu partout dans les populations humaines. En réalité, la communication humaine est unitaire. La communication verbale et non-verbale sont toujours étroitement entre-tissées. La communication est un fait global où interviennent autant de signaux verbaux que non-verbaux. À elle seule, une communication non-verbale peut être porteuse de sens : le geste est un signifiant souvent au même titre qu'un mot. Les communications non-verbales ont fait l'objet de classifications diverses (adaptateurs, gestes symboliques, illustrateurs, régulateurs…). Les indicateurs émotionnels (*affects displays* ou manifestations affectives) représentent la catégorie la plus étroitement reliée aux communications animales. Leur diversité est étonnante. Les recherches étho-ethnologiques doivent se poursuivre pour dresser un bilan plus précis. Complexité, dépendance intellectuelle et cognitive rendent la communication verbale humaine tout à fait unique au moins dans son aspect quantitatif.

Certains biologistes pensent cependant que les langages humains peuvent trouver une origine dans l'évolution du vivant; les linguistes, de leur côté, en trouvent peu d'indices dans l'évolution des langues étudiées et ont beaucoup de réticences à admettre ce type d'hypothèses.

En fait, les communications non verbales reliées au langage ne trouvent pas beaucoup d'équivalents dans les communications animales. En revanche, les manifestations d'affects humains sont faciles à relier à celles des animaux. Si communication animale et communication humaine sont difficiles à comparer au niveau verbal, des résultats intéressants et prometteurs existent au niveau des affects et du « vrai » non-verbal.

Edmond Marc

Pour une psychologie de la communication

Une psychologie de la communication se doit d'articuler trois niveaux: celui du sujet, de ses motivations et de ses fonctionnements cognitifs et affectifs; celui de l'interaction et de sa dynamique relationnelle; celui du contexte social, de ses normes, de ses rôles et de ses rituels.

Il existe un grand nombre de travaux sur la communication. Il peut donc paraître naïf ou provoquant d'appeler à l'élaboration d'une psychologie de la communication. Cependant, lorsqu'on examine les recherches menées dans ce domaine, on constate un hiatus et un clivage. On a d'un côté des travaux centrés sur la dimension interactionnelle de la communication (comme ceux inspirés de la pragmatique linguistique, de l'analyse conversationnelle ou de l'approche systémique...), travaux qui tendent à négliger le sujet communiquant; de l'autre, des travaux axés sur le fonctionnement psychologique du sujet (de la psychanalyse au cognitivisme) mais qui traitent de la communication comme d'une activité parmi d'autres, sans prendre en compte sa spécificité (1). Pour les premiers, l'unité de base est l'interaction; pour les seconds, le psychisme individuel (2). Le programme d'une psychologie de la communication serait alors l'articulation de ces deux perspectives, sans réduction ou absorption de l'une par l'autre.

Plus précisément, il s'agit de mettre en relation trois niveaux:

– le niveau intrapsychique des mécanismes impliqués dans la communication (motivations, affects, représentations, mécanismes de défense, mécanismes cognitifs d'attribution, d'interprétation...);

– le niveau interactionnel de la structure relationnelle, des fonctions et de la dynamique des communications ;

– le niveau social des types de situations, des normes, des rituels, des statuts et des rôles.

Quant à l'articulation des deux premiers niveaux, une hypothèse s'est peu à peu dégagée de mes recherches, hypothèse que je peux résumer dans la formule suivante : « *L'intrapsychique est de l'interactionnel intériorisé; l'interactionnel est de l'intrapsychique projeté.* » Ce qui signifie que les structures et les mécanismes intrapsychiques se constituent dans un contexte interactionnel; mais qu'une fois constitués, ils influent sur le mode de relation et de communication (le mécanisme de « transfert » en est une bonne illustration).

Puisque j'évoque mes propres travaux, j'indiquerai rapidement sur quelles démarches méthodologiques ils s'appuient. Il s'agit d'abord de l'observation empirique de situations « naturelles » quotidiennes (ces situations se distinguent d'expériences de laboratoire qui comportent toujours le risque d'une certaine artificialité). Il s'agit aussi de l'enregistrement (au magnétophone ou à la vidéo) de séquences de communications ; cela permet une objectivation du matériel et une analyse précise des processus mis en œuvre. En dernier lieu, il s'agit d'une approche de type phénoménologique visant l'exploration de la subjectivité et de l'intersubjectivité des sujets communiquant (3).

Il est bien sûr impossible d'évoquer ici toutes les dimensions d'une psychologie de la communication. J'aborderai donc un seul aspect qui me semble tout à fait central, bien qu'il puisse paraître souvent négligé : la dimension motivationnelle de la communication (pourquoi communiquons-nous ?). Elle renvoie au fait que nous ne communiquons pas seulement pour transmettre ou recevoir des informations, mais aussi parce que nous sommes poussés par certains motifs, désireux d'atteindre certains buts et, plus largement, pour maîtriser certains enjeux psychologiques.

Après avoir étudié ces enjeux, j'essaierai de montrer la manière dont ils influent sur le processus même de communication.

Les enjeux psychosociaux de la communication

Comme Pierre Bourdieu l'a souligné, tout « *comportement communicatif s'inscrit dans un jeu (social) nécessairement porteur d'enjeux* » (4).

Mais le jeu n'est pas seulement social; il est aussi psychologique. Les enjeux qui sous-tendent la communication sont extrêmement nombreux et renvoient aux raisons psychologiques qui la motivent. On peut les ramener cependant à quelques grandes catégories. Pour ma part, j'en retiendrai quatre:

– les enjeux identitaires;

– les enjeux territoriaux;

– les enjeux relationnels;

– les enjeux conatifs (dans le sens d'agir sur, de vouloir influencer autrui).

Bien entendu, ils sont souvent liés les uns aux autres dans la réalité, et c'est par souci d'analyse et de clarté que je les traiterai séparément.

Les enjeux identitaires. L'observation montre que l'identité est à la fois la condition, l'enjeu et la résultante de nombreuses communications.

La condition parce que toute parole est émise d'une certaine « place » (liée aux statuts, aux rôles, aux appartenances), place qui définit donc l'identité « situationnelle » du locuteur qu'il va actualiser dans la relation. En même temps, elle assigne à l'interlocuteur une place corrélative. Si, par exemple, une mère dit à son fils: *« Avant que tu regardes la télé, je voudrais savoir si tu as fini tes devoirs »*, c'est bien en tant que mère (éducatrice) qu'elle adresse ce message; le fils peut entériner la place où elle le situe en acquiesçant ou la contester s'il réplique: *« Je suis assez grand pour savoir ce que j'ai à faire. »* L'identité situationnelle du locuteur est repérable dans l'énonciation et l'énoncé, à travers un certain nombre de « marqueurs identitaires », indicateurs de l'identité personnelle et sociale du locuteur: style expressif, choix d'un vocabulaire, usage d'un code propre à un groupe, accent et intonation (le parler des banlieues, l'accent « XVIe », la « langue de bois » des politiciens, le langage des psy...).

Mais l'identité est aussi un enjeu. Car une part importante des communications interpersonnelles est animée par le désir de produire une certaine image de soi et de la faire confirmer par autrui – je rejoins ici la notion de « face » développée par Erving Goffman (5). Il s'agit le plus souvent d'un enjeu implicite dont les sujets peuvent ne pas être conscients; mais qui peut aussi être explicité à travers des questions comme *« Quelle image as-tu de moi? »*,

« Comment me vois-tu ? »...

L'image que nous voulons donner a besoin d'être entérinée par autrui. Si l'interlocuteur ne la confirme pas, cela produit un malaise et un sentiment d'ébranlement identitaire. La quête de reconnaissance qui sous-tend bien des communications obéit à une motivation fondamentale qui est *la recherche de valorisation* (exister aux yeux d'autrui, être apprécié, être accepté comme un interlocuteur valable, être reconnu dans son individualité...). Cet enjeu implique bien entendu un risque : celui de « perdre la face », de ne pas « être à la hauteur », de se trouver dévalorisé. C'est parce que la communication comporte un risque d'infirmation ou de dévalorisation que certaines personnes préfèrent rester silencieuses dans un groupe : elles redoutent le jugement d'autrui, ont peur d'être trouvées inintéressantes ou ternes...

Une autre motivation fondamentale de la quête identitaire est de préserver le sentiment d'intégration et d'unité du soi et sa continuité dans le temps. C'est pourquoi, tout ce qui risque d'induire une conflictualité ou une discordance interne (comme la dissonance cognitive ou affective) est généralement évité dans la communication : de même une fonction essentielle des rituels d'interaction est de préserver l'intégrité de la face et les sentiments de consistance, d'équilibre et de continuité des acteurs (6).

Mais si l'identité est un enjeu de la communication, elle en est aussi la résultante. C'est au travers des interactions quotidiennes et des images qu'elles nous renvoient que se construit peu à peu l'image que nous nous faisons de nous : la représentation et l'estime de soi découlent pour une large part du « miroir d'autrui », des retours aux messages que nous émettons. L'approche systémique a mis notamment en lumière l'importance fondatrice des interactions familiales dans la construction de l'identité (7).

Les enjeux territoriaux. La communication avec autrui est quelque chose qui est à la fois désiré et redouté. La peur est ici celle de l'intrusion d'autrui dans son territoire personnel, la violation de son intimité. Ce territoire est d'abord un espace physique que l'on a appelé l'« espace personnel ». Il s'agit d'une sorte de bulle aux frontières invisibles qui entoure le corps d'une personne : si quelqu'un pénètre les limites de cette bulle sans l'accord de l'intéressé, cela est ressenti comme une intrusion justifiant des réactions de défense. Les relations entre espace et communication se marquent dans la « distance interpersonnelle » adoptée par les interactants et leur disposition dans le champ spatial (8). Mais le territoire personnel est aussi un espace psychique (le soi intime) dans lequel l'incursion d'autrui ne peut se faire qu'avec l'autorisation de l'intéressé. C'est ce que E. Goffman appelle les « réserves du moi » (vie privée, sujets intimes, secrets, affaires personnelles...). Une des règles de la conversation est qu'il faut faire preuve de tact et de discrétion, c'est-à-dire qu'il ne faut toucher autrui (au propre comme au figuré) qu'avec précaution et lorsqu'il y a une ouverture de sa part.

La barrière entre soi et autrui, pour être invisible, n'en est pas moins présente dans la communication; elle ne peut être franchie qu'à certaines conditions rituelles (interconnaissance, degré d'intimité, motivations...); par exemple, il est souvent délicat d'adresser la parole à un inconnu en dehors d'un motif instrumental (demander son chemin, l'heure ou une autre information).

Cette première barrière est redoublée par une seconde, interne au sujet, qui sépare le soi social et le soi intime; le soi social est celui qui s'exprime et s'affiche dans les interactions, qui tombe sous le regard d'autrui; le soi intime est celui qui reste le plus souvent caché. Là aussi, comme pour le contact, s'instaure un conflit entre désir et défense: entre le désir de s'exprimer, de s'affirmer, de défendre ses convictions profondes et la défense de sa vie privée, de ses réserves, de son intimité contre l'intrusion et le jugement d'autrui (ce qu'exprime bien une jeune femme en s'exclamant: *« Je suis comme ça; tant que je ne dis pas quelque chose de moi, je ne suis pas à l'aise; j'ai besoin de me montrer comme je suis, et en même temps, j'ai souvent peur de le faire, peur d'être critiquée, d'être rejetée, de ne pas être comprise. »*).

Cette double barrière se traduit dans la communication par des « mécanismes de défense communicationnels » sur lesquels je reviendrai un peu plus loin.

Les enjeux relationnels. La communication est le passage obligé pour entrer en relation avec autrui, quelles que soient les motivations pour le faire (sociales, professionnelles, affectives, utilitaires...).

Or, pour les raisons que l'on vient de citer et qui ont trait aux enjeux identitaires et territoriaux, le contact avec autrui est quelque chose de problématique qui comporte des risques psychosociaux importants. Ces risques sont d'autant plus forts subjectivement que les besoins relationnels auxquels ils sont liés sont fondamentaux au niveau existentiel : besoin de se sentir relié et intégré, besoin de soutien, de compréhension et de gratification (besoin de « caresses » dirait Eric Berne), besoin de reconnaissance, besoin d'amour...

Quelques points sont particulièrement sensibles. Il s'agit, par exemple, de l'ouverture et de la fermeture de la communication, moments délicats et, de ce fait, particulièrement ritualisés de l'interaction (9). L'ouverture comporte le risque d'intrusion, de non-réponse, de non-maîtrise du déroulement de l'interaction qui, une fois engagée, échappe pour une part à l'emprise de chaque protagoniste. La fermeture peut faire résonance avec l'abandon et il faut rassurer l'interlocuteur sur le fait qu'il n'en est rien : mais il y a aussi le risque, une fois la conversation engagée, d'avoir de la peine à l'arrêter (tout le monde connaît ces bavards dont aucune stratégie n'arrive à endiguer le flot de paroles).

Un autre aspect délicat est le réglage de la distance dont dépend le degré de proximité qui va être induit par la communication. La distance subjective souhaitée n'est pas nécessairement la même pour chaque interlocuteur, ce qui entraîne une négociation implicite. Là aussi, elle se marque par certains

Différents enjeux psychosociaux

Les différents enjeux psychosociaux de la communication apparaissent bien dans le témoignage de Cécile, participante d'un « groupe de rencontre ».

« Cette expérience m'a fait prendre conscience de toutes les défenses que je mets en œuvre dans la communication. Je me sens souvent sur la réserve ; je me protège des autres ; je vois bien que j'ai peur de m'exprimer par crainte d'être jugée, de donner une mauvaise image de moi-même ; par crainte aussi de me perdre si je ne pose pas de limites aux autres. Alors je m'enferme souvent dans ma bulle où je me sens en sécurité mais où je suis aussi frustrée car je reste un peu à l'écart des discussions ; ce qui ne me permet pas d'influer sur le cours des échanges et d'être reconnue par les autres. »

indicateurs verbaux et non-verbaux (termes d'adresse, usage du « tu » ou du « vous », intonation, degré de familiarité du langage, thèmes abordés, distance interpersonnelle, regards, contacts physiques...).

La recherche d'influence. Beaucoup de communications ont pour visée d'influencer autrui; de le convaincre, de le pousser à agir dans tel ou tel sens, de le commander, de le séduire, de le menacer... Ces enjeux peuvent s'ordonner selon deux grandes stratégies:

– les stratégies de pouvoir qui instaurent un rapport de force entre les interlocuteurs: elles se marquent par la pression, l'antagonisme, l'affrontement, l'intimidation, l'effort de convaincre...;

– les stratégies de séduction qui recherchent un rapport de complicité, d'attirance, de sympathie, de persuasion, d'assimilation, de proximité entre les locuteurs.

Ayant ainsi analysé les enjeux qui sous-tendent les relations interpersonnelles, je voudrais montrer comment ces enjeux influent sur les processus de communication.

Les processus psychologiques de la communication

Les processus de communication, même si on les ramène à leurs dimensions psychologiques, sont extrêmement complexes. Là encore, faute de pouvoir aborder tous les aspects qui constituent cette complexité, je privilégierai quelques mécanismes fondamentaux que j'analyserai à travers trois notions:

– du côté de l'émetteur, la notion d'*anticipation*;

– du côté du message, celle de *compromis*;

– du côté du récepteur, celle d'*interprétation*.

L'anticipation. En fonction des enjeux de la communication et des visées qui sont les siennes, le locuteur opère une sorte de « calcul anticipatif » de ce qui peut être dit; ce calcul intègre aussi la façon dont le locuteur perçoit et situe l'interlocuteur.

Ce calcul anticipatif s'appuie sur plusieurs éléments de la situation; il se déploie pour une part dans l'« imaginaire » (dans le sens où le locuteur se fait une image de ces éléments dont il n'est pas toujours à même d'évaluer le degré de réalité).

Il s'agit d'abord de la représentation d'autrui composée à la fois d'éléments perceptifs (accrochés à la réalité de l'interlocuteur et de ses comportements) et d'éléments projectifs (en fonction de l'image que l'on se fait de lui, image construite à partir des mécanismes cognitifs et affectifs comme la catégorisation, l'attribution, et – dans une perspective psychanalytique – la projection, l'identification ou le transfert...). Cette image influe directement sur le contenu et le style de la communication Sophie : « *Je ne me sens pas très à l'aise avec Jacques ; il me donne l'impression d'être très sûr de lui, très ironique, un peu macho quoi... Comme je n'ai déjà pas très confiance en moi, j'ai pas envie qu'il se moque de moi ; alors souvent je préfère ne rien dire.* »).

Cette image d'autrui comporte aussi une représentation de ses attentes (auxquelles le locuteur peut vouloir se conformer ou au contraire ne pas répondre), et une anticipation de ses réactions possibles au message intentionné (« *Comment va-t-il prendre ce que je veux lui dire ?* »).

Mais l'anticipation s'appuie aussi sur la connaissance de soi du locuteur ; de ses attentes et motivations, de ses désirs, de ses peurs et angoisses, de ses « zones de sensibilité » ou de fragilité (André : « *Je supporte très mal les conflits ; alors je fais tout pour les éviter, j'essaie toujours d'être arrangeant, de caresser les gens dans le sens du poil ; mais après, je ne suis pas très content de moi, car je n'ai pas dit ce que j'avais envie de dire ; j'ai un peu l'impression de me marcher dessus.* »).

Chaque expression est émise à partir d'une certaine conscience de soi, d'une certaine place identitaire ; en même temps qu'elle assigne à l'interlocuteur une place corrélative. Ce « rapport de place » peut résulter des statuts et des rôles dans lesquels sont situés les interlocuteurs : mais il découle aussi de schèmes subjectifs – comme celui du timide qui s'attribue une position « basse » et place autrui en position « haute » (10).

Enfin, le calcul anticipatif fait intervenir une représentation des enjeux de la communication projetée en termes de risques et de bénéfices (« *Qu'est-ce que je risque à dire ce que je veux dire et quels bénéfices pourrais-je en tirer ?* »). *Il inspire différentes stratég*ies qui, selon le « courage » du locuteur, vont de la maximisation des gains (la personne qui affirme, par exemple, avec force ses attentes en espérant que l'interlocuteur y répondra) à la minimisation des risques (celle qui préfère demander peu de peur d'essuyer un refus).

Le message comme formation de compromis. Le calcul anticipatif (qui, soulignons-le, n'est pas nécessairement volontaire et conscient) oriente le contenu et la forme du message. Celui-ci peut apparaître comme une « formation de compromis » entre un mouvement expressif (qui pousse à dire) sous-tendu par des motivations, des intentions, des visées; et un mouvement répressif (qui pousse à se taire et contrôler ses propos) entraînant l'inhibition, la censure, la déformation de l'intention initiale ou le non-dit.

On peut appeler « mécanismes de défense communicationnels » les manifestations observables de ces mouvements répressifs (11). Observables, car leur détection ne résulte pas de l'interprétation d'éléments latents mais de la lecture de marques manifestes dans la forme même du message; ils peuvent intéresser aussi bien la dimension corporelle, émotionnelle ou discursive de l'expression.

Ainsi, au niveau du discours, on peut repérer plusieurs indicateurs de ces mécanismes de défense: l'autocorrection, qui constitue une sorte de « raturage » du discours pour en effacer, par exemple, les traces d'agressivité et qui s'apparente à l'annulation rétroactive (12); l'euphémisation, qui consiste à atténuer son propos pour le rendre plus acceptable (*« Je suis un peu surpris que tu puisses penser une chose pareille »*); la précaution (*« Surtout ne prends pas mal ce que je vais dire »*...*« Je ne voudrais pas que tu l'interprètes de travers »*...) ; l'élidation et la suspension, qui font qu'un mot attendu et qui pourrait choquer n'est pas prononcé ou qu'une phrase reste en suspens; l'ambiguïté, qui amène à rendre le message suffisamment flou pour autoriser plusieurs interprétations (comme cette réflexion adressée à une personne plutôt bavarde: *« C'est formidable, on est vraiment bercé par ta voix... »* qui peut être prise pour un compliment ou exprimer le fait qu'elle endort l'auditoire); l'anonymisation, qui est une forme de désubjectivation du discours (dire « on » à la place de « je »); le déni (*« Ce n'est pas ce que je voulais dire »... « Je ne suis pas en colère, contrairement à ce que tu pourrais croire »*...) ; la désaffectivisation, qui consiste à gommer toute marque affective dans le discours, etc. Le message exprime donc à la fois l'intention communicative du locuteur et les défenses que cette intention suscite en lui à partir du calcul anticipatif incluant l'image de l'interlocuteur et de ses réactions possibles. Le compromis expressif qui en résulte se double d'une coupure plus radicale entre le dit et le non-dit.

Lorsque l'on analyse ce qui motive les réactions défensives, on constate qu'elles sont en relation avec les grands enjeux de la communication : la défense de la face et du territoire, les risques relationnels (liés aux mouvements pulsionnels, affectifs et émotionnels suscités par la relation), les problèmes d'influence (désir de pouvoir et défenses contre ce désir, peur d'être influencé, soumission et réactance...). On retrouve un peu ces différents éléments dans le témoignage suivant : « *L'attitude de Claire qui dévoile si spontanément ses sentiments et ce qu'elle pense provoque en moi des réactions contradictoires. D'un côté ça me touche et j'admire son naturel et son ouverture ; de l'autre, elle me fait peur : je trouve qu'elle se dévoile trop ; elle me met dans une position de voyeur que je n'apprécie guère. Et puis je trouve que c'est une sorte de pression pour que les autres fassent pareil. Personnellement, je n'y suis pas prêt : parler de moi me met mal à l'aise ; c'est une sorte de viol de mon intimité.* »

On voit là que le compromis expressif résulte aussi des réactions que provoque la réception du message d'autrui.

Réception et interprétation. Du côté du récepteur opère un processus d'*interprétation*. En effet, la compréhension d'un message n'est pas seulement une opération de décodage ; c'est aussi une opération d'inférence (13). Ce processus inférentiel se fait à partir d'un univers de représentations et de significations partagées ; mais aussi à partir d'une grille interprétative propre au récepteur. Comme le souligne P. Bourdieu : « *Chaque récepteur contribue à produire le message qu'il perçoit et apprécie, en y important tout ce qui fait son expérience singulière et collective.* » (14) L'usage du verbe « apprécier » est ici particulièrement judicieux car l'interprétation est une opération d'évaluation égocentrée, c'est-à-dire d'attribution de significations et d'intentions en fonction des motivations profondes du récepteur. Ces motivations peuvent être ramenées schématiquement à deux grandes catégories : ce que le sujet désire et ce qu'il redoute ; on entend souvent ce que l'on veut entendre ou ce que l'on a peur d'entendre.

À partir de là opèrent des mécanismes de sélection, d'accentuation, de déformation et d'inférence (si, par exemple, j'ai peur du jugement d'autrui, je retiendrai de ses paroles tout ce qui peut être perçu comme une critique et je les interpréterai dans ce sens en accentuant cette signification possible).

Ces mécanismes ne sont pas seulement des biais cognitifs, ce à quoi on a peut-être tendance à les réduire ; ce sont des mécanismes actifs d'appropriation motivée et d'interprétation, liés aux fonctionnements cognitifs, affectifs et pulsionnels du sujet. Prenons l'exemple de cet échange entre Paul et Nadine :

« Paul : – *Peut-être n'as-tu pas bien saisi ce que je voulais dire...*

Nadine : – *Vas-y, dis tout de suite que je suis idiote... Bien sûr, je n'ai pas la haute intelligence de Monsieur !* »

Nadine n'a pas très confiance en elle et en ses capacités intellectuelles. Elle perçoit la remarque de Paul – qui voulait s'assurer qu'elle avait bien compris – comme un jugement implicite négatif en fonction de ce qu'elle redoute d'entendre ; on peut dire qu'elle projette sur la remarque de Paul son propre jugement motivé par une faible estime d'elle-même, ce qui la conduit à une interprétation déformée de sa question.

Ainsi, la réception d'un message ne se réduit pas au décodage de son sens linguistique, mais convoque tout un ensemble de significations liées aux représentations, aux résonances émotionnelles, aux implications affectives et aux réactions défensives qu'il suscite chez le récepteur en fonction du rapport de places qu'il entretient avec l'émetteur et de son histoire personnelle.

Ce processus interprétatif explique que le message reçu diffère le plus souvent du message émis. On peut comprendre de la sorte que le « malentendu » ne soit pas un accident de la communication mais qu'il en constitue plutôt la norme.

L'influence du contexte

L'analyse de la communication ne se limite pas à la compréhension des mécanismes interactionnels et de l'implication personnelle des protagonistes.

Elle suppose aussi la prise en compte du *contexte* dans lequel elle se déroule. Ce contexte ne constitue pas seulement un décor qui situerait la scène dans l'espace et le temps. Il tend en effet à structurer et orienter la relation ; car il est porteur de schèmes relationnels, de codes et de rituels qui marquent profondément la communication. Ainsi, on n'interagit pas de la même façon sur une plage ou dans un bureau (la nudité qui est vécue comme « normale » dans le premier cas, sera ressentie comme particulièrement choquante dans le second).

Le contexte est fait de plusieurs dimensions qui coexistent mais que l'on peut distinguer : le cadre, la situation et l'institution.

Le *cadre* renvoie à l'environnement spatial et temporel de l'interaction. L'exemple que l'on vient de donner montre bien qu'il ne revêt pas seulement une importance matérielle et concrète mais qu'il est chargé de significations symboliques et culturelles. Une église n'autorise pas les mêmes échanges qu'une « boîte de nuit », même si, dans les deux cas, la musique peut jouer un rôle important ; la nuit n'est pas porteuse des mêmes significations que les activités diurnes (ainsi, pouvoir rentrer tard d'une sortie, dépasser la « permission de minuit » est un enjeu fort pour les adolescents).

La *situation* est définie par le « scénario » implicite ou explicite qui préside à la relation. Ce scénario comporte à la fois un « script » de l'action, une répartition des rôles, des indications sur les codes et les rituels impliqués (selon que l'on se trouve dans une soirée entre amis, un repas d'affaire, une fête familiale, une réunion de service...).

Quant à l'*institution*, elle représente un système relativement stable et organisé de normes, de valeurs, de règles de fonctionnement, de statuts et de rôles (la famille, l'école, l'Église, l'entreprise...). Chaque institution est caractérisée par un type particulier de rapports (par exemple, dans l'entreprise, les relations sont contractuelles, le plus souvent hiérarchiques, à finalité économique, c'est-à-dire orientée vers la production de biens et services et visant la rentabilité...) ; elle engendre un certain style relationnel (à l'école, les enseignants attendent des élèves qu'ils utilisent un langage « châtié », distinct du parler familier qu'ils ont entre eux).

Le contexte est fait de tous ces éléments combinés, dont on voit bien qu'ils structurent en profondeur la communication. Il s'inscrit lui-même dans un cadre plus large constitué par l'environnement historique, culturel et social qui est le sien (qui fait que la famille d'aujourd'hui n'est pas celle d'hier, qu'une famille française est différente d'une famille anglaise et que toutes deux prendront des formes spécifiques dans un milieu ouvrier ou bourgeois).

C'est donc la prise en compte et l'articulation de ces trois niveaux (intrapsychique, interactionnel et contextuel) – avec les notions, les finalités, les mécanismes et les processus propres à chacun – qui constituent le champ et le programme d'une psychologie de la communication.

Notes

1. Ramenée par la psychanalyse à la notion de relation d'objet et pour l'approche cognitive à celle de traitement de l'information.
2. Voir E.M. Lipiansky, « Théorie de la communication et conception du sujet » dans D. Véronique et R. Vion, *Modèles de l'interaction verbale*, Publications de l'Université de Provence, 1995.
3. Ces deux dernières démarches peuvent être pratiquées dans le cadre privilégié du « groupe de rencontre » (C. Rogers). Ce cadre permet à la fois l'enregistrement des interactions et la métacommunication sur le vécu subjectif des relations. Par ailleurs, il met au second plan la dimension strictement opératoire de la communication et permet de se centrer sur des aspects symboliques et psychologiques.
4. P. Bourdieu, *Ce que parler veut dire*, Fayard, 1982.
5. E. Goffman définit la « face » comme la valeur sociale positive qu'une personne revendique dans une interaction particulière. Cette face fait l'objet d'une mise en scène, d'une « figuration » qui tend à construire une certaine image de soi pour autrui (voir *La Mise en scène de la vie quotidienne*, Editions de Minuit, 1973).
6. Voir D. Picard, *Les Rituels du savoir-vivre*, Seuil, 1995.
7. Voir E. Marc et D. Picard, *L'École de Palo Alto*, Retz, 1998.
8. Voir notamment E.T. Hall, *La Dimension cachée*, Seuil, 1971 ; E. Marc et D. Picard, *L'Interaction sociale*, Puf, 1996.
9. Voir D. Picard, *op. cit.*
10. Voir E.M. Lipiansky, « Le rapport de places », *Connexions*, n° 68, 1997.
11. M. Pagès a particulièrement étudié, à partir de la communication thérapeutique, le niveau émotionnel de ces manifestations défensives. Voir notamment *Trace ou sens, le système émotionnel*, Hommes et groupes, 1986.
12. Il y a bien entendu une relation entre les mécanismes de défense communicationnels et les mécanismes de défense intrapsychiques tels que les a étudiés la psychanalyse ; mais ils ne se superposent pas car les premiers opèrent dans le champ relationnel alors que les seconds sont à l'œuvre dans l'économie interne du sujet.
13. Voir E. Marc et D. Picard, « Interaction et production du sens », *Connexions*, n° 57, 1991.
14. *Op. cit.*

ALEX MUCCHIELLI

LES MODÈLES DE LA COMMUNICATION

Les chercheurs ont produit divers modèles pour expliquer la communication. Chaque modèle – lié à un contexte, à une époque et à un projet scientifique différents – agit comme un mécanisme perceptif et cognitif qui transforme la réalité en représentation. Il permet ainsi d'en voir certains aspects mais, obligatoirement, en occulte d'autres.

Mon but premier est de vous présenter les « modèles » de la communication, dans leur ordre d'apparition historique, pour montrer la variabilité des définitions de « la communication ». Ces modèles, représentés par des schémas, sont des concrétisations de référents théoriques. Ils servent de guide et orientent l'analyse du phénomène de la communication. Ces modèles sont fortement tributaires des préoccupations des chercheurs qui les ont élaborés. Aucun modèle n'est mauvais ou bon en soi. Les préoccupations des chercheurs étant différentes, il est normal que leurs modèles d'étude soient différents.

Aucun d'entre eux ne peut prétendre à l'exclusivité et donc à la « vérité ». Chacun apporte un éclairage spécifique. Tous les modèles, c'est-à-dire ces assemblages de théories, de principes et de pratiques mis sous la forme de schémas, fonctionnent comme des lunettes qui nous permettent d'envisager la communication sous différents angles.

Le premier schéma que je vous propose ici s'intitule *Positionnement des modèles*. Il montre la diversité des points de vue sur un même objet. Mais attention, il est faux car il met sur le même plan épistémologique des modèles qui ne le sont pas. Ils ne sont pas dans la même dimension et chacun perçoit la « planète communication » d'un point de vue différent. En vous présentant ce schéma, je me place donc dans une épistémologie relativiste et constructiviste. La « réalité » – ici la « communication » – est quelque chose que l'on construit scientifiquement.

Un modèle agit donc comme un mécanisme perceptif et cognitif, il transforme une réalité en représentation. Cette lunette permet de voir certaines choses et en laisse obligatoirement d'autres dans l'ombre.

Les modèles que nous allons parcourir ensemble sont le produit des efforts des chercheurs en communication depuis les années 40 pour expliciter ce qu'est cette « communication ».

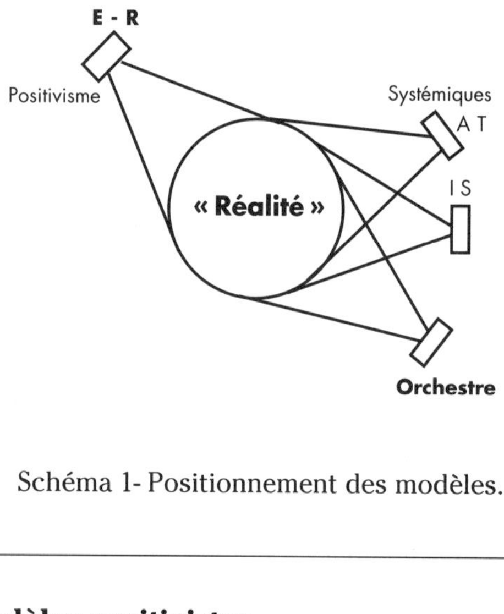

Schéma 1- Positionnement des modèles.

Les modèles positivistes

Le modèle de la théorie de l'information. Le premier de ces modèles est le très célèbre modèle : « émetteur-récepteur ». Il a été mis au point par les mathématiciens Claude Shannon et Warren Weaver (1945), lesquels s'intéressaient à la transmission des informations à travers les lignes téléphoniques. Nous avons tous appris à penser avec ce modèle linéaire, même s'il est inapproprié pour penser la communication.

Ce modèle « émetteur-récepteur » renvoie à la métaphore du télégraphe. Un émetteur envoie un message. Il est codé au départ, puis transmis sur la ligne télégraphique. À l'autre bout, le « récepteur » reçoit et décode le message. Ce modèle est donc centré sur le contenu et le transfert de l'information. La préoccupation des hommes qui pensaient avec ce modèle était que la signification du message de départ subisse le moins de déformations possibles lors de la transmission et de la réception.

Lorsque l'on utilise un tel modèle comme grille de lecture, on va évidemment se poser les questions qui figurent sur le schéma : quelles sont les informations de départ ? quel est le codage de l'information ? l'information est-elle parasitée ? quel décodage, quelle distorsion, quel résultat parviennent au récepteur ?

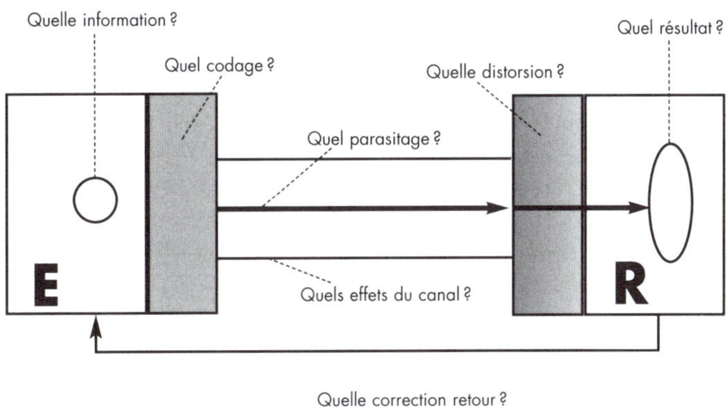

Schéma 2 – Modèle de la théorie de l'information.

Le modèle de la communication à deux niveaux. Un deuxième modèle est apparu dans les années 50. C'est le modèle de la « diffusion en deux étapes ».

Il est le produit des études menées à cette époque, aux États-Unis, sur les médias (radio, télévision). Ce modèle est très daté historiquement. Il renvoie aux préoccupations des militaires qui étaient confrontés, pendant la guerre, à la propagande. Par la suite, il fut développé à l'occasion des premières campagnes télévisées et radiodiffusées pour les élections américaines.

Il s'agissait d'étudier l'influence que les médias peuvent exercer sur leur public. Au début, l'objectif était de soustraire le public aux manipulations de la propagande ; ensuite, le problème a été de chercher à accroître l'efficacité des campagnes électorales.

Ce schéma suppose deux étapes de réception d'une communication massmédiatée. Pourquoi ces deux étapes ? Parce que les recherches mettent en évidence que le média n'agit pas directement sur le public cible final. L'influence du média passe par l'intermédiaire de « leaders d'opinion », lesquels sont des « relais » auprès des individus de leurs « groupes d'appartenance ».

Lorsque l'on utilise ce modèle, on se pose des questions du type : quelle est l'influence du média ? qui sont les leaders d'opinion ayant une réelle influence ? quels sont les groupes d'appartenance des leaders d'opinion ? comment agissent-ils dans leur groupe d'appartenance ?, etc.

Ce schéma est utilisé en publicité. Il arrive, par exemple, que le leader d'opinion dans une famille soit l'enfant. C'est lui qui sera le plus sensible à tel message et qui encouragera ensuite ses parents

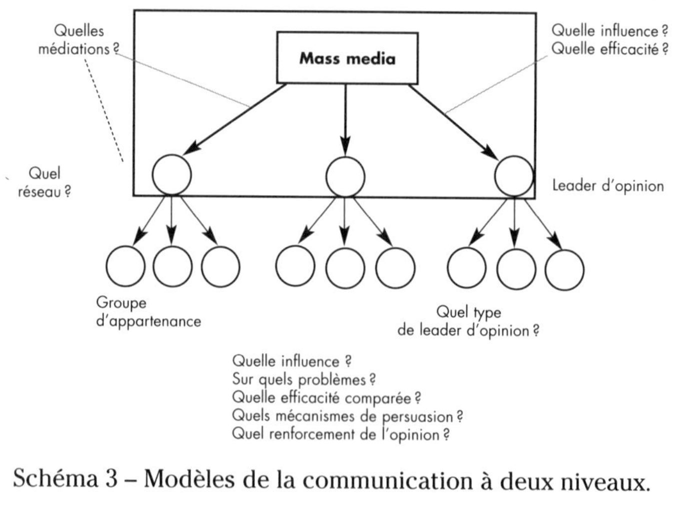

Schéma 3 – Modèles de la communication à deux niveaux.

à acheter tel ou tel produit. Une fois qu'il a repéré ce « leader d'opinion », le publicitaire va intervenir directement sur cette cible privilégiée. Ce modèle de la diffusion à deux niveaux définit la communication comme un processus d'influence. Ce qui est étudié, c'est donc l'influence des mass media et des supports de communication sur les opinions des individus et des groupes.

Le modèle « marketing ». Il existe un autre modèle, que j'appelle « modèle marketing », parce qu'il est très présent dans les enseignements de marketing et de gestion. Il apparaît sous une forme très standardisée et normalisée de procédure d'action. J'en propose une représentation dans le schéma 4.

Dans l'entreprise, pour remédier à une situation problématique, le consultant est obligé de vendre aux dirigeants quelque chose d'immédiatement opérationnel et de facilement compréhensible en termes d'actions et d'objectifs visés. Tout d'abord, il fait un audit afin de définir ce qui pose problème. Puis, compte tenu des moyens dont il dispose, il fait des propositions et élabore une stratégie. Cette stratégie propose des actions de communication orientées suivant quelques grands axes et destinées à des cibles précises. Les actions sont précisément pilotées et leur efficacité

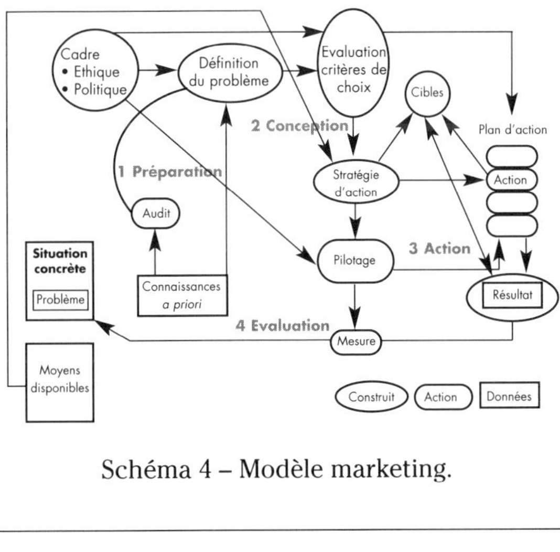

Schéma 4 – Modèle marketing.

est évaluée. Tout cela est réalisé en fonction du cadre éthique et politique de l'organisation en question.

En utilisant un tel schéma, on définit la communication comme une « opération » à piloter. Dans ce modèle marketing, la résolution d'un problème est donc la préoccupation principale de la communication.

Ces trois premiers modèles participent d'une même épistémologie. Ils sont essentiellement « positivistes », c'est-à-dire qu'ils raisonnent dans une linéarité cause-effet :

– dans le modèle émetteur-récepteur, le sens du message est une donnée, et ce message (la cause) parcourt le canal et va produire un effet chez le récepteur ;

– dans le modèle de la diffusion à deux étapes, la cause de l'influence finale est l'émission radiophonique ou télévisée ;

– dans le modèle marketing, la cause est un problème de communication à résoudre ou un message à transmettre, et l'effet visé est la transformation de la situation de départ.

Ces trois modèles datent des années 50. Le modèle marketing, comme le modèle émetteur-récepteur, est encore tout à fait d'actualité et le plus largement enseigné.

Les modèles systémiques

Le modèle sociométrique. En 1954, avec la parution en français du livre de Jacob L. Moreno, *Les Fondements de la sociométrie*, un nouveau modèle apparaît : le modèle sociométrique (*voir schéma 5*).

Ce modèle présente graphiquement le réseau dessiné par les relations « informelles » dans un groupe. Les affinités (sympathie ou antipathie) entre individus sont identifiées par des flèches. Ainsi se dessine une structure des relations socio-affectives du groupe.

Par exemple, quand on crée un nouvel atelier, on interroge chaque personne du groupe pour savoir avec qui elle souhaite et ne souhaite pas travailler. On recueille les choix positifs et les rejets, et on les traduit sur un diagramme appelé « sociogramme ».

C'est le début d'une rupture épistémologique avec les modèles précédents. Pour la première fois émerge une « structure » où apparaît la notion de « relation ». Les précédents modèles étaient centrés sur le contenu du message et sur sa diffusion dans un

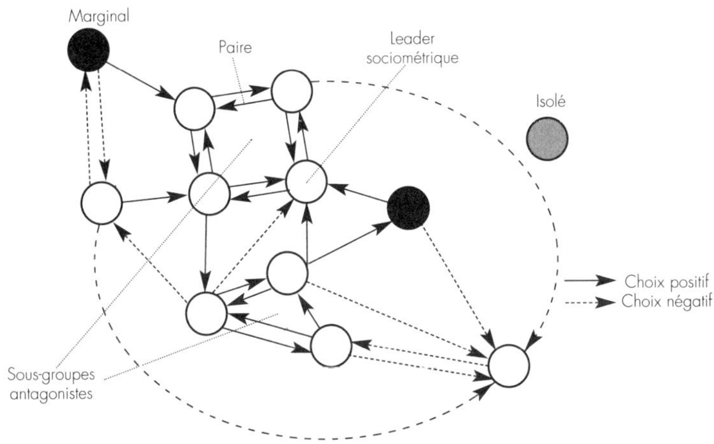

Schéma 5 – Modèle sociométrique.

cadre linéaire. Ce modèle est le premier à être partiellement systémique. La communication y est définie comme une relation d'affinités (positive ou négative, sympathie, antipathie) mais, en même temps aussi, comme un canal support privilégié du transport de l'information. En effet, la structure informelle du groupe va faciliter ou non le passage des informations. Si l'on se réfère au schéma 5, il est évident que l'individu « marginal » et l'individu « rejeté » par exemple, recevront peu de messages.

La problématique principale des chercheurs de cette époque (les années 50-60) est centrée sur la « structure affective » des groupes et sur les « places » occupées par les membres du groupe. La question principale qui sous-tend ce modèle est donc : *« Quel changement opérer pour améliorer la forme et la structure du réseau des échanges ? »*

Le modèle transactionnel. Chaque époque connaît une mode et l'invasion d'un modèle. Le modèle à la mode dans les années 70 fut celui de « l'analyse transactionnelle ». C'est un modèle systémique. Il est à l'origine d'une autre rupture épistémologique dans l'analyse des communications. En effet, pour la première fois, on ne s'occupe plus du contenu du message mais de sa forme générale (1).

Eric Berne est le père de l'analyse transactionnelle. Son intérêt s'est porté sur les jeux de relations et les types de communication implicite qui s'établissent dans les relations interpersonnelles. Pour comprendre cela, prenons le jeu conjugal du « sans toi », identifié par E. Berne en 1975. Ce jeu met en présence M. et Mme Leblanc.

M. Leblanc : — « *Demain, tu iras chercher ma voiture.*

Mme Leblanc : — *Oh là là ! Franchement, j'avais prévu d'aller au cinéma avec mes amies.*

M. Leblanc : — *N'oublie pas de passer chez le marchand de journaux pour me réserver le hors-série du magazine X.*

Mme Leblanc : — *Oh là, là ! Sans toi, j'aurais pu voir mes amies.* »

Ainsi, sous des contenus différents, existe une même forme d'échanges, un même canevas général d'interactions. À chaque fois, la structure est identique : il y a une instruction donnée par l'un des protagonistes (M. Leblanc) et une acceptation protestation en réponse de la part de sa partenaire. E. Berne constate que lorsque ce rituel se met en place, il est possible de formuler une

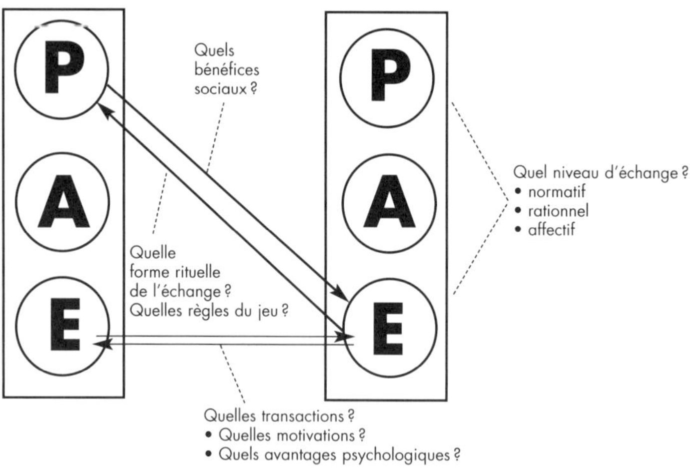

Schéma 6 – Modèle transactionnel.

« règle du jeu » qui permet de prévoir ce qui va se passer la fois suivante. L'analyse transactionnelle permet le repérage de ces systèmes d'interactions en boucle qui fonctionnent comme des « jeux répétitifs ».

Cette notion de règle du jeu ou de système itératif se retrouvera dans l'analyse systémique de Paul Watzlawick. Ce jeu apporte des bénéfices psychologiques aux deux acteurs. La femme peut, entre autres choses, justifier sa propre inactivité en accusant son mari de l'empêcher d'avoir des activités extérieures (*« Sans toi, je pourrais faire ceci ou cela... »*). De son côté, le mari peut contraindre son épouse à obéir sans qu'il y ait confrontation. Dans le jeu du « sans toi », il y a donc une transaction visible et une transaction cachée : Mme Leblanc se plaint des exigences de son mari, mais elle a besoin de ces contraintes pour être protégée d'une liberté qui lui fait peur. E. Berne tentera de résoudre le problème de ce couple en demandant à Mme Leblanc d'aller au cinéma, d'aller danser. Elle s'apercevra alors qu'elle a une angoisse terrible chaque fois qu'elle est seule au cinéma ou sur une piste de danse ! Sa protestation visible était : *« Tu m'empêches... »*, mais la demande cachée est : *« Empêche-moi. »* C'est l'École de Palo Alto qui explicitera la notion de communication paradoxale.

De plus, ce modèle de l'analyse transactionnelle fait référence à la psychologie en permettant d'observer la communication à plusieurs niveaux : le niveau normatif (parental), le niveau rationnel (adulte) et le niveau émotif (l'enfant). Dans la communication, ce modèle met en évidence l'existence de transactions visibles, socialement acceptables, et celle de transactions cachées, liées à des motivations individuelles profondes.

Les champs d'investigation et les questions posées par ce modèle de communication interpersonnelle figurent sur le schéma 6.

On peut d'ores et déjà constater que nous disposons de nombreux modèles pour appréhender le phénomène communication. Chacun d'eux présente une problématique principale. La mise en contexte historique montre que chaque époque a ses préoccupations sur la communication. Elles apparaissent sur les modèles épistémologiques utilisés pour appréhender la communication. Pour chacun de ces modèles, il y a une lecture historique et sociologique à faire.

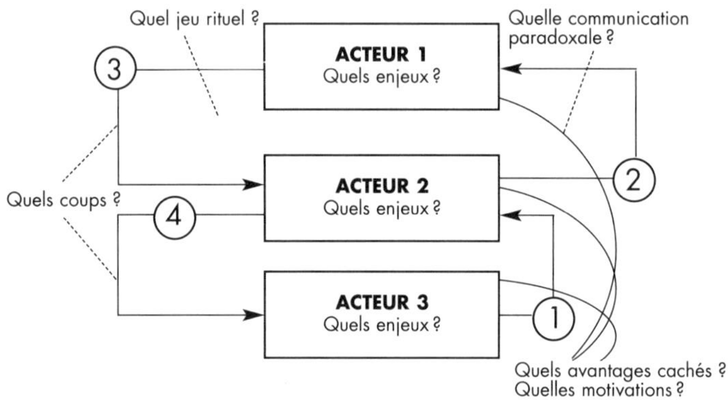

Schéma 7 - Modèle interactionniste.

Le modèle interactionniste et systémique. Le modèle interactionniste et systémique est principalement issu des travaux de l'école de Palo Alto.

En schématisant les théories de Palo Alto, on peut dire que ce modèle apporte une définition nouvelle de la communication. Elle est envisagée comme la participation d'un individu à un système d'interactions qui le relie aux autres. Les chercheurs de Palo Alto se sont intéressés au système des échanges et aux communications paradoxales. Pour illustrer ce modèle, j'utiliserai l'analyse du «jeu bureaucratique à la française » analysé par le sociologue Michel Crozier. Son analyse décrit le système des relations entre les individus dans le cas de deux administrations.

Dans un modèle interactionniste systémique, tout se passe comme dans un jeu d'échecs. Il y a des règles (les contraintes du système) qui régissent les coups. Dans le jeu bureaucratique à la française, un des acteurs de l'organisation se plaint à un autre: « *On n'a pas les moyens.* » Ce dernier fait remonter à son supérieur une demande majorée. Cette demande signifie: « *Ils ne peuvent pas travailler.* » Le dirigeant répond: « *Vous n'aurez que ça.* » Les salariés peuvent alors justifier leur attentisme: « *Vous voyez bien, on ne nous donne pas les moyens de travailler correctement.* » Cette relation crée une sorte de jeu réciproque qui a un sens profond si on le comprend dans sa totalité.

Ce jeu évite d'abord au dirigeant intermédiaire de faire un management de proximité, c'est-à-dire, d'aller voir quelles sont les difficultés de travail rencontrées par ceux qui sont sur le terrain, d'organiser le travail autrement, puisque, de toute façon, on est dans un système de pénurie de moyens. Cela évite aussi au supérieur d'aller voir pourquoi les cadres intermédiaires gonflent systématiquement la demande de moyens supplémentaires; cela évite d'avoir une discussion franche sur cette majoration des moyens demandés et d'essayer de gérer autrement les choses. De son côté, le supérieur préfère rester dans son bureau et gérer de loin. Le jeu a une motivation profonde. M. Crozier l'a formulé ainsi: « *Le jeu sert aux Français à éviter le face-à-face.* » En France, subordonnés et supérieurs ont peur de l'explication franche. Chacun campe sur ses positions: les bénéfices secondaires sont considérables, car tous les acteurs du jeu peuvent se plaindre du système, le dénoncer tout en disant que, sans eux, rien ne fonctionnerait, etc. C'est le jeu tout entier qui a un sens profond pour les acteurs.

Le modèle de l'orchestre. Le « modèle de l'orchestre » a été introduit par Yves Winkin dans son ouvrage *La Nouvelle communication* (2). Il n'en existe pas de représentation graphique, mais je prends le risque d'en proposer une ci contre. Avec ce modèle, la communication est définie comme une production collective d'un groupe qui travaille sous la conduite d'un leader. La problématique principale est la suivante: comment se passe l'articulation des jeux individuels pour que, finalement, cela aboutisse à une production collective? Lorsque l'on utilise ce modèle comme grille de lecture, on privilégie les questions figurant sur le schéma: quelle est la conduite des acteurs? quel est le code régulateur? quelle est la prestation de chacun?

Il est intéressant de noter que les spectateurs font partie du système et que l'orchestre est en interaction avec eux. La communication est ici une production collective car ni la partition ni le jeu d'un violoniste ne donnent à eux seuls une symphonie. Il y a une intégration des prestations de chaque musicien dans l'expression collective finale.

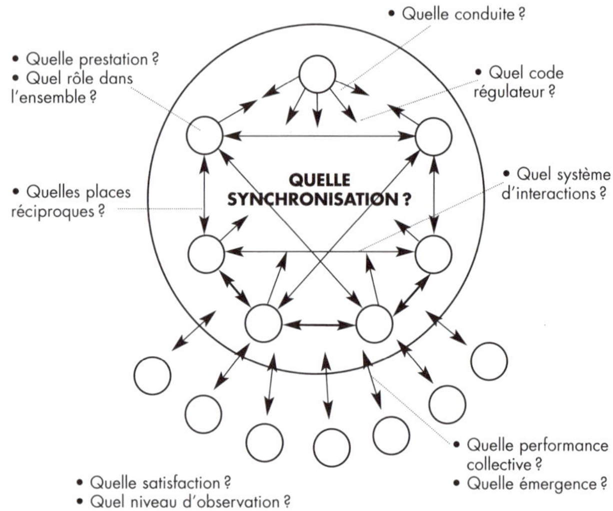

Schéma 8 - Modèle de l'orchestre.

Les modèles constructivistes

Le modèle de l'hypertexte. Le modèle de l'hypertexte repose, comme celui de l'orchestre, sur une métaphore.

Quel en est le principe? Il est désormais familier aux utilisateurs de CD-Roms et d'Internet: dans le texte qui apparaît sur l'écran de l'ordinateur, on peut cliquer sur un mot pour faire apparaître des explications et des commentaires qui vont s'inscrire sur l'écran. Ainsi, un hypertexte (c'est-à-dire le réseau des explications et commentaires des éléments du texte initial) est accolé au texte et en définit le sens final.

Ce modèle de l'hypertexte est de type « constructiviste ». Il considère la communication comme un débat (un texte) « latent », « caché », qui a lieu entre des acteurs liés dans une structure sociale. Le sens du débat n'est pas donné au départ, mais il découlera de la lecture d'un certain nombre d'interprétations sur ce débat.

Une application concrète de ce modèle a été réalisée lors de la mise en route d'une expérience de visiophonie dans des collèges de l'Éducation nationale. L'analyse des discours des acteurs (professeurs, administration, élèves, Inspection académique) révèle

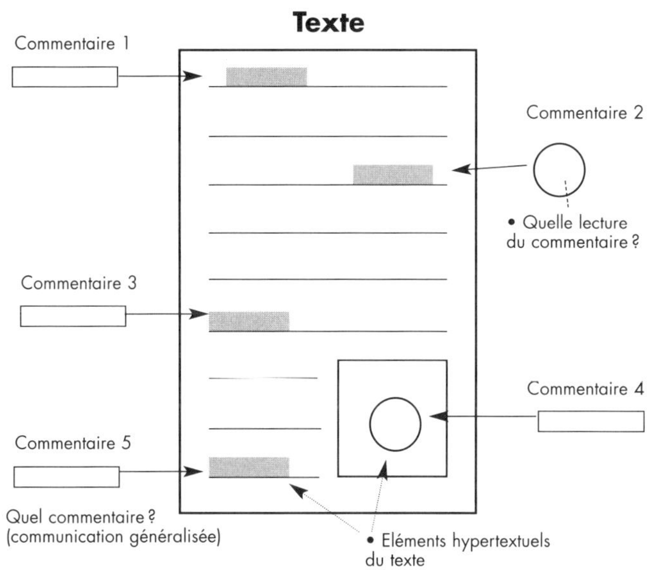

Schéma 9 - Modèle de l'hypertexte.

comment se structure le débat institutionnel suscité par l'introduction des nouvelles technologies dans l'Éducation nationale. Quand, dans un lycée, l'appareil visiophonique ne sert qu'une demi-heure par semaine et dans des conditions rigoureusement définies, cette règle d'utilisation de l'appareil est déjà un commentaire significatif sur l'introduction de cette technologie dans le lycée. Ce commentaire, amalgamé avec tous les autres commentaires qui sont faits à l'intérieur de l'institution, va permettre de saisir le débat interne qui est le débat de l'Éducation nationale au sujet de l'introduction des nouvelles technologies.

Ce modèle de l'hypertexte pose des questions du type : « *Quel est le débat implicite que l'on peut faire émerger des commentaires faits ? comment chacun interprète-t-il et retraduit-il le message initial (celui de l'administration de l'Éducation nationale), etc. ?* »

Le modèle situationnel. Un dernier modèle peut être qualifié de situationnel. Il envisage la communication en termes de « processus ». Les chercheurs n'ont pas encore produit de schéma mais j'en propose un ci-dessus.

Ce modèle consiste à faire apparaître les différents contextes (ou dimensions de toute situation) dans lesquels toute communication fonctionne nécessairement. Par exemple, ma communication se situe dans le contexte culturel français, dans le contexte de la disposition spatiale de ce colloque, dans le contexte de ce qui a été dit précédemment, etc. Pour que l'échange ait du sens, il faut qu'il soit mis en relation avec les contextes dans lesquels il se déroule. Ces contextes sont d'ailleurs nombreux: le contexte des positionnements relatifs, celui des intentionnalités, celui des actions structurantes, des contraintes situationnelles, du contexte temporel, des enjeux des acteurs, etc.

Le sens final de la communication en question est une synthèse des différentes significations apparues à travers les mises en contextes. Je dirai également que le contexte aide à construire le sens de l'échange et que le sens et le contexte se construisent à travers l'échange. L'interprétation du phénomène de communication observé a des racines dans les processus de contextualisation différents, les situations de référence étant plurielles, les significa-

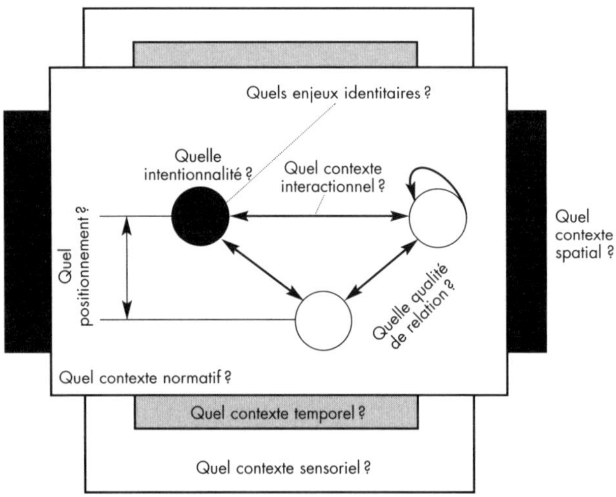

Schéma 10 - Modèle situationnel.

tions de l'échange le seront également et le « sens partagé » sera à découvrir.

Le chercheur qui étudie la communication dans ce cadre de référence se posera par exemple la question de la contextualisation spatiale et temporelle des échanges : comment les acteurs en présence évoquent-ils des éléments qui définissent le contexte temporel ? comment interviennent les différentes contraintes temporelles dans la situation ?

Puis, il s'interrogera sur les processus d'appel et de construction des normes qui président à toute situation idiomatique et normativement connue. Tous ces processus servent à construire le sens final de la communication qui se déroule dans ces contextes.

L'usage des modèles

Cette palette de modèles destinés à analyser la communication ne recouvre que les plus importants ! Il en existe d'autres...

À travers cet exposé, on peut constater que les définitions de la communication ont changé et que les problématiques principales ont varié. Un des éléments de ma démonstration consiste justement à souligner que les théories sont liées à des préoccupations historiques et sociales, et donc à des enjeux de la communication qui ont varié, eux aussi, au cours du temps. L'enjeu des modèles positivistes est l'analyse des effets de la communication et de son efficacité. Les modèles systémiques visent à analyser la permanence et le changement des systèmes de communication. On retrouve cette préoccupation dans le modèle sociométrique et dans l'analyse transactionnelle ou dans l'analyse systémique.

Les préoccupations communes des deux modèles constructivistes portent sur la construction du « sens partagé » par les acteurs. La question qui se pose après cela est évidemment : que faire de tous ces modèles ?

La première chose à faire pour comprendre un phénomène, c'est d'abord de l'isoler précisément. Il y a donc un découpage de la réalité, un cadrage pertinent qu'il est nécessaire de réaliser. Les modèles permettent d'aider à cadrer l'analyse : cerner les acteurs, les enjeux, les dimensions du phénomène. Une fois le cadrage réalisé, apparaît les éléments à étudier ; il faut alors les mettre en relation. Si l'on se sert de plusieurs modèles à la fois, on aboutit au brouillage et à la confusion à travers l'idée que tout est également valable. Chaque approche, par un modèle, cherche à donner une intelligibilité, c'est-à-dire un sens au phénomène. Si toutes les significations du phénomène sont à la fois possibles par l'utilisation de tous les modèles, la signification est brouillée. On a perdu la finalité scientifique qui est la cohérence et la recherche d'une signification pertinente sous un certain point de vue.

Je conclurai donc en disant qu'une grille de lecture marche toujours. Chaque modèle parle essentiellement de celui qui s'en sert. Penser un phénomène suppose de réduire les significations possibles qu'il peut avoir en se servant des modèles pertinents, à un moment donné, en fonction d'un projet spécifique. L'essentiel, pour le chercheur, est de disposer d'une boîte à outils conceptuelle suffisamment variée.

À ce prix, on peut éviter soit le réductionnisme, soit l'éclectisme qui conduit quant à lui au brouillage intellectuel.

Notes

1. Pour une présentation plus détaillée de l'analyse transactionnelle, voir l'article de J.-Y. Fournier dans cet ouvrage.
2. Y. Winkin, *La Nouvelle Communication*, Seuil, 1981.

Ce texte est tiré de l'intervention d'Alex Mucchielli au forum « La communication : état des savoirs », organisé les 22 et 23 mai 1997 par Demos Formation et *Sciences Humaines*. Il a été publié dans les actes du forum : *La Communication appliquée aux organisations et à la formation*, Demos, 1998. Tous les schémas sont extraits de l'ouvrage d'Alex Mucchielli, *Nouvelles méthodes d'étude des communications*, Armand Colin, 1998)

Karine Philippe

Les Sciences de l'information et de la communication

De la communication animale au langage humain, de la presse à la télévision, de la publicité à Internet, de la rumeur à l'opinion publique..., tout est communication et échange d'informations. Ce vaste domaine fait des sciences de la communication et de l'information un large champ de recherches pluridisciplinaires, au cœur des enjeux contemporains.

Les sciences de l'information et de la communication (SIC) méritent bien leur pluriel. Nées dans la seconde moitié du XXe siècle, suite à l'essor fulgurant de la communication, les sic rassemblent un faisceau de recherches, de théories et d'applications multiples. Comme le souligne Yves Winkin, la communication est « *un invraisemblable fourre-tout, où l'on trouve des trains et des autobus, des télégraphes et des chaînes de télévision, des petits groupes de rencontre, des vases et des écluses, et bien entendu une colonie de ratons laveurs, puisque les animaux communiquent comme chacun sait* » (1). Afin de rendre compte de la diversité des phénomènes de communication, les sic empruntent à différentes disciplines : la cybernétique, qui aura une influence majeure, la psychologie, l'éthologie, la sociologie, ou encore la sémiologie. Faisant feu de tout bois, les sic ne sont pas faciles à cerner.
On peut toutefois en retracer les points forts, les grandes questions et les principaux courants qui constituent désormais le fonds commun de cette « interdiscipline ».

L'évolution des moyens de communication

Les sciences de l'information et de la communication n'auraient jamais vu le jour sans l'augmentation prodigieuse des moyens de communication modernes.
L'apparition du langage parlé a constitué la première grande révolution suivie, quelques milliers d'années plus tard, par l'invention de l'écriture, environ 3000 ans avant notre ère. L'écriture permet à l'homme de s'affranchir des frontières de l'espace et du temps : un texte peut être lu des siècles après avoir été écrit, loin de son lieu de production, et *L'Odyssée* trouve sans cesse de nouveaux lecteurs.
Vers 1450, Gutenberg invente l'imprimerie. D'abord réservé à une élite, le livre se démocratise peu à peu dans les sociétés occidentales, qui voient leur niveau d'alphabétisation augmenter grâce à la scolarisation.

Grâce à la domestication de l'électricité, le XIXe siècle est celui des grandes innovations qui vont bouleverser notre modernité : le téléphone, avec Graham A. Bell en 1876, le cinéma, avec les frères Lumière en 1895 ; la radio, avec Guglielmo Marconi en 1899.

À partir des années 40, la télévision entre peu à peu dans les foyers puis, quelques décennies plus tard, c'est le tour de l'ordinateur. Dans les années 70 se met en place Internet, d'abord à des fins militaires, puis afin d'assurer les échanges entre universités. Mais ce n'est qu'en 1991 que le World Wide Web (la « toile d'araignée mondiale ») devient accessible aux particuliers. Les satellites de communication criblent la planète de messages (Telstar 1 est lancé par la Nasa en 1962) et le téléphone portable fait son apparition dans les années 90.

Les nouvelles technologies de l'information et de la communication (NTIC) s'intègrent progressivement au mode de vie des usagers.

Les travaux fondateurs

La cybernétique. Dans les années 40, des scientifiques américains, essentiellement des mathématiciens, s'intéressent à la façon dont une machine peut produire des calculs, traiter des informations et résoudre des problèmes. Avec Joseph von Neumann, Norbert Wiener est à l'origine d'un courant de recherches auquel, en 1948, il donne le nom de « cybernétique ». Il la définit comme « *l'étude de la commande et de la communication chez l'animal et* *dans la machine* ». Mathématicien au MIT (Massachusetts Institute of Technology), N. Wiener travaille à un dispositif automatique de visée permettant d'ajuster les trajectoires de tir des canons… Grâce au « *feed-back* » (« action en retour »), la machine peut intégrer de nouvelles données sur l'environnement extérieur (*input*) afin de mieux exercer son action (*output*). Elle ne se contente plus d'exécuter, mais peut désormais s'adapter. L'ordinateur est conçu comme une copie du cerveau humain et de ses capacités. Les recherches sur l'intelligence artificielle vont réactualiser le vieux rêve qui, de Pygmalion à Frankenstein, Pinocchio ou Terminator, traverse l'imaginaire de l'homme : créer un double à son image, un double capable de communiquer (2). Les recherches menées soulignent alors le fonctionnement des interactions au sein d'un système, donnant naissance à la théorie des systèmes (développée en mathématiques, en économie, en biologie, en écologie…). De ce creuset de réflexion vont également émerger les sciences cognitives, la robotique, ou encore la théorie de l'information.

La théorie de l'information. Elle a été élaborée par le mathématicien Claude E. Shannon et le psychologue Waren Weaver (3). La théorie de l'information repose sur des bases statistiques de probabilité : plus une information est attendue, moins elle a de poids, et inversement. Ainsi, l'annonce de la naissance d'une brebis à cinq pattes a une plus forte valeur informative que celle, habituelle, d'une brebis à quatre pattes. C.E. Shannon et W. Weaver élaborent également un modèle de communication reliant émetteur, signal et récepteur. Tout ce qui est susceptible de parasiter la communication est appelé « bruit ».

Le schéma de la communication. Le linguiste Roman Jakobson proposera une adaptation du modèle de C.E. Shannon et W. Weaver dans son célèbre schéma de la communication, composé de six pôles : un émetteur [1] envoie un message [2] à un récepteur [3], grâce à un code [4] – linguistique, gestuel, graphique… –, par le biais d'un canal [5] – auditif, visuel, tactile… –, dans un contexte donné [6]. Bien que critiqué pour son caractère réducteur, ce schéma reste incontournable dans les études de communication, ainsi que les six fonctions du langage qui lui sont accolées (*voir l'encadré dans l'introduction de ce volume*).

La naissance d'une « interdiscipline »

Les sciences de l'information et de la communication semblent aujourd'hui bien implantées dans les cursus universitaires français. Pourtant, « *comme la plupart des sciences "récentes", les sciences de l'information et de la communication (SIC) n'ont pas encore d'histoire officielle* », souligne Robert Boure, dans *Les Origines des sciences de l'information et de la communication* (2002). Cet ouvrage collectif est une référence pour qui veut comprendre l'émergence de cette « interdiscipline ». Dans les années 50-60, la communication est vécue comme un enjeu majeur de la modernité. En France, les études de communication voient progressivement le jour avec, en 1946, la création de l'IFP (Institut français de presse), puis en 1963, celle du CELSA (Centre d'études littéraires et scientifiques appliquées) au sein de la Sorbonne. En 1960, Roland Barthes, Edgar Morin et Georges Friedmann fondent le CECMAS (Centre d'études des communications de masse) à l'École pratique des hautes études, et sa revue *Communications*. Mais les SIC n'ont encore aucune reconnaissance officielle au sein de l'université française, et l'hétérogénéité du domaine, débordant sur plusieurs disciplines, en effraie plus d'un. Des chercheurs de divers horizons, dont Robert Escarpit et Jean Meyrat, se fédèrent peu à peu afin de donner un statut aux SIC. Au milieu des années 70 est créée la Société française des sciences de l'information et de la communication (SFSIC), qui jouera un rôle essentiel dans la diffusion des SIC.

En 1974, les SIC font leur entrée officielle dans les filières universitaires avec la création de la 52e section du CCU (Comité consultatif des universités). Un an plus tard, elle rassemblait sept professeurs et moins de vingt maîtres-assistants. Dans les années 80, les SIC peinent à entrer au CNRS, qui fait la sourde oreille, et les chercheurs sont encore cantonnés dans leur spécialité d'origine (sciences du langage, littérature, sociologie…). En 1985, la 52e section devient la 71e section du Conseil supérieur des universités. Les filières « infocom » se multiplient et drainent de plus en plus d'étudiants. En 2000, on comptait 123 professeurs et 360 maîtres de conférence. La sfsic réunit aujourd'hui près de 500 chercheurs et professionnels, en France et à l'étranger. L'explosion actuelle de la communication et l'abondance des recherches font des SIC un carrefour incontournable des sciences humaines. K. P.

L'école de Palo Alto. Célèbre pour ses travaux sur la communication interpersonnelle, l'école de Palo Alto, au sud de San Francisco, s'est formée autour de Gregory Bateson, anthropologue et éthologue spécialiste de la communication animale (4). Influencé par la cybernétique, G. Bateson en adopte l'approche systémique, la notion d'interaction ou de *feed-back* (5). Par exemple, dans la conversation, un locuteur peut atténuer son propos face à un froncement de sourcils de son interlocuteur. Celui-ci n'est donc pas un simple récepteur passif mais, par une action en retour (*feed-back*), a un effet sur le message émis. En 1956, les travaux menés sur la communication paradoxale aboutissent à la théorie du « double lien » (*« double bind »*), qui serait un facteur de schizophrénie : une mère froide et distante reprochant à son enfant de manquer de tendresse lui envoie des messages contradictoires, difficiles à gérer.

L'étude de la communication familiale débouche, avec les psychologues Don Jackson, Paul Watzlawick et Janet Helmick-Beavin, sur les thérapies systémiques (6). Pour Erving Goffman (7), la vie est un théâtre où chaque interlocuteur tente de garder la « face » (*« face work »*), de préserver sa propre image. Parmi les chercheurs gravitant autour de l'école de Palo Alto, on peut également citer Ray Birdwhistell, fondateur de la kinésique* (étude de la gestualité), ou Edward T. Hall (8), père de la proxémique (étude des distances interpersonnelles). Ces travaux soulignent l'importance de la communication non verbale, étudiée en France par Jacques Cosnier ou Dominique Picard (9).

L'école de Palo Alto a fortement critiqué le schéma de la communication proposé par R. Jakobson et sa linéarité, allant de l'émetteur au récepteur, sur le modèle du télégraphe. Elle y oppose le modèle de l'orchestre, où les individus participent conjointement à la construction de l'échange, jouant chacun sa propre partition. La simple présence d'un individu est déjà communication, comme le souligne la célèbre phrase de P. Watzlawick : *« On ne peut pas ne pas communiquer. »*

Les sciences du langage. Un certain nombre de recherches issues des sciences du langage font désormais partie du fonds commun des sciences de l'information et de la communication. Dans les années 60, la sémiologie étudie l'univers des signes dans les médias de masse (10). La pragmatique de John L. Austin et John R. Searle étudie la communication en tant qu'action effectuée par le langage (« Je vous déclare mari et femme » rend un mariage effectif). Plus récemment, l'analyse du discours s'est penchée sur les interactions verbales, la presse écrite, ou les débats télévisés. La linguiste Catherine Kerbrat-Orecchioni a ausculté le fonctionnement de l'implicite dans la communication (11).

Les sciences du langage ont peu à peu étendu leur domaine d'étude à la communication non verbale, à l'image et aux médias,

Information et/ou communication ?

Pourquoi les « sciences de l'information et de la communication » se sont-elles choisies un intitulé aussi long ? L'un des deux termes n'aurait-il pas suffi ? C'est que l'« information » ne se confond pas avec la « communication ». En fonction des auteurs, les deux termes connaissent certains flottements.

Dans le sillage de la cybernétique, la théorie de l'information relève de la statistique. Dans l'étude des relations interpersonnelles, la communication implique une certaine réciprocité dans les échanges, là où l'information, émise ou reçue, semble plus univoque. Dans *La Communication contre l'information* (1995), Daniel Bougnoux considère l'information comme un contenu, et la communication comme un contenant ou, plus exactement, une relation. Selon lui, leur confusion pourrait s'avérer dangereuse à l'heure où l'information devient parfois spectacle et où des animateurs se disent journalistes. Car, si l'information a besoin de la communication, elle peut aussi se soumettre à ses lois (pressions de l'audimat, formatage réducteur...). Schématiquement, l'information est représentée du côté de la raison, respectant le libre arbitre de chacun, tandis que la communication se situerait du côté de la sensation, dont on soupçonne la séduction manipulatrice. La communication privilégie la vitesse, l'immédiateté, tandis que l'information peut nécessiter un certain temps d'investigation. Dans *La Télévision au quotidien* (2003), François Jost analyse la « télé-réalité », où l'information se mêle à la fiction, comme en témoigne le néologisme « docudrame ». Conflictuelles ou non, information et communication sont indéniablement liées. Les sciences de l'information et de la communication gagneraient sans aucun doute à examiner leurs termes de base, quitte à en redéfinir les contours. K.P.

multipliant les zones de contact avec les sciences de l'information et de la communication.

Innovations techniques et mutations socioculturelles

Face à l'extension incessante des moyens dont l'homme dispose pour communiquer, une question s'est posée : quelle incidence ont les innovations techniques sur les sociétés qui en ont l'usage ? Il ne s'agit pas ici de comprendre l'influence des contenus de la communication, mais celle des techniques : chaque nouveau mode de communication (écriture, imprimerie, radio, Internet, téléphone portable...) peut en effet engendrer des changements de comportements à grande échelle, sur le plan social, économique ou encore idéologique. Selon Jack Goody (12), c'est l'écriture qui est à l'origine de la pensée rationnelle : écrire permet de trier, de classer et de hiérarchiser, mais également de comparer des idées, nouvelles ou anciennes, favorisant ainsi la dimension critique. De son côté, Marshall McLuhan (13) affirme que l'impact des médias en tant que moyen de communication prime largement sur l'impact des contenus communiqués : les médias modifieraient en profondeur nos sociétés entières et nos modes de vie. Ce point de vue, M. McLuhan l'a résumé dans une formule aussi célèbre que critiquée : *« Le médium, c'est le message. »*

La question des techniques de communication et de leurs incidences sur nos sociétés est également au cœur de la médiologie, terme forgé par Régis Debray (14). Dans son *Cours de médiologie générale* (1991), R. Debray distingue – trop sommairement selon ses détracteurs – trois grandes périodes articulées autour de techniques de communication : premièrement, la « logosphère », liée à l'écriture, où règne le divin (Bible, Saintes Écritures) ; deuxièmement, la « graphosphère », née de l'imprimerie, où prévaut l'idéal de la connaissance hérité des Lumières ; troisièmement, la « vidéosphère », fruit de l'audiovisuel, dominée par la quête de plaisirs immédiats et vouée au culte de la star. Dans *L'Innovation technique* (1995), le sociologue Patrice Flichy analyse les liens entre innovations techniques et société. Il est de ceux qui, avec Daniel Bougnoux (15), réfutent tout déterminisme : la technique à elle seule ne provoque pas un changement socioculturel, mais en autorise plus ou moins l'émergence. L'imprimerie n'est certes pas la cause directe du souci d'examen critique qui s'étend de la philosophie des Lumières jusqu'aux sciences modernes, mais elle est incontestablement un des moyens qui en ont permis la diffusion. On parle aujourd'hui de « cliquets d'irréversibilité » pour décrire ces moments charnières où une technique cède la place à une autre, porteuse de nouvelles promesses. Les ateliers de copistes ont disparu avec l'imprimerie, et le disque vinyle a cédé sa place au cd sur nos étagères. Les modes de lecture de l'image et du texte évoluent également avec les nouveaux médias (zapping télévisé, liens hypertextes du multimédia), et de nouveaux codes d'expression apparaissent, comme dans le langage abrégé des sms (petits textes envoyés depuis des téléphones mobiles), où « énervé » s'écrit nrv, « cadeau », kdo, et ainsi de suite...

La communication, enjeux contemporains

La communication est aujourd'hui au cœur des préoccupations. Au travail, dans le couple ou en famille, les ouvrages grand public fourmillent de solutions miracles : telle posture pour convaincre, telle attitude pour séduire, telle astuce pour décrocher un emploi. Plus qu'un moyen, la communication tend à devenir une idéologie. Les nouvelles technologies de l'information et de la communication mobilisent des industries de pointe aux enjeux économiques colossaux. Le développement du téléphone portable est fulgurant. Sorte de « doudou » technologique, il serait un substitut affectif reliant en permanence l'individu à sa communauté (16). Mais le téléphone portable est aussi un formidable outil pour désenclaver des régions où une infrastructure trop coûteuse ne permet pas l'installation de lignes fixes. Ainsi, au Bangladesh, les « dames du téléphone » sont rémunérées grâce à la location de leur mobile. Entre 1998 et 2000, la Grameen (la « banque des pauvres ») a accordé des prêts, équipant ainsi plus de 300 villages d'au moins un téléphone portable (17).

Parallèlement, les grands empires médiatiques, comme aol-Time Warner ou Walt Disney, se livrent une concurrence féroce pour conquérir le plus de parts de marché. Les chaînes de télévision privées, tout comme les sites Internet, ne cessent de croître. Face à une telle profusion, on s'est interrogé sur les effets des médias sur les comportements et l'opinion publique.

Dans les années 40, le sociologue américain Harrold Lasswell inaugurait l'étude de l'influence des médias. Si on a cru un temps qu'elle était directe et massive, une série de travaux a montré que leur influence s'exerçait de façon beaucoup plus indirecte et subtile (*voir la théorie de l'*agenda-setting *et du* two-step flow *dans l'article sur les médias de J.-F. Dortier dans la quatrième partie de cet ouvrage*).

Globalement, on observe deux tendances, parfois caricaturales, concernant le rôle des médias : d'un côté, la dénonciation de l'asservissement des masses, de l'autre, l'idéal communautaire. Ces deux postures sont exacerbées par la question de la mondialisation, aujourd'hui au centre des débats (18). Dès les années 30, les sociologues de l'école de Francfort, Theodore W. Adorno et Herbert Marcuse, considèrent les médias comme un instrument assurant l'hégémonie de l'idéologie capitaliste dominante. Guy-Ernest Debord critique les dérives de *La Société du spectacle* (1967) et Pierre Bourdieu analyse les formes diffuses de censure qui ligotent la télévision, ainsi que la logique aliénante de l'audimat (19). Ignacio Ramonet condamne *La Tyrannie de la communication* (2001). On reproche également aux médias d'anesthésier le public sous un flot d'informations dont il ne sait plus que faire, et de faire du monde un spectacle, engendrant une « perte de réalité ».

Du côté de l'idéal communautaire, on retrouve le rêve humaniste du citoyen du monde. M. McLuhan prophétise le « village planétaire », où la communication abolit les frontières. D'autres considèrent les médias comme des garants de la démocratie, notamment Dominique Wolton, qui souligne par ailleurs les inégalités dans l'accès aux techniques (20). Le rôle des médias suscite souvent des prises de position aussi passionnées qu'ambivalentes. Par exemple, le développement d'Internet a tantôt nourri l'espoir d'une solidarité planétaire, tantôt fait redouter une uniformisation culturelle ou, à l'inverse, une dissolution du lien social dans une multitude de micro-communautés virtuelles. Face aux aléas de l'opinion, les sciences de l'information et de la communication insistent aujourd'hui sur la nécessité de préserver, dans les débats, une démarche analytique propre à toute science. Et si la « société de communication » est symptomatique de notre époque, il faut toutefois en relativiser l'essor : un homme sur cinq ne sait ni lire ni écrire, et la moitié de la population mondiale n'a pas le téléphone.

Notes

1. Y Winkin, *La Nouvelle Communication*, Seuil, 2002.
2. P. Breton, *A l'image de l'homme*, Seuil, 1995.
3. *Théorie mathématique de la communication*, Retz, 1975 [1949].
4. voir Y. Winkin, *op. cit.*, et l'article de X. de La Vega « Gregory Bateson (1904-1980). Penser le changement » dans cet ouvrage.
5. *Vers une écologie de l'esprit*, Seuil, 2 tomes, 1990-1991 [1972].
6. *Une logique de la communication,* Seuil, 1979 [1967].
7. *La Mise en scène de la vie quotidienne*, Minuit, 2 tomes : 1996 et 2000 [1959] ; *Les Rites d'interaction*, Minuit, 1993 [1967].
8. *La Dimension cachée*, Seuil, 1978 [1966].
9. Voir leur article dans la deuxième partie de cet ouvrage.
10. R. Barthes, *Mythologies*, Seuil, 1957.
11. Voir notamment C. Kerbrat-Orecchioni, *L'Implicite*, Armand Colin, 1998 (2e éd.).
12. La Raison graphique, Minuit, 1998 [1977].
13. Pour comprendre les médias, Seuil, 1977 [1964].
14. Concernant la médiologie, voir l'article de D. Bougnoux « Pourquoi des médiologues » dans cet ouvrage.
15. *Introduction aux sciences de la communication*, La Découverte, 2002 (2e éd.).
16. S. Tisseron, *Petites mythologies d'aujourd'hui*, Aubier, 2000.
17. M. Balnaves, D. James, S. Donald, *Atlas des médias dans le monde*, Autrement, 2002.
18. A. Mattelart, *La Mondialisation de la communication*, 2002 (3e éd.).
19. P. Bourdieu, *Sur la télévision*, Liber/Raisons d'agir, 1996.
20. *Penser la communication*, Flammarion, 1997.

Deuxième partie

La communication interpersonnelle

POINTS DE REPÈRE : THÉORIES ET MODÈLES

L'École de Palo Alto

Cette expression vient du nom d'une petite ville californienne où ont été menées de multiples études originales sur la communication interpersonnelle. Deux auteurs ont particulièrement nourri cette approche.

Gregory Bateson (1904-1980) a exercé ses talents dans divers domaines, en particulier l'anthropologie et la psychiatrie. Il a notamment développé le concept de « double contrainte » ou « double lien », processus caractérisant une communication « paradoxale », c'est-à-dire comportant des messages contradictoires. C'est le cas lorsqu'un individu lance à un autre: « Sois spontané! » ou lorsqu'un mari irrité dit à son épouse: « Mais bien sûr que je t'aime! » Selon G. Bateson, le comportement du schizophrène est une forme d'adaptation aux doubles liens répétitifs délivrés par son entourage (voir l'article de X. de La Vega « Gregory Bateson (1904-1980) » dans cette partie).

Paul Watzlawick reprend divers concepts de G. Bateson et en élabore d'autres, montrant ainsi qu'il existe une véritable « logique de la communication », composée de différentes règles, par exemple:
– l'impossibilité de ne pas communiquer, puisque même le refus de la communication constitue un message;
– la différence entre contenu et relation; toute communication contient une double information, d'une part sur le contenu du message, d'autre part sur la manière dont ce message est émis.
P. Watzlawick a tiré des implications thérapeutiques de ses analyses théoriques.

Erving Goffman

Le sociologue Erving Goffman (1922-1982) est l'un des principaux représentants du courant visant à décrire et à analyser des situations concrètes de la vie quotidienne. Selon E. Goffman, une fonction importante de la communication est le maintien de la « face », c'est-à-dire l'image positive de soi que l'on tente de présenter aux autres, que ce soit à travers le langage, les postures, l'habillement, etc. Cet auteur assimile le monde social à la scène d'un théâtre où nous sommes tout à la fois acteurs et spectateurs. Chacun joue ainsi un rôle et confirme ou rejette le rôle joué par autrui. E. Goffman a notamment analysé les « rituels d'interaction », tels que les rituels d'accès (salutations et adieux) ou de réparation (présentations d'excusesaprès un incident).
(voir l'encadré après l'article de D. Picard dans cette partie).

Roman Jakobson

Le linguiste russe Roman Jakobson (1896-1982) attribue six fonctions au langage:
– la fonction émotive ou « expressive » (centrée sur l'émetteur): le langage permet d'exprimer des désirs;
– la fonction référentielle: le langage permet de donner des informations;
– la fonction conative (centrée sur le récepteur): le langage permet d'agir sur autrui;
– la fonction poétique (centrée sur le message): le langage peut exprimer des qualités esthétiques;

- la fonction phatique (centrée sur le canal) : le langage permet d'établir, prolonger ou interrompre une communication (par exemple : « allo ! ») ;
- la fonction métalinguistique (centrée sur le code) : le langage permet de parler sur lui-même (par exemple : « autrement dit… »).

La pragmatique

Selon cette approche linguistique, représentée surtout par deux philosophes du langage, John L. Austin (1911-1960) et John R. Searle (né en 1932), le langage n'a pas seulement pour fonction de dire, mais aussi de faire. Leurs travaux portent notamment sur les verbes « performatifs », c'est-à-dire qui ont pour caractéristique d'effectuer une action par le seul fait d'être prononcés (« je déclare », « je te baptise », « je promets », « j'ordonne »).

L'analyse transactionnelle

Cette théorie de la communication, élaborée par le psychologue Eric Berne (1910-1970), utilise divers concepts dont le plus important est celui des états du Moi. Chacun de nous est composé de trois états psychologiques : le parent (autorité ou réconfort), l'adulte (analyse objective), l'enfant (humour, soumission). La communication entre deux personnes est tissée de « transactions » entre les états de leurs moi respectifs à tel moment. L'« analyse transactionnelle » (AT) a pour but de décoder ces processus de communication, voire de les modifier s'ils ne sont pas satisfaisants.
(voir l'article de J.-Y. Fournier dans la troisième partie).

L'analyse de conversation

Ce nouveau champ de recherche qui a pris son essor dans les années 70 renvoie en fait à une multitude d'approches :
- l'ethnographie de la conversation (D. Hymes, J. Gumperz) ;
- l'ethnométhodologie (H. Garfinkel, puis H. Sacks et E. Schegloff) ;
- la sociolinguistique (W. Labov, J.A. Fishman) ;
- l'anthropologie de la communication (E. Goffman), les nouvelles théories de l'argumentation (N. Perelman, O. Ducrot) ; la linguistique pragmatique (J. Austin), et les approches proprement linguistiques (C. Kerbrat-Orecchioni).

L'analyse de conversation étudie les conversations en situation réelle. Elle montre que le langage courant est loin de correspondre aux règles de la grammaire formelle. Qu'il existe beaucoup de différences dans l'expression selon les milieux sociaux, les situations ; que le sens des mots et des expressions dépend beaucoup du contexte, des intonations et des expressions faciales qui les accompagnent. Que la conversation comporte beaucoup d'implicite (et donc suppose une culture commune entre les interlocuteurs), que la conversation est fortement ritualisée (tour de parole), etc.
(voir l'article de C. Kerbrat-Orecchioni dans cette partie).

EDMOND MARC

LE FACE-À-FACE ET SES ENJEUX

On définit souvent la communication comme une transmission d'informations. Mais cette vision est beaucoup trop étroite. Nous communiquons aussi pour nouer des relations, pour partager des émotions et des sentiments, pour agir sur autrui, pour conforter notre identité ou celle des autres... ou pour passer le temps.

La communication comporte le plus souvent deux visées distinctes : faire passer un contenu et définir la relation entre les interlocuteurs (1). En effet, tout message transmet d'abord un contenu (informations, opinions, jugements, sentiments, attentes...) ; mais en même temps, il tend à instaurer, plus ou moins directement, une certaine relation entre les interlocuteurs.

Si, par exemple, un homme dans un café demande à une jeune femme solitaire à une table voisine : « *Avez-vous l'heure ?* », le contenu est clairement une demande d'information, mais le sens implicite est peut-être : « *Je souhaiterais entrer en relation avec vous.* »

La définition de la relation résulte pour une large part d'un « rapport de places » qui structure la communication.

Notre « place » détermine notre communication

Ce rapport peut être préalable au contact. Si je vais, par exemple, chez le médecin, la place et l'identité situationnelle de chacun sont clairement définies : je suis là en tant que patient, et mon interlocuteur va interagir avec moi en tant que médecin.

C'est pourquoi la nudité et le toucher vont être considérés comme « normaux » alors qu'ils ne le seraient pas dans un autre type de rapport. Un grand nombre de rapports sociaux (maître/élève, client/vendeur, parent/enfant, patron/employé...) sont des rapports préétablis, fixant par avance l'identité sociale, les rôles et le style de communication des protagonistes. Mais d'autres sont plus ouverts : si je rencontre une inconnue dans une soirée, la place à partir de laquelle nous allons communiquer n'est pas déterminée par avance. Ainsi, je peux découvrir que nous avons la même profession et discuter en tant que « collègues » ; ou bien m'apercevoir que nous avons des enfants du même âge et parler en tant que « parents » ; ou encore, si je la trouve attirante, me situer comme homme face à une femme en adoptant une attitude séductrice...

Le rapport de places peut être défini par référence à trois grands axes, chacun d'eux s'inscrivant dans une polarité antagonique. Le premier a trait à la *symétrie* ou l'*asymétrie*. Dans le rapport symétrique, les interlocuteurs se situent comme pairs ; ils ont des positions semblables qui se marquent par des messages en miroir (c'est le cas des relations entre amis ou entre collègues de même statut). À l'inverse, dans le rapport asymétrique, les positions, attitudes et messages sont différents (comme dans une relation parent/enfant ou acheteur/vendeur). Cette asymétrie peut elle-même être analysée selon l'axe *hiérarchie/complémentarité*. Dans le rapport hiérarchique (ou vertical), il existe une « position haute » et une « position basse » (qu'elles résultent d'une situation objective, comme dans le cas de la relation patron/subordonné, ou d'une position subjective : sentiment de supériorité/sentiment d'infériorité). Dans le rapport complémentaire, les positions s'ajustent mutuellement sans impliquer de hiérarchie et de relation de pouvoir (comme entre le vendeur et son client). Il est vrai qu'une relation complémentaire peut glisser vers la relation hiérarchique (comme cela a été souvent le cas dans les relations hommes/femmes).

Un deuxième axe, que l'on peut qualifier d'horizontal, définit le degré de familiarité entre les protagonistes de la relation. Il s'inscrit dans une polarité *distance/proximité*. La proximité caractérise les relations de familiarité, de solidarité, d'intimité. À l'inverse, la distance marque la relation aux inconnus, aux étrangers et à ceux dont l'écart de statut est important (le simple citoyen face à un dignitaire de l'État).

Un troisième axe traduit le degré de *convergence* ou de *divergence* entre les protagonistes. Cette polarité peut s'exercer au niveau des opinions (accord/désaccord), des intérêts (coopération/compétition), des positions (consensus/conflit), des affinités (attirance/répulsion) et des sentiments (sympathie, amour/antipathie, haine)...

Chaque rapport peut être défini par la position de la relation sur ces trois axes : ainsi la relation entre amis est le plus souvent une relation symétrique, non hiérarchique, proche et convergente. Mais bien entendu, une position n'est pas forcément stable, figée ou exempte d'ambivalence : ainsi le rapport parent/enfant qui est souvent un rapport asymétrique, hiérarchique, proche et convergent évolue avec l'âge de l'enfant ; l'adolescent, par exemple, peut contester le caractère hiérarchique du rapport ou prendre plus de distance affective à l'égard de ses parents.

Lorsque l'identité et le rapport de places entre les interlocuteurs sont clairement définis, la communication l'est généralement aussi. S'il y a ambiguïté, la communication peut être plus complexe et source éventuelle d'embarras. Il peut alors y avoir négociation implicite pour redéfinir la relation et « remettre chacun à sa place ».

À travers la notion de rapport de places, nous avons vu un des aspects selon lequel se structure la communication interpersonnelle. Cependant, cette approche laisse échapper en grande partie le sens et la valeur affective que revêt la relation pour ceux qui y sont engagés. Et c'est donc cette dimension intersubjective de la communication qu'il faut maintenant évoquer.

Affinités et processus inconscients

Elle renvoie aux mouvements affinitaires et pulsionnels qui constituent le ressort fondamental de toute relation où intervient une part de choix (la camaraderie, l'amitié, l'attachement, l'amour... et leurs contraires).

Selon Jean Maisonneuve, les affinités sont d'abord « *un certain vécu lié à l'attrait (et à l'attachement) actuel et mutuel entre des personnes qui s'appellent et se répondent, depuis le signe d'accord le plus fugitif jusqu'au partage le plus confiant* » (2).

Mais la relation intersubjective est marquée aussi par des

mécanismes inconscients que la psychanalyse a bien mis en lumière : la projection et l'introjection, l'identification, le transfert, etc. Par la *projection*, j'attribue à autrui des sentiments, des motivations et des attitudes qui découlent de mon propre fonctionnement psychique. Je projette sur lui mes peurs, mes angoisses ou mes attentes (ainsi le timide peut projeter sur autrui une image parentale dont il redoute le jugement). À l'inverse, dans l'*introjection*, ce sont des caractéristiques d'autrui ou de la relation à autrui qui sont intériorisées par le sujet. Ces mécanismes sous-tendent l'*identification*, processus par lequel une personne se perçoit, au niveau imaginaire, identique à une autre par rapport à un trait, une attitude ou de façon globale. L'affinité et la sympathie découlent en partie de l'identification qui intervient comme un facteur important dans l'amitié ou la solidarité groupale.

Enfin, la psychanalyse a souligné l'importance du *transfert*, qui se manifeste dans la cure mais qui, plus largement, marque les relations affectives dans le sens où elles tendent à répéter des prototypes relationnels de l'enfance. Ainsi, nous avons tendance à « transférer » sur certaines personnes le type de relations qui nous unissait enfant à notre entourage familial : ces personnes viennent dans l'imaginaire prendre la place des parents ou de frères et sœurs (ainsi un étudiant peut avoir, face à un professeur, la même attitude de soumission ou de révolte latente qu'il avait face à son père).

On a vu comment la communication interpersonnelle répond à un rapport de places qui la structure, comment elle est soustendue par des mouvements affectifs et des mécanismes inconscients. Il faut aussi aborder sa dynamique qui résulte des enjeux qui l'animent (3).

Jeux et stratégies

Les enjeux peuvent être opératoires et instrumentaux, et donc viser un effet au niveau de la réalité. Mais ils sont aussi d'ordre symbolique. Les interactions sociales impliquent presque toujours, ainsi que l'a montré Erving Goffman (4), une « représentation » de soi où l'acteur cherche à produire, à imposer ou à défendre une image valorisée de lui-même face à autrui (faire « bonne figure » ou, au moins, ne pas « perdre la face »). La définition la plus large de l'enjeu peut donc être la recherche d'une satisfaction, d'un gain ou d'un profit (réel ou symbolique).

On peut distinguer, à ce niveau, deux types de stratégies : l'une tend à maximiser les profits et l'autre à minimiser les risques (la première peut être illustrée par le comportement de celui qui, dans une conversation, cherche à briller ; la seconde par le comportement de celui qui garde une certaine réserve prudente pour ne pas commettre d'impairs).

La recherche d'une satisfaction ou d'un gain peut se spécifier aussi selon des modes relationnels divers, dont certains cependant semblent occuper une place dominante : les rapports de pouvoir et les rapports de séduction.

Le rapport de pouvoir définit un jeu compétitif où chacun essaye de l'emporter sur l'interlocuteur (avoir raison, avoir le dernier mot, donner une meilleure image, être le plus fort...). Le rapport de séduction instaure un jeu coopératif où s'expriment la reconnaissance réciproque, l'affinité, la valorisation mutuelle. Dans la réalité, bien sûr, ces deux rapports peuvent alterner ou même se combiner (la recherche de pouvoir pouvant utiliser la séduction, et la séduction comporter une visée de pouvoir).

L'auditeur produit le message

Au niveau des acteurs, les enjeux influencent les processus d'expression et de communication. Du côté du locuteur, le discours tenu peut apparaître comme une sorte de *compromis* entre un mouvement expressif (intérêt, motivation, intention...) qui le pousse à parler, et une force de répression (inhibition, censure, précaution...) qui l'amène à contrôler ses propos et qui se traduit par des « mécanismes de défense communicationnels ».

De ce conflit résultent le partage entre le dit et le non-dit et certaines modalités sémantiques et syntaxiques du discours. Du côté de l'auditeur, opère un processus d'*interprétation* qui conduit celui-là à mettre en œuvre, en raison de sa position, des mécanismes de sélection et d'inférence qui sont autant des réactions à l'intention du locuteur qu'à la façon dont il perçoit celle-ci à travers le prisme de sa subjectivité. Ainsi, « *chaque récepteur contribue à produire le message qu'il perçoit, et l'apprécie en y important tout ce qui fait son expérience singulière et collective* (5) ».

En tant qu'elle cherche à atteindre certains buts, la communication interpersonnelle répond donc à certaines stratégies.

Celles-ci peuvent s'analyser à la lumière de la notion de jeu, telle que l'a élaborée notamment « l'analyse transactionnelle » fondée par le psychiatre américain Eric Berne (6). Le jeu est pour lui un schéma de conduite (une sorte de scénario) que la personne suit de façon répétitive dans ses relations à autrui (par exemple, la personne qui se situe toujours en victime et place autrui dans la position de persécuteur ou de sauveur).

La quête de reconnaissance

Une autre dimension des stratégies interlocutoires est de produire, de faire reconnaître et de défendre une certaine image de soi; on peut parler dans ce sens de « stratégies identitaires » (7), lesquelles, en partie inconscientes, sous-tendent une part importante des communications.

En effet, les communications interpersonnelles, au-delà de leurs visées instrumentales, sont animées par une quête de reconnaissance dont dépend dans une large mesure la perception de soi.

On peut constater d'ailleurs que la plupart des rituels d'interaction qui régulent les relations quotidiennes (et qui constituent ce qu'on appelle la politesse ou le savoir-vivre) tendent à manifester la reconnaissance d'autrui, à valoriser les interlocuteurs, à ménager leur susceptibilité, à faire que la communication interpersonnelle stabilise et soutienne le rôle, l'image et l'identité de chacun (8). La demande de reconnaissance suit, dans son expression, les lignes de force de différents besoins identitaires à travers lesquels elle se spécifie et se manifeste:

– il y a d'abord le *besoin d'existence* et de considération (être visible aux yeux d'autrui, être connu par son nom, être pris en compte, être respecté, se sentir en sécurité...);

– le *besoin d'intégration* (être inclus dans un groupe ou dans une communauté, y avoir une place reconnue, être considéré comme semblable ou égal aux autres...);

– le *besoin de valorisation* (être jugé positivement, donner une bonne image de soi, être apprécié...);

– le *besoin de contrôle* (pouvoir maîtriser l'expression et l'image que l'on donne de soi, l'accès d'autrui à sa sphère d'intimité, contrôler la relation, ne pas se sentir en position « basse »...) ;

– le *besoin d'individuation* (être distingué des autres, affirmer sa personnalité propre, pouvoir être soi-même et accepté comme tel, avoir le sentiment de se réaliser...) (9).

On peut avancer que la quête de reconnaissance est à la fois l'un des moteurs inconscients de la communication et l'un des processus fondamentaux à travers lesquels se construit l'identité personnelle. En effet, cette identité reste toujours largement dépendante du rapport aux autres et du regard d'autrui. Ce regard, réel ou imaginaire, perçu ou anticipé, est un miroir dans lequel je recherche constamment ma propre image: « *Il suffit qu'autrui me regarde*, comme l'a écrit Sartre, *pour que je sois ce que je suis.* » C'est-à-dire pour que je sois renvoyé à une perception de moi-même qui n'est pas une perception étrangère, mais qui fait partie de mon identité la plus intime.

Le regard d'autrui (comme réalité concrète, comme projection des expériences passées et comme anticipation imaginaire) est à la fois redouté et recherché; car j'ai besoin des autres, du miroir qu'ils me tendent, pour me confirmer et évaluer ma propre image; comme le souligne Ronald Laing: « *Toute "identité" requiert l'existence d'un autre: de quelqu'un d'autre, dans une relation grâce à laquelle s'actualise l'identité de soi.* » (10) Mais ces identités « situationnelles » qui se forgent dans les communications interpersonnelles ne sont pas de simples rôles qu'on endosserait comme un vêtement et qu'on laisserait ensuite au vestiaire. Elles affectent plus ou moins profondément l'identité personnelle selon le degré d'implication dans ces rôles et l'importance existentielle de l'interlocuteur. C'est dans ce sens que la communication interpersonnelle influe constamment sur la conscience de soi, comme l'identité et la place des interlocuteurs influent sur la communication.

Formes et modalités de la communication

Jusqu'ici nous avons abordé certaines données structurelles, certains enjeux ou certains mécanismes généraux qui sous-tendent le face-à-face. Nous avons négligé le fait qu'il existe différentes formes et différentes modalités de communication qu'il est nécessaire d'évoquer maintenant, même brièvement.

Nous emprunterons à E. Berne (11) une classification très concrète et opératoire. Il distingue les activités, les rites, les passe-temps, les jeux et l'intimité. Les *activités* sont tout ce que l'on pratique avec les autres (divertissements, sports, activités professionnelles...) et qui constitue un support important des relations. Les *rites* sont des échanges plus ou moins stéréotypés qui régulent la vie sociale (*« Bonjour, ça va – oui, ça va, merci et toi? »*). Les *passe-temps* désignent les conversations que l'on peut avoir avec des gens avec qui les relations sont superficielles (commerçants, voisins, collègues...); l'expression « parler de la pluie et du beau temps » renvoie bien à ce type d'échanges. Les *jeux* définissent des relations plus impliquées dans lesquelles chaque « joueur » recherche un « bénéfice » psychologique (*« C'est moi le plus fort », « Voyez comme je suis malheureux », « Je suis celui qui peut vous aider »*); nous avons, chacun, nos jeux préférés (le plus souvent inconscients) que nous répétons dans nos différentes relations (c'est, par exemple, l'« éternelle victime » que l'on commence par plaindre pour finir par fuir, confirmant sa conviction que tout le monde la rejette). L'*intimité* apparaît comme le mode relationnel le plus riche et le plus satisfaisant; chacun peut y communiquer de façon proche et authentique; l'engagement affectif et émotionnel y est mutuel et profond.

On constate que ces différentes formes de communication comportent des modalités diverses d'*implication* allant d'un faible engagement dans les rites et les passe-temps à une expression de soi pleine et authentique dans l'intimité. Elles supposent aussi des degrés variables d'ouverture et de fermeture: nous avons besoin de nous ouvrir à autrui pour gagner sa sympathie et sa reconnaissance et partager avec lui des opinions, des expériences, des émotions; mais nous avons aussi besoin de protéger notre intimité, de défendre notre territoire, de nous ménager des moments de solitude. L'ouverture et la fermeture sont des attitudes et des moments délicats à gérer dans la communication (comme lorsqu'il s'agit de parler à quelqu'un qu'on ne connaît pas ou d'interrompre une conversation qui tend à se prolonger trop longtemps).

Une dimension importante de l'implication est aussi le niveau d'investissement énergétique et affectif que suscite la communication: il est des échanges passionnés et d'autres qui sont ternes et désaffectivés; les premiers provoquent certainement plus d'excitation et d'intérêt que les seconds. Mais chacun vise, dans la communication, l'intensité émotionnelle qui lui convient le mieux: trop d'émotion peut déstabiliser, alors qu'un manque d'affect peut conduire à des échanges mornes et ennuyeux (les séries télévisuelles satisfont souvent un appétit d'émotions fortes, mais qu'il est parfois plus facile de vivre comme spectateur que comme acteur).

Les conditions de satisfaction

Un autre aspect est le degré de congruence et d'empathie chez les interlocuteurs, aspect sur lequel Carl Rogers a mis l'accent (12). La *congruence* concerne celui qui s'exprime et désigne l'accord qu'il y a entre ce qu'il ressent, ce qu'il pense et ce qu'il dit (je peux être irrité par les propos de mon interlocuteur, en prendre conscience et le lui exprimer; mais je peux aussi taire mon irritation ou la masquer par un sentiment contraire). C. Rogers a montré que la congruence est une des conditions d'une « bonne » communication, car l'absence de congruence introduit un facteur de confusion qui brouille les échanges.

L'*empathie* opère, elle du côté de celui qui écoute. Elle correspond à la capacité d'être ouvert à ce qu'exprime l'interlocuteur, à le percevoir sans déformation et, en quelque sorte, à « se mettre à sa place » pour ressentir et comprendre l'expérience qui est la sienne telle qu'il la vit lui-même (13). Là encore, l'empathie est une condition fondamentale d'une bonne communication. Beaucoup de difficultés dans les relations tiennent à un manque d'empathie chez les interlocuteurs (ce manque peut être dû à un désintérêt, à un défaut de disponibilité, à une attitude défensive, à des sentiments négatifs à l'égard de l'autre, à un trop plein d'émotion...).

Il faudrait évoquer aussi, pour aborder la diversité des communications de face à face, le degré de *satisfaction* qu'y trouvent les protagonistes. Sans pouvoir développer cet aspect, disons qu'il dépend notamment de la réponse à quelques questions fondamentales: Est-ce que l'autre m'écoute? Est-ce qu'il me comprend? Est-ce qu'il me reconnaît? Est-ce qu'il partage ma façon de voir? Est-ce qu'il m'apprécie? Est-ce qu'il répond à mes désirs?

Ces questions sont toujours présentes en filigrane dans les échanges et selon les réponses que chaque interlocuteur leur apporte, il ressent la communication comme bonne ou mauvaise, agréable ou désagréable, stimulante ou fatigante, satisfaisante ou frustrante.

Notes

1. Cette distinction a été introduite par l'approche systémique de la communication. Voir E. Marc et D. Picard, *L'École de Palo Alto*, Retz, 1984.
2. J. Maisonneuve et L. Lamy, *Psychosociologie de l'amitié*, Puf, 1993.
3. Voir dans ce même ouvrage, E. Marc, « Pour une psychologie de la communication ».
4. Voir notamment E. Goffman, *Les Rites d'interaction*, Éditions de Minuit, 1974.
5. P. Bourdieu, *Ce que parler veut dire*, Fayard, 1992.
6. E. Berne, *Des jeux et des hommes*, Stock, 1975.
7. Voir C. Camilleri et al., *Stratégies identitaires*, Puf, 1990.
8. Voir D. Picard, *Les Rituels du savoir-vivre*, Seuil, 1995, et l'article de D. Picard dans cet ouvrage.
9. Voir E. Marc Lipiansky, *Identité et Communication*, Puf, 1992.
10. R. Laing, *Soi et les autres*, Gallimard, 1971.
11. *op. cit.*
12. C. Rogers, *Le Développement de la personne*, Dunod, 1998 [1991].
13. Concernant l'empathie, voir l'article de J. Cosnier « Empathie et communication » dans cette partie.

Yves Winkin

Vers une anthropologie de la communication ?

La communication ne passe pas uniquement par la parole mais aussi par des gestes, des postures, des façons d'occuper l'espace... le tout dans un contexte donné. Tel est le regard de l'anthropologie de la communication, domaine d'étude prometteur mais encore assez peu exploité.

En 1967, l'anthropologue et linguiste américain Dell Hymes publiait un texte intitulé « L'anthropologie de la communication » (1). Il ne proposait pas la fondation d'une nouvelle discipline. Il voulait seulement rappeler que l'anthropologie se devait de prendre en considération les définitions « locales » de la communication. Dans les sociétés modernes, la « communication » désigne soit l'échange d'informations entre deux personnes, soit la transmission de messages par les médias. Mais qu'en est-il dans d'autres contextes ?

Dans la culture des Indiens Ojibwa, par exemple, il est admis que les dieux parlent aux hommes par l'intermédiaire des coups de tonnerre ; que les pierres sont des signes disposés par les dieux dans le désert pour aider les hommes à le traverser. Les vieux Zuni qui écoutent les coyotes aboyer à la nuit tombante disent qu'ils peuvent « retraduire » leurs « conversations » à l'intention des plus jeunes.

Selon D. Hymes, si tous ces faits relèvent de la communication, alors il faut insérer dans l'« économie communicative » d'une société tous les acteurs auxquels ses membres attribuent des intentions de communication (les dieux, les morts, les animaux, etc.) ainsi que tous les moyens dont ces êtres disposent (éclairs, pierres, aboiements, etc.) pour parler aux hommes ou se parler entre eux. « *Dans toute culture ou communauté,* écrit-il, *le comportement et les objets en tant que produits (par fabrication et vocation) du comportement sont sélectivement organisés, utilisés, fréquentés et interprétés pour leur valeur communicative. Tout comportement et tout objet peuvent être communicatifs, et l'éventail des possibilités communicatives est bien plus large et plus significatif que notre attention courante à la parole ne le révèle.* » (2)

Bien sûr, le répertoire des comportements et des objets à valeur communicative varie d'une société à l'autre. C'est à l'anthropologue de reconstituer peu à peu le « territoire » de la communication dans la communauté qu'il étudie. Cette tâche n'a jamais été réalisée jusqu'au bout pour quelque société que ce soit. Mais l'appel de D. Hymes reste fondamental, pour trois raisons.

Il a, tout d'abord, ouvert la définition de la communication en y incluant l'intention attribuée à l'émetteur par le récepteur. Du coup l'émetteur peut être un dieu, et son message peut être une pierre. Il a ensuite rappelé aux chercheurs en communication que l'anthropologie pouvait leur fournir des approches théoriques et méthodologiques très différentes de celles auxquelles ils sont habitués (tout particulièrement l'analyse de contenu appliquée aux messages médiatiques).

Enfin, il a balisé un nouveau champ de recherche qui mériterait d'être inséré au sein des sciences de l'information et de la communication. C'est l'objectif que se donnent aujourd'hui nombre de chercheurs en France et ailleurs, en redéployant la définition de la communication et, partant, des lieux où l'observer et des méthodes pour l'investir.

On n'en finit jamais de redéfinir ce qu'est la « communication », car on en revient toujours à la même alternative, entre une vision restreinte de la communication et une autre plus globale.

La culture comme communication

La première définition est commode et classique: elle isole la communication comme l'ensemble des modalités spécifiques et explicites de transmission d'informations. Dans la vie de tous les jours, on parle de la communication comme d'un phénomène d'envoi et de réception de paroles, de lettres, de signaux, d'images, etc. La recherche spécialisée sur la communication s'inscrit majoritairement dans cette perspective : la sociologie des médias, la psychologie des interactions, la prospective sur les nouvelles technologies ne cessent d'utiliser, à la fois dans leurs travaux théoriques de construction de « modèles » et dans leurs analyses, une définition « télégraphique » de la communication, soit : un émetteur A envoie un message X à un récepteur B, grâce au support Z, etc. Les termes peuvent changer, le schéma de base reste.

Élargir ce schéma, c'est opter pour la difficulté, aussi bien parce que le sens commun s'en trouve chahuté que parce que la recherche ne s'est guère engagée dans cette voie. Il s'agit de concevoir la communication non comme un phénomène spécifique et limité, mais comme un concept intégrateur, permettant de penser autrement les rapports entre l'individu et la société, entre la société et la culture.

Dans cette perspective beaucoup plus large, on définira la communication comme l'ensemble des actes qui, au jour le jour, mettent en œuvre les « structures » qui fondent une société, c'est-à-dire sa culture. L'ensemble des actualisations de la culture dans les mille et un gestes de la vie quotidienne constitue la « communication ».

Le chercheur qui se risque dans cette refondation doit rapidement lever un obstacle majeur : la communication comme « performance de la culture » est une définition abstraite. On perçoit mal quel est son rapport à la multitude de faits particuliers qui la constituent. Elle risque dès lors d'être rejetée, autant par les pairs que par les lecteurs.

Il faut dès lors se reporter aux fondateurs de la notion de communication élargie : les chercheurs du « Collège invisible » de la Nouvelle communication, ou encore les membres de l'École de Palo Alto, dont la formule emblématique (« On ne peut pas ne pas communiquer ») est devenue célèbre en France. Elle signifie que n'importe quel élément de temps, de lieu, de cadre présent dans notre vie est susceptible d'être un élément de communication. L'anthropologue Ray Birdwhistell illustrait cela d'un exemple frappant : « *Tout étudiant qui a jamais attendu un coup de fil dans son dortoir un soir sait combien un téléphone silencieux peut être bruyant.* » Il faisait allusion à la pratique généralisée sur les campus américains du rendez-vous (galant) du vendredi entre étudiants. Dans ce cadre, le téléphone qui ne sonne pas est un message effectif. Son idée est de montrer que la communication ne se limite pas à la transmission intentionnelle d'informations verbales. La culture comporte certaines attentes, et si celles-ci ne se réalisent pas, cela signifie quelque chose. Cette remarque ouvre sur une conception quasiment sans limites de ce qui est susceptible d'être une composante de communication. Si un téléphone muet est capable de « dire » quelque chose, alors beaucoup d'autres choses le peuvent aussi. La communication ne se limite donc pas chez R. Birdwhistell au message, ni même à l'échange, à l'interaction ; elle inclut aussi le système, le contexte qui les rend possibles et qui peut charger la non-occurrence d'une valeur informative équivalente à un message explicitement délivré. On remarquera cependant que, dans la pratique, la réflexion du groupe de Palo Alto a porté essentiellement sur la dynamique du couple et de la famille, même si Gregory Bateson, qui a fondé intellectuellement le mouvement, pensait en termes plus généraux, en sa qualité d'anthropologue des systèmes humains.

Sans aboutir à une définition exhaustive, cette vision élargie de la communication peut être caractérisée à partir de cinq principes. :

La communication est un phénomène social. Chaque acte de transmission de message est intégré à une matrice beaucoup plus vaste, comparable dans son extension à la culture. C'est cette matrice qui reçoit le nom de communication sociale. Elle constitue l'ensemble des codes et des règles qui rendent possibles et maintiennent dans la régularité et la prévisibilité les interactions et les relations entre les membres d'une même culture. L'individu est vu comme un acteur social, comme un participant à une unité qui le subsume ;

La participation à la communication. Elle s'opère selon de multiples modes, verbaux et non verbaux, qui peuvent faire l'objet d'approches spécifiques : paralinguistique, proxémique, kinésique, haptique*. La plupart du temps, les activités communicatives sont des activités de contrôle, de confirmation, d'intégration, où la redondance joue un rôle important. C'est donc moins le contenu que le contexte, l'information que la signification que le chercheur en communication sociale cherche à cerner ;

L'intentionnalité ne détermine pas la communication. Lorsque deux personnes parlent dans une langue donnée, elles participent à un système qui était là avant elles, et qui leur survivra. En d'autres termes, l'acte réalisé dans l'ici et le maintenant de l'interaction n'est qu'un moment dans un mouvement beaucoup plus vaste : celui de la culture comme flux d'informations ;

La communication sociale se laisse appréhender par l'image de l'orchestre. Les membres d'une culture participent à la communication comme les musiciens participent à l'orchestre. Mais il n'y a pas de chef et pas de partition : ils se guident mutuellement les uns les autres ;

L'observateur fait nécessairement partie de l'orchestre. Même s'il vient d'une autre société. Du coup, la seule façon d'étudier la communication en actes est l'observation participante, à la façon des anthropologues.

Terrain, journal et données

L'anthropologie de la communication s'est dotée d'une définition terriblement ambitieuse : la communication est coextensive à la culture. Comment opérationnaliser une telle perspective ? Réponse : en travaillant très finement de petits terrains bien circonscrits, qu'il s'agisse de lieux publics (un quai de gare), semi-publics (une terrasse de café) ou privés (le salon familial) ; ou encore de lieux de travail (un studio de TV), de résidence (une maison de retraite) ou de loisir (un club de vacances). Il faudra observer les comportements qui s'y déroulent et les décrire aussi minutieusement que possible dans son journal de bord. On parlera de démarche ethnographique pour caractériser cette approche. Associée à l'anthropologie de la communication, la démarche ethnographique repose sur trois savoirs ou compétences : savoir voir, savoir être (avec les autres), savoir écrire. Cette triple compétence peut s'exercer sur n'importe quel « terrain », n'importe quel lieu, n'importe quel groupe social. L'anthropologie contemporaine ne se définit plus par ses objets, mais par le regard qu'elle porte sur les objets qu'elle décide d'investir, par les rapports qu'elle entretient avec les acteurs sociaux, par l'écriture qu'elle utilise pour rendre l'expérience vécue. L'anthropologie de la communication participe pleinement de cette attitude à la fois modeste et ambitieuse. Modeste, parce que tout part et tout revient à des données, que l'on collecte presque sans le savoir, en écrivant tous les jours son journal, où l'on transcrit ses observations, ses réflexions, ses émotions. Ambitieuse, parce que l'objectif final est celui d'une contribution scientifique à l'étude de la culture en acte, quelles que soient les dimensions du terrain que l'on se donne. En effet, il est posé que « l'universel est au cœur du particulier »: plus l'étude sera fine, et plus elle permettra de démonter les *patterns* de la culture, les régularités qui sous-tendent la production quotidienne de la société. Ainsi, Natacha Adam s'est glissée pendant un an dans une école primaire multiculturelle de Liège (avec l'accord des enseignants, bien sûr). Du fond d'une classe, toujours la même, elle observait les interactions entre les enfants et leur institutrice et, sur le temps de midi, elle « surveillait » la cour de récréation. Tous les soirs, elle écrivait les petits événements de la journée dans son journal. Sa question de base: comment la communication interculturelle fonctionne-t-elle au jour le jour?

Quelles sont les modalités verbales et non verbales que les enfants utilisent pour construire la différence? (3) Dans son livre, elle décrit les injures que les enfants lancent (« tu pues! »), mais aussi les danses « zoulou » dans lesquelles de petites Africaines entraînent leurs copains et copines, au grand effarement des institutrices. Ce qu'elle a vécu à Liège, N. Adam aurait pu le connaître ailleurs en Europe, sinon aux États-Unis. Certes, chaque pays connaît une idéologie multiculturaliste différente (l'attitude de l'école « intégratrice » française en serait un exemple particulièrement net). Mais N. Adam retrouve ainsi certains résultats des études (américaines) de Tracy Kidder (4), ou de S. Brice Heath (5). Elle anticipe les très beaux travaux de Julie Delalande (6). Son travail se situe dans l'ici et maintenant d'une petite école liégeoise mais il permet de réfléchir aux relations interculturelles enfantines d'une manière beaucoup plus générale.

Une anthropologie OVNI?

Ce pari de la généralisation, l'anthropologie de la communication le fait comme toute anthropologie. Le travail se fait par coups et par touches, mais l'objectif final est d'offrir aux lecteurs un savoir global. Ce pari est ambitieux dans le cas de l'anthropologie de la communication parce qu'elle doit faire face à un bien étrange constat: elle veut fonctionner à partir d'objets non identifiés.

En effet, l'anthropologie de la communication proposée par D. Hymes se donnait pour objet l'économie communicationnelle de chaque société. Vaste programme, jamais réalisé. Mais au moins pouvait-on comprendre d'emblée ce que cette anthropologie cherchait à étudier. Dans le cas de l'anthropologie de la communication « élargie », où la communication devient la performance de la culture, il n'y a plus d'objet concret à investir. Cette anthropologie de la communication risque-t-elle dès lors de se dissoudre dans l'éther des théories trop pures ? Non, pour trois raisons. Tout d'abord, elle reste très concrète grâce à son appui sur la démarche ethnographique. L'anthropologie de la communication se fonde sur des lieux vivants, des situations réelles, des expériences personnelles, dont elle tire des enseignements sur les modes d'accomplissement de la culture dans la quotidienneté. Ensuite, parce que l'anthropologie de la communication se définit non comme une discipline, mais comme un cadre, une perspective, une forme, permettant de travailler avec quelque cohérence théorique et méthodologique. C'est une anthropologie communicationnelle, comme il y a une anthropologie visuelle, cognitive ou sémiotique. Elle veut offrir aux chercheurs en communication les moyens d'investir d'autres objets que les médias, elle leur donne les moyens de construire « communicationnellement » tout objet qui les interpelle. Aux chercheurs de comprendre que cette liberté théorique n'est pas une nouvelle licence pour écrire n'importe quoi au nom de la communication. La vigueur de la méthode ethnographique à laquelle s'associe l'anthropologie de la communication devrait d'ailleurs décourager plus d'un dilettante.

Mais – et c'est la troisième raison de croire que l'anthropologie de la communication ne risque pas de s'évaporer dès son apparition à l'air libre – la redécouverte au sein des sciences de l'information et de la communication que les chercheurs sont responsables de leur objet, que celui-là n'est donc pas *a priori* constitué par les médias et les nouvelles technologies, peut amener un vigoureux courant d'air frais dans un univers scientifique qui a trop tendance à toujours utiliser les mêmes modèles et à formuler les mêmes interrogations à propos des mêmes objets.

Avec l'arrivée de cette perspective « ovni », de nouvelles têtes risquent d'apparaître, de nouveaux projets de circuler et des certitudes de tomber. Ne fût-ce que pour cette dernière raison, l'aventure intellectuelle de l'anthropologie de la communication vaudrait la peine d'être tentée en France.

Notes

1. D. Hymes, « The Anthropology of Communication », dans FEX Dance (ed.), *Human Communication Theory: Original Essays*, Holt, Rinehort and Winston, 1967.
2. D. Hymes, *op. cit.*
3. N. Adam, *Comment le racisme vient aux enfants*. Mémoire de maîtrise en communication, Université de Liège, 1995.
4. T. Kidder, *Among Schoolchildren*, Houghton Mifflin, 1989.
5. S. Brice Heath, *Ways with Words. Language, Life and Work in Communities and Classrooms*, Cambridge University Press, 1983.
6. *La Cour de récréation. Pour une anthropologie de l'enfance*, Presses universitaires de Rennes, 2001.

JEAN-BAPTISTE FAGES

LE « COLLÈGE INVISIBLE »

Les préoccupations et les travaux de Gregory Bateson, Paul Watzlawick ou Erving Goffman n'ont, semble-t-il, rien en commun. Le premier, anthropologue, a tout d'abord étudié les sociétés de Bali, le second est psychothérapeute et philosophe ; le dernier est sociologue et a étudié les rites d'interaction dans les rencontres. Pourtant, un fil conducteur unit ces auteurs – et quelques autres – en un « collège invisible ».

Au cours des années 50-80, les membres de ce « collège », travaillant dans divers centres universitaires à travers les États-Unis, mènent un ensemble de recherches pluridisciplinaires sur les phénomènes de communication interindividuelle, sur la communication de groupe, sur les symboles, les rites, etc. Or, bien qu'ils n'aient pas disposé d'un pôle institutionnel unique, ces chercheurs issus d'horizons différents, se retrouvent autour d'un certain nombre de concepts – *double bind*, kinésique, proxémique, signalétique…* – et présentent finalement entre eux une très grande parenté méthodologique, compte tenu des rapports qu'ils entretiennent régulièrement. On a souvent entendu parler de l'École de Palo Alto, mais il paraît plus juste *« pour mieux faire ressortir le caractère à la fois personnel (non institutionnel) et intellectuel de ce réseau »* de reprendre la métaphore de *« collège invisible »* proposée par Yves Winkin (1).

Gregory Bateson : double bind et communication paradoxale

S'il est un chercheur à qui le qualificatif « pluridisciplinaire » convient particulièrement, c'est bien à cet anthropologue – époux de Margaret Mead – qui mène des enquêtes ethnologiques sur les rituels en Nouvelle-Guinée, entreprend des travaux sur l'apprentissage et « l'autocorrection » et s'intéresse à la sociologie et à la psychiatrie. Il propose des thérapies et des théories sur l'alcoolisme et la schizophrénie tout en menant une réflexion épistémologique sur les terrains qu'il parcourt ainsi que sur la cybernétique ou la théorie des systèmes*. Sans être psychanalyste, il a fourni aux héritiers de Freud deux concepts stimulants : le *double bind* et la communication paradoxale.

Le *double bind*, c'est la contrainte double, ou plus précisément, la double injonction contradictoire. Soit l'ordre : *« soyez spontané! »* L'impératif annule la teneur du message : lui obéir, c'est s'exclure de la spontanéité ; ne pas obéir, c'est refuser le message. Ces relations intenses et contradictoires s'établissent en amitié, amour, captivité, relations de dépendance, etc. Celui qui reçoit le message est contraint de réagir, mais sa réaction, critique ou repli sur soi, n'est pas appropriée. Soit la relation entre un enfant et une mère hostile : celle-ci se retire si l'enfant approche, puis stimule une approche ; retour alors de l'enfant et nouveau retrait de la mère… Dès lors, l'enfant est « coincé ». En 1956, G. Bateson interprète le *double bind* comme une duperie dans laquelle l'enfant est « puni ». Il est puni parce qu'il interprète tantôt correctement (le contexte, la duperie), tantôt de travers (le message apparent de l'affection). Mais cette première interprétation sera revue en 1963 ; la double contrainte est alors conçue *« non dans les termes d'un bourreau* (binder) *et de sa victime, mais en termes de personnes prises dans un système permanent qui produit des définitions conflictuelles de la relation* (2) *»*. La lecture va alors s'inverser, G. Bateson n'analyse plus *« la double contrainte au sein du système familial, mais le système familial au sein de la double contrainte »* (3).

Face au *double bind*, l'individu pourra se lancer dans une quête obsessionnelle des indices de solution, fussent-ils les plus invraisemblables ; il peut obéir mécaniquement à tout et à son contraire ; ou encore se retirer du jeu… Que faire pour se libérer ? G. Bateson a lancé le concept de communication paradoxale ; tour à tour, on peut alors jouer la contradiction ou la déjouer. On pense au paradoxe du comédien dans le premier cas. Et dans le second, à de multiples ruses dont peuvent être capables les interlocuteurs, par exemple le faux serment ou la fausse promesse qu'invalide la contrainte; l'humour qui procède par antiphrases, etc.

Ces observations conduisent G. Bateson à établir une hiérarchie dans les apprentissages: percevoir le signal, réagir par « réflexe conditionné », apprendre à apprendre, accéder au système global qui ordonne l'ensemble. Pour comprendre la connaissance elle-même (épistémologie), il tient compte aussi bien des codes digitaux fondés sur des oppositions (par exemple l'informatique) que des codes analogiques (images visuelles); univers hiérarchisé dans le premier cas (*creatura*), univers de correspondance (*pleroma*) dans le second. En tout état de cause, l'homme moderne doit se libérer des frénésies d'individualisme dominateur (*hubris*) pour jouer le jeu social, écologique, voire poétique, de toutes les interconnections.

L'École de Palo Alto

Palo Alto est une petite ville de la banlieue de San Francisco, proche de l'Université de Stanford. L'équipe de Palo Alto va capter de nouveaux chercheurs audacieux, dont le psychiatre et analyste Don Jackson, venu du Maryland. Celui-ci fonda à Palo Alto le Mental Research Institute (1959) pour des recherches et des traitements de psychothérapie.

L'idée de système va prévaloir. La première hypothèse et le premier champ d'application de D. Jackson consiste à traiter le patient individuel dans son ensemble familial et à considérer la famille comme un système homéostatique régi par un ensemble de règles. Ainsi, la famille peut se donner un équilibre ayant besoin de la maladie d'un de ses membres. C'est donc à un nouvel équilibre global qu'il faut procéder. D. Jackson reprend alors le principe du *double bind*: le patient se trouve vis-à-vis du psychiatre dans une relation analogue à celle de l'enfant vis-à-vis de la mère; obéir au praticien, c'est contredire ses propres plaintes (du genre: *« c'est plus fort que moi »*); lui désobéir, c'est se comporter en non-malade. La solution à trouver est donc celle d'un nouveau type de jeu, avec de nouvelles règles.

D. Jackson meurt prématurément en 1968. Les équipes se renouvellent à un rythme rapide; mais la réputation internationale de Palo Alto comme centre d'innovation et de formation s'étoffe. Innovateurs et chercheurs plus classiques mettent en perspective le modèle anglo-saxon et protestant de la famille, et analysent des modèles différents.

Dans l'équipe de D. Jackson, Paul Watzlawick va entraîner les travaux vers une logique de la communication. Cet Autrichien, formé à la philosophie en Italie, à la psychanalyse en Suisse, se passionne pour les recherches modernes de logique et de philosophie du langage. Il enseigne en Amérique latine et finit par rejoindre les équipes de Palo Alto. Il va saisir et formuler la logique des démarches et pratiques de G. Bateson, D. Jackson et des tenants de l'antipsychiatrie.

Alors que se développent en France les analyses structurales des textes littéraires (Roland Barthes, Gérard Genette), P. Watzlawick soumet une pièce d'Edward Albee: *Qui a peur de Virginia Woolf?* à une critique selon la logique des systèmes ouverts, en interaction continue. L'exemple est pertinent: il propose à partir de la fameuse scène de ménage du film l'analyse d'un dialogue conflictuel en escalade symétrique; « *tout jeu comporte une tactique; le style de George et celui de Martha sont très différents (...) mais leurs tactiques respectives s'enclenchent adroitement, chacun évite d'employer la tactique de l'autre. L'escalade, tout au long de la pièce, aboutit à un éclatement du système et cette rupture ouvre sur un système "d'échelle supérieure".* » (4)

Sur le terrain des thérapies, il tente de systématiser le fonctionnement du paradoxe. Passer du changement 1 (améliorer le « système »), au changement 2 (transformer tout le système); sortir par exemple de la spirale de la violence, utiliser ses infirmités au lieu de les cacher. De fil en aiguille, P. Watzlawick relie une logique du changement à celle de la communication. Au lieu d'imposer son propre langage, son propre système, il s'agit de s'insérer dans celui du patient en vue d'une transformation intérieure.

Philadelphie: Ray Birdwhistell et la kinésique

De Palo Alto, nous passons à Philadelphie pour rencontrer R. Birdwhistell et ses disciples. Sudiste d'origine, il mène ses recherches sur le terrain et enseigne aux universités de Philadelphie, de Washington et de Toronto. Influencé par M. Mead, il entreprend divers travaux ethnologiques aux États-Unis, dans lesquels la tenue du corps et la gestuelle deviennent des objets privilégiés. Il s'intègre à l'équipe pluridisciplinaire de Palo Alto et devient célèbre par une étude minutieuse d'une séquence de neuf secondes du film *La Cigarette de Doris*. Cette analyse exemplaire illustre une thèse: gestes, langage parlé, touché, odorat, espace et temps représentent autant de modes d'un même système de communication. Aussi le chercheur est-il en étroit contact avec les linguistes dont il reprend et adapte les instruments.

Son *Introduction to kinesics*, dès 1952, représente la première grande étude systématique des faits gestuels. Aux phonèmes* de l'alphabet correspondent les kinèmes, petites unités du geste ou de la mimique: par exemple « l'œil gauche fermé ». Aux monèmes du lexique correspondent les kinémorphèmes, par exemple: « clin d'œil ». La kinésique* devient une grammaire des gestes. Là-dessus se met en place une parakinésique, tout à la fois prosodie et poétique des gestes: intensité, durée, étendue, mais aussi rythmes constants, flux global, etc. Cette dimension plus large s'intègre à un contexte psychologique, social et culturel. Les « accents » gestuels expriment des particularités: région par région, milieu par milieu, à l'instar de ceux de la langue. Au demeurant, R. Birdwhistell ne cesse de confronter les « marqueurs » gestuels à ceux de la parole.

À Philadelphie, Albert Scheflen, psychiatre et thérapeute de formation, s'intéresse aux travaux de R. Birdwhistell. Il aborde les rapports entre gestes, postures et langage parlé. De surcroît, il étudie non seulement un état donné de la communication (synchronie) mais ses règles d'évolution (diachronie).

Trois niveaux de communication corporelle se dégagent: le point, moment donné d'une situation (quelques secondes); la position ou posture générale du corps; la présentation ou ensemble de la prestation. Pour en finir avec Philadelphie, signalons encore les études de Stuart Sigiman, né en 1955, qui représente la troisième génération (D. Jackson, E. Goffman appartenant à la deuxième). Il va plus particulièrement travailler sur l'analyse conversationnelle.

Edward T. Hall et l'espace comme langage

Deux chercheurs, de mouvance différente, vont se rattacher au collège invisible. Tous deux entretiennent déjà des relations avec

R. Birdwhistell et A. Scheflen à Philadelphie, et font naturellement référence à G. Bateson.

L'influence d'E.T. Hall tient, à certains égards, à des effets de mode. Deux de ses ouvrages, *La Dimension cachée* et *Au-delà de la culture*, connaissent de nombreuses traductions.

Sa carrière est particulièrement éclectique : docteur en anthropologie à Columbia (New York), il participe à plusieurs expéditions d'archéologie, d'anthropologie, devient formateur de diplomates, d'architectes, de psychiatres, d'anthropologues et, dans les années 70-80, enseignant dans diverses universités. Son nom se rattache plus particulièrement à la notion de proxémique où l'espace est compris comme un langage. Son premier ouvrage de large diffusion, *Le Langage silencieux* (5) vulgarise les recherches et concepts des recherches américaines des années 50-60 sur la communication non linguistique : conception sociale du temps, organisation de l'espace d'interaction, changement social, etc. Mais déjà, il étage avec une ingéniosité classificatrice les « notes isolées », les « séries » (*sets*) et les « schémas » (*patterns*) et tend à définir la culture comme un ensemble de codes.

Cette codification, il va l'exercer dans son ouvrage le plus célèbre : *La Dimension cachée* (6), véritable grammaire de l'espace. Ainsi le monde nord-occidental communique selon quatre distances : intime/personnelle/sociale/publique.

Là-dessus, des nuances se feront jour comme autant de dialectes entre Américains, Allemands, Français. Si nous passons aux pays arabes, aux Japonais, d'autres langages de l'espace sont structurés.

Autre classification, celle des espaces : ceux à organisation fixe de l'habitat nord-occidental depuis le XVIIIe siècle (cuisine, chambre, bureau, etc.) ; ceux à organisation semi-fixe (palais traditionnels, salles modernes d'attente) ; ceux à organisation variable comme en Extrême-Orient. Dans *Au-delà de la culture* (7), E.T. Hall conteste les prétentions de certains modernes à une architecture universelle (Le Corbusier) ; il plaide pour les particularités culturelles. Ici encore, il capte un courant actuel, post-moderne : la quête des relations de proximité à l'encontre de la généralisation universalisante.

Questions pour un bilan

Ce « collège » est-il une « accolade d'affinités » ou un réseau pertinent de méthodes et de travaux? Une brève confrontation avec le structuralisme* français dans la même période vient activer la réponse. N'oublions pas que les chercheurs évoqués se réfèrent peu ou prou à ce courant français de méthodologie scientifique: parler de « système » était pour eux en consonance avec « structures ». La référence la plus constante allait (à juste titre) vers Claude Lévi-Strauss. Mais la démarche structurale décrite par C. Lévi-Strauss est foncièrement déductive. Le chercheur construit son modèle, le plonge dans les faits (de langues, de récits, de données ethnographiques, etc.) pour découvrir des structures profondes. Et cette plongée va jusqu'à un inconscient culturel.

Dans un contexte américain empirique, pragmatique – et porté à réduire l'inconscient, à le ramener prestement à jour –, les positions radicales du structuralisme français risquaient de trouver plus de curiosité que d'influence. Ce qui caractérise tous ces chercheurs, c'est leur pluridisciplinarité, tant individuelle que collective: dans les domaines du psychisme, du social, du culturel, des langages et de l'espace... La rigueur affichée des Français pour la « pertinence » des méthodes impliquait une spécialisation. Or, qui dit « collège » dit pour le moins va-et-vient sur des terrains contigus mais différents.

Malgré tout, les hommes du collège invisible se caractérisent tous par le recours à une démarche de système: construire à un moment donné des concepts et des schémas; relier les instruments par une logique interne et les appliquer aux faits. Cela vaut pour G. Bateson (*double bind*) comme pour D. Jackson (système familial) et, *a fortiori*, pour tous ceux qui se réclament de R. Birdwhistell. Quant à P. Watzlawick, il se rattache aussi à la logique moderne de l'École de Vienne. Dans un contexte américain, ce collège invisible est le courant qui aura le plus poussé en avant la culture logique et déductive.

Il aura aussi inventé ses propres démarches et fait œuvre provocante de retour. Ce Collège n'est pas une « école » au sens rigoureux, européen, du terme: avec fondateurs et disciples. Il n'est pas un simple club d'affinités. Il est – il fut entre 1950 et 1980 – un milieu fécond d'échanges, de confrontations, de filiations, rétroactions. Exemple assez rare dans l'histoire de la culture de par la souplesse dans des interférences fortes. On pourrait évoquer le cas des encyclopédistes du XVIIIe siècle français.

Notes

1. Y. Winkin, *La Nouvelle Communication*, Seuil, 2000 [1981].
2. *Op. cit.*
3. *Op. cit.*
4. P. Watzlawick, J.H. Beavin et D.D. Jackson, *Une logique de la communication*, Seuil, 1972.
5. E.T. Hall, *Le Langage silencieux* (1959), trad. Mame, 1973.
6. E.T. Hall, *La Dimension cachée* (1966), trad. Seuil, 1971 et Points Seuil, 1979.
7. E.T. Hall, *Au-delà de la culture* (1976), Seuil, 1979.

Xavier de La Vega

Gregory Bateson (1904-1980) Penser le changement

***Vers une écologie de l'esprit* est un ouvrage aussi éclectique que son auteur. Une seule pensée y est pourtant à l'œuvre, que Gregory Bateson mobilise pour étudier la régulation et les conditions de changement des sociétés.**

Vers une écologie de l'esprit est un livre intimidant. Publié en 1972, il récapitule l'itinéraire d'un auteur qui a alors abordé des domaines aussi variés que l'anthropologie, la psychothérapie, la biologie ou l'écologie. Sautant d'un champ à l'autre, Gregory Bateson a forgé une pensée qui éclaire la question de l'organisation dynamique des sociétés et celle de leur changement.

Un « *métalogue* », explique G. Bateson, est une sorte de conversation dans laquelle la structure du dialogue éclaire le problème traité tout autant que le contenu des messages. Faut-il ne voir dans cette « définition » qu'un simple avertissement à l'usage du lecteur? Celui-ci risque, il est vrai, d'entamer en toute ignorance la lecture des sept métalogues qui introduisent le livre. Ces dialogues mettent en scène un père face à sa fille qui l'interroge sur les thèmes les plus variés. « *Ces conversations sont-elles sérieuses* », demande la fille, ou bien s'agit-il « *d'une sorte de jeu qu'on joue ensemble?* » Dans ce cas, quelles en sont les règles? Et sont-elles définies une fois pour toutes, ou bien s'avèrent-elles aussi mouvantes que les maillets-pélicans, les boules-hérissons et les arceaux-soldats du jeu de croquet d'*Alice au pays des merveilles*? C'est ce que les interlocuteurs découvriront dans le cours même de leur conversation.

En commençant son livre par cette série de métalogues, dans quel jeu G. Bateson entraîne-t-il le lecteur? Ce n'est qu'en jouant que ce dernier pourra le savoir. De même que la structure du livre, son unité intime, ne surgira que du processus, de la forme même de l'exposition. De fait, comment envisager *a priori* une unité dans ce recueil d'articles, parus sur une durée de trente-cinq ans, qui abordent tour à tour l'anthropologie, la théorie de l'apprentissage, l'analyse de la schizophrénie, l'évolution des espèces ou la dynamique des écosystèmes? Les fragments hétéroclites de l'ouvrage se présentent pourtant comme autant d'étapes (*steps*) d'une seule et unique pensée en constante reformulation. Une pensée à l'image d'un système vivant qui se réorganise, se complexifie, à mesure qu'il saute d'un environnement à l'autre, d'un champ de recherche au suivant. L'expression énigmatique « écologie de l'esprit » embrasse tout autant ce mouvement réflexif que la dynamique des systèmes qu'il entend décrire. À la manière du dessin de Maurits Escher où une main dessine une autre main qui dessine la première, *Steps to an Ecology of Mind* – selon le titre original – s'esquisse progressivement comme une structure autoréférentielle.

Une pensée à l'image d'un système vivant

Cette réorganisation de la pensée apparaît dès la première des cinq parties de l'ouvrage, consacrée aux études anthropologiques. G. Bateson y revient à l'occasion d'articles publiés à des dates successives sur les problèmes posés par son premier livre, *La Cérémonie du Naven*, publié en 1936. Il est frappant de voir comment, d'article en article, la perspective s'enrichit des travaux effectués dans d'autres domaines. Dans les années 40, G. Bateson participe aux conférences de la fondation Macy qui présideront à la naissance de la cybernétique (1). Il a alors déjà esquissé son approche de l'apprentissage et formulera bientôt avec Jurgen Ruesch une théorie de la communication (*Communication: The Social Matrix of Psychiatry*, 1951), fondées toutes deux sur la théorie des types logiques de Bertrand Russel et Alfred Whitehead. En 1958, il écrit un épilogue destiné à la deuxième édition de *La Cérémonie du Naven*. Ce texte, qui clôt la première partie de *Vers une écologie de l'esprit*, met en branle tout l'appareil théorique de G. Bateson. La cybernétique, la théorie de l'apprentissage et l'analyse de la psychothérapie sont mobilisées pour appréhender la problématique de l'évolution d'un système social mis en demeure de se transformer pour échapper à la destruction.

Bien que mobilisant des catégories issues de la biologie, *La Cérémonie du Naven* s'inscrit résolument dans le champ des sciences humaines de son époque, tout en frayant une voie d'analyse originale. En simplifiant, l'analyse de la société se trouve alors écartelée entre deux pôles. D'un côté, l'anthropologie culturaliste américaine dont Margaret Mead, future épouse de G. Bateson, constitue une représentante éminente. Ce schéma de pensée place l'individu au centre de l'analyse des phénomènes sociaux, appréhendés comme le résultat des interactions individuelles. De l'autre côté, la sociologie durkheimienne considère les ressorts individuels comme tout à fait secondaires. Derrière les conduites individuelles, ce sont la société, ses normes et ses valeurs qui agissent.

G. Bateson se démarque de ces deux approches. D'une part, les ressorts pulsionnels ou psychologiques des conduites individuelles ne sont pas pertinents à ses yeux. À la théorie du sujet, il oppose une approche interactionniste de l'individu. Ce dernier est conçu comme l'ensemble des relations qui le lient à son environnement, ce que traduit la notion d'*« écologie de l'esprit »*. D'autre part, G. Bateson refuse de considérer que les conduites individuelles traduisent passivement l'inertie des normes sociales ou des structures. Celles-ci n'ont pas de sens en dehors du contexte et des processus concrets d'interactions. C'est donc sur ce niveau que porte l'analyse (2).

G. Bateson s'attache, en ethnographe, à décrire les conduites manifestées par des individus au cours de leurs interactions. L'étude de ces dernières lui permet de mettre en évidence un *« système de gestes »*, une expression codifiée des émotions et des affects, ce qu'il désigne par le concept d'« ethos ». Cette méthode a marqué de nombreux auteurs, parmi lesquels on trouve Erving Goffman (3), mais aussi Pierre Bourdieu, à qui l'on doit l'initiative de la traduction de *La Cérémonie du Naven* en français. Selon Alban Bensa, la notion d'*ethos*, telle que l'entend G. Bateson, peut être mise en rapport avec le concept d' habitus, par lequel P. Bourdieu appréhende les conduites d'agents appartenant à différentes catégories sociales et leurs pratiques de *« distinction »* (4).

La singularité de G. Bateson tient cependant à son approche

cybernétique : il conçoit les comportements individuels comme les unités élémentaires d'un système qui assure la régulation de l'ordre social. Cela apparaît avec une grande clarté dans l'analyse qu'il offre de la société balinaise. La stabilité de cette dernière se manifeste, selon lui, en tout endroit du système, dans chacune des interactions élémentaires qui le composent. Dans une fameuse séquence de photographies, G. Bateson représente le jeu d'une mère balinaise avec son fils. On la voit stimuler sexuellement son enfant jusqu'à ce que ce dernier, parvenant à un état de grande excitation, se jette à son cou. La mère se détourne alors et adopte la position d'un spectateur observant complaisamment le courroux de l'enfant. « *La tendance, peut-être humainement fondamentale, vers une interaction cumulative, est ainsi bridée : une espèce de "plateau" continu d'intensité est substituée à l'orgasme* », observe G. Bateson. Cela a pour effet de « *diminuer la tendance de l'enfant à un comportement compétitif ou de rivalité* ». Ces traits se retrouvent dans la musique ou le théâtre balinais, caractérisés eux aussi par une « *absence de point culminant* », ou dans le mode de règlement des conflits, fondé sur l'évitement réciproque des belligérants.

À l'opposé, G. Bateson observe au sein du peuple iatmul l'existence d'une intense rivalité entre les clans. Elle donne lieu à des « *interactions symétriques* », c'est-à-dire des séquences d'affrontements cumulatifs. C'est ce que G. Bateson appelle la « *schismogenèse* ». Existe-t-il des principes régulateurs susceptibles de freiner ces « emballements symétriques » ? C'est ici qu'interviennent les cérémonies du Naven. Celles-ci mettent en scène des individus, un oncle maternel (*wau*) et son neveu utérin (*laua*), appartenant, malgré leurs liens familiaux, à des clans différents. Dans ces rituels initiatiques, lorsque le *laua* se vante, le *wau* ne répond pas de manière symétrique, mais en mimant grossièrement l'attitude d'une femme pour caricaturer une attitude de soumission. Cela contribue, selon G. Bateson, à désamorcer la rivalité entre les clans.

Les institutions existantes, comme les cérémonies du Naven, peuvent cependant échouer à contenir l'emballement symétrique. La société est alors condamnée à changer, à modifier son organisation ou à mourir. En ce sens, la schismogenèse pointe autant les facteurs d'éclatement à l'œuvre dans la société que les ferments du changement social et de l'invention du nouveau.

Analyse structurale, en ce qu'elle cartographie les relations entre les parties de la totalité sociale, la pensée de G. Bateson est aussi une pensée du changement. Changer, cela veut dire modifier les règles qui régissent les interactions au sein du système. Le problème se pose pour G. Bateson de manière analogue, qu'il s'agisse de la transformation d'une société, du processus de rémission d'un alcoolique ou d'une psychothérapie.

La classe des éléphants n'est pas un éléphant

Pour interagir, les individus ont besoin de disposer de repères communs, de savoir dans quel « type d'action » ils se situent. Ainsi, la cérémonie du Naven définit un cadre, dans lequel les Iatmul savent comment ils doivent se comporter. De même, selon la théorie batesonnienne de la communication, deux personnes ne peuvent communiquer que si elles partagent un code qui permet de décrypter les messages échangés. Ainsi, les attitudes corporelles indiquent comment les mots prononcés doivent être compris. Le contexte, le cadre de la communication, définit « dans quel jeu on se trouve ». Or, selon la théorie des types logiques de B. Russel et A. Whitehead, *« une classe ne peut être membre d'elle-même »*. Le contexte qui délimite le contour des interactions appartient à un type logique distinct des interactions elles-mêmes.

Changer les règles du jeu constitue une tâche complexe justement parce qu'elle ne relève pas du même type logique que les interactions quotidiennes. C'est ce qu'illustre parfaitement l'analyse que fait G. Bateson de la psychothérapie. Cette dernière met en scène une interaction particulière entre, disons, un schizophrène et son thérapeute. L'une des caractéristiques de la schizophrénie, analyse G. Bateson, consiste en l'incapacité de manier correctement les contextes de la communication, c'est-à-dire de définir de manière adéquate les messages émis. *« Si quelqu'un lui disait: "Que veux-tu faire aujourd'hui? il serait absolument incapable de juger d'après le contexte, le ton de la voix ou les gestes s'il s'agit d'une condamnation de son emploi du temps de la veille ou, par exemple, d'une proposition d'ordre sexuel. »* La raison en est que le schizophrène a été exposé à un modèle de communication paradoxal. Ainsi une mère qui, de manière récurrente, dit à son fils : « Je t'aime », tout en manifestant le contraire par son attitude corporelle, lui communique un trouble intense.

La psychothérapie vise à modifier les cadres de la communication du patient, afin de lui permettre de sortir du paradoxe. Pour cela, le thérapeute se trouve cependant confronté à une tâche ardue : comment parler des règles de la communication, alors que celles-ci définissent la compréhension des messages échangés ? Supposons que deux enfants décident de jouer à un jeu consistant à parler en obéissant à une règle d'inversion du sens. Si un enfant dit : « J'ai faim », cela signifie : « Je n'ai pas faim » et ainsi de suite. Imaginons maintenant qu'un des enfants en ait assez de ce jeu stupide et dise : « Je veux arrêter de jouer. » Comment comprendre un tel message ? Dans un sens littéral ou selon la règle d'inversion du sens : « Je veux continuer à jouer » ? Difficile à dire. Si l'enfant dit au contraire : « Continuons à jouer », le message apparaît tout aussi indécidable. C'est ce que l'on peut appeler *« un jeu sans fin »* (5). Le message « je veux arrêter de jouer » ne peut mettre un terme à la partie parce qu'il introduit une confusion des niveaux logiques : est-ce un message comme un autre, soumis à la règle d'inversion du sens, ou bien une proposition sur le jeu lui-même ? Rien ne permet de le dire. Le psychothérapeute se trouve confronté à une situation analogue dans ses interactions avec son patient. Pour bien faire, il doit s'insinuer dans la trame paradoxale de la communication du patient et la bousculer par des *« paradoxes thérapeutiques »*.

Les difficultés du changement se posent de la même manière pour les sociétés. L'invention de nouvelles règles du jeu s'avère particulièrement ardue parce que leurs membres doivent créer ensemble de nouveaux repères, alors que leurs actions demeurent encadrées par les anciens (6). Les sociétés sont pourtant condamnées à s'auto-instituer, à la manière du baron de Münchhausen qui se sort de l'eau en se soulevant par les cheveux…

Notes

1. Terme forgé en 1947 par Norbert Wiener, il vient du grec *kubernêtikê*, qui signifie « pilotage ». La cybernétique est l'étude de la régulation des systèmes complexes (organismes vivants ou dispositifs mécaniques). La notion d'information est considérée comme la moelle épinière de ces systèmes, et liés à elle, les principes de rétroaction et d'autoadaptation.
2. La singularité de l'approche batesonienne est très clairement exposée par Alban Bensa dans « Individu, structure, immanence : Gregory Bateson et l'École française de sociologie », dans Y. Winkin (dir.), *Bateson. Premier état d'un héritage*, Seuil, 1988.
3. E. Goffman, *Les Rites d'interaction*, Minuit, 1974 (rééd. 1993).
4. P. Bourdieu, *La Distinction. Critique sociale du jugement*, Minuit, 1979 (rééd. 1996).
5. P. Watzlawick, J. Helmick Beavin, D.D. Jackson, *Une logique de la communication*, Seuil, 1979.
6. Voir sur ce point A. Orléan (dir.), *Analyse économique des conventions*, Puf, 2004 (2e éd.).

Jacques Cosnier

Les Gestes du dialogue

La communication non verbale fait partie intégrante du système d'interaction qui s'instaure entre des individus qui dialoguent. Jacques Cosnier montre comment regards, mimiques et expressions faciales, gestes et postures corporelles jouent un rôle essentiel dans l'accompagnement des paroles, dans la conduite de la conversation, et dans l'expression des affects.

L'intérêt des chercheurs pour le « dialogue », la conversation, l'interaction verbale, s'est précisé depuis une vingtaine d'années et alimente des disciplines diverses telles que l'ethnométhodologie, la sociolinguistique interactionniste, l'analyse de conversation, l'interactionnisme symbolique, l'éthologie du langage... De tous ces travaux ressortent deux caractères importants des communications interpersonnelles ou de « face à face »: la multicanalité et l'interactivité.

L'« interactivité » signifie que les énoncés sont coproduits par les interactants: ils sont le résultat des activités conjointes de l'émetteur et du récepteur. La « multicanalité » signifie pour sa part que les énoncés sont un mélange à proportions variables de verbal et de non verbal, ce dernier comprenant à la fois le vocal et le mimogestuel. Cependant, bien que les chercheurs soient unanimement d'accord pour admettre ces données de l'observation quotidienne, le statut de la communication non verbale reste souvent marginal et mal défini.

À première vue, cela est dû à deux ordres principaux de difficultés. L'un correspond à un problème purement technique: travailler sur le non-verbal gestuel (la « *kinésique** ») nécessite l'utilisation d'enregistrements vidéo, certes aujourd'hui banalisés, mais cependant difficiles à pratiquer dans certaines situations. L'autre est lié à un problème plus théorique: celui de la définition des observables. Si les unités verbales sont faciles à définir, voire à transcrire, on en est loin, tant s'en faut, en ce qui concerne les unités gestuelles. On sait d'ailleurs depuis Kenneth Pike que plusieurs approches en sont possibles, « *etic* » ou « *emic* », « gestétique » ou « gestémique », selon que l'on étudie ce qui bouge ou ce qui signifie (« *il contracte ses zygomatiques* » ou « *il sourit* »).

On sait aussi que, comme le « canal verbal », le « canal kinésique » va être impliqué dans l'expression d'un « contenu », autrement dit dans une activité référentielle, mais peut-être plus encore dans la manifestation d'une « relation », autrement dit dans une activité « interactionnelle », pour reprendre la dichotomie quelque peu schématique mais pratique proposée par l'École de Palo Alto. Ainsi, une interaction de face à face se réalise par la synergie de deux voies concomitantes: l'une discursive par laquelle est acheminé l'aspect signifiant de l'énoncé, et l'autre pragmatique qui en assure la maintenance et la régulation par ce que j'ai appelé le « *processus de co-pilotage* ».

Je présenterai tour à tour, et succinctement ces deux aspects aujourd'hui relativement classiques pour déboucher sur une troisième voie, celle de l'empathie, jusqu'à présent peu abordée par les recherches interactionnistes (1).

Les gestes pour accompagner le discours

Je désignerai ainsi l'activité mimo-gestuelle qui est liée à la constitution de l'énoncé auquel elle s'intègre: en premier lieu par la gestualité déictique* ou désignante; comment donner sens à cette phrase « *c'est celui-ci qui me plaît le plus* » si un geste de pointage n'est pas présent pour la contextualiser?

À cette gestualité nécessaire, et prévue par la forme même de l'expression verbale, s'ajoute la gestualité illustrative qui mime l'action, ou figure dans l'espace certaines caractéristiques de l'objet référent. Ce type de gestes est particulièrement abondant dans les descriptions de lieux. On ne peut guère évoquer l'espace sans s'appuyer sur des figurations corporelles (c'est le fameux « escalier en colimaçon » dont les enfants s'amusent à demander la définition aux adultes complaisants). Ces « spatiographiques » et ces déictiques montrent à quel point le corps sert de repères spatio-temporels à l'organisation de la pensée, et de matrice à la formation du discours. Ces faits ont d'ailleurs servi à formuler la « loi de désignation du référent présent »: la mention dans le discours d'un référent présent s'accompagne obligatoirement de sa désignation (soit par le pointage digital, soit au moins par le regard). Par exemple: *« Il était sans cravate »* sera associé à un geste du parleur en direction de son propre col. *« J'avais le cœur qui battait très fort »* sera associé à la main posée sur la poitrine gauche. Avec *« Si vous voulez mon opinion »*, le « mon » sera accompagné d'un geste auto-centré, etc. (2) D'autres gestes co-verbaux sont directement liés à l'expression de la pensée abstraite, gestes dits pour cela « métaphoriques » ou « idéographiques ». Ces gestes ont une double fonction: d'une part, ils illustrent la pensée; d'autre part, ils facilitent son énonciation. On a pu dire que la mise en mots passe par une mise en corps préalable et, comme corollaire, que l'on ne peut parler sans bouger. Enfin, cette mise en scène corporelle servira aussi d'inducteur d'empathie comme nous le verrons plus loin.

Pour terminer, il faut évidemment mentionner les gestes « quasi linguistiques » qui sont des équivalents de paroles et sont parfaitement conventionnalisés selon les cultures. Ainsi le fameux *« ras-le-bol »* très spécifiquement français. On sait que ces signes peuvent être élaborés en système assez complexe pour donner des langues avec leur répertoire et leur syntaxe; les langages gestuels des communautés de sourds en sont des exemples aujourd'hui bien connus.

Les gestes pour piloter l'interaction

Cependant dans le dialogue, la gestualité participe largement et efficacement à une autre fonction qui soutient la précédente, c'est la *fonction coordinatrice*. Il ne s'agit en effet pas seulement d'émettre des énoncés, encore faut-il s'assurer qu'ils sont reçus, évaluer la façon dont l'interlocuteur les comprend et les interprète, et partager avec lui le temps de parole. Pour assurer mutuellement l'échange, existe un dispositif d'interaction auquel s'ajoute un dispositif de partage et de maintenance de la parole. Ces dispositifs sont très largement mimo-gestuels et utilisent en particulier les hochements de tête et la mobilité des regards. Ils donnent lieu à ce que l'on appelle la « synchronie interactionnelle » décrite en 1966 par W.S. Condon et W.D. Ogston qui constitue aujourd'hui une notion devenue classique (3).

Par un ingénieux dispositif, W.S. Condon a analysé image par image des fragments d'interaction filmée. Il a pu ainsi mettre en rapport les mouvements segmentaires relevés avec le tracé oscillographique de l'émission parolière des deux interactants. Cela lui a permis de décrire les phénomènes d'autosynchronie et d'hétérosynchronie.

L'*autosynchronie* désigne la synergie chez le locuteur des événements paroliers et des mouvements des divers segments corporels enregistrés. L'*hétérosynchronie* désigne la synergie chez l'allocutaire d'activités segmentaires synchrones des événements paroliers produits par son partenaire-locuteur. Ces phénomènes réalisent une « danse des interlocuteurs » selon une métaphore très évocatrice.

Un des aspects importants et très étudiés de la coordination est l'*« alternance des tours »* de parole qui caractérise le dialogue. Ce phénomène mérite deux remarques. En premier lieu, l'alternance des tours n'est pas une règle conventionnelle de nature sociale, mais simplement la conséquence d'une nécessité physiologique : les activités énonciatives sont incompatibles avec les activités réceptives. *On ne peut pas parler et écouter en même temps*. En second lieu, en revanche, le droit à la parole est déterminé socialement, de même que le droit de la conserver, en cas de chevauchement. Dans les cas de situation égalitaire, le « gagnant du tour » s'affirmera le plus souvent en utilisant des procédés non verbaux.

Ceux-ci ont été très bien décrits par S. Duncan et P.W. Fiske (4). Le parleur proposera le changement en émettant un ensemble d'indices : verbaux (complétude grammaticale, syntagmes conclusifs : *voyez-vous, bien, n'est-ce pas*...), vocaux (intonation descendante, syllabe prolongée) et kinésiques (regard vers le partenaire, absence de geste illustratif, éventuellement geste déictique vers l'allocataire désigné). L'écouteur de son côté peut envoyer des indices de candidature à la parole : détournement du regard, mouvements de tête, raclement de gorge et inspirations préparatoires à la parole, geste de la main à la fois « bâton » et déictique*, changement de posture, etc.

En fait, ce système de passage des tours est étroitement lié au système de maintenance des tours. Sous ce terme, nous désignons le processus sous-jacent aux échanges verbaux qui permet à chaque locuteur de gérer au mieux sa participation, c'est-à-dire d'accéder à la « *félicité interactionnelle* »: pouvoir expliciter sa pensée, la faire comprendre et au-delà être approuvé, partager un point de vue, faire réaliser une action, persuader etc. Pour ce, le parleur s'efforce d'être informé sur quatre points, que nous avons appelé les « *quatre questions du parleur* »:

– Est-ce qu'on m'entend?
– Est-ce qu'on m'écoute?
– Est-ce qu'on me comprend?
– Qu'est-ce qu'on en pense?

Le rôle essentiel du regard

Or, la réponse à ces questions nécessite, d'une part, au minimum un regard du receveur et, d'autre part, des indices rétroactifs sous forme d'émissions voco-verbales et/ou kinésiques du receveur. Ce système interactif qui sert à la régulation de l'échange se décompose ainsi en émissions du parleur (*activité « phatique »*), et en émissions du receveur (*activité « régulatrice »*).

Du côté phatique, le regard constitue un des éléments majeurs de ce système d'inter-régulation et va constituer un « signal intra-tour » selon l'expression de S. Duncan et P.W. Fiske (« *Speaker within turn signal* »). Le parleur en effet, ne regarde pas en permanence le receveur, ce qui donne à son regard, quand il se produit, une valeur de signal. Il l'utilise à certains moments précis de son discours, souvent à un point de complétude vocale et sémantique ou lors d'une pause brève. Ce signal intratour se doit d'être bref pour ne pas être pris pour une proposition de passage de tour. Il peut s'appuyer sur un signal gestuel: geste ou maintien de la main dans une position active qui indique que le tour n'est pas fini.

Le signal phatique intratour va provoquer les signaux rétroactifs ou régulateurs du receveur (« *back-channel signal* » de S. Duncan et P.W. Fiske) qui peuvent être de plusieurs formes:

– brèves émissions verbales ou vocales : « *Hum-Hum, oui, d'accord, je vois, non ?* », etc. ;

– complétudes propositionnelles : « *il était, comment dire... – perplexe ? – oui, perplexe...* » et reformulations ;

– demandes de clarification : « *Comment ça ?...* », « *tu veux dire que ?...* » ;

– mouvements de tête : très souvent « hochement », singulier ou pluriel ;

– mimiques faciales : le sourire en est un exemple fréquent, mais il n'est pas rare d'observer des mimiques de « perplexité » ou de « doute », voire de « réprobation » dont on suppose aisément qu'elles vont influencer la suite discursive du parleur.

Ce rôle essentiel du regard dans ce système régulateur a été précisé par C. Goodwin (5), qui en a fait une étude très complète et a souligné son rôle dans l'« organisation conversationnelle ». Le parleur a besoin du regard du receveur et met en œuvre des techniques subtiles pour le provoquer. Le regard est utilisé aussi pour marquer l'engagement et le désengagement et ainsi permettre la suspension ou la reprise de la conversation. Il l'est aussi pour la désignation de l'allocutaire quand l'interaction se fait à plus de deux personnes.

Une troisième voie : l'empathie et l'analyseur corporel

Les notions précédentes, système des tours de parole et procédure de maintenance, nous ont permis de mettre en relief quelques aspects fondamentaux de la participation des gestes à l'interaction. Mais la quatrième question du parleur *(« qu'est-ce qu'il en pense ? »)* mérite d'être mieux explicitée car elle nous pousse à aborder les problèmes d'empathie et de communication affective, problèmes jusqu'ici peu abordés par les conversationnalistes, probablement parce qu'ils font justement trop appel au non verbal qui nous intéresse ici.

En effet, dans tout dialogue se poursuit, en lien direct avec les opérations mentionnées ci-dessus, un travail sur les affects : travail d'attribution d'affects à autrui et travail d'exposition de ses propres affects. En situation d'interaction, les locuteurs vont donc, selon les règles de cadrage affectif, gérer leurs propres sentiments, gérer l'expression de ces sentiments réels ou affichés, et s'efforcer de percevoir les mouvements analogues en cours chez leur partenaire. L'échange informationnel et opératoire se doublera donc d'un échange d'indices et d'indicateurs émotionnels.

La participation kinésique y est très importante dans un cas comme dans l'autre. Les mimiques faciales, en particulier, sont considérées comme les supports expressifs privilégiés des diverses émotions, elles indiqueraient la « qualité » de l'émotion, tandis que les autres indices corporels, gestes, postures, révéleraient plutôt l'intensité émotionnelle, ou les affects toniques (aspect figé du déprimé, expressif de l'excité...).

Mais au-delà de cet échange de signaux affectifs, nous avons été amenés à décrire un autre mécanisme qui relève plus du partage et utilise des processus d'identification corporelle qui peuvent parfois se repérer dans des phénomènes d'échoïsation ou de synchronie mimétique. Ces phénomènes d'échoïsation plus ou moins manifestes constituent un procédé d'accordage affectif et permettent des inférences émotionnelles. Il y aurait ainsi par le biais d'une échoïsation corporelle, parfois visible, mais souvent subliminaire, une facilitation à la perception des affects d'autrui.

Après le cotexte, le contexte

Nous avons examiné les événements moteurs et leur participation à la gestion de l'interaction dialogique. Nous avons proposé de les considérer comme « cotextuels » (6), c'est-à-dire intégrés à l'« énoncé total », au même titre que les unités verbales et vocales.

Mais il est d'autres éléments non verbaux qui vont intervenir dans l'interaction (« attitudes » posturales, intensité et amplitude des gestes et des mimiques) qui, associés aux caractères physiques (âge-sexe) et vestimentaires, créent un « climat contextuel ». Certains de ces éléments font partie du « décor » et restent permanents au cours de la rencontre. Mais d'autres traduisent l'accommodation situationnelle. Ce sont eux qui nous intéressent ici, en particulier les indicateurs de relation et les paramètres kinésiques du contrôle social.

Par contrôle social, on désigne le processus mis en œuvre pour réaliser une action finalisée ou/et pour influencer les réactions d'autrui dans un sens déterminé. On quitte donc ici la situation égalitaire et informelle du dialogue idéal pour aborder les situations asymétriques, telles les interactions de sites qui obéissent à des scénarios préalablement définis avec des distributions de rôles contraignantes, mais aussi les interactions faussement conversationnelles : repas d'affaires, diverses situations de séduction, de persuasion, etc. Dans ces situations de contrôle social, on retrouvera bien sûr les différents éléments de base décrits plus haut, mais ils seront ici modalisés en fonction des statuts, de la dominance et des objectifs explicites ou cryptiques, « ouverts » ou « couverts » de la relation. Ainsi peut-on observer les techniques de prise de contact et d'ouverture de l'interaction avec divers modes d'adresses verbales d'échanges gestuels, mimiques et tactiles : baisers, poignées de main, accolades selon la catégorie de partenaires et les statuts réciproques. Durant la période de déroulement de la rencontre, le regard joue un rôle majeur dans la différenciation des statuts dominant-dominé : dans les interactions ordinaires homme-homme, le fait de porter des regards prolongés est jugé plus dominant que des regards rares ou furtifs. C'est l'asymétrie de l'utilisation des regards, fréquence et durée, qui est significative. Le toucher constitue aussi un signe indicateur spécial qui peut manifester l'intimité de la relation, mais aussi l'emprise et la dominance (il n'y a pas dans ce cas de réciprocité). Le toucher est plus souvent initié par les hommes que par les femmes, par les plus âgés que par les plus jeunes, par les socio-économiquement plus nantis. Il en va sensiblement de même pour les sourcils froncés et la bouche non souriante.

Cependant, plusieurs de ces indicateurs de dominance ont plus une fonction de « rappel » que de conquête : ils confirment un statut déjà établi par d'autres moyens, ou inhérent à la situation. Ils peuvent aussi servir d'« affiche » et assurer deux fonctions destinées au public éventuel : affiche de relation servant à l'ostention de l'intimité aux tiers (par exemple exagération du rapprocher, des rires, du contact), affiche d'opinion, servant à exprimer au tiers l'approbation ou la désapprobation des propos émis par le partenaire (par exemple, en cas d'approbation, hochement de la tête ample et répétitif avec le regard non posé sur le parleur). Ces diverses accommodations liées au contrôle social seront aussi dépendantes de ce que l'on pourrait appeler l'homéostasie de la relation : maintien d'un équilibre adéquat, c'est-à-dire supportable sinon confortable entre les deux tendances contradictoires, approche et évitement, mises en jeu dans tout rapport interindividuel.

L'équilibre de l'intimité

M. Argyle et J. Dean en avaient fourni en 1965 un modèle dit de l'équilibre de l'intimité (*Intimacy-Equilibrium Model*) (7) : les forces qui poussent un partenaire vers l'autre ou l'en écartent tendent à maintenir un état d'équilibre. Si cet équilibre est perturbé par une intimité trop grande, par exemple regards trop appuyés, il se rétablit par une diminution sur une autre dimension, par exemple une augmentation de la distance interindividuelle. Un détournement du regard quand l'autre fixe trop longtemps est aussi un moyen fréquent de maintenir l'équilibre. Mais la restauration de l'équilibre peut aussi se faire par un changement de position (retrait du buste, ou rapprochement) et au niveau du canal verbal par un éventuel changement de thème. Ce modèle a fait l'objet de plusieurs vérifications. Ainsi, plus la distance interpersonnelle est faible, plus le contact oculaire diminue et moins l'orientation du corps est directe. M.L. Patterson l'a complété (8) en intégrant la prise de contact, le changement de degré d'intimité selon les deux alternatives : réaction émotive positive ou réaction négative.

Ces modèles sont intéressants dans la mesure où ils montrent la synergie entre les différentes activités énonciatives, et la recherche d'un équilibre consensuel à la fois compatible avec l'état affectif propre à chaque interactant, la régulation des échanges en cours et les accommodations aux contraintes contextuelles. Mais ces dernières restent déterminantes pour l'interprétation des phénomènes observés.

Je conclurai ce schématique survol par quelques remarques qui pourraient orienter de futures recherches.

1. La mise en évidence de règles de cadrage affectif aux côtés des règles de cadrage cognitif, ainsi que les notions de travail émotionnel et de contrôle social, ouvrent des pistes intéressantes en permettant de mieux situer la participation des éléments non verbaux dans le déroulement des interactions sociales.

Cette participation paraît fondamentale dans les phénomènes décrits sous les termes divers de synchronisation, d'accordage, d'accommodation, de pilotage relationnel, et permet d'introduire sous une forme concrète la notion d'empathie.

2. Reconnaître l'importance du système de coordination devrait avoir quelques conséquences pratiques :

– en pédagogie, où l'on a déjà souvent souligné combien le

savoir enseigné nécessite le savoir enseigner ;

– de même en formation et en psychothérapie, où la pragmatique de la relation est un moteur essentiel de l'évolution et s'accomplit très largement par les canaux vocaux et kinésiques, bien souvent à l'insu des protagonistes ;

– enfin, dans les relations interculturelles, car chaque culture ayant dans ce domaine ses propres prescriptions et proscriptions, les malentendus-malvus y trouvent un terrain des plus propices à leur éclosion.

Notes

1. Voir l'article « Empathie et communication » dans cet ouvrage.
2. Voir J. Cosnier et J. Vaysse, « Sémiotique des gestes communicatifs », *Nouveaux Actes sémiotiques*, n° 54, 1997.
3. W.S. Condon et W.D. Ogston, « Sound film analysis of normal and pathological behavior patterns », *Journal of Nervous and Mental Disease*, 143, 338-347, 1966.
4. S. Duncan et P.W. Fiske, *Face to Face Interaction Research*, Hillsdale, 1977.
5. C. Goodwin, *Conversational organization*, Academic Press, 1981.
6. J. Cosnier et A. Brossard, *La Communication non verbale*, Delachaux et Niestlé, 1984.
7. M. Argyle et J. Dean, « Eye-contact, Distance and Affiliation », *Sociometry*, n° 28, 1965.
8. M.L. Patterson, « An Arousal Model of Interpersonal Intimacy », *Psychological Review*, n° 83, 1976.

À lire sur le sujet

• G. Calbris, *L'Expression gestuelle de la pensée d'un homme politique*, CNRS Editions, 2004.
• A. Kendon, Gesture : *Visible Action as Ulterance*, Cambridge University Press, 1992.
• E.M. Lipiansky et D. Picard, *L'Interaction sociale*, Puf, 2003 [1989].
• D. Marcelli, *Les Yeux dans les yeux, l'énigme du regard*, Albin Michel, 2005.

Catherine Kerbrat-Orecchioni

L'analyse des conversations

Les conversations quotidiennes se conforment à des « règles » préétablies, et impliquent une série de négociations entre les partenaires, portant sur l'alternance des prises de parole, la gestion des thèmes, la relation interpersonnelle... Ces règles peuvent varier sensiblement selon les cultures.

Née aux États-Unis au début des années 70, adoptée plus récemment en France, l'analyse des conversations – qu'il serait plus juste d'appeler « analyse des interactions verbales » – a pour objectif de décrire les règles qui sous-tendent le fonctionnement des diverses formes d'échanges communicatifs qui s'observent dans nos sociétés.

Les conversations au sens strict constituent sans doute la forme la plus commune d'interaction verbale, mais il en existe bien d'autres, comme les échanges médiatiques ou les interactions de service (commerces, banques, bureaux de poste, guichets de métro...). On peut également mentionner les échanges à finalité didactique, les consultations médicales et les entretiens thérapeutiques; les entretiens d'embauche, les échanges en situation de travail; les débats parlementaires, ainsi que les formes de communication liées aux technologies nouvelles (dialogues homme-machine, chats, courrier électronique, etc.).

Ces différentes pratiques communicatives, y compris les conversations familières, sont des conduites « ordonnées », se déroulant selon certains schémas préétablis : lorsque je croise et salue un collègue dans la rue, que je discute entre amis autour d'une table, ou que je fais mes emplettes à l'épicerie du coin, je me conforme à certaines « règles » conversationnelles, elles-mêmes fort diverses et pouvant relever de différents niveaux de fonctionnement : alternance des prises de parole, enchaînement des répliques, gestion des thèmes, ou de la relation interpersonnelle... Ces règles sont relativement souples et fortement solidaires du contexte.

Dans cette mesure, l'analyse des interactions verbales relève de la « pragmatique »*, puisqu'il ne s'agit pas dans cette perspective de décrire des phrases abstraites, mais d'étudier des propos réellement tenus (enregistrés puis transcrits par le chercheur), à partir desquels sont effectuées les généralisations. Elle relève également de « l'analyse du discours », mais s'intéresse exclusivement au discours dialogué, c'est-à-dire échangé et construit à plusieurs.

Telle est en effet l'idée force qui sous-tend l'ensemble de la réflexion menée dans ce domaine : toute conversation est une « construction collective » ; c'est le résultat d'un « travail collaboratif », qui exige que les participants ajustent en permanence leurs comportements respectifs et « négocient », au cours de l'échange, l'ensemble des ingrédients dont sont faites les conversations.

Toute conversation implique une série de négociations

« H. — *Alors j'vais t'poser une première question : qu'est-ce que tu penses de la mode actuelle ?*

F. — *Quelle mode ?*

H. — *Euh ben !, la mode vestimentel... vestimentaire plutôt sur... euh !, la façon de s'habiller des filles... parce que ça te concerne plus que moi.*

F. — *Tu crois ? Justement moi j'crois que y a... les garçons font exatrès très attention à la façon dont ils s'habillent.*

H. — *Oui ?*

F. — *Exactement comme les filles.* »

C'est ainsi que s'ouvre un échange entre deux étudiants auxquels il a été demandé de s'entretenir librement sur le thème de « la mode chez les jeunes » (1).

Or, on constate que ce début de conversation comporte l'amorce d'un certain nombre de négociations plus ou moins imbriquées :

– négociation sur le sens du mot « mode » : H (le jeune homme) admet implicitement que la mode est toujours vestimentaire, alors que F (la jeune fille) donne à ce mot un sens plus large, et demande donc à H des précisions (« *Quelle mode ?* »), tout en lui reprochant implicitement de n'avoir pas été exhaustif dans la formulation de sa première question (ce qui désarçonne quelque peu H, ainsi qu'en témoigne le lapsus de la réplique suivante) ;

– en fait, la conception que se fait H de l'objet « mode » est plus restreinte encore, dans la mesure où il considère que c'est essentiellement une affaire de filles (« *Ça te concerne plus que moi.* »), idée que conteste aussitôt F, engageant ainsi la « négociation d'une opinion », qui se poursuivra tout au long de l'échange ;

– autre source d'un conflit larvé entre les interlocuteurs : par son comportement inaugural (« *Alors j'vais t'poser une première question.* »), H tend en quelque sorte à F un micro-invisible, et tente de fixer tout à la fois le genre de l'échange (une interview, alors que la consigne est de « s'entretenir librement »), et la distribution des rôles (je serai l'intervieweur, et toi l'interviewée). Mais cela ne fait pas l'affaire de F, qui tout au long de l'entretien s'emploiera à briser le carcan que H tente d'imposer à l'échange conversationnel : elle retourne les questions, glisse subrepticement d'un thème à l'autre, et produit un discours à méandres qui déborde de toutes parts le cadre bien discipliné des questions-réponses ;

– corrélativement, on assiste tout au long de la conversation à une négociation des « places » interactionnelles, dans la mesure où F conteste dès le début à H le rôle de principal gestionnaire de l'échange, et la position dominante qu'il tente d'accaparer en s'autoproclamant intervieweur.

On voit par cet exemple que les négociations conversationnelles peuvent se rencontrer à tous les niveaux de fonctionnement de l'interaction. Les interactants peuvent ainsi négocier : le « contrat communicatif » et le « genre » de l'échange dans lequel ils sont engagés ; son scénario global, son organisation locale, l'alternance des tours de parole, les sujets de conversation, l'adéquation des signes produits, la signification des mots et des énoncés, les opinions émises de part et d'autre, et les divers aspects de la relation interpersonnelle.

Ces différentes négociations peuvent être menées explicitement, ou plus fréquemment, sur le mode implicite : s'agissant, par exemple, de la négociation de la « distance interpersonnelle » à l'aide du tutoiement, on peut ainsi opposer la technique qui emprunte les voies d'une proposition ouverte (*« Et si on se tutoyait ? »*) à celle qui consiste à glisser subrepticement un « tu » dans son discours, en espérant que le partenaire adoptera un comportement similaire ; ou bien encore, en cas de conflit pour la prise de parole, la négociation explicite consistera à recourir à un énoncé tel que *« Laisse-moi parler s'il te plaît. »*, tandis que la négociation implicite prendra la forme d'un chevauchement de parole qui se prolongera jusqu'à ce que de guerre lasse (en fait, au bout de quelques secondes), l'un des deux compétiteurs abandonne la place à son partenaire plus tenace.

« Qui suis-je pour toi ? »
« Qui es-tu pour moi ? »

L'issue de ces négociations est évidemment variable : certaines d'entre elles vont aboutir, et d'autres échouer, ce qui ne sera pas nécessairement fatal à la poursuite de l'échange. Les conversations authentiques s'opposent d'ailleurs à cet égard aux dialogues homme-machine. Prenons par exemple le cas d'un autre type de négociation conversationnelle, qui concerne les différents aspects constitutifs de l'identité des personnes en présence, et prend initialement la forme, explicite ou implicite, de l'un ou l'autre des énoncés suivants :

1. Voici qui je suis/comment je me vois ;
2. Qui suis-je pour toi ?/comment me vois-tu ? ;
3. Voici qui tu es pour moi/comment je te vois ;
4. Qui es-tu ?/comment te vois-tu ?

La proposition d'identité effectuée par l'un des participants sur lui-même ou sur son partenaire peut être ratifiée par ce dernier, ou au contraire contestée, ce qui va enclencher le processus négociatif.

Dans l'extrait, par exemple, de la pièce d'Alfred de Musset Un caprice (qui relève du cas de figure 4), la négociation n'a pas lieu, pour cause d'accord apparent des participants :

« Mathilde. — *Qu'est-ce que vous croyez donc être, Monsieur, quand vous oubliez que vous êtes mon mari ?*

Chavigny. — *Ton amant, ma belle ; est-ce que je me trompe ?*

Mathilde. — *Amant et ami, tu ne te trompes pas.* »

En d'autres termes, Mathilde (L1) demande à Chavigny (L2) de définir sa propre identité (« *Qui es-tu* [dans ta relation à moi] *?* »). L2 obtempère, et L1 ratifie (en ajoutant toutefois un petit grain de sel : « et ami », qui prêtera ultérieurement à négociation).

Le même type d'échange peut se dérouler dans la relation homme-machine. C'est, par exemple, le cas lors de l'accès à un distributeur automatique de billets de banque : la machine (L1) demande à l'utilisateur (L2) de préciser son identité (« *Tapez votre code secret.* ») ; celui-ci ayant obtempéré, de deux choses l'une : ou la machine ratifie la proposition de L2, et la transaction peut se poursuivre ; ou elle refuse cette proposition, et en demande une nouvelle : « *Code secret erroné. Recomposez votre code.* » Une négociation s'engage alors entre L1 et L2, telle qu'au bout de trois propositions de l'utilisateur refusées par la machine, celle-ci éjecte son interlocuteur du système, mettant ainsi brutalement fin au cycle « demande d'identification/proposition/non-ratification ».

On voit donc en quoi consistent, dans ce type de situation communicative, les caractéristiques du dialogue homme-machine par rapport au dialogue homme/homme : il n'y a pas d'alternance des rôles, la négociation est limitée dans le temps, et l'échec de la négociation entraîne automatiquement la fin de l'interaction.

À l'inverse, le dialogue humain se caractérise par la réciprocité de principe et la souplesse des mécanismes négociatifs.

La variation culturelle des règles conversationnelles

Si les mécanismes généraux qui sous-tendent le fonctionnement des échanges sont les mêmes dans toutes les sociétés humaines, il apparaît, dès lors que l'on cherche à décrire en détail le fonctionnement des règles conversationnelles, que celles-ci varient considérablement d'une société à l'autre. Nombreuses sont aujourd'hui les études relevant de la « pragmatique contrastive », dont l'objectif est précisément de comparer les pratiques communicatives en vigueur dans différentes sociétés. La variation peut affecter tous les aspects du fonctionnement des interactions : comportements

« *Lève la tête et dis merci !* »

En Inde, en Corée, au Japon, au Zaïre, etc., le remerciement explicite est proscrit entre amis ou membres de la même famille, pouvant même être perçu dans ce type de relation comme insultant.

L'exemple suivant illustre de façon impressionnante les problèmes que peut poser la diversité culturelle des règles de communication. Une jeune fille d'origine coréenne, adoptée à l'âge de dix ans par une famille française, se souvient de ce cuisant épisode (la scène se passe peu après son arrivée en France) :

« Un jour, maman m'a fait une faveur. Elle attendait, comme le font tous les autres Français, le remerciement de ma part. À cette époque, je ne le savais pas. Elle m'a demandé de lui dire merci. Je me disais : "Pourquoi ? On dit merci à maman ? Je n'ai rien dit. J'avais l'impression qu'elle était un peu fâchée. Elle m'a pressée de répondre. Je n'ai toujours rien dit. Comment aurais-je pu prononcer le mot "merci" à maman ? Ça ne m'était jamais arrivé avant. Enfin, elle s'est mise en colère. J'avais vraiment peur. Mais je ne savais pas pourquoi elle était si nerveuse. J'ai baissé la tête parce que je n'avais pas le courage de la regarder en face. Elle m'a dit de lever la tête et de la regarder. J'ai fini par fondre en larmes. Je sentais qu'elle me considérait comme une "enfant terrible". »

paraverbaux (débit, intensité vocale, hauteur de la voix, intonations) et non verbaux (postures, gestes et regards) ; fonctionnement des tours de parole (mécanisme de l'alternance, gestion des pauses et des silences, des interruptions et des chevauchements de parole) ; système de l'adresse (pronoms et appellatifs, procédés « honorifiques » et « humiliatifs »), et autres marqueurs de la relation interpersonnelle ; formulation des actes de langage, fonctionnement des rituels, et conception de la politesse.

J'illustrerai, pour terminer, ces variations par quelques exemples :

– les comportements « proxémiques » : les conceptions de la « bonne distance » à adopter vis-à-vis de son partenaire d'interaction dans une situation donnée divergent d'une culture à l'autre, et parfois considérablement, comme l'ont montré Edward T. Hall et ses collaborateurs (ainsi : du simple au double, selon que les partenaires en présence sont anglo-saxons ou cubains) (2).

Conséquence : en situation interculturelle, lorsque se trouvent face à face un locuteur L1 dont les normes proxémiques impliquent une distance plus réduite que celles qu'a de son côté intériorisées L2, le premier tentera de se rapprocher du second, lequel tentera de s'éloigner du premier, d'où un malaise mutuel, L1 se sentant rejeté par L2, et L2 agressé par L1... ;

– les règles qui sous-tendent l'orientation des regards sont elles aussi variables culturellement. Par exemple, il est impoli, dans bien des sociétés, de fixer son partenaire, surtout s'il s'agit d'un supérieur hiérarchique. Une étude récente a ainsi montré qu'au cours d'une négociation commerciale, les Japonais ont établi un contact oculaire pendant 13 % en moyenne de la durée de l'interaction, les Américains et les Coréens pendant 33 %, et les Brésiliens pendant 52 % de cette même durée. D'autres travaux ont établi que les Blancs d'Amérique du Nord regardent leur partenaire d'interaction de façon intermittente lorsqu'ils parlent, et presque continûment lorsqu'ils écoutent ; mais le schéma s'inverse dans la communauté noire... ;

– le remerciement : si cet acte rituel est attesté dans la plupart des sociétés, les façons de le réaliser varient bien sûr d'une société à l'autre. Au Japon, par exemple, certaines formules d'excuse, signifiant littéralement « je suis désolé » ou « je me sens coupable », s'emploient souvent là où nous attendrions un remerciement. C'est que le sentiment de gratitude est au Japon indissociable de celui de culpabilité : en acceptant un cadeau ou un service, vous acceptez du même coup de léser le territoire d'autrui, et c'est votre propre face qui en pâtit, puisque vous vous trouvez en position de débiteur, donc de coupable. Ce comportement rituel s'enracine donc profondément dans « l'ethos » (3) japonais, particulièrement « sensible à la dette ».

Mais varient aussi les situations où il convient de remercier. En effet, dans bien des sociétés, le remerciement est exclu dans certaines situations, où il a cours chez nous. C'est ainsi le cas des échanges entre proches (*voir encadré page précédente*), et des relations commerciales : dans bien des sociétés, asiatiques en particulier, à partir du moment où le vendeur a obtenu une compensation financière pour le service rendu, le client n'a pas à lui exprimer de gratitude particulière. Il va de soi que de telles divergences peuvent entraîner de nombreux malentendus dans les échanges interculturels. Seule une prise de conscience de ces « évidences invisibles » (4), et de la relativité des règles qui sous-tendent nos comportements communicatifs, peut permettre de lutter contre un ethnocentrisme encore tenace, et contre des réflexes xénophobes qui, bien souvent, proviennent d'une grave méconnaissance de la diversité culturelle des normes interactionnelles.

Notes

1. Corpus analysé dans un ouvrage collectif produit par notre équipe de recherches, voir J. Cosnier et C. Kerbrat-Orecchioni (dir.), *Décrire la conversation*, Presses universitaires de Lyon, 1987.
2. E.T. Hall, *La Dimension cachée*, Seuil, « Points », 1978.
3. Ce terme est employé ici pour décrire les principales caractéristiques du comportement communicatif des membres d'une société donnée, en relation avec la conception de la communication « idéale » qui prévaut dans cette société.
4. R. Carroll, *Evidences invisibles, Américains et Français au quotidien*, Seuil, 1987.

DOMINIQUE PICARD

LES RITUELS DE L'INTERACTION

Les rites de politesse ne sont pas de vieilles survivances inutiles. Ils répondent à des besoins précis des situations quotidiennes.

La « politesse » (qu'on appelle encore le « savoir-vivre », les « usages » ou la « correction ») consiste en un ensemble de modèles comportementaux et de prescriptions régissant les interactions sociales.

Contrairement à certaines idées reçues, elle ne se contente pas de refléter l'idéologie d'un milieu spécifique (généralement qualifié de « bourgeois »). Elle n'est pas non plus une forme d'étiquette hypocrite ou décriée au nom de la spontanéité. Elle constitue en fait la forme la plus quotidiennement pratiquée des rituels sociaux et, en tant que telle, s'avère être un fondement essentiel des relations humaines (1).

Une preuve en est dans son universalité. Même si les formes apparentes varient d'une culture (voire d'un milieu social) à l'autre, partout les actes fondamentaux de la vie sociale présentent un aspect ritualisé: ici on s'embrasse longuement, ailleurs on s'incline brièvement, mais partout on se salue quand on se rencontre; ici on doit regarder celui qui vous parle, ailleurs il faut baisser les yeux, mais partout il faut marquer son attention et son respect au discours de l'autre... Loin d'être une conduite dépassée, désuète survivance d'une époque révolue, elle est, au contraire, largement ressentie comme nécessaire, notamment dans sa fonction de rempart contre l'« incivilité » (2).

Cette « actualité » de la politesse se signale également dans l'étonnant phénomène d'édition que sont les « traités du savoir-vivre » (3) : depuis plus de cent ans, il s'en édite ou s'en réédite au moins un par an – dont plusieurs en édition de poche, ce qui suppose un large lectorat.

L'analyse des traités de savoir-vivre présente un intérêt certain pour la compréhension des relations interpersonnelles. Plus précisément, elle permet de saisir les règles sous-jacentes aux interactions sociales quotidiennes et les logiques qui les sous-tendent..., un peu à la façon dont les règles de la « grammaire » permettent d'appréhender la logique des constructions langagières quotidiennes (4).

Vus sous cet angle, les « Bonjour-merci-s'il vous plaît », « Mouche ton nez », « Tiens-toi droit » et autres injonctions ne sont pas des principes arbitraires mais répondent en fait à des besoins fondamentaux de la sociabilité. Analyser les rituels de politesse, saisir ce qui les sous-tend, découvrir leurs fonctions, c'est pénétrer au cœur même de notre culture, et comprendre la logique profonde qui préside aux relations humaines.

À quoi sert donc la politesse ? Outre son rôle de renforcement de l'ordre social et de la cohésion d'un groupe, en prônant des valeurs favorables à la sociabilité, elle assume essentiellement deux fonctions : une fonction « psychologique » de protection de soi, et une fonction « communicationnelle » de facilitation des contacts sociaux.

Valeurs et enjeux des règles

Lorsqu'on entre en relation avec les autres, on prend le risque d'être accepté ou rejeté, apprécié ou déprécié. Une des visées fondamentales de la communication est de se voir confirmer une image valorisée de soi-même (ce que, depuis les travaux du sociologue américain Erving Goffman, on appelle la « face »). Cela implique de se présenter favorablement (pour « garder la face ») et de traiter les autres avec considération (pour qu'ils ne « perdent pas la face ») : *« L'image que vous donnez de vous-même et le comportement que vous adoptez,* affirme un traité de savoir-vivre, *sont la marque du respect réciproque que vous souhaitez établir. »* (5) Bien se présenter et bien traiter les autres découlent donc du principe de respect de soi et d'autrui.

Le respect de soi consiste à avoir une bonne tenue : être soigné, porter des vêtements propres et de bon goût, être attentif à son maintien, maîtriser son langage... Tout cela n'a que peu de rapport avec le narcissisme et la fatuité. C'est quasiment une règle éthique : « *Une entorse aux règles de l'élégance ou simplement de l'hygiène (qui niera l'excellence d'une douche quotidienne et ses incommensurables mérites ?), cette petite entorse en entraîne vite d'autres : moins de rigueur dans la sélection de vos vêtements ou de vos chaussures et voilà moins de rigueur dans celui de vos amis et, surtout, de votre moralité.* » La bonne tenue a en grande partie une fonction sociale ; elle est une façon de montrer qu'on est une personne digne de considération ; elle est donc une façon d'aider les autres à vous respecter. L'idée qu'on ne respecte que les gens qui se respectent eux-mêmes est d'ailleurs assez fortement ancrée dans les mentalités. On parle en effet d'une « personne respectable » pour qualifier celle dont la tenue est irréprochable. On dit également qu'il est difficile de « *respecter quelqu'un qui ne se respecte pas lui-même* ». J'ai personnellement entendu cet aphorisme dans des occasions diverses : sur l'alcoolisme de certains cadres ou dirigeants politiques ; à l'évocation du laisser-aller qui s'empare de certains chômeurs de longue durée, etc.

Respecter les autres, c'est leur donner la place et la considération qui leur reviennent et ne pas s'imposer à eux. Cela se traduit par des marques de déférence et de tact.

Toute la politesse est parcourue par des marques de déférence. Très tôt, par exemple, on apprend aux enfants à saluer les gens selon leur qualité : on ne dit pas « Bonjour », mais « Bonjour madame ». Plus tard on apprend les subtilités vis-à-vis d'un maire ou d'un député, on lui donne son titre et on se situe dans une place inférieure à la sienne : la lettre commencera par « Monsieur le maire » et non « Monsieur » ; on terminera par des « respects » et non de la simple « considération ».

Les relations hommes/femmes donnent de la déférence un exemple significatif. Un homme doit en chaque occasion marquer un certain respect envers les femmes : il ne peut s'asseoir qu'après elles, ne peut fumer qu'avec leur autorisation ; sa conversation doit leur plaire ; il doit veiller à leur confort, les aider à mettre ou enlever leur manteau, leur ouvrir les portes, repousser leur chaise, leur laisser les meilleures places au théâtre, la banquette au restaurant, les raccompagner, leur laisser le haut du pavé... et régler les additions.

Quant au tact, il est souvent considéré comme « le raffinement de la politesse ». Avoir du tact, c'est aider les autres à faire bonne impression en société ; comme, par exemple, ignorer les fautes et les impairs commis près de soi (il vaut mieux, par exemple, ne pas souligner un éternuement d'un jovial « A vos souhaits »).

La protection du territoire

Mais avoir du tact, c'est aussi, d'un point de vue pratique, respecter le bien, la propriété et le territoire d'autrui : ne pas emprunter un objet sans en demander la permission ; ne pas se servir du téléphone de ses hôtes ; ne pas entrer dans un bureau sans frapper ; ne pas « visiter » la cuisine et les chambres d'un appartement où l'on pénètre pour la première fois... À un niveau plus symbolique, le tact se traduit également par le respect de la sphère personnelle, de l'intimité et des secrets des autres : « *Pas de curiosité indiscrète. N'obligez jamais quelqu'un à vous parler de ses gains, de ses dépenses ou à vous dévoiler une part de son intimité.* » En un mot : ayons de la « réserve », principe qui régule la « bonne » distance à autrui. Ni trop proche (on le gêne, ou on risque de se faire envahir), ni trop lointaine, car la réserve ne doit pas être synonyme de rejet ou de mépris : « *Armez-vous de réserve vis-à-vis des personnes indiscrètes, exubérantes, mais ne vous croyez pas obligé de "faire une tête de pôle Nord" ; vous pouvez sourire, croyez-moi. Si les gens paraissent vous prendre d'assaut (...) ayez l'air de ne pas comprendre, de ne pas entendre, détournez tout doucement ce courant trop rapide de sympathie.* » Autrefois, le savoir-vivre proposait toute une série de signes codifiés permettant de signaler qu'on était prêt ou non à ouvrir son habitation. Ainsi, chaque maîtresse de maison avait « son jour » où les visiteurs savaient la trouver disponible (ce qui laissait entendre qu'on ne pouvait pas arriver à l'improviste à un autre moment). Ou bien, lorsqu'on voulait répondre courtoisement à une visite sans engager de relation, on déposait simplement une carte de visite « cornée » au domicile de la personne... qui comprenait alors qu'on en resterait là. Aujourd'hui, seule une réserve savamment dosée peut permettre d'engager une relation ou de se débarrasser d'éventuels importuns.

Le respect des faces et des territoires joue ainsi le rôle d'une défense identitaire et relationnelle. La politesse peut, sous cet angle, être considérée comme un système hautement protecteur puisque non seulement elle édicte des règles qui permettent de se présenter sous son meilleur jour et de circonscrire un territoire intime sans être grossier, mais, en plus, elle interdit de remarquer tout aspect négatif chez les autres, de même qu'elle proscrit toute intrusion dans le territoire d'autrui.

Un code stratégique

Mais ce n'est pas tout. Entrer en relation avec quelqu'un, ce n'est pas seulement se défendre contre lui ; c'est aussi pouvoir communiquer avec lui. Au niveau de la communication, la politesse est également un code qui permet et facilite le contact dans les conditions optimales : en maximisant les gains et en minimisant les risques. Sous cet angle, elle apparaît donc comme un code stratégique.

Rencontrer les autres est, on vient de le voir, une situation que l'on peut qualifier de « problématique ». Or, lorsqu'on est confronté à ce genre de situation, on cherche à adopter un comportement visant à prévenir, ou contourner les risques potentiels. Autrement dit, on déploie des stratégies de défense et de protection. Celles-ci peuvent être différentes d'un individu à un autre. Mais lorsqu'elles prennent une forme stable pour devenir, dans certains cas, une conduite quasi obligatoire, elles constituent alors des « rituels ».

Dans la vie sociale, les situations problématiques sont essentiellement celles qui peuvent menacer les faces ou entraîner des violations territoriales. Elles sont nombreuses et variées : quand on doit évoluer dans un milieu qui n'est pas le sien ; quand il faut faire face à une gaffe ou à une transgression ; quand il faut organiser une cérémonie ; quand on doit rencontrer une personne qu'on ne connaît pas...

Dans ce dernier cas, une question se pose avec acuité : quel comportement adopter ? Symboliquement, entrer en contact avec quelqu'un, c'est pénétrer sur son territoire : trop de familiarité, et il peut se sentir envahi (on commettrait alors une « offense territoriale ») ; trop de distance et on peut lui paraître froid et rejetant (ce qui serait une offense à sa face). De plus, on court le risque de paraître gauche ou mal élevé, ce qui, cette fois, blesserait notre propre face. La situation n'est pas simple... Comme en témoigne ce dialogue entre un jeune homme et une jeune fille qu'il va présenter à sa mère : *« Tu crois que je dois l'embrasser ? Quelqu'un que je n'ai jamais vu ? — Mais oui. Si tu lui serres la main, elle va se vexer. »*

Parer la gêne

Le rôle de la politesse, c'est aussi de parer à la gêne et à l'embarras en société. À cet effet, elle a prévu une sorte de répertoire des situations délicates ainsi que des stratégies pour y faire face. Dans certains cas, il ne s'agit que de conseils donnés d'un ton plus ou moins ferme : *« On ne doit jamais employer le terme "bonjour, Monsieur Dupont" (...), on dit "Monsieur". » « Il est recommandé de réserver les cadeaux personnels (lingerie, parfum) aux gens que l'on connaît bien. »* Cependant, plus on s'éloigne de l'univers quotidien, plus on a affaire à des événements ayant de lourds enjeux symboliques (la vie, le sexe, le pouvoir, la mort...), et plus les conduites deviennent ritualisées. C'est le cas, notamment, des naissances, des mariages et des enterrements qui marquent des étapes fondamentales dans la vie des individus et des groupes. Les rituels sociaux apparaissent donc comme un moyen symbolique de canaliser les émotions, de réguler les comportements, de conjurer tout ce qui peut perturber les petits et les grands moments de l'existence.

Les différents types de rituels de politesse

Les rituels de politesse obéissent tous à de grandes lois. Par exemple, celle de l'échange et de la réciprocité : personne ne peut ni uniquement recevoir, ni uniquement donner et toute forme de relation (même la plus hiérarchique) doit tendre vers un certain équilibre. Cependant, ces lois se spécifient selon le domaine où elles s'appliquent : ouvrir ou fermer la communication, confirmer les rôles sociaux, assurer le passage d'un statut à un autre.

• Les « rituels d'accès » gèrent la communication et la façon dont nous entrons en relation avec les autres : *« Pardonnez-moi, je ne vous dérange pas ? — Je vous en prie, de quoi s'agit-il ? »* Deux répliques conventionnelles : des excuses préventives pour une offense (territoriale) virtuelle ; une réponse rassurante (il n'y a pas eu offense). Vu sous cet angle, les rituels d'accès peuvent être perçus comme des rituels de prévention et d'apaisement. Mais ce n'est pas leur seule fonction. Ouvrant une relation, ils doivent aussi la définir en termes de places, de statuts ou d'identités (ou en rappeler la définition si elle préexiste au contact).

Ainsi, les « présentations » qui servent à initier une rencontre doivent permettre aux partenaires de s'identifier mutuellement et d'identifier leurs positions sociales respectives. C'est pour cela qu'une règle indique un ordre de présentation : on nomme toujours en premier la personne dont la position est la plus basse. Ainsi, chacun sait comment se situer (6). Les « saluts », eux, sont la forme la plus courante des rituels d'accès. Ils sont également placés sous le signe des préséances puisque la personne en position basse doit toujours saluer la première. Mais ils se modulent en fonction de certains paramètres comme le degré d'intimité (on ne salue pas le collègue qui partage son bureau et le concierge de l'entrée de la même façon) ou le lieu où l'on se trouve : dans un appartement privé, on peut se livrer à de grandes effusions, mais dans la rue on se contente de « faire de loin un geste de la main ».

• Les « rituels de confirmation » servent essentiellement à préserver les faces et à soutenir les identités des acteurs. Ce sont notamment toutes les marques qu'on appelle de « déférence », qui ont pour fonction de manifester à une personne le respect qu'on lui doit : la faire passer devant soi, lui céder sa place dans le métro, lui donner une place d'honneur à table, etc.

Cependant, la confirmation peut également porter sur la relation qu'on entretient avec son partenaire. Là aussi, la politesse engendre quelques obligations, comme envoyer ses vœux chaque année (et répondre à ceux qu'on reçoit), se rendre visite et s'inviter à intervalles réguliers, offrir un cadeau d'anniversaire à ses proches…

• Quant aux « rites de passage », ils facilitent la transformation des rôles et l'évolution des statuts dans le temps. Ils prennent l'aspect de véritables célébrations associant généralement le religieux et le mondain. Ils marquent les principales étapes de la vie : les cadeaux de naissance et de baptême fêtent l'entrée du nouveau-né dans la communauté ; le mariage la fondation d'une famille ; les obsèques célèbrent l'ultime passage…

Des similitudes se retrouvent dans toutes ces étapes. À chaque fois, on doit donner à l'événement un large écho (sous forme d'annonces et de faire-part). Les cérémonies revêtent un certain décorum très ritualisé (tenue de cérémonie, cortèges, compliments – ou condoléances – de rigueur…). Et, surtout, chaque rite de passage associe étroitement l'individu fêté et le groupe auquel il appartient. Par exemple, lors du mariage, on célèbre non seulement l'union de deux êtres, mais aussi celle de deux familles. Les deux couples de parents annoncent ensemble la cérémonie sur le même faire-part ; dans le cortège, les couples sont toujours composés d'un membre de chaque famille ; les tables sont présidées de la même façon, etc. C'est que les grands événements sont moins conçus dans leur résonance personnelle (le changement de statut d'un individu) que dans leurs effets sociaux. On change de place au sein d'un système qui nous inclut et nous dépasse. Les grandes cérémonies sont ainsi l'occasion de rappeler à la communauté, au moment où elle doit entériner les changements, que les règles qui la guident et les principes qui la soudent restent stables. On retrouve dans ce cas une des fonctions essentielles des rituels : consolider l'unité d'un groupe.

Ainsi, la ritualité dans la politesse apparaît comme une sorte de mécanisme de défense collectif (contre l'embarras, l'imprévu, le changement...). Mais il ne faut pas oublier que c'est aussi un langage, composé d'actes et de formules stéréotypés, qui permet une communication immédiate et univoque. Ce sont autant de marques qui aident à s'assurer que l'interlocuteur est un membre autorisé du groupe : quelqu'un de fréquentable, de « comme il faut », dont on sait d'avance qu'il « jouera le jeu ». En fait, celui qui ne se conforme pas au rituel s'exclut des relations sociales. Cela justifie l'importance que chacun, quel que soit son milieu, accorde à certaines formes de politesse.

Notes

1. Un rituel se présente sous la forme d'une chaîne de comportements qui se produit souvent sans grand changement. Il se différencie de l'« automatisme » ou de l'« habitude » par le fait qu'il ne se réduit jamais à un acte « pratique » mais comporte toujours une signification symbolique ou affective. À la différence des rituels « sacrés » qui visent à la reviviscence de l'adhésion aux croyances, les rituels sociaux (ou « profanes ») ont essentiellement une fonction d'intégration sociale et culturelle de l'individu dans le groupe.
2. Logiquement d'ailleurs, puisque les termes « politesse » et « savoir-vivre », respectivement imposés dans la langue française aux XVIIe et XVIIIe siècles, ont relayé celui de « civilité » avec la même signification.
3. Ouvrages qui énoncent les règles présidant à la communication interpersonnelle et expliquent comment on doit se comporter en toutes circonstances.
4. Pour la mise en perspective des règles profondes et des comportements de surface dans le savoir-vivre, voir D. Picard, *Les Rituels du savoir-vivre*, Seuil, 1995.
5. Les citations sont extraites d'un ensemble de traités parus depuis le début du XXe siècle.
6. L'univers de la politesse est en effet très hiérarchisé. Les acteurs y sont répertoriés dans des catégories binaires dans lesquelles l'un des éléments est toujours supérieur à l'autre : patron/employé ; vieux/jeunes ; femme/homme...

Erving Goffman (1922-1982)

En analysant les subtiles interactions entre acteurs sociaux, Erving Goffman a profondément renouvelé l'étude de la communication sociale.

La vie

E. Goffman est né en 1922 au Canada anglophone dans une famille juive d'origine russe. Il suit des études de sociologie à Chicago et approfondit notamment l'œuvre de Mead, Freud, Weber, Radcliffe-Brown, Durkheim et Simmel (dont il retiendra l'approche microsociologique). Il soutient sa thèse en 1953 : Mode de communication au sein d'une communauté îlienne, fruit d'une observation participante d'un an aux îles Shetland sur les formes de sociabilité entre les habitants. Puis il enseigne un peu (sans enthousiasme, dit-on) à Berkeley et à Philadelphie. En fait, il est surtout attiré par la recherche et, jusqu'à sa mort en 1982, sa pensée ne cessera de se développer.

L'œuvre

La communication est le thème constant des travaux de E. Goffman. Il analyse les interactions sociales, les rites de politesse, les conversations, tout ce qui fait la trame des relations quotidiennes. L'interaction y est vue comme un système par lequel se fonde la culture. Ce système possède des normes, des mécanismes de régulation. C'est le cas, par exemple, de l'« obligation d'engagement », règle sociale qui stipule que toute personne entrant en conversation avec une autre doit manifester un engagement suffisant dans cette activité : *« En tant que foyer d'attention principal, la conversation a un caractère unique, car elle crée pour celui qui y prend part un monde et une réalité où d'autres participent également. »*

· Les « rituels d'interaction » sont autant d'occasions d'affirmer l'ordre moral et social. Dans une rencontre, chaque acteur cherche à donner une image valorisée de lui-même, la « face » ou *« valeur sociale positive qu'une personne revendique effectivement à travers la ligne d'action que les autres supposent qu'elle a adoptée au cours d'un contact particulier »*. L'un des enjeux essentiels de l'interaction est de « faire bonne figure » (« ne pas perdre la face »). Pour cela, il convient que tout le monde coopère dans une sorte d'« accord de surface » et selon un mode de conduite tacite (les « règles cérémonielles »).

• *La Présentation de soi* (1956) est le premier ouvrage d'E. Goffman. Il assimile le monde à la scène d'un théâtre où les individus sont des « acteurs » qui tiennent des « rôles » et les relations sociales des « représentations » soumises à des règles précises. L'une des questions essentielles qui se pose à l'acteur (dans la vie comme au théâtre) est de créer chez autrui une « impression de réalité » pour faire croire à l'image qu'il veut donner de lui-même. Pour cela, il doit adapter sa présentation (sa « façade personnelle ») à son rôle et « dramatiser » celui-ci, c'est-à-dire incorporer à son activité des signes qui donneront de l'éclat et du relief à certains de ses comportements (comme l'arbitre qui décide toujours très vite pour paraître infaillible). Filant la métaphore théâtrale, E. Goffman divise les lieux sociaux en plusieurs régions. Les « régions antérieures » (la « scène ») sont celles où se déroulent les représentations : les acteurs y sont confrontés au « public » et doivent y tenir leurs rôles sociaux (comme le professeur dans sa classe ou le boute-en-train dans une sortie). Les « régions postérieures » (ou « coulisses ») sont fermées au public et l'acteur peut donc y relâcher son contrôle ou préparer sa future prestation (le professeur avoue son ignorance en révisant son cours, le boute-en-train laisse percer sa tristesse…). De la même façon qu'il classe les « régions », E. Goffman dresse un inventaire des « rôles » que l'on peut tenir : les rôles francs (comme ceux d'« acteur « ou de » public ») mais aussi d'autres plus subtils (qu'il appelle « contradictoires ») comme celui du « comparse » qui appartient à l'équipe des acteurs mais fait semblant de faire partie du public (la femme qui s'esclaffe quand son mari raconte dans une soirée une histoire drôle qu'elle a déjà entendue vingt fois) ou la « non-personne » qui est présente pendant l'interaction mais considérée comme absente et vers laquelle la représentation n'est pas dirigée (le chauffeur de taxi dont la présence n'empêche pas la femme de se remaquiller ou un couple de se disputer).

· L'« observation participante », technique par laquelle le chercheur s'immerge dans une culture afin d'en comprendre le vécu et les règles internes, a été à l'origine d'Asiles, l'un des ouvrages les plus célèbres de E. Goffman. Pendant un an il a vécu à l'hôpital Ste

Elizabeth de Washington, s'est mêlé aux malades et y a mené la vie d'un « reclus ». Il traite de l'hôpital psychiatrique comme d'un établissement social spécialisé dans le « gardiennage » des hommes, sans aborder particulièrement la spécificité de la maladie mentale. Il décrit méticuleusement la vie quotidienne des « reclus » (soignés et soignants), mais en cherchant à comprendre la cohérence des comportements à partir des contraintes organisationnelles. Il adopte pour cela le point de vue des internés, montrant ainsi que les comportements peuvent être soumis à plusieurs lectures: une lecture « extérieure », médicale et « psychologisante », qui interprète l'attitude des patients comme des symptômes d'inadaptation à la société et à la vie normale; une lecture « intérieure », montrant que ces mêmes attitudes résultent d'une adaptation tout à fait rationnelle au contexte hospitalier et à ses contraintes. En fait, E. Goffman adopte vis-à-vis des malades mentaux le regard que l'ethnologue porte sur une tribu lointaine, en se distanciant des jugements conventionnels et en tentant d'intérioriser ses valeurs et sa logique. Ce regard « ethnologique » traverse toute son œuvre.

· Dans *Stigmate* (1963), il aborde les handicaps psychiques ou physiques et analyse les interactions « faussées » entre « normaux » et « stigmatisés ». Dans Les Cadres de l'expérience (1974), il effectue une sorte d'analyse « syntaxique » des structures de la communication. Il isole « *quelques cadres fondamentaux qui dans notre société, nous permettent de comprendre les événements* ».

· Dans son dernier ouvrage, *Façons de parler* (1981), il apporte une vision « interactionniste » à l'analyse des conversations (opposée à l'approche purement linguistique). Il souligne l'importance du contexte social de la communication non verbale. Par exemple, « *Tu viens!* » est radicalement différent de « *Tu viens?* ». Dans l'analyse des conversations comme dans l'étude de toute forme d'interaction, E. Goffman a toujours cherché à appréhender les phénomènes dans leur totalité. C'est là que résident son originalité et son intérêt. C'est aussi ce qui l'a marginalisé, face aux sociologues ou aux linguistes campés sur leur discipline.

· En France, il a fallu attendre la traduction d'Asiles en 1968 pour qu'il atteigne une certaine notoriété. Ceux qui le lirent alors reçurent une sorte de choc tant la force et l'originalité de l'ouvrage s'imposaient. L'œuvre d'E. Goffman a suscité un intérêt grandissant au cours des dernières années. Dominique Picard

À lire sur le sujet

- *Asiles, études sur la condition sociale des malades mentaux*, Éditions de Minuit, 1968.
- *La Mise en scène de la vie quotidienne*, 2 tomes, Éditions de Minuit, 1973.
- *Les Rites d'interaction*, Éditions de Minuit, 1974 [1967].
- *Stigmate : les usages sociaux des handicaps*, Éditions de Minuit, 1976 [1963].
- *Façons de parler*, Éditions de Minuit, 1987 [1981].
- *Les Moments et leurs hommes*, Seuil/Éditions de Minuit, 1988 (textes recueillis et présentés par Y. Winkin).
- *Les Cadres de l'expérience*, Éditions de Minuit, 1991 [1974].
- *L'Arrangement des sexes*, La Dispute, 2002.

Ouvrages principaux non encore traduits en français :

- *Encounters : two studies in the Sociology of Interaction*, Bobbs-Merill, 1961.
- *Strategic interaction*, University of Pennsylvania Press, 1969.

Ouvrages sur Erving Goffman :

- *Le Parler frais* d'Erving Goffman, Éditions de Minuit, 1998 [1989].
- I. Joseph, *Erwing Goffman et la microsociologie*, Puf, 1998.
- Y. Winkin, *Les Moments et leurs hommes*, Seuil/Minuit, 1998.

JACQUES COSNIER

EMPATHIE ET COMMUNICATION

COMPRENDRE AUTRUI ET PERCEVOIR SES ÉMOTIONS

Des recherches récentes montrent que les émotions jouent un rôle essentiel dans les relations interpersonnelles et dans la communication affective avec autrui.

Le terme « empathie » correspond à la francisation du terme anglais « *empathy* ». Il a été proposé en 1909 par le psychologue Edward Titchener comme équivalent du terme allemand « *Einfühlung* ». Ce dernier a pour sa part été introduit en esthétique par Friedrich Vischer en 1873, et utilisé systématiquement par le psycho-esthéticien Theodor Lipps (1903) dans le sens de « la jouissance objectivée de soi » ou encore de « la projection de soi dans l'objet esthétique ».

Actuellement, l'empathie est généralement conçue comme « prise de rôle » (*role taking*) : aptitude à se mettre à la place d'autrui, à inférer ainsi en imagination ses pensées, ses sentiments et ses actions. L'empathie est aussi un « partage de perspective » (*perspective taking*), qui consiste à imaginer ce que l'on percevrait à la place d'autrui. Il faut d'autre part souligner qu'« empathie » n'est pas synonyme d'« identification », car, bien que pénétrant dans l'univers mental d'autrui en pensée, il n'y a pas de confusion entre soi-même et l'autre. Enfin, elle n'est pas non plus synonyme de « sympathie » car, si l'empathie peut être positive, elle peut aussi être neutre, voire amener à des sentiments négatifs comme nous le verrons plus loin.

Chaque être humain assume que l'autre (son « semblable ») pense, que cet autre pense qu'il pense et que ces pensées sont formellement compatibles, comparables et donc communicables, et *a priori* compréhensibles pour les uns et les autres. La communication interindividuelle consiste non seulement à « échanger » des informations mais aussi à « partager » des représentations et des sentiments.

Ce postulat d'empathie est à la base des activités sociales, il est tellement omniprésent qu'il semble aller de soi, être de l'ordre de la nature et non de la convention.

Le rôle du langage

Le processus empathique s'appuie dans l'espèce humaine sur l'existence du langage, système permettant une représentation médiatisée des représentations mentales des référents du monde physique ou conceptuel, selon la fameuse trilogie des structuralistes: les signifiants sont supposés représenter des signifiés*, eux-mêmes supposés représenter des référents. Pour donner un exemple simple et classique depuis Ferdinand de Saussure, le mot « arbre » est un signe conventionnel (et même ici arbitraire) qui représente symboliquement la représentation mentale d'un objet référent, le végétal « arbre ». Si l'univers des signifiants et, grâce à eux, des référents est accessible à l'objectivisation (on peut compter des arbres, les photographier, etc.), l'univers des signifiés reste opaque (chaque lecteur de ces lignes se fait une idée personnelle de l'arbre), bien que pour une communauté linguistique donnée le signe « arbre » soit considéré comme une entité sémantique partagée en vertu du postulat empathique (tous les francophones sont censés « comprendre » arbre). Ce mécanisme s'accompagne alors nécessairement d'une typification des « objets », des comportements et des sentiments, ce qui a fait dire que le langage est un organisateur social de la pensée. En fait, au-delà du langage proprement dit, c'est la « culture » dans laquelle il baigne, tout en servant à la créer et à la maintenir, qui sert de cadre à l'univers des représentations partagées. Cette plate-forme communicative commune est caractéristique de la communication humaine.

Deux exemples simples permettent de mesurer l'importance de ce fonctionnement empathique dans les interactions.

Les marqueurs énonciatifs (1) situent l'énonciateur par rapport à son énoncé et l'ancrage de cet énoncé sur la situation: repères spatiaux, « ici », « là »; repères temporels, « maintenant », « hier », « demain »; marqueurs pronominaux, « je », « moi », « toi », « nous », « il ». Ces unités linguistiques sont indispensables non seulement pour la construction d'un énoncé mais aussi pour son interprétation. Elles servent à créer les coordonnées d'un univers mental commun. On pourrait dire que les marqueurs énonciatifs jalonnent le territoire empathique indispensable à toute communication.

Les mécanismes d'implicitation (2) indispensables pour l'interprétation de l'énoncé: plus la plate-forme communicative commune est large, plus la communication est facile. C'est pour cette raison que les vieux couples et vieux amis disent se comprendre presque sans avoir besoin de parler.

La signification véritable d'un énoncé, tel « Quelle heure est-il ? » pourtant très banal, peut-être autre chose qu'une demande d'information sur l'heure: par exemple une manifestation d'impatience, l'annonce d'une séparation, ou comme ici un simple échantillon de langage.

On conçoit aisément que les conditions énonciatives et les mécanismes d'implicitation sont indispensables pour interpréter l'énoncé, c'est-à-dire être capable de « savoir ce qu'il (elle) a voulu dire ». On peut supposer par exemple qu'à la lecture de la question précédente aucun lecteur n'a regardé sa montre... On échange des informations en échangeant des messages, mais, au-delà, l'interprétation de ces messages nécessite un partage du sens dont nous avons vu les liens avec des processus inférenciels multiples (3).

Le non-verbal, inducteur d'empathie affective

Si nous reprenons l'exemple de la demande d'information sur l'heure, l'interprétation de l'énoncé verbal tiendra compte d'implicites, mais aussi d'indices non verbaux: expressions faciales, attitudes corporelles, intonation... (4) Ce qui fait dire que l'énoncé total dépasse le simple prononcé. Mais cette participation corporelle ouvre la voie à un mécanisme moins évident que les échanges langagiers et paralangagiers mentionnés ci-dessus.

Un des rôles du non-verbal, en plus de sa contribution à l'énoncé total et au travail énonciatif (5), serait de fournir un « modèle effecteur » au partenaire qui, par un mécanisme d'« échoïsation corporelle », vivrait en miroir l'état affectif de son vis-à-vis.

Ces phénomènes sont nombreux dans toute interaction et prennent parfois des formes évidentes, par exemple dans les phénomènes de contagion du fou rire et des pleurs, mais aussi plus discrètement dans tous les petits mouvements « en miroir » (6). Or, de nombreuses expériences ont montré que l'adoption par le corps de certaines configurations posturo-mimo-gestuelles induit des affects spécifiques (7). Le corps du « récepteur » entre en résonance avec le corps de l'« émetteur » et ce phénomène (« analyseur corporel ») permet par un mécanisme de *feed-back* d'attribuer à autrui des états mentaux.

Des données neurophysiologiques récentes étayent les données psychologiques : la perception des mouvements d'autrui induit chez le sujet percevant une activité cérébrale analogue à celle qu'il aurait s'il effectuait lui-même les mouvements – « neurones-miroir » (8) –, « observer l'action d'un autre c'est déjà construire une image de soi en train d'exécuter la même action » (9).

L'empathie du quotidien

L'utilité du partage empathique d'affects se constate dans les conversations à bâtons rompus, conversations d'allure souvent inessentielle mais indispensables au maintien des liens affectifs du tissu social quotidien.

Ces phénomènes prennent une importance accrue en cas de crise. On a constaté que le partage possible d'affects (10) survenus dans des circonstances particulièrement éprouvantes (tremblement de terre, accident aérien, bombardement) et la possibilité de leur expression verbale constituent une prévention contre des conséquences psychophysiologiques secondaires éventuelles. Cette importance du « support social » est d'ailleurs aujourd'hui systématiquement utilisée par des équipes spécialement formées à ce genre d'interventions.

Cette incorporation en écho explique, au moins en partie, les mécanismes de sympathie et d'antipathie. S'il est facile d'empathiser avec des corps inducteurs de vécus familiers et positifs, par contre des difficultés peuvent surgir lorsque ces affects sont difficiles à supporter (souffrance, désespoir, etc.). Les vécus étrangers et négatifs font l'objet de mécanismes de défense et de rejet.

C'est le cas, par exemple, des soignants en hôpitaux, qui peuvent donner l'impression d'éviter toute relation personnalisée avec les patients (« *Va voir ce que veut la chambre 5!* »), parce qu'il est difficile de partager, toute la journée, les affects d'inquiétude et de douleur de maladies organiques graves. Il est également difficile de percevoir et de partager les affects d'autrui lorsqu'ils réveillent chez l'individu des problématiques indésirables et généralement refoulées ou réprimées. Ces processus peuvent déboucher sur différentes tentatives de « réaccordage »: négociation, compromis, disqualification affective, et aboutir, en cas d'échec, au conflit ouvert allant de la dispute au combat ou à la fuite.

Enfin, ajoutons que l'échoïsation peut provoquer la symétrie ou la complémentarité: la tristesse peut induire la tristesse, mais aussi la compassion.

La contagion émotionnelle des foules

Les différents points que nous avons abordés contribuent à expliquer les réactions des foules (11). Placés dans une situation génératrice d'affects, les individus d'une foule vont se potentialiser mutuellement, par le mécanisme d'échoïsation et d'analyseur corporel. Ainsi assistera-t-on aux enthousiasmes frénétiques ou aux paniques dont la synchronisation collective et la force d'entraînement émotionnel paraissent parfois aussi irrésistibles qu'irrationnelles. Les affects les plus prégnants et les plus contagieux sont la joie, la colère, la peur et la tristesse.

Si l'on admet que des représentations mentales peuvent être génératrices d'affects, alors, dans une époque où les médias diffusent des représentations qui alimentent quotidiennement la plate-forme communicative commune de populations entières, on peut s'attendre à ce qu'en résulte cette communauté d'affects considérée par Sigmund Freud comme essentielle à la cohésion sociale (12). Reste à savoir si ce levier d'empathie généralisée n'est pas en même temps un formidable moyen de manipulation psycho-affective desdites populations…

Au total, l'empathie paraît être aujourd'hui un mécanisme cognitivo-affectif essentiel aux communications humaines dans lequel le langage et le corps jouent un rôle de support fondamental. Les interactions de face-à-face sont en fait des interactions de corps à corps et l'intersubjectivité serait largement basée sur des mécanismes d'intercorporalité.

Notes

1. C. Kerbrat-Orecchioni, *L'Énonciation*, Armand Colin, 1997 (2002, 4e éd.).
2. C. Kerbrat-Orecchioni, *L'Implicite*, Armand Colin, 1991 (1998, 2e éd.).
3. Aussi les sciences cognitives utilisent-elles l'expression de « théorie de l'esprit » pour désigner ces mécanismes inférenciels.
4. S. Duncan, D.W. Fiske, *Face to Face Interaction*, John Wiley, 1977 ; J. Cosnier, « Les tours et le copilotage dans les interactions conversationnelles », dans I. Joseph (dir.), *Le Parler frais* d'Erving Goffman, Minuit, 1989.
5. Voir l'article de J. Cosnier « Les gestes du dialogue » dans cet ouvrage.
6. J. Cosnier, *Psychologie des émotions et des sentiments*, Retz, 1994 ; J. Cosnier, M.L. Brunel, « Empathy, Micro-Affects and Conversational Interactions », dans N. Frijda (ed.), *Proceedings of the* VIIIth Conference of the International Society for Research on Emotions, ISRE Publications, 1994.
7. S. Bloch, « Emotion ressentie, émotion recréée », *Science et vie*, hors série n° 168, 1989 ; G.H. Walbott, « Recognition of Emotion from Facial Expression via Emotion? Some Evidence for a Old Theory », *British Journal of Social Psychology*, 1991 ; P. Ekman, R. Levenson, W.V. Friesen, « Automatic nervous system activity distinguishes among emotions », *Science*, n° 221, 1983.
8. M.I. Stamenov, V. Gallese (eds), *Mirror Neurons and the Evolution of Brain and Langage*, John Benjamins Publishing Company, 2002.
9. M. Jeannerod, *Le Cerveau intime*, Odile Jacob, 2002. Voir aussi M. Jeannerod, *La Nature de l'esprit*, Odile Jacob, 2002.
10. B. Rimé, « Le partage social des émotions », dans B. Rimé, K. Scherer (dirs), *Les Emotions*, Delachaux et Niestlé, 1997 [1989].
11. E. Hatfield, J.T. Cacioppo, R.L. Rapson, *Emotional Contagion*, Cambridge University Press, 1994.
12. S. Freud et A. Einstein, *Warum Krieg? (Pourquoi la guerre ?)*, Internationales Institut für Geistige Zusammenarbeit, 1933.

À lire sur le sujet

- A. Berthoz, G. Jorland (dirs.), *L'Empathie*, odile Jacob, 2004.
- J. Cosnier, *Psychologie des émotions et des sentiments*, Retz, 2006 [1994].
- A.N. Meltzoff, W. Prinz (eds), *The imitative Mind, development, evolution and Brain Bases,* Cambridge University Press, 2002.

Xavier Molénat

Les lois de la sociabilité

Nos interlocuteurs nous ressemblent socialement, mais plusieurs enquêtes statistiques sur la sociabilité ont montré que cette dernière est d'intensité différente selon les groupes sociaux.

Amitiés, parenté, voisins, collègues de travail... Pratique quotidienne, banale, les relations sociales des Français sont loin de laisser les sociologues indifférents. Depuis une vingtaine d'années, un certain nombre de travaux et d'enquêtes, menés notamment par l'Insee, ont permis de dresser un portrait assez fin de l'état de la sociabilité en France, souvent lue comme un indice de l'état du « lien social »: les Français se parlent-ils? Sont-ils plus ou moins seuls qu'il y a vingt ans? Malheureusement, ces enquêtes sont souvent peu comparables parce que les protocoles ou les questionnaires ne sont pas les mêmes. Le sociologue Olivier Godechot a ainsi montré que pour les deux grandes enquêtes menées par l'Insee sur la sociabilité (enquêtes « Contacts » en 1983 et « Relations de la vie quotidienne et isolement » en 1997), *« des modifications même mineures du questionnement, en particulier dans les parties concernant l'amitié, introduisent des différences majeures dans les niveaux de réponses »* (1), par exemple sur le nombre d'amis que les enquêtés déclaraient avoir. Si les diagnostics sur des Français qui se parleraient de moins en moins (2) sont donc à prendre avec beaucoup de précautions méthodologiques, ces travaux permettent néanmoins de mettre en évidence les grandes caractéristiques de la sociabilité dans notre pays.

De ce point de vue, le fait majeur de la sociabilité est sans doute l'homophilie ou, pour parler comme François Héran (3), l'« *homolalie* » (du grec *lalein*, « parler »): nos interlocuteurs tendent à avoir les mêmes caractéristiques sociales que nous. Ils tendent notamment à appartenir à la même catégorie sociale: ainsi, le meilleur ami d'un ouvrier est dans 55,1 % des cas un ouvrier. De la même manière, les cadres choisissent à 50,5 % leur meilleur ami parmi les cadres (4).

Cette homolalie se confirme avec d'autres variables démographiques. Outre que les relations que nous entretenons sont issues du même milieu social que nous, les interlocuteurs ont aussi souvent le même âge: Jean-Louis Pan Ké Shon montre par exemple que « *plus de 62 % des amis des 15-20 ans ont eux-mêmes entre 15 et 20 ans* » (5). Il souligne néanmoins que cette correspondance tend à s'affaiblir progressivement avec l'âge, puisque les 65-70 ans n'ont plus que 27 % de leurs amis dans leur tranche d'âge. Enfin, on peut souligner, avec F. Héran, que « *près de deux fois sur trois, nos interlocuteurs sont du même sexe que nous* » (6), et ce à tous les âges de la vie.

Inégalités devant la sociabilité

Au-delà de la mise en évidence des variables maîtresses de la sociabilité, ces diverses enquêtes permettent également de s'intéresser à l'intensité du phénomène. Les deux enquêtes de l'Insee, déjà citées, permettent de savoir à combien de personnes nous parlons au cours d'une semaine. L'enquête de 1983 montrait que nous discutions en moyenne avec 17 personnes en une semaine (hors conversations téléphoniques et discussions avec les autres membres du ménage). Celle de 1997, fondée sur un questionnaire différent, aboutissait au chiffre de 8,8 interlocuteurs par semaine.

Cependant, ces chiffres ne sont que des moyennes. Là encore, l'âge apparaît comme une variable clé: intense chez les jeunes, la sociabilité semble atteindre son maximum vers 35 ans (9,8 interlocuteurs par semaine, selon l'enquête Insee de 1997) pour décliner inexorablement par la suite: 6,5 interlocuteurs par semaine pour les plus de 70 ans, qui sont également les personnes les plus isolées (7). Outre le nombre, c'est le poids des différentes catégories d'interlocuteurs qui se modifie. On décrit ainsi généralement trois âges de la sociabilité : un poids prépondérant de l'amitié pour les jeunes adultes, des relations de travail à la maturité et des parents à la vieillesse (8).

D'autre part, tous les groupes sociaux ne sont pas égaux devant la sociabilité, qui tend à augmenter au fur et à mesure que l'on s'élève dans la hiérarchie, et dépend fortement du niveau de diplôme. L'image d'Épinal d'une très forte sociabilité des classes populaires ne résiste donc pas à l'examen : on constate en effet que les agriculteurs, ouvriers et employés ont moins d'amis (moins de six selon l'enquête Insee de 1997) que les cadres, qui en déclarent plus de neuf. Selon F. Héran, on observe un effet « boule de neige » : *« Les personnes qui fréquentent un grand nombre d'amis ont aussi les plus grandes chances de sortir avec des collègues, de recevoir la visite de leurs voisins, d'adhérer à de multiples associations et, ce faisant, d'accumuler au fil de la semaine des discussions personnelles. »* (9) On constate ainsi que, dans le domaine des relations sociales aussi, « le capital va au capital ».

Notes

1. O. Godechot, « Plus d'amis, plus proches ? Essai de comparaison de deux enquêtes peu comparables », *document de travail Insee*, 2000.
Téléchargeable sur Internet : http://olivier.godechot.free.fr/travaux/compar.pdf
2. Voir N. Blanpain, J.-L. Pan Ké Shon, « 1983-1997 : les Français se parlent de moins en moins », *Insee première*, n° 571, 26 mars 1998.
3. F. Héran, « Trouver à qui parler : le sexe et l'âge de nos interlocuteurs », *Données sociales 1990*, Insee, 1989.
4. J.-L. Pan Ké Shon, « D'où sont mes amis venus ? », *Insee première*, n° 613, 23 octobre 1998.
5. *Id.*
6. F. Héran, *op. cit.*
7. J.-L. Pan Ké Shon, « Isolement relationnel et mal-être », *Insee première*, n° 931, novembre 2003. L'auteur définit comme isolées « les personnes n'ayant eu que quatre contacts ou moins d'ordre privé au cours d'une semaine de référence ». Selon cette définition, 10,8 % des personnes peuvent être considérées comme isolées en France.
8. F. Héran, « La sociabilité, une pratique culturelle », *Économie et statistique*, n° 216, décembre 1988.
9. *Id.*

TROISIÈME PARTIE

LA COMMUNICATION DANS LES GROUPES

Philippe Cabin

Communication et organisation

La communication en organisation constitue un champ de recherche peu structuré et éclaté en approches très diverses: communication interpersonnelle, dynamique des groupes, sociologie des organisations, management, sémiologie, sociolinguistique... Les travaux les plus récents tentent de fournir une analyse pluraliste et systémique des phénomènes de communication en organisation.

Les recherches menées en entreprise sur le travail des cadres montrent que ces derniers passent l'essentiel de leur temps à communiquer. Henry Mintzberg considère la communication comme un des trois domaines fondamentaux du travail du dirigeant (1). Rien d'étonnant à cela: aucun système technique et humain ne peut fonctionner sans communication. Toute l'activité d'une entreprise (ou de toute autre organisation) n'est qu'un enchaînement de processus d'interactions et de communications: ceux-là sont l'huile qui permet aux rouages organisationnels de fonctionner (2).

Les mutations récentes des modes de fabrication et d'organisation ont encore accru l'importance de l'échange et de la gestion d'informations dans les activités de production. L'organisation taylorienne du travail visait à limiter au minimum les informations et les interactions nécessaires au travail: la prescription très formalisée des tâches n'exigeait en effet que peu de communication entre les agents. Les nouvelles formes d'organisation qui apparaissent aujourd'hui ne sont pas seulement consécutives à l'essor des technologies de l'« information et de la communication ». Elles résultent du développement de nouvelles rationalités, qui bouleversent les contextes professionnels : autonomie, organisation transversale, équipes-projets, participation... Ces principes ont une répercussion essentielle : celle d'une coordination accrue et complexifiée. La communication apparaît comme un processus décisif de cette coordination (3).

Les illusions de la communication organisationnelle

Le pourquoi de l'importance de la communication dans l'organisation étant acquis, il reste à en préciser le comment. Dans le monde de l'entreprise en effet, la communication est très souvent vue à la fois comme la cause de tous les maux, et le remède susceptible d'apporter une solution à tout problème : il est devenu courant (et commode) de ramener tout dysfonctionnement organisationnel à « un problème de communication » (*voir l'article de Michel Augendre dans cet ouvrage*). Ce constat est révélateur des illusions qui persistent, au sein des organisations, quant aux caractéristiques et aux vertus supposées de l'acte de communiquer.

Parmi ces illusions, on peut en distinguer trois, particulièrement fréquentes et trompeuses (4). La première consiste à penser qu'il est facile de communiquer, puisqu'il suffit d'énoncer un message. La deuxième amène à penser que dès lors que l'on est parvenu à expliciter ce message, il est évident qu'il sera compris par le récepteur de la même manière que l'émetteur. Dernière illusion majeure : il n'existerait qu'une forme de communication pertinente, celle selon laquelle le message a été émis. Or on sait que la communication est multiple et multiforme (*voir l'introduction de Jean-François Dortier dans cet ouvrage*).

Les sciences humaines ont très largement contribué à révéler ces idées fausses et à éclairer les logiques à l'œuvre dans les processus de communication en organisation. Ce champ de recherche reste pourtant peu structuré. Il existe en effet beaucoup de travaux sur la communication interpersonnelle et dans les groupes : par exemple la dynamique des groupes de Kurt Lewin, l'analyse transactionnelle, l'analyse de la structure affective des groupes (Jacob Lévy Moreno), etc. Mais ces approches offrent une vision de la communication essentiellement psychologique, qui conduit à sous-estimer le rôle que joue la structure organisationnelle.

D'autre part, les sciences de l'organisation et du management, en dépit de l'étendue de leur champ d'investigation, se sont peu intéressées aux fonctions de la communication. Il est clair par exemple que dans les analyses de Michel Crozier, la part de la communication dans les stratégies et les comportements des acteurs est essentielle. Selon cette approche en effet, les acteurs en organisation ont une marge d'autonomie et développent des stratégies. Le pouvoir est une relation d'échange qui se négocie: au cœur de cette relation se trouve la maîtrise de zones d'incertitudes, et par conséquent celle de l'information et de la communication. Cette dernière est donc considérée comme une composante et une ressource capitales du fonctionnement de l'organisation, mais elle n'y est pas étudiée en tant que telle.

Une des raisons à cette situation est la difficulté à cerner avec rigueur la notion de communication en organisation, tant il est vrai que celle-ci renvoie sur le terrain à des réalités et des domaines d'actions radicalement différents. On peut sommairement les classer en quatre catégories:

– les rapports interpersonnels à l'intérieur de l'organisation: cela va des problèmes de recrutement, motivation..., aux rapports quotidiens entre un cadre et sa secrétaire, à l'organisation spatiale des lieux de travail...;

– la distribution, la circulation et le partage de l'information, autrement dit l'entreprise comme système d'information: consignes, formalisation des procédés, diffusion de l'information interne...;

– ce qui relève du management et de la communication entre direction et salariés: gestion des ressources humaines, journaux internes...;

– ce qui relève de la communication vers le client et vers l'extérieur, qu'elle soit axée sur le produit (publicité, marketing, modes d'emploi...), ou sur l'organisation elle-même, ce que l'on appelle la communication institutionnelle (voir les publicités d'EDF, La Poste, Vivendi... les campagnes publicitaires lors des opérations de privatisation ou les opérations de mécénat).

Communication externe et interne

La dernière catégorie relève de ce qu'on appelle usuellement la communication externe. Les problématiques relèvent alors moins de l'analyse organisationnelle que de celle des mécanismes d'influence et d'argumentation (*voir notamment, dans cet ouvrage, l'article de Vincent Troger sur la création publicitaire*). Des sémiologues ont également cherché à comprendre et à améliorer l'efficacité des messages publicitaires, des sociolinguistes à étudier la pertinence de la formulation des modes d'emploi des produits (5).

L'analyse de l'organisation comme espace et comme système de communication renvoie davantage aux préoccupations de la communication dite interne. Les recherches sur la communication interpersonnelle ont pour vertu de montrer la complexité des processus de communication. Elles constituent ainsi un antidote aux illusions citées plus haut : il suffit de parler pour être compris, la communication c'est simple, etc. L'analyse de la communication dans les groupes permet pour sa part de mettre au jour les phénomènes d'influence, de leadership, de construction de réseaux, de structuration qui ont cours dans les ensembles humains de toutes natures. Des expériences en psychologie sociale ont mis l'accent sur des facteurs « organisationnels » : Claude Flament a étudié l'influence du degré de centralisation du groupe sur l'efficacité de la communication, Claude Faucheux et Serge Moscovici ont montré pour leur part comment les groupes tendent à se donner une structure en accord avec les contraintes spécifiques de la tâche à accomplir (6). Dans le même ordre d'idée, des linguistes cherchent à comprendre les logiques des communications langagières dans les situations de travail (7).

À la recherche de la communication efficace

Dès lors qu'une organisation a des objectifs d'efficacité, et dès lors que la communication est perçue comme une ressource fondamentale, il va de soi que nombre de travaux sur la communication n'ont pas pour seul objet de comprendre les processus en cours. Ils visent aussi à les améliorer. Ils se manifestent soit par l'élaboration de « techniques » de la communication (*voir l'article de Jean-Yves Fournier sur l'analyse transactionnelle et l'encadré « Petit guide des techniques de communication » avant celui-ci*), soit par des recherches qui visent à mettre en évidence les facteurs et conditions d'une bonne communication. Ainsi, M.-R. Chartier avance sept principes nécessaires à la bonne compréhension d'un message (8) : le principe de pertinence (atteindre le cadre de référence psychologique du récepteur), le principe de simplicité, le principe de définition (définir avant de développer), le principe de structure (organiser le message en une série d'étapes successives), le principe de répétition (répéter les éléments clés du message), le principe de comparaison et de contraste (procéder par association d'idées), et le principe de l'appui sélectif (attirer l'attention sur les aspects les plus importants).

Dans une perspective voisine, certains chercheurs analysent les attitudes de communication: Lyman W. Porter a construit une échelle de six attitudes, de la plus contraignante à la plus « libre » (9): le conseil ou ordre, l'évaluation ou jugement, l'aide ou soutien, l'enquête ou interrogation, l'interprétation, la compréhension. Chacune de ces attitudes est plus ou moins adaptée selon le contexte et les objectifs de la communication.

Les dimensions symboliques et culturelles

Des travaux cherchent à analyser le rôle du contexte social et institutionnel. Ils montrent tout particulièrement l'influence des communications informelles et de la dimension symbolique (prestige, statut, pouvoir, rites...) des relations au sein d'une organisation. C'est pourquoi nombre de tentatives de réorganisation et de changement se heurtent à la défense des individus qui n'acceptent ces transformations que par rapport à la signification qu'ils leur accordent (10). L'existence d'un ensemble commun de référents identitaires et culturels est un autre ingrédient d'une communication efficace: la notion de culture d'entreprise a connu un succès considérable dans le milieu managérial, succès d'ailleurs éphémère, parce que le plus souvent fondé sur une vision superficielle et instrumentale.

Il importe également de prendre en compte la diversité des types de communications qui se déroulent au sein d'une organisation. La communication informelle a bien souvent un rôle plus important que les consignes écrites ou les journaux d'entreprise. De même la communication verticale (ascendante ou descendante) possède des logiques et des contraintes qui diffèrent de celles de la communication horizontale entre personnes d'un même service ou d'un même niveau hiérarchique. Dans chaque cas, les questions de statut, de culture, d'identité, de pouvoir vont opérer différemment.

Un autre niveau important de la définition d'une communication efficace est celui des supports et de l'environnement physique de la communication. La conception et le fonctionnement du système de circulation de l'information, l'agencement et les caractéristiques physiques des lieux de travail (*voir l'article de Gustave-Nicolas Fischer dans cet ouvrage*), leur éloignement, l'utilisation de telle ou telle technologie (*voir la dernière partie sur les nouvelles technologies*)... Tous ces facteurs participent du processus de communication, et font l'objet de très nombreux travaux.

Vers de nouveaux paradigmes

D'autres approches auraient pu être développées. Cette brève présentation témoigne du caractère éclaté des travaux sur la communication en organisation, qui au final offrent des visions parcellisées. Or nous l'avons vu, la communication en organisation est le fruit d'un système complexe et dynamique de facteurs, qui mêle: la compétence et la stratégie communicationnelles des acteurs, les identités et les histoires individuelles, l'existence d'une culture et de codes de communications communs, de supports et des canaux appropriés, un contexte (économique, social, hiérarchique, matériel et physique...), une situation particulière, etc.

Les sciences de l'information et de la communication construisent aujourd'hui des modèles et des paradigmes nouveaux qui intègrent pleinement ce constat. C'est le cas par exemple, de la théorie des processus de communication d'Alex Mucchielli et de son équipe (11). L'idée qui préside à cette approche est assez simple. Pour interpréter le comportement des individus en situation de communication, il faut chercher à comprendre le « sens » que ces derniers donnent à leur action. Ce sens est le fruit d'une interaction entre l'acte de communiquer et l'ensemble des éléments qui en constituent le contexte, ce dernier étant entendu ici dans une acception large. Il résulte de divers paramètres: l'organisation de l'espace, l'environnement physique et sensoriel, les données temporelles, les processus de positionnement des individus, la nécessité de la « qualité de la relation », les normes, les processus d'expression identitaire. C'est à travers la combinaison complexe de tous ces « processus de communication », qui forment un système, que l'individu va donner sens à sa façon d'agir et de communiquer.

L'enjeu fondamental est « la construction du sens partagé », et l'organisation est ici partie intégrante de cette construction. Le travail du chercheur va consister à reconstituer et à comprendre l'ensemble des facteurs qui dirigent la construction par les acteurs, de leur communication.

Cette approche constructiviste (l'action résulte de la construction du sens par les individus) et systémique (l'ensemble des éléments de la situation de communication forment un système) témoigne des potentialités des sciences de la communication pour fournir des grilles d'interprétation des phénomènes de communication en organisation.

Notes

1. H. Mintzberg, *Le Manager au quotidien*, Éditions d'Organisation, 1984. Voir aussi l'entretien avec H. Mintzberg dans *Sciences Humaines,* hors série n° 20, mars/avril 1998.
2. Selon l'expression de Sandra Michel, « La communication interpersonnelle », dans N. Aubert, J.-P. Gruere, J. Jabes, H. Laroche et S. Michel, *Le Management, aspects humains et organisationnels,* Puf, 1991.
3. J.-Y. Capul, « Les communications dans les organisations », *Les Cahiers français*, n° 258, 1992.
4. S. Michel, *op. cit.*
5. Voir D. Boullier, « Modes d'emploi : mode d'emploi », *Sciences Humaines*, n° 76, octobre 1997.
6. Voir l'encadré « Structure du groupe... » à la fin de cet article. Pour une présentation développée de ces travaux, voir G. Amado et A. Guittet, *Dynamique des communications dans les groupes,* Armand Colin, 2003 (4e éd.).
7. Voir par exemple D. Faita, « Interaction verbale et gestion des variables du travail », *Colloque international Analyse des interactions,* Aix-en-Provence, 1991.
8. M.-R. Chartier, « Clarity of expression in interpersonal communication », dans J.W. Pfeiffer et J.E. Jones, *The 1976 annual handbook for group facilitators,* University Associates Inc, 1976, cité dans N. Côté, H. Abravanel, J. Jacques et L. Belanger, *Individu, groupe et organisation,* Gaëtan Morin, 1986.
9. L.W. Porter, « Job attitudes in management », *J. Appl. Psychol.*, n° 46, 1962, cité par S. Michel, *op. cit.*
10. Voir G. Amado et A. Guittet, *op. cit.*
11. A. Mucchielli, J.A. Corbalan et V. Ferrandez, *Théorie des processus de la communication*, Armand Colin, 1998. Voir également, dans cet ouvrage, les deux textes d'Alex Mucchielli, « Les modèles de la communication », et « L'approche communicationnelle ».

Structure du groupe et circulation de l'information

Quelles sont les structures de groupe les plus efficaces dans la transmission d'une information en vue d'accomplir une tâche? Le réseau de communication détermine le type et le volume des communications entre ses membres, ses performances et son niveau de satisfaction (de nombreux chercheurs se sont penchés sur l'efficacité des réseaux de communication: Alex Bavelas, Harold Leavitt, Claude Flament, Claude Faucheux et Serge Moscovici).

Les groupes aux structures centralisées (I, II III) réussissent mieux dans les tâches simples. L'individu central (leader) rassemble l'information fournie par les membres de la périphérie, et les décisions peuvent être prises rapidement. En revanche, c'est dans ce type de réseaux que le désintérêt des individus placés à la périphérie est le plus rapide, et que le niveau de satisfaction est le plus faible.

Les réseaux non centralisés (IV, V) sont le lieu d'une importante activité de communication, mais ils entraînent plus d'erreurs. Aucun leader ne s'y dégage et leur organisation est peu efficace.
En revanche, ce mode de structuration est apprécié de tous les membres. Ainsi, les personnes montrent plus d'intérêt, de motivation au travail et de satisfaction globale lorsqu'elles peuvent discuter des politiques du groupe avec tous les autres, que lorsqu'un seul individu possède tout le pouvoir de décision. Cependant, quand il s'agit de tâches complexes, les groupes décentralisés (IV, V) réussissent mieux. Dans les structures centralisées (I, II, III), l'individu placé au poste central peut se retrouver submergé par les informations, ce qui devient, au-delà d'un certain seuil, un facteur d'inefficacité. C'est en définitive la nature de la tâche qui peut déterminer les conditions matérielles du réseau de communication. La tâche de résolution de problèmes produit des structures centralisées, la tâche complexe favorise des structures plus interactives.

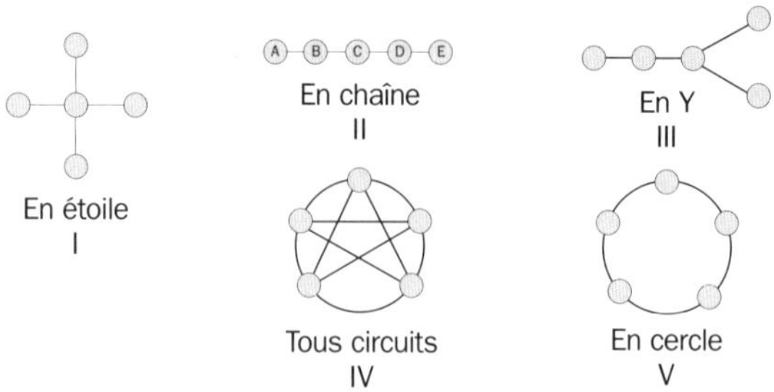

Sociométrie et analyse de réseaux

La sociométrie de Moreno

La sociométrie est une méthode d'analyse des relations qui se nouent entre les personnes au sein d'un groupe. Cette approche « socio-affective » a été initiée par le psychosociologue américain Jacob Lévy Moreno (1892-1974), et a connu un grand succès en France, dès le début des années 50. Dans les petites communautés comme une classe, un atelier, une bande…, il existe des relations d'affinités privilégiées qui se nouent entre certains membres; des oppositions et des conflits se créent entre d'autres. Il existe aussi des relations marquées par l'indifférence. Certaines personnes reçoivent l'assentiment de tous et tiennent le rôle de leader; d'autres en revanche sont systématiquement rejetées.

Un exemple de sociographe

La sociométrie consiste à étudier l'ensemble de ces relations. La méthode d'analyse privilégiée de la sociométrie est le sociographe. Cela consiste à interroger (confidentiellement) les individus sur les personnes qu'ils préfèrent ou rejettent au sein du groupe et de rapporter ces relations sur un graphique formant ainsi un réseau de relation.

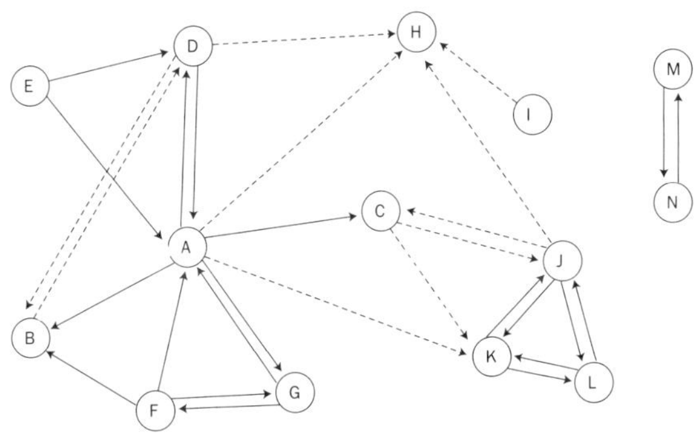

Sociographie des choix et des rejets dans un groupe

1. Dans le sociographe des choix (flèches pleines), on constate l'existence de:

– un « leader sociométrique »: l'individu A est le plus populaire et c'est autour de lui que s'organise la structure dominante du groupe (7 personnes sur 14);

– une « dyade » formée par les individus M et N, qui se choisissent mutuellement à l'exclusion de toute autre relation avec le reste du groupe;
– une « clique », formée par le sous-groupe J-K-L;
– deux individus isolés: I et H.

2. Le sociographe des rejets (flèches en pointillé) permet l'analyse des relations négatives. On peut ainsi:
– confirmer la position de leader de A (aucun rejet);
– constater que la dyade M-N ne reçoit aucun jugement négatif. Elle est donc bien isolée sans être pour autant exclue;
– voir que la clique J-K-L est rejetée par certains membres, y compris (pour K) par le leader. En revanche, l'individu L ne reçoit ni n'émet aucun rejet; c'est donc probablement par lui que les messages du groupe pourront être transmis.

Dans la dynamique des groupes, la sociométrie a montré son efficacité, en particulier dans les activités nécessitant un diagnostic. Les études ont montré que, dans une institution ou un groupe social donné, le cheminement de l'information et des rumeurs suit très précisément la structure socio-affective du groupe.

Les analyses de réseaux

Si la sociométrie a pratiquement disparu dans l'étude des relations entre les individus, les « analyses des réseaux », très en vogue actuellement, en ont intégré les principes. La notion de « réseau » peut être comprise dans un sens technologique (réseau téléphonique), géographique (réseau routier) ou sociologique (amis, parenté, relations de travail…).

L'« analyse de réseau » (1) étudie la stabilité des liens qui se nouent entre les personnes, aboutissant à des configurations plus ou moins stables. Elle permet de comprendre:
– les relations économiques (les contrats d'entreprises se font souvent sur la base d'un réseau structuré et non d'un marché totalement ouvert);
– la diffusion d'une innovation technologique ou d'une mode, la recherche d'un emploi ou d'un appartement (le poids des relations y est souvent déterminant);
– la sociabilité (relations de proximité entre parents, amis)…

Note

1. Voir A. Degenne et M. Forsé, *Les Réseaux sociaux*, Armand Colin, 2004, [1994].

MICHEL AUGENDRE

LES MAUX DE LA COMMUNICATION INTERNE

La communication constitue un enjeu majeur au sein des organisations. Pour l'améliorer, une approche contingente s'impose au-delà des conceptions « intuitives » de ce qu'est la communication et des interprétations plus scientifiques.

Recette... Prenez une organisation, n'importe laquelle. Choisissez au hasard cinq ou six personnes et posez leur LA question : « Quels sont les dysfonctionnements majeurs de votre entreprise et quelles en sont les causes ? » Il ne faut pas être grand clerc pour parier sans risques. Dans les réponses, inévitablement, vous aurez de multiples commentaires sur « le manque de communication ». Rendue responsable de bien des maux, la communication est simultanément trop lente à descendre ou à remonter, mal ciblée, mauvaise, inefficace, trop rare ou difficile à suivre, réservée à certains, contradictoire, mal coordonnée, etc.

C'est dire combien le sujet est important pour les gestionnaires et pour les acteurs de l'action collective qui en connaissent tout le poids sur le climat social et le fonctionnement de l'entreprise.

Des regards divergents sur ce qu'est la communication

Mais, réellement, peut-on comprendre quelque chose à la communication interne? Jamais, sans doute, les cadres n'ont passé autant de temps à tenter de parler, de dialoguer, d'informer. Le résultat? Souvent loin des espérances. Pourquoi?

Tentons d'expliquer cet échec. Tout d'abord, le mot « communication » est devenu un « attracteur étrange* ». Il partage avec les termes « compétence », « efficacité », « motivation » cette redoutable « vertu » de désigner simplement (avec simplisme?) des réalités complexes et parfois hétérogènes. Ces réalités ne sont ni isolées, ni définies, ni savamment connues. Chacun pense de bonne foi savoir ce qu'il faudrait faire et ce qu'est la communication. Ces conceptions présentent trois caractéristiques communes:

– elles sont diffuses, implicites et n'apparaissent qu'à travers des propos ou des actes fragmentaires (« On ne nous dit rien! »; « Untel n'est pas communiquant! »; « C'est pourtant simple, la direction pourrait faire ceci ou cela. », etc.);

– elles postulent implicitement l'existence d'un idéal atteignable de communication;

– elles ne définissent pas cet idéal.

Par ailleurs, les acteurs des organisations ressentent intérieurement tous les décalages existants entre l'idéal de leurs représentations des relations professionnelles, d'une part, et la réalité concrète d'autre part. Ils ont alors tendance à considérer cette distorsion comme de la mauvaise volonté, du manque de professionnalisme (mais généralement chez les autres!) ou encore de la fatalité. Or, cette séquence que je viens de décrire (représentation implicite de ce qu'est la communication, puis perception du décalage avec la réalité, conduisant à une analyse en termes de responsabilité) fait des salariés d'une organisation de redoutables évaluateurs de la communication interne. Il n'est pas toujours aisé, à la base d'une organisation, d'évaluer une stratégie. Il est, en revanche, très facile, à n'importe quel endroit de l'entreprise, de mesurer ce que l'on sait et ce que l'on devrait savoir au vu d'un modèle idéal de l'appartenance, du management participatif et du partage des informations.

Les exigences de « bonne » communication qui vont peser de toutes parts sur la direction sont donc fortement légitimées par les conceptions managériales de participation qui dominent, et puissamment soutenues par une évaluation critique de la qualité/quantité présumée d'informations que chacun reçoit.

Par conséquent, on peut facilement concevoir que l'action collective soit soumise, dans ce domaine, à certaines difficultés. Elle requiert une qualité d'échanges entre individus et entre groupes, ce qui est, en soi, le véritable enjeu de la communication interne. Les grandes organisations spécialisent donc des acteurs pour prendre en charge cette question spécifique (directeurs de la communication, consultants, etc.). Elles instituent par là même une catégorie nouvelle d'acteurs qui manipulent des modèles plus sophistiqués et les utilisent dans leurs stratégies personnelles pour promouvoir des politiques et des discours sur la communication elle-même. Cela instaure une métacommunication souvent conflictuelle (par concurrence des modèles, par jeux d'acteurs...) qui interfère grandement avec les communications professionnelles de premier niveau.

Il est donc particulièrement important pour le gestionnaire de repérer finement sa propre position vis-à-vis des autres pour tenter d'agir en fonction de ces décalages et au profit de tous. On peut dire, en simplifiant, que le champ de manœuvre présente deux pôles. D'un côté se trouve le modèle « intuitif », proche des travaux qui rendaient compte dans les années 50 de la transmission de l'information (1). Cette approche est adoptée par la majorité, mais, trop rudimentaire, elle peut conduire à des décisions malheureuses. De l'autre côté se situent des conceptions plus systémiques (2), issues des sciences sociales (sociologie, anthropologie, linguistique). Elles rendent plus finement compte de la réalité mais souffrent d'être peu connues et peu manipulables dans l'action. En effet, les diagnostics qu'elles permettent de formuler ne trouvent pas de solutions immédiates, univoques, faciles d'emploi, vendables en quelques minutes à des comités de direction et ne garantissent aucun miracle.

C'est dire tout le paradoxe des relations entre un « corps social » (l'ensemble des collaborateurs qui ne s'assimilent pas aux instances dirigeantes) convaincu de simplicité communicationnelle et quelques rares dirigeants assurés de l'inverse. C'est précisément cette situation qu'il convient de gérer et que résume le tableau ci-dessus (3).

Modèle « intuitif »	Modèle complexe
Une majorité du personnel partage une conception intuitive de ce qu'est la communication, selon laquelle : • le manque de communication est cause de dysfonctionnements dans l'organisation ; • plus on communique, mieux c'est ; • la transmission des informations est au centre des questions de communication ; • quelques personnes sont redevables d'un score global de communication interne ; • elles seules peuvent améliorer la situation.	Certains spécialistes adoptent pour leur part une vision plus sophistiquée de la communication, selon laquelle : • le sentiment de non communication est un effet des dysfonctionnements de l'organisation ; • les causes sont multiples et hétérogènes ; mais « tout communique » et c'est bien là le problème ; • les rapports entre groupes ou individus sont au centre des questions de communication ; • tout le monde influe sur l'état des relations ; • chacun peut améliorer sa situation.

Les maladies de la communication interne

À l'expérience, le gestionnaire comprend vite la limite opérationnelle des modèles intuitifs et des modèles issus des sciences humaines. Les uns risquent de gauchir le diagnostic, les autres de ne jamais produire un diagnostic exploitable dans les contraintes de temps imposées par l'action. Il convient donc d'intercaler entre ces deux extrêmes des modèles de gestion compréhensibles et exploitables par tous, proches d'une représentation fine de la réalité. Une bonne manière de s'y prendre consiste à construire une typologie, en l'occurrence une typologie des défaillances de la communication dans les organisations. Tentons cet exercice à partir d'une question simple : dans une organisation, qui communique avec qui ? La réponse, présentée sous forme d'un diagramme rudimentaire, nous donne une topographie permettant de classer les principales maladies de la communication interne en sept catégories.

1. L'absence de dispositifs formalisés

C'est dans les organisations de taille moyenne que la question se pose de la manière la plus aiguë. Trop importante pour que tout le monde sache tout, mais trop petite pour que les acteurs en fassent le deuil, l'entreprise de taille moyenne doit se structurer comme une grande, sans en avoir les moyens. En l'absence de dispositifs formalisés de communication interne (journal interne, réunions régulières du directeur général avec ses subordonnés, etc.), c'est la communication informelle du corps social avec lui-même (autrement dit la rumeur) qui prend le pas sur le reste (voir schéma 1).

2. La communication formelle prenant le pas sur les relations humaines

Certains dirigeants, sensibles à la nécessité de la communication interne, développent divers outils, tels que les journaux internes ou les réunions formelles de tout le personnel. Mais ces dispositifs d'information ne constituent pas en soi une culture de communication. Réunions régulières, entretiens, dispositifs collectifs de formation, accompagnement personnalisé des responsables hiérarchiques, groupes d'évaluation, démarches de progrès sont des vecteurs de communication qui doivent s'installer dans le patrimoine collectif (voir schéma 2).

3. La faiblesse ou l'absence de communication ascendante

Trop de dirigeants oublient que la communication interne ne doit pas seulement être descendante, mais également ascendante. Il est nécessaire, comme le souligne le sociologue Michel Crozier que l'entreprise soit « à l'écoute ». Il est précisément possible d'écouter tout un corps social, ainsi que le montre une opération de communication interne que j'ai conduite, en tant que consultant, au sein d'un conseil général (800 personnes) pour le lancement d'entretiens annuels. L'opération s'est déroulée de la manière suivante. Tous les responsables hiérarchiques ont reçu une formation spécifique, puis ils ont tenu, deux par deux – afin de souligner le caractère global du projet – 55 réunions avec les autres membres du personnel. Lors de ces réunions, les participants étaient invités à formuler oralement et par écrit leurs commentaires et questions.

Les dysfonctionnements de la communication interne

L'entreprise connaît plusieurs modes de communication interne. Chacun a ses maillons faibles ou ses liaisons à sens unique.

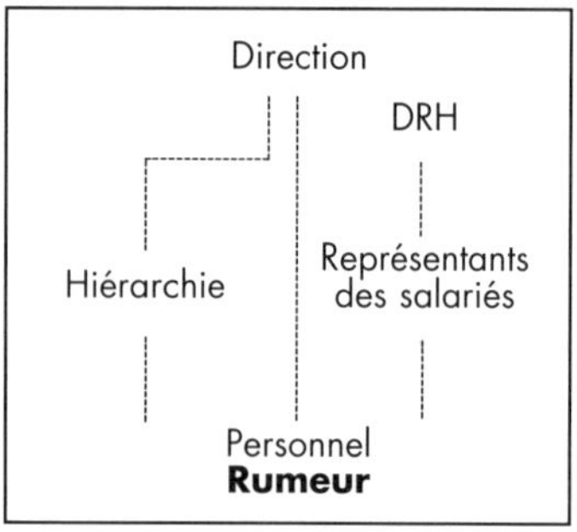

1. L'absence de dispositifs formalisés.

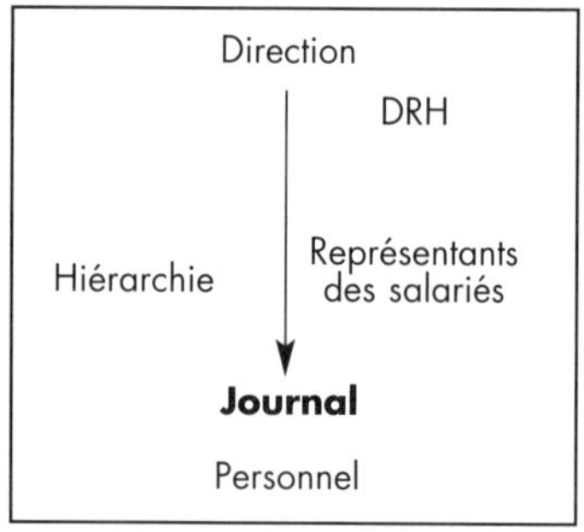

2. La communication formelle prenant le pas sur les relations humaines. Ici, la direction a créé un journal interne, mais n'organise pas de réunions régulières des membres du personnel.

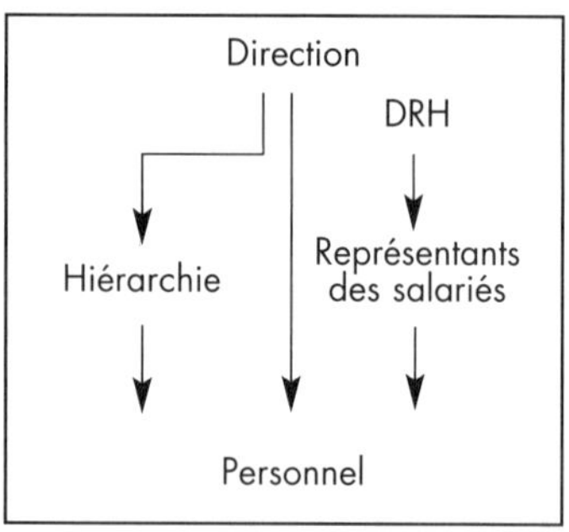

3. La faiblesse ou l'absence de communication ascendante.

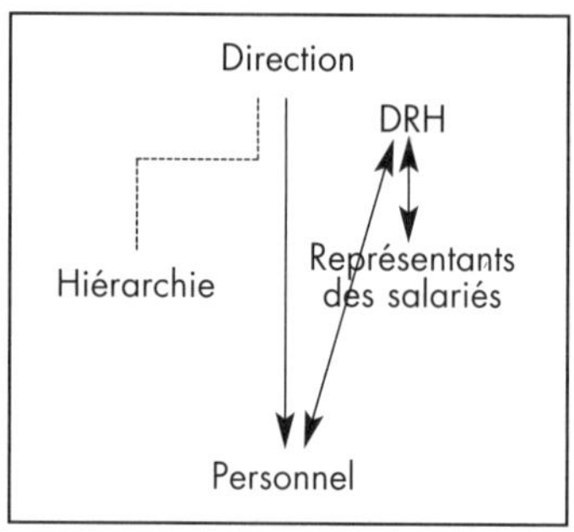

4. La présence de maillons faibles. Dans le cas présenté ci-dessus, il n'existe pas de dispositif spécifique de communication entre la direction et sa hiérarchie intermédiaire.

Des milliers de fiches bristol sont ainsi remontées au comité de direction, et ont ensuite été analysées, synthétisées et ont donné lieu à un numéro spécial du journal interne. En conséquence, le dispositif a été rectifié sur la base de cet échange (voir schéma 3).

4. La présence de maillons faibles

Cette pathologie fréquente se manifeste lorsqu'un des intermédiaires entre la direction et le corps social ne joue pas son rôle. Par exemple, les partenaires sociaux n'assurent pas leur fonction d'alerte avant un conflit. Ce fut, par exemple, longtemps le cas à la RATP qui enregistrait plusieurs centaines de préavis de grève par an. Cette entreprise a finalement négocié un accord afin que l'expression et la prise en compte des problèmes puissent avoir lieu autrement qu'au travers de tels bras de fer. On observe un autre exemple de maillon faible lorsqu'il n'existe pas de dispositif spécifique de communication entre la direction et sa hiérarchie intermédiaire. Ou encore, lorsque les partenaires sociaux sont mieux informés sur le fonctionnement de l'organisation que la hiérarchie elle-même. Cette situation paradoxale survient, par exemple, lorsque la direction des ressources humaines communique fréquemment avec les syndicats sur les questions de budget, de stratégie, de gestion du personnel (voir schéma 4).

5. Les décalages de vitesse entre les circuits d'information

La hiérarchie est souvent un circuit long, la rumeur un circuit très court. Et il est plus difficile qu'il n'y paraît de réguler les vitesses de circulation de l'information. Pour des raisons parfois surprenantes, d'ailleurs. J'ai connu un responsable hiérarchique qui, au lieu de photocopier les notes de la direction pour les diffuser, les faisait entièrement retaper par sa secrétaire (nouvelle présentation mais reprise mot à mot du texte original) !

6. La discordance des sources

La multiplication des projets transversaux est bénéfique en soi au développement d'une communication formelle du corps social avec lui-même, puisque les acteurs peuvent croiser les sources d'information (projet qualité par exemple). Mais la hiérarchie intermédiaire est alors souvent malmenée dans cet exercice.

7. L'inflation ou la pénurie des échanges

Les querelles de prérogatives ou les craintes de marginalisation entraînent fréquemment une inflation ou une forte diminution de la communication, au point de rendre impossible la prise d'information. C'est ce qui arrive, par exemple, avec les listes de mise en copie (documents devant être lus par de multiples personnes), qui s'allongent démesurément.

Les messageries informatiques décuplent ce risque. Les dysfonctionnements analysés ci-dessus ne concernent pas seulement les comportements individuels et demandent donc de meilleures formalisations, des rééquilibrages de la structure.

Cette approche se différencie nettement de celles où l'on prépare les managers à la communication (ou au management) en développant d'abord les compétences individuelles et en espérant qu'elles créeront, par simple effet de masse, une organisation plus évoluée. Cette voie, pratiquée seule, est pure chimère car elle ne génère aucun changement.

Quelques pistes d'action

Mais comment agir pour améliorer la communication interne? Sans doute est-ce ici le point le plus difficile. Car décrire des solutions « hors sol », c'est entonner le chant des sirènes du modèle intuitif. La communication idéale n'existe pas plus que l'action collective idéale. Je me limiterai donc ici à présenter quelques domaines dans lesquels il conviendra de forger des solutions contingentes. Un souci majeur du responsable hiérarchique devrait être d'écouter ses « clients internes ». Si les problématiques de communication interne sont de très loin irréductibles à des pratiques de marketing, il est néanmoins indispensable de se servir de celles-là pour ouvrir les yeux sur le degré de préparation, de perméabilité et d'attente des différents groupes de l'entreprise.

Un deuxième souci du dirigeant doit être d'équilibrer les dispositifs. La formalisation permet de repérer, pathologie par pathologie, quel est le maillon faible (ou trop fort) d'un ensemble communicationnel, donc de mieux structurer cet ensemble ou de le corriger s'il s'est fortement écarté de ce qui était attendu. Le dirigeant doit également s'interroger sur le sens de l'action collective. Le schéma et les pathologies que nous avons présentés peuvent laisser supposer que l'organisation est une structure stable dans le temps. Or, il n'en est rien. Il convient de considérer attentivement la notion d'agenda communicationnel (pourquoi communique-t-on plutôt sur tel thème que sur tel autre?) et de travailler par campagne autour de projets. Car ce sont les projets qui donnent du sens à l'action.

Une dernière démarche consiste à tordre le cou aux illusions du management participatif. Il ne s'agit pas pour autant de jeter celui-là aux orties. Mais il induit un rêve de participation au « grand tout » qu'est l'entreprise. Hélas, le salarié est déjà bien heureux lorsqu'il participe réellement au « petit bout » qu'est son équipe. Mieux vaudrait préciser ce concept de management participatif que de l'écarter, sous l'effet de la désillusion des plans sociaux et de l'appartenance asymétrique à l'entreprise (vous « êtes » l'entreprise lorsqu'elle vous demande, vous ne « l'êtes plus » lorsqu'elle vous remercie).

Un management simplement contractuel, où seraient périodiquement négociés les éléments non inscrits du contrat de travail (résultats, moyens, modes de relations, modalités de participation et d'information), représenterait le fondement tout à fait honorable de cette communion au travail qu'est la communication.

Notes

1. H.D. Lasswell, C.E. Shannon, et tous les tenants d'un modèle « du télégraphe ».
2. Modèle « de l'orchestre » de l'École de Palo Alto.
3. Parmi une bibliographie pléthorique, citons particulièrement : J. Girin, « Problèmes du langage dans les organisations », dans J.-F. Chanlat (dir.), *L'Individu dans l'organisation, les dimensions oubliées,* Eska, 1990.

À lire sur le sujet

- Les nouveaux visages du travail, *Journal du CNRS* n° 184, mai 2005.

GUSTAVE-NICOLAS FISCHER

LES ESPACES DE TRAVAIL

ENJEUX HUMAINS

L'organisation de l'espace de travail peut exprimer la hiérarchie ou l'image de l'entreprise. Elle détermine fortement la communication entre les personnes.

Les transformations des espaces de travail révèlent les nouveaux enjeux auxquels sont confrontées les entreprises : l'adaptation aux technologies informatiques et l'instauration de nouveaux modes de management d'un côté ; la mise en place de nouveaux environnements de travail de l'autre.

Des études effectuées depuis plusieurs années en sciences humaines ont fait des espaces de travail un domaine de recherche nouveau. Les études en psychosociologie de l'espace ont débuté dans les années 80 en France, en s'intégrant dans un courant de recherche nord-américain intitulé « psychologie de l'environnement ». Le projet de ces recherches est de dégager la manière dont les individus et les groupes investissent le territoire dans lequel ils se trouvent. C'est aussi tenter de comprendre comment ce rapport au territoire peut aider à déterminer les relations au travail et à son contenu proprement dit.

La prise en compte de l'importance de l'environnement de travail est issue dans un premier temps d'une prise de conscience des effets néfastes du taylorisme. Elle s'est imposée dans les premiers travaux de psychologie du travail par la valeur déterminante des conditions physiques ambiantes (éclairage, bruit, fumée, chaleur...), causes d'absentéisme, de fatigue ou d'accidents. Dans cette optique, les éléments de l'environnement sont considérés comme facteurs de résistance ou de mauvaise performance. Mais progressivement, les recherches se sont portées sur le « facteur humain » comme élément central du fonctionnement et de l'efficience des organisations. La psychosociologie des espaces de travail se situe dans la lignée de ces travaux. Elle cherche à intégrer dans son analyse l'ensemble des facteurs et des processus qui interviennent dans la relation entre espace et situation de travail. Un bureau, par exemple, est organisé en fonction de critères fonctionnels liés au travail à accomplir, à l'organisation et à la gestion de l'entreprise, mais il est aussi porteur de symboles, de culture... C'est un véritable construit social permanent, car les gens agissent sur leur environnement spatial, l'adaptent, en détournent parfois les usages...

L'espace miroir de l'organisation

Par son architecture, son aménagement, l'espace organisationnel reflète à la fois le fonctionnement de l'entreprise ainsi que ses valeurs et ses règles. Prenons deux exemples, celui du lien entre espace et hiérarchie, et celui de la flexibilité.

Les bureaux sont très clairement aménagés et répartis suivant la place de chacun dans la pyramide sociale de l'organisation. Le facteur hiérarchique est au moins aussi déterminant que le facteur travail pour la répartition des espaces. Contrairement à certaines déclarations officielles, tendant à faire croire à la fin de la hiérarchisation des espaces, les aménagements valident cette stratification, comme en témoignent les chiffres suivants sur la surface moyenne occupée par fonction :

- directeurs : de 20 à 25 m^2 ;
- cadres : de 10 à 18 m^2 ;
- secrétaires : de 6 à 14 m^2.

L'aménagement des espaces ouverts montre aussi que le traitement de l'espace est un outil organisationnel. Pendant très longtemps, le bureau est organisé selon la conception taylorienne du travail : rationalisation, découpage des tâches, opérations standardisées. Aujourd'hui, le travail tertiaire évolue, à cause d'une exigence croissante d'efficacité et de productivité, mais aussi parce qu'il change de nature du fait de l'essor de nouveaux outils (informatisation, télécommunications, appareils mobiles...). La flexibilité devient aux yeux des entreprises un facteur de performance. Elles essaient donc de mettre en place des organisations de l'espace « flexibles » ou à tout le moins favorables à la flexibilité : les espaces ouverts sont censés répondre à ce souci. L'hypothèse implicite est la suivante : *« Lorsqu'on ouvre l'espace, ou lorsqu'on le rend plus fluide, on améliore les activités. »*

L'aménagement révèle davantage un mode de fonctionnement organisationnel qu'une adéquation par rapport au travail. Ainsi, plus une activité est pauvre, plus l'aménagement a tendance à être également pauvre. Les facteurs valorisants ou dévalorisants de l'environnement, tant sur le plan fonctionnel qu'esthétique, reflètent la valorisation ou la dévalorisation du travail. Or, plus un travail comprend des tâches pauvres, plus les individus ont tendance à rechercher dans leur environnement des éléments de stimulations positives. Un environnement de travail devrait donc comporter d'autant plus de stimulations positives au niveau de ses propriétés physiques, couleurs, ambiance, lumière, équipement, que la tâche à effectuer est pauvre, car dans ce cas justement, c'est la qualité de l'environnement qui peut devenir un facteur de motivation.

Espace de travail et culture d'entreprise

L'espace de travail est un des langages dans lesquels s'exprime la culture de l'organisation. Les bureaux d'un siège social sont aménagés pour exprimer comment l'entreprise se voit et veut se donner à voir : ils constituent un emblème autant qu'un instrument. Lorsqu'on se rend dans une entreprise, on peut observer comment cet aspect s'inscrit dans le territoire et s'impose à nous. Depuis l'allure générale du bâtiment, sa façade, le système signalétique, les couleurs et les matériaux, les espaces verts : tout concourt à réaliser la mise en scène de l'entreprise.

Cette faculté de l'espace de travail à porter les valeurs et la culture de l'entreprise s'exprime aussi dans la façon dont le personnel décode et interprète l'aménagement. Par exemple : *« Il ne faut pas changer quoi que ce soit dans le décor, les patrons n'aiment pas ça, c'est interdit. Embellir les lieux de travail, c'est risquer de se faire remarquer.* » L'espace véhicule ici une norme de travail.

De même, la notion d'accessibilité par rapport au bureau d'un cadre, d'un supérieur hiérarchique représente le coût psychologique nécessaire pour établir une interaction avec une personne hiérarchique donnée, et cela en fonction du type de difficulté liée à l'accès de son bureau. L'accessibilité à un espace est d'autant plus grande que le nombre de barrières psychologiques est élevé.

Territoire, espace personnel et appropriation

À travers la notion d'espace s'expriment des processus anthropologiques et psychologiques fondamentaux: le rapport au territoire, le marquage et l'appropriation de ce territoire, la nécessité de l'espace personnel et de l'intimité (1)...

Les problèmes liés à la privatisation, c'est-à-dire au besoin pour l'individu de disposer d'un minimum d'espace personnel, ont été étudiés à la suite du développement des bureaux paysagers ou bureaux ouverts. Rappelons que le bureau paysager se présente comme un vaste espace sans cloisons ni portes, le tout étant censé faciliter et traduire les besoins de communication, de fluidité, de convivialité. Deux exemples que nous avons observés permettent de comprendre la complexité des interprétations psychologiques des espaces de travail: comment deux aménagements opposés, l'espace cloisonné et l'espace ouvert, peuvent être évalués de la même manière.

Un cadre travaillant au quartier de La Défense en bureau cloisonné souligne l'enfermement organisationnel que provoque ce type d'aménagement: «... *Les couloirs sont assez sinistres, on ne sait jamais s'il y a ou non quelqu'un dans les bureaux. À l'heure où l'on nous bassine avec de grands discours sur la convivialité et l'esprit de groupe, c'est assez contradictoire quand on est chacun dans notre bocal.* »

Un second cadre travaillant, lui, en espace ouvert à Paris Nord constate combien cet espace ouvert peut être synonyme d'isolement: « *Nous pensions que les contacts seraient plus faciles. Ici il n'y a pas de lieu commun, de lieu de rencontre. (...) Les gens se voient sans se voir, se gênent plus qu'ils ne se rencontrent, se réfugient dans les bureaux, les comportements s'individualisent.* »

Dans les deux cas, des dysfonctionnements d'ordre communicationnel sont notés ; quel que soit l'aménagement, la communication a besoin de lieux et d'espaces spécifiques pour s'asseoir, prendre un café, échanger des informations. Certaines recherches ont pris en compte cette dimension psychologique des espaces de travail. Les résultats de ces travaux insistent sur la valeur de l'espace personnel. Ainsi, une enquête menée aux États-Unis auprès de 2000 salariés de quatre secteurs différents montre que pour 69 % d'entre eux il est important d'avoir un espace à soi, 28 % considèrent que c'est assez important et seulement 3 % pas important.

Les salariés ont tendance à personnaliser l'espace qu'ils occupent. Ces recherches ont donc établi une relation d'identité entre la place et la personne. Cette relation s'établit suite à un processus d'appropriation de l'espace qui, du coup, n'est pas compris et vécu comme un lieu fonctionnel. C'est, pour ceux qui y travaillent, un lieu qu'ils occupent comme un territoire. Le territoire équivaut un peu à l'expression de la personne qui s'y trouve.

Appropriation de l'espace et satisfaction au travail

Dans les recherches que nous avons menées, nous avons pu constater que les employés qui estiment s'être approprié leur espace de travail ont tendance à le trouver moins bruyant, moins perturbant et moins exigu, que d'autres employés travaillant dans le même type d'espace mais qui l'évaluent comme moins personnel. Il existe donc une relation étroite entre mécanisme d'appropriation et satisfaction au travail.

De même, si l'équipement d'un poste mobilier et l'aménagement sont adaptables au travail, on développe de la satisfaction par rapport à l'environnement dans lequel on se trouve. Ainsi, une étude auprès d'une population de secrétaires a mis en évidence une hausse de 17 % de la productivité et une amélioration du confort physique chez celles dont l'environnement était facilement manipulable. Des individus se trouvant dans un environnement qu'ils perçoivent comme les rendant dépendants, ont tendance à l'évaluer négativement et vivent le travail d'une façon plutôt négative.

Nous l'avons souligné, le souci de communication est l'un des principaux facteurs des transformations récentes et en cours des espaces de travail, et notamment des espaces de bureau. Quelle influence l'aménagement exerce-t-il sur la circulation de l'information et la communication dans l'entreprise ? À l'heure où celles-ci deviennent maîtres mots du discours managérial, cette question intéresse autant les chercheurs que les aménageurs et les responsables des entreprises.

Il existe de nombreux modèles théoriques qui ont mis en évidence les relations entre espace et communication. Les plus classiques s'inspirent des recherches en éthologie (science des comportements des espèces animales dans leur milieu naturel), qui montrent comment le comportement animal est déterminé par le territoire. Les recherches en psychologie de l'environnement ont étudié les relations des êtres humains avec leurs territoires en les considérant essentiellement sous l'angle social. De ce point de vue, deux auteurs ont marqué les études dans ce domaine : Kurt Lewin (voir encadré page suivante) et Roger G. Barker.

Selon R.G. Barker, on ne peut pas dissocier le comportement de l'environnement. Tout espace aménagé constitue un « *behavior setting* », c'est-à-dire une assise socio-spatiale qui façonne les comportements. L'organisation d'un espace véhicule des messages sur son fonctionnement, sur la manière de l'utiliser...

Sur la base de ces modèles, de nombreuses enquêtes ont été effectuées dans des espaces institutionnels ; ainsi, une étude classique faite par un psychiatre canadien, H. Osmond (2), dans des hôpitaux psychiatriques a montré que le personnel soignant disposait les sièges et les tables de la salle des visites de manière rigide, mais lors des visites, les gens réaménageaient l'espace. Il a dégagé que l'organisation semi-fixe d'un lieu, c'est-à-dire la manière dont le mobilier est disposé, pouvait aboutir à deux types de configuration : les espaces « sociopètes » (aménagements internes facilitant les relations) et les espaces « sociofuges » (aménagements rendant difficile ou empêchant les relations).

Hiérarchie et organisation de l'espace

En effet, l'évolution de l'aménagement du travail de bureau permet de dégager la façon dont on a établi des liens entre la configuration de l'espace et sa performance par rapport à la circulation

Kurt Lewin et la dynamique de groupe

C'est à Kurt Lewin (1890-1947), psychologue allemand émigré aux États-Unis dans les années 30, que l'on doit l'expression « dynamique de groupe ».

Prenant l'expérience des tranchées de la Première Guerre mondiale, K. Lewin montre que la vision du paysage environnant par le soldat qui doit se protéger derrière les dénivelés du sol, qui peut voir surgir l'ennemi de derrière un arbre, est fort différente de celle du simple promeneur. Sa représentation de l'espace alentour est donc tributaire à la fois de ses motivations et attentes, et des caractéristiques de l'environnement.

L'ensemble formé par le sujet et son environnement apparaît comme un « champ » structuré composé de zones d'attraction et de répulsion. Cette théorie du champ est inspirée à K. Lewin par la Gestalt (psychologie de la forme), mais aussi par la physique théorique qu'il suit avec intérêt.

Ce modèle du comportement humain en termes de champs de force peut être appliqué à des ensembles où coexistent plusieurs personnes (une classe, une réunion de travail, une bande de jeunes...). Un groupe n'est pas une simple juxtaposition d'individus mais une « totalité dynamique » qui résulte des interactions entre ses membres, des phénomènes d'attraction et de répulsion, des conflits de forces...

En bref, il existe une véritable « dynamique des groupes » que le chercheur peut explorer par l'observation ou l'expérimentation. Dans ce but, K. Lewin créera le Research Center for Groups Dynamics au MIT (Massachusetts Institute of Technology), en 1944. Considéré par beaucoup comme le père de la psychologie sociale moderne, ses expériences et celles de ses disciples sont devenues canoniques dans ce domaine. Elles ont porté sur le mode de commandement : types de leadership (Ronald Lippit et Robert White), la conformité aux normes du groupe (Musafer Shérif et Solomon Asch), la soumission à l'autorité (Stanley Milgram), la déviance et la cohésion (Leon Festinger et Stanley Schachter), l'influence (Claude Faucheux et Serge Moscovici)...

L'approche lewinienne complétée par de nombreux travaux constitue l'un des fondements des stratégies organisationnelles utilisées aujourd'hui dans les entreprises.

K. Lewin et le changement d'habitudes alimentaires des Américaines

Chaque groupe possède donc son champ dynamique avec ses canaux de communication, ses frontières, ses barrières. Toute information nouvelle n'est acceptée que dans la mesure où elle s'intègre dans le « champ » du groupe.

Une des recherches les plus célèbres à ce sujet a été menée par K. Lewin en 1943. Pendant la Seconde Guerre mondiale, le gouvernement américain cherchait à faire consommer aux ménagères des abats (cœur, tripes, rognons...) plutôt que de la viande de premier choix. Un échantillon de femmes fut divisé en plusieurs groupes: à certaines, on fit écouter une conférence sur l'intérêt des abats dans le cadre d'une économie de guerre, à d'autres, une conférence sur les bienfaits alimentaires des abats. On fit participer d'autres groupes à des discussions collectives, soit sur le thème de l'économie de guerre, soit sur les bienfaits des abats. On constata qu'au bout d'une semaine, seulement 3 % des femmes qui avaient assisté aux conférences avaient changé leurs habitudes alimentaires, alors que le tiers de celles qui avaient participé aux discussions de groupes avaient modifié leurs achats.

L'efficacité du message dépendait ici de la forme de communication utilisée.

de l'information et à la communication. Une présentation de quelques concepts d'aménagements permettra de l'illustrer.

Le modèle du bureau paysager, né en Allemagne après la Seconde Guerre mondiale, et développé à partir des années 60 aux États-Unis, est l'un des plus connus. Le projet initial reposait sur le principe suivant, à savoir qu'on attribue à l'espace une capacité de favoriser la communication *(Kommunikationsfähigkeit)*. Dans ce sens, la suppression des cloisons devrait permettre, en offrant un espace ouvert, de faciliter la communication, le travail de bureau étant envisagé comme un flux et un circuit d'informations. Ce projet visait donc à définir des aires, regrouper des zones et favoriser la circulation de l'information. De plus, à travers cette ouverture de l'espace, on cherche à dessiner un paysage intérieur: des écrans faits de plantes vertes, donnent à ce type d'aménagement le nom de bureau paysager. Dans ce modèle, l'espace ouvert est considéré comme un outil d'organisation du travail; il est vécu comme un opérateur des activités. L'hypothèse implicite des aménageurs et des décideurs est qu'il y a une relation de causalité entre ouverture de l'espace et communication, de même qu'entre aménagement ouvert et motivation. L'absence de cloisonnement est interprétée comme un système incitateur facilitant les échanges.

Les études effectuées sur divers aspects des bureaux paysagers (impact sur le rendement et la satisfaction, sentiment d'intimité, etc.) sont contradictoires. Certaines montrent que 80 % de la communication dans un bureau paysager se limite aux échanges à l'intérieur de son propre groupe ; d'autres soulignent que les bureaux paysagers améliorent les flux d'informations mais ne facilitent pas forcément les relations entre employés, comme en témoignait l'exemple de notre cadre de Paris Nord.

Un autre modèle d'aménagement est celui des bureaux semi-cloisonnés, formés par des cloisons mobiles qui délimitent l'espace de trois côtés. L'élément de base est un type de mobilier (le panel-système) dans lequel ce n'est plus l'environnement qui est mis à contribution comme outil de communication, mais les équipements de bureau. On propose un système d'architecture intérieure mobile pour faciliter la communication et la circulation d'information. Ce type d'aménagement est conçu à partir de la bulle de l'individu comme un système de niches qui fonctionne tel un répartiteur d'activités. Mais dans ce cas, l'organisation de l'espace n'améliore pas la communication de manière automatique. Ces résultats montrent que les diverses conceptions de l'aménagement des bureaux ne doivent pas être vues et utilisées comme des solutions miracles qui apporteraient « la » solution aux problèmes de communication. Car, dans une entreprise, les communications se déroulent en fonction des contraintes inhérentes au travail, même si l'espace peut en atténuer certaines. Dans une organisation qui dispose, par exemple, d'une structure hiérarchique très rigide et d'un aménagement ouvert, les comportements seront plus déterminés par la structure organisationnelle que par le système d'aménagement.

Il faut rappeler que le fonctionnement de la communication est essentiellement déterminé par des facteurs organisationnels et non spatiaux. Ces facteurs organisationnels sont de plusieurs types : conception et organisation du travail, structure hiérarchique, climat d'entreprise, types de technologie.

Les modèles d'organisation ont évolué vers des niveaux de

complexité croissants en raison des changements intervenus dans la circulation de l'information, à l'intérieur et à l'extérieur de l'entreprise. Longtemps, l'organisation était un univers stable, où le modèle d'information et de communication était défini en termes de processus séquentiels, marqués par une logique basée sur la structure pyramidale, la centralisation des décisions…

Aujourd'hui, le développement technologique redéfinit complètement la manière dont l'information circule. Dans les systèmes de production, les machines traitent elles-mêmes bon nombre d'opérations. Au niveau du bureau, les nouvelles technologies fournissent un potentiel considérable en termes de sources d'informations disponibles et de traitement de l'information. Les nombreux niveaux hiérarchiques existants ne sont plus toujours nécessaires.

Processus « automate » et processus « informate »

Dans bon nombre de cas, le poste de travail devient un poste-logiciel intégré dans un réseau d'informations et la question est alors de savoir non plus dans quel type d'espace on va travailler, mais quel type de tâches on doit accomplir. Il y a une déconnexion entre un type d'aménagement et la façon dont circule l'information. Par ailleurs, on observe que l'informatisation a donné lieu à de nouveaux modèles d'aménagement. Les recherches de Shoshana Zuboff (3) apportent à cet égard un éclairage intéressant. Concernant l'introduction de l'informatique, elles distinguent deux types de processus qui peuvent découler de cette introduction : les processus « automate » et « informate ». Les processus « automate » introduisent une nouvelle technologie dans une organisation sans remettre en cause le fonctionnement des activités et l'aménagement de l'espace. Il s'agit, selon S. Zuboff, d'une perte d'opportunité pour un réel changement d'organisation. Dans les processus « informate », l'introduction de l'informatisation est utilisée comme une opportunité qui permet de rendre des processus organisationnels plus efficaces. Certains chercheurs américains ont appliqué directement cette distinction à l'aménagement des espaces. Mais on constate alors que l'on n'établit plus un lien aussi direct entre aménagement de l'espace et communication que dans le modèle du bureau paysager. Maintenant, la fonction de l'espace est plutôt de servir de support à des facteurs organisationnels tels que la culture de l'entreprise; dans ces conditions, le rôle conféré à l'espace ne serait plus tant de renforcer la productivité, mais d'être un facteur incitatif pour développer l'adhésion des employés aux valeurs de l'organisation.

Il faut donc se défaire des discours sur la relation mythique espace/communication qui tendent à attribuer à de nouveaux aménagements des vertus communicatives qui résident en définitive toujours chez les gens. Les changements apportés au niveau de l'espace, s'ils ne sont pas accompagnés d'un changement organisationnel, peuvent produire de nouveaux dysfonctionnements dans le travail. C'est pourquoi, si l'entreprise reste un espace de communication, celui-là est l'objet de profonds bouleversements liés aux technologies, au développement du travail notamment, ce qui se traduira par une redéfinition des relations entre espace et travail.

Notes

1. G.-N. Fischer, *Psychologie des espaces de travail,* Armand Colin, collection U, 1989.
2. H. Osmond, « Function as a Basis of Psychiatric Ward Design », *Mental Hospitals*, n° 8, 1957.
3. S. Zuboff, *In the Age of the Smart Machine: the Future of Work and Power,* Basic Books, 1988.

À lire sur le sujet

- J.-F. Chanlat (dir.), *L'Individu dans l'organisation. Les dimensions oubliées,* Presses universitaires de Laval/Eska, 2003.
- T. Evette et F. Lautier, *De l'atelier au territoire. Le travail en quête d'espaces,* L'Harmattan, 1995.
- D. Ettighoffer, *L'Entreprise virtuelle. Nouveaux modes de travail, nouveaux modes de vie ?* Les Échos Éditions, 2001 [1992].

ENTRETIEN AVEC WILLEM DOISE

COMMENT SE CRÉE LE CONSENSUS

La prise de décision dans les groupes s'opère par la combinaison de deux registres de la communication: un registre socio-émotionnel, et un autre orienté vers l'efficacité et la rigueur.

Sciences Humaines: Le processus de décision en groupe a fait l'objet de nombreuses études de psychologie sociale depuis une trentaine d'années. Vous-même avez été très impliqué dans ces recherches. Pouvez-vous nous en retracer la chronologie en quelques mots?

Willem Doise: Au cours des années 60, deux professeurs américains de psychologie sociale, Michael Wallack et Nathan Kogan, ont constaté que, lors d'une prise de décision, les groupes en situation expérimentale adoptent des choix plus risqués que les individus. Ils en ont conclu que le groupe favorise la dilution des responsabilités, la réduction de l'engagement des individus.

Mais Serge Moscovici pensait au contraire que dans certaines circonstances, les individus s'engagent plus et prennent plus de responsabilités au sein d'un groupe. Il a pu montrer, au cours d'expériences dans lesquelles le phénomène de prise de risque n'était pas impliqué, que la décision en groupe provoque un renforcement des options

initiales, quelles qu'elles soient. Si les individus sont initialement plutôt favorables à une opinion, ils le sont encore plus après discussion. S'ils sont plutôt défavorables au départ, ils le sont encore plus après. Nous appelons ce processus polarisation.
Ensuite, durant environ cinq ans, S. Moscovici et moi-même avons réanalysé toutes les recherches antérieures et nous avons montré que l'on pouvait fort bien les interpréter selon le modèle de la polarisation plutôt que selon celui de la prise de risque. Il y a néanmoins une importante exception à cette règle. On l'observe lorsqu'un groupe manifeste une opinion contraire à l'opinion dominante de la société. Par exemple, lorsque nous menions nos travaux dans les années 60/70, les étudiants étaient plutôt féministes, mais certains avaient une opinion opposée. Une étude menée par Geneviève Paicheler a montré que, dans de telles situations, le groupe polarise, après une discussion approfondie, non sur sa propre position, mais sur celle qui est dans l'air du temps. Ce n'est donc pas toujours l'orientation préalable des personnes présentes qui détermine la position ultérieure, mais l'orientation préalable de leur groupe de référence.

SH : Pourquoi, dans vos expériences, posez-vous comme préalable la nécessité de parvenir à un consensus ?

W.D. : D'une part, cela augmente l'engagement des individus car, s'il n'y a pas nécessité d'aboutir à une décision commune, les membres du groupe débattent de leurs opinions personnelles, mais sans chercher à retravailler cognitivement les opinions exprimées par les autres. De plus, ce type de situation correspond précisément à ce qui se passe généralement dans la vie réelle.

SH : Mais précisément, quelle est l'utilité profonde du consensus dans les sociétés contemporaines ?

W.D. : C'est une caractéristique de nos sociétés occidentales contemporaines de ne plus avoir de source d'autorité extérieure à l'individu, qu'il s'agisse de la religion, de l'idéologie politique ou de la science. Or, comme on ne peut pas se contenter d'un relativisme absolu, il faut parvenir à un certain état de vérité en se mettant socialement d'accord sur une nouvelle définition de la réalité et sur des critères de décision. Mais il est important qu'il y ait des mécanismes permettant de reconsidérer ultérieurement ce consensus. En effet, celui-ci n'a pas pour fonction de supprimer les conflits, mais de les tolérer.

SH : Vous signalez précisément dans votre livre *Dissensions et consensus* que les groupes les plus cohérents sont ceux qui ont le plus de conflits, ce qui n'est pas évident à première vue !

W.D. : Il faut rester prudent avant d'extrapoler, car nous parlons de groupes en situation expérimentale. Au cours de nos recherches, nous demandons aux membres du groupe de prendre une décision commune en les invitant à tenir compte des opinions des autres. Plus les options individuelles sont variées, plus la confrontation est importante et plus la reformulation du problème peut devenir explicite. La recherche d'un compromis par le groupe incite les individus à reconsidérer leurs positions sur le problème. Lorsque les membres du groupe se sont mis d'accord sur une conclusion, ils la maintiennent lorsqu'on les interroge ensuite individuellement. La possibilité de laisser s'exprimer les opinions divergentes favorise donc la cohésion du groupe. Mais là encore, il peut y avoir des exceptions. Reprenons l'expérience sur le féminisme. S'il y a dans l'expérience un compère (1) très antiféministe qui ne veut pas céder, il peut entraîner l'adhésion du groupe qui adopte cette position comme solution pour sortir de l'impasse. Mais l'opinion individuelle des membres du groupe n'est pas modifiée en profondeur puisque si on leur demande après la discussion ce qu'ils pensent personnellement, ils expriment toujours des positions féministes. Leur adhésion n'a été qu'apparente car ce compère sort de l'air du temps. Ce type de processus a été confirmé par plusieurs recherches ultérieures.

SH: Vous dites que les sociétés qui ont semé l'entente et l'harmonie à tout prix ont récolté la discorde.

W.D.: Cela est évident dans les pays totalitaires, mais pas uniquement. Les sociétés démocratiques sont elles-mêmes souvent sous l'influence de faux consensus. Par exemple, en France, on a longtemps voulu considérer que l'immigration n'était pas un problème. Le débat public n'a donc pas eu lieu. Puis, le problème a rejailli soudainement ce qui montre que le seul vrai consensus était de ne pas parler de ce sujet. On peut également observer ce genre de processus dans certaines familles où l'on refoule toute possibilité de désaccord. Tout va bien à condition de ne pas soulever de problèmes. Mais il suffit d'un grain de sable pour que l'édifice entier soit remis en cause.

SH: À plusieurs reprises, on a le sentiment, en lisant votre livre, d'une vision déterministe de l'être humain. L'individu, et même le groupe, compte moins que les processus. Vous montrez surtout l'importance des processus.

W.D.: Un phénomène social peut être expliqué selon plusieurs grilles d'analyse. Mais en tant que psychologues sociaux, notre interprétation se situe effectivement plus au niveau de l'interaction entre personnes qu'à celui de la signification individuelle. Un exemple, concernant la relation entre mode de communication et type de décision, montre bien la complémentarité entre ces deux grilles d'analyse.

Un premier niveau d'analyse, psychologique, montre que certaines personnes sont plus orientées vers un registre socio-émotionnel et d'autres vers la rigueur et l'efficacité. Par exemple, les femmes privilégient les rapports socio-émotionnels et les hommes l'orientation vers l'efficacité.

Mais il y a également un second niveau d'analyse, sociopsychologique, qui démontre qu'une même personne peut adopter soit l'approche socio-émotionnelle, soit l'orientation vers l'efficacité selon la situation dans laquelle elle se trouve. Les nombreuses recherches effectuées sur les canaux de communication montrent, en effet, que lorsque la communication est organisée sur un mode démocratique (tout le monde peut parler avec tout le monde, il faut être à l'écoute des autres), c'est le registre socio-émotionnel qui est privilégié, avec parfois pour conséquence une plus grande créativité du groupe. Inversement, si la communication est organisée sur un mode centralisé (les messages passent par un leader), c'est la rigueur qui se manifeste le plus, ce qui produit des solutions de type logique.

Lors de la prise de décision dans les organisations, on a toujours besoin de ces deux aspects. Un responsable qui veut faire aboutir une décision rapide au sein d'un groupe risque de privilégier la procédure centralisée, mais en visant l'efficacité, il risque fort de frustrer la sensibilité des individus et donc, de devenir inefficace à plus long terme. D'ailleurs, l'innovation vient souvent des points de vue minoritaires dissidents. Ainsi, pour être véritablement efficaces, les mécanismes de décision doivent favoriser la contradiction.

L'importance du processus est démontrée par les recherches sur la justice procédurale. Des chercheurs se sont interrogés sur les procédures légales les plus à même de satisfaire les gens dans le cas d'un différend. On constate fréquemment que le plus important aux yeux des gens est d'avoir pu exprimer leur point de vue et d'avoir le sentiment que celui-ci a été pris en compte, ceci quel que soit le résultat obtenu.

Cette importance du sentiment d'avoir pu exprimer son opinion et prendre part à la décision s'observe également de façon importante lors de l'établissement d'échelles de salaire.

PROPOS RECUEILLIS PAR JACQUES LECOMTE

Note

1. Dans les expériences de psychologie sociale, un compère est un membre de l'équipe (souvent un comédien) qui adopte une certaine position tout en faisant croire aux sujets qu'il est l'un des leurs.

Alex Mucchielli

L'approche communicationnelle

Pour comprendre la communication entre plusieurs acteurs, il faut prendre en compte les contextes, les situations, les mises en scène, les enjeux pour chacun... C'est ce que propose la grille d'analyse de « l'approche communicationnelle ».

Les sciences de la communication sont apparues pour donner aux chercheurs un cadre conceptuel et théorique qui permette de prendre en compte les différentes approches disciplinaires de la communication. Il est désormais possible de définir une approche « communicationnelle » qui intègre les acquis de ces différentes sciences et les dépasse en prenant en compte des phénomènes dits de « communication généralisée » permettant d'accéder à divers niveaux de significations.

Le modèle de l'hypertexte

Pour prendre un exemple, on considère désormais en sciences de la communication qu'une « communication » peut être pensée sous la forme d'un hypertexte. Dans ce modèle, on postule que le sens final donné à la communication en question est le résultat de l'ensemble des commentaires portés sur cette communication.

Ce principe de l'hypertexte est désormais bien connu à travers les utilisations des CD-Rom et de la navigation sur Internet. Dans un texte, un mot (ou une figure) renvoie à un autre texte (ou à un autre multimédia) qui en est un commentaire. Lorsqu'on « clique » sur le mot (ou la figure) en question, son explication apparaît à l'écran. Ce commentaire est lui aussi composé d'éléments multimédias qui peuvent renvoyer à d'autres explications et commentaires… et ainsi de suite, à l'infini. Ainsi donc, à tout texte est accolé un ensemble d'explications qui en enrichissent et en précisent le sens. Le sens final du texte est alors composé de lui-même et de cet ensemble de gloses portées sur ses éléments internes.

Si un observateur, extérieur à la société française, repérait et analysait tous les commentaires émis dans les journaux, dans les débats politiques, dans les cénacles spécialisés, dans les revues de sciences politiques, dans les séminaires de l'ENA… au sujet de la Constitution française, il pourrait, sans connaître le texte de cette constitution, se faire une bonne idée de ce qu'elle dit, de ses principes, et surtout des problèmes d'application qu'elle pose. Autrement dit, la connaissance et l'analyse de l'ensemble des gloses faites sur cet écrit, à une période donnée, lui permettraient de se faire une bonne idée du débat institutionnel en cours dans la société française. Ainsi donc, le repérage et le recueil des commentaires au sujet d'un objet social et une certaine analyse de ces commentaires nous ouvrent une voie d'accès au débat social qui se déroule à propos de cet objet.

Dans l'utilisation de la métaphore de l'hypertexte, nous allons considérer, comme l'historien d'ailleurs, que nous n'avons pas accès directement à ce débat (qui est donc lui-même une communication). Nous avons à notre disposition, si nous savons bien les recueillir, un ensemble de commentaires portés par différents acteurs sur ce débat. Le premier travail du chercheur est donc de rassembler ces gloses. Les éléments (les commentaires), que l'on recueille dans la première étape de la méthode, sont de toutes sortes. On y trouve d'abord des constructions matérielles : agencements spatiaux, objets techniques… des éléments organisationnels : règlement, planification, distribution des postes, du travail… des éléments psychosociaux : normes collectives habituelles relationnelles ou de travail, représentations partagées, façons de faire… On y trouve également toutes les conduites afférentes au problème considéré, car l'on sait, depuis l'École de Palo Alto, que toute conduite est une communication. On y trouve enfin les « communications traditionnelles », c'est-à-dire les écrits, les paroles et leurs éléments paralinguistiques afférents. Remarquons que tous les éléments que nous venons de passer en revue sont des « construits » humains, c'est-à-dire qu'ils dépendent de l'intervention de l'homme. D'une manière ou d'une autre, ils sont donc des « expressions » d'intentionnalités explicites ou latentes. C'est en ce sens qu'ils sont considérés comme des « communications ». Ils sont donc ce que l'on appelle en science de la communication : des « communications généralisées ».

Application à une étude de cas

Pour mieux comprendre ce qu'est l'approche communicationnelle, prenons un exemple : une expérience de visiophonie à l'Éducation nationale entre trois collèges. Un enseignement d'allemand (par visiophonie) est donc mis en place à partir d'un collège en direction des deux autres qui n'ont pas de professeur de cette langue (1). L'introduction de l'objet technique (ici des meubles de visiophonie dans trois collèges) va provoquer les commentaires des acteurs. Ce sont ces commentaires que nous allons examiner. Ils vont nous révéler le débat institutionnel latent sur l'introduction de nouvelles technologies d'enseignement dans l'Éducation nationale.

L'expérimentation du système de visiophonie intéresse les conseils généraux des départements ruraux, les élèves ruraux et les associations de parents d'élèves, le rectorat, les chefs d'établissement concernés, la société constructrice du matériel de visiophonie, les enseignants et leurs syndicats… et d'autres acteurs encore. Les enjeux sont divers et particuliers aux différents acteurs. Certains ont des espoirs de voir les nouvelles technologies mises à la disposition de l'aménagement du territoire permettre aux enfants ruraux d'avoir les mêmes chances éducatives et culturelles que les citadins de profiter du développement de la téléformation… Plus précisément, deux chefs d'établissements ont aussi l'espoir de revaloriser la réputation de leur collège par cette expérience.

Mais certains ont des craintes de voir des tensions apparaître dans les établissements scolaires au sujet de l'introduction de nouvelles technologies de formation à distance. Ils redoutent également que le télé-enseignement favorise la diminution du nombre de postes d'enseignants et que le rôle de l'enseignant se transforme et perde en prestige.

Le recueil des commentaires

• Observation des commentaires techniques et matériels

Les connexions réalisées entre les collèges ne sont que des connexions « point à point » – c'est-à-dire des liaisons qui permettent seulement à deux collèges d'être reliés ensemble, alors que techniquement le meuble de visiophonie permet des liaisons multipoints (les trois collèges reliés en même temps) – car l'enseignant n'a pas été formé à la gestion des prises de parole avec deux salles à distance. L'envoi de documents écrits sur le cours s'effectue par fax, ces fax se situent dans les bureaux des chefs d'établissements ; l'envoi d'une fiche de grammaire doit donc se faire avant la séance et cela mobilise les chefs d'établissement.

On constate aussi que :

– d'assez nombreux incidents techniques se produisent (erreurs de manipulation et manque de finition de l'outil technique) ;

– pour des incidents importants, il faut faire venir le technicien du constructeur se trouvant à plus de deux cents kilomètres du collège le plus proche ;

– le champ de la caméra permet d'investir un espace limité imposant une disposition spatiale particulière et un nombre restreint d'élèves présents (la caméra des salles à distance étant non manipulable) ;

– si la caméra dispose bien de quatre possibilités de cadrage pouvant être enregistrées, l'enclenchement de la fonction pause annule tous ces cadrages ;

– lors des transmissions, il y a une mauvaise synchronisation du son et de l'image avec un décalage d'environ trois secondes ;

– des effets Larsen et des effets d'écho dus à la faiblesse des microphones et à l'absence d'un système annulateur d'écho se produisent.

• Les conduites des acteurs en tant que commentaires

Les meubles de visiophonie ont été placés dans la salle dédiée aux cours d'allemand pour le collège émetteur, dans le CDI (2) pour le deuxième collège et dans la salle d'informatique pour le troisième collège ; bien que ces appareils de visiophonie sur roulettes soient transportables, ils ne bougent pourtant pas des salles où ils ont été installés ; ainsi donc, lors de l'utilisation de la salle d'informatique pour la séance d'allemand, le cours d'informatique qui doit s'y dérouler est annulé. Entre les séances d'émission, le meuble de visiophonie doit être rangé, et personne n'y fait plus attention. En dehors des utilisations scolaires de l'appareil, il n'en est fait aucune autre utilisation. Parmi les autres éléments observés, on remarque l'absence d'actions d'information de la part des chefs d'établissement auprès de leurs professeurs ou de leurs élèves ; on note aussi la nomination par le rectorat de deux fonctionnaires – qui ne sont pas des personnes à statut important – pour « suivre » cette expérience. Dans l'année, on constate l'organisation de rares réunions rassemblant les représentants du rectorat et seulement deux des chefs d'établissement concernés (réunions générant des réflexions prospectives ou menant à des décisions ponctuelles) et l'absence du professeur d'allemand et du principal du troisième collège...

• Observation des commentaires organisationnels afférents à la situation

Parmi les principaux éléments observés, il nous faut rapporter :

– l'absence de formation donnée au professeur d'allemand ;

– le « volontariat » des élèves (après accord des parents) a recruté 24 élèves dans le collège émetteur, 17 élèves dans le deuxième collège et 3 élèves, « de bon niveau » désignés, dans le troisième collège ;

– les groupes d'élèves, au collège émetteur, se sont constitués selon le bon vouloir de chacun ;

– l'emploi du temps des élèves fait que les séances durent une demi-heure chacune. Celles ayant lieu entre le collège « émetteur » et le premier collège se déroulent le jeudi de 12 heures à 12 h 30 (alors que les autres cours dans ce collège s'arrêtent à midi). Notons encore l'existence d'articles dans le journal du rectorat de l'académie, dans la grande presse régionale et d'émissions régionales sur France 3 concernant l'expérience en cours...

• Observation des paroles des acteurs de la situation

On note :

– que les professeurs des collèges ne parlent pas de l'expérience en cours et évitent soigneusement de l'évoquer avec l'enquêtrice ;

– l'absence également de dialogue entre les communautés normalement impliquées dans le projet : les collèges, les parents d'élèves, les collectivités locales, dont les conseils généraux qui voudraient utiliser l'appareil pour l'aménagement du territoire ;

– les protestations des parents d'élèves du troisième collège sur le fait que leurs enfants sont « *privés de classe informatique* » ;

– les discours de certains parents d'élèves, auprès des maires et conseillers généraux qui financent l'opération, qui disent « *avoir choisi le mode de vie rural en connaissance de cause et qui sont peu intéressés par l'utilisation de telles technologies de communication avec la culture urbaine* » ;

– les discours de certains parents d'élèves intervenant auprès des maires et conseillers généraux contre les risques de suppression de postes d'enseignants dans les collèges ruraux ;

– les interventions des syndicats d'enseignants pour souligner les risques de perte d'emplois dans les services publics liés à l'introduction des nouvelles technologies ;

– la menace de l'enseignant d'allemand de prendre, à la rentrée suivante, un congé de disponibilité ;

– la demande, en fin d'année, des trois élèves sélectionnés du troisième collège, « *de ne plus continuer l'expérience* ».

L'analyse communicationnelle du cas

Les significations des problèmes techniques vont nous apparaître tout d'abord dès lors qu'on les rassemble. Leur accumulation forme en elle-même un contexte qui va les « faire parler » :

– pas de formation du professeur d'allemand et donc pas de maîtrise des liaisons multipoints et nombreux incidents techniques simples ;

– non-incorporation dans le meuble d'un outil permettant l'envoi de documents écrits (fax) ;

– incomplétude technique de l'outil (décalage son-image, effet Larsen, effet d'écho, pas de mémorisation des cadrages). Tout se passe comme si les techniciens ne faisaient pas tout ce qu'il faut pour que l'on dispose d'un appareil performant. Cela permet aussi aux chefs d'établissement, d'une part, de garder un important pouvoir d'intervention (apporter les fax, appeler le technicien) et, d'autre part, de bien montrer à la communauté enseignante (qui est hostile à l'utilisation de tels outils) que *« ce n'est pas au point »* et qu'il ne s'agit là *« que d'une expérience qui ne remplacera jamais la classe traditionnelle »*. Les ratés techniques sont donc fondamentaux et personne n'a intérêt à les faire disparaître. Ils servent la communauté Éducation nationale qui démontre ainsi implicitement qu'on ne pourra jamais simuler parfaitement la situation de classe traditionnelle avec cette technologie. Dans ces conditions, les enseignants de collèges tolèrent bien cette innovation puisqu'elle est là pour démontrer que les nouvelles technologies ne peuvent être intégrées dans l'enseignement. Plusieurs éléments contribuent à renforcer ce sentiment :

– le fait que le journal du rectorat ait consacré une série d'articles à cette expérience de visiophonie, alors que les chefs d'établissement n'en parlent pas dans leurs collèges et ne mettent aucune note d'information dans les salles des professeurs ;

– le fait que l'appareil ne soit pas utilisé par les associations rurales ;

– le fait que les collectivités locales aient abandonné son usage à l'Éducation nationale alors qu'elles règlent les coûts de fonctionnement, donne un autre sens à l'expérience : celle-là apparaît comme « l'affaire du rectorat ». C'est « encore » quelque chose « d'imposé » d'en haut qui, comme toutes les nouvelles technologies, finira dans le placard (car dans l'Éducation nationale on est obligé de donner un sens à l'utilisation des technologies par rapport à ce long passé d'échec dans leur utilisation).

Les informations de valorisation de l'expérience sont faites vers le grand public (articles dans la grande presse et passages à France 3) et cela aussi a un sens : il s'agit d'une communication publicitaire destinée à créer un écran de fumée en annonçant la réflexion de la collectivité Éducation nationale sur un grand problème d'avenir, tout en préservant le système interne de tout regard extérieur : *« Silence, on expérimente »*, semble dire l'institution. De ce fait l'Éducation nationale a phagocyté l'expérience. Elle est devenue « sa chose ». Il n'est pas question que les autres (les collectivités locales, les populations rurales...) s'en occupent. Les discours publicitaires (ceux du rectorat pour le grand public, ceux des principaux pour le rectorat) apparaissent aussi, lorsqu'on les replace dans le contexte hiérarchisé de l'Éducation nationale, comme des discours à enjeu de promotion. Le rectorat se valorise auprès du ministère, les principaux se valorisent auprès du rectorat. Chacun espère en tirer quelque chose du point de vue de sa carrière.

Dès lors, l'aspect « improvisation et bricolage » – très visible en ce qui concerne la gestion des emplois du temps, de l'utilisation des salles, de la formation des groupes d'élèves, la non-évaluation auprès des élèves des atteintes de l'objectif de sensibilisation pour choisir en connaissance de cause l'allemand en quatrième... – peut se lire dans le contexte général des autres communications. Un sens supplémentaire émerge: tout cet aspect « improvisation et bricolage » montre comme une volonté implicite des acteurs de l'Éducation nationale de tenir cette expérience en marge du fonctionnement des collèges. Il n'est pas question de réorganiser les emplois du temps, de redistribuer les salles, d'organiser rigoureusement les participations des élèves... bref de mettre cette expérience « au centre » ou encore de lui donner des chances organisationnelles et pédagogiques de bien fonctionner. Cette expérience vient seulement se surajouter à la marche habituelle des collèges. Les élèves du collège émetteur resteront en cours trente minutes en plus l'après-midi; les élèves du troisième collège occuperont la classe d'informatique, privant ainsi d'autres élèves de leur initiation à l'informatique. Bien entendu, on peut lire tout cela aussi comme un discours institutionnel caché, adressé aux enseignants, dont on connaît les craintes vis-à-vis des nouvelles technologies de communication (lesquelles pourraient leur prendre leur place ou les obliger à travailler autrement). Ce discours leur dit: *« N'ayez crainte, tout cela ne fonctionne et ne fonctionnera qu'à la marge. »*

L'approche communicationnelle débouche sur l'explicitation d'un « jeu » des acteurs de l'Éducation nationale: il s'agit d'un jeu « de l'essai, pour voir, sans y croire ». En effet, le leitmotiv des différentes communications que nous avons vues pourrait être le suivant: *« C'est notre affaire (c'est culturel), il faut donc qu'on en traite (d'ailleurs il faut "sensibiliser" nos jeunes au monde de demain), mais est-ce bien vraiment pour nous? Regardez comme c'est inadapté.* » Dans ce jeu, les chefs d'établissement rejoignent les enseignants, car eux aussi auraient à tout réorganiser. Ils alignent d'ailleurs leur communication sur celle du rectorat: ils prennent l'expérimentation pour le prestige extérieur apporté, ils gèrent dans leurs collèges l'expérimentation avec précaution en montrant bien son caractère « expérimental improvisé ». L'analyse communicationnelle de ce cas nous introduit dans la véritable compréhension d'un phénomène global: la « résistance au changement ».

En nous intéressant aux communications des autres acteurs institutionnels: les collectivités locales, mairies et conseils généraux, le ministère de l'Éducation nationale et les sociétés de conception-construction des matériels, nous pouvons dire que le jeu de l'ensemble de ces acteurs est un jeu « d'évitement des affrontements ». Il s'agit pour les acteurs institutionnels de maintenir la question de l'introduction des NTIC, sans risquer les affrontements internes au système Éducation nationale ou, plus largement, au système social français (les conseils généraux payent les frais de fonctionnement mais ne s'engagent pas dans le suivi ni dans d'autres utilisations; les constructeurs attendent les réactions des décideurs, utilisateurs et payeurs: ils n'interviennent pas pour perfectionner le matériel; l'Éducation nationale ne se met pas en position de réussir l'expérience...). L'attentisme sert tout le monde: chaque institution se garde la possibilité d'orienter autrement sa stratégie selon les événements. Rien n'est dit mais tout semble possible. L'inaction, le non-engagement cultivent l'illusion des potentialités.

L'apport des sciences de la communication

Les sciences de la communication ont donc un objet d'étude propre: les ensembles de « communications généralisées » qui constituent des débats autour de problèmes collectifs appelant des solutions toujours provisoires et renégociables. Définies ainsi, elles ont donc une finalité générale: la compréhension du sens profond des problèmes traités à travers les communications généralisées et les réponses apportées. C'est en ce sens que l'approche communicationnelle peut s'appliquer à la lecture de différents types de problèmes, qu'ils soient politiques, sociologiques, organisationnels... ou autres. Les sciences de la communication ont donc une vocation interdisciplinaire. Elles ont aussi un cadre de référence théorique précis. Les sciences de la communication ont en commun avec les sciences humaines le paradigme compréhensif*– dans lequel il faut inclure le paradigme de la complexité –, car elles privilégient les acteurs, toujours en situation de résoudre un problème par la communication généralisée. Elles font appel aux théories du systémisme* et du constructivisme*. Sur ce point, elles ne peuvent revendiquer pour elles seules ces théories, mais il est à noter qu'elles développent l'utilisation de leurs concepts spécifiques: les différentes formes des interactions, les jeux d'interactions, les enjeux explicites et cachés des systèmes de communications, les projets des acteurs, l'émergence des significations, la création des normes relationnelles, la structuration des positions, l'expression des identités, l'influence sur la définition commune de la situation. Les sciences de la communication existent donc bel et bien. Leur existence va « déranger » les sciences « établies » qui devront leur faire une place et apprendre à reconnaître en quoi les nouvelles venues sont désormais une discipline spécifique. On peut donc s'attendre à quelques conflits de territoires, de théories et de méthodes, avec les sciences humaines voisines. C'est bien normal et cela fera progresser l'ensemble de la réflexion des sciences humaines et sociales sur les phénomènes communicationnels de notre société.

Notes

1. D'après les travaux de recherche de DEA de M. Commandré, Centre d'étude et de recherche sur l'information et la communication, université Montpellier-III, 1996.
2. CDI: Centre de documentation et d'information existant dans chaque collège.

Petit guide des techniques de communication

Il existe une panoplie de guides, de manuels, destinés à aider à mieux communiquer. Ces conseils, parfois très simples, sont souvent méconnus.

La dynamique des groupes

La dynamique des groupes désigne d'abord un ensemble d'analyses: des relations interpersonnelles au sein d'un groupe (Jacob Lévy Moreno et la sociométrie), des logiques d'influence et de pouvoir dans un groupe (Kurt Lewin), la personnalité du groupe (psychanalyse des groupes). L'étude du fonctionnement des groupes restreints a permis d'en tirer des conclusions sur les façons de mieux communiquer. Des auteurs comme R. Bales ou T. Leary ont repéré différents rôles caractéristiques au sein des groupes (le leader, le clarificateur, l'organisateur, l'opposant, l'agent d'ambiance, l'agressif, le marginal...). De là découlent des façons de réagir par rapport à ces profils caractéristiques, qui permettent de mieux utiliser les forces et cerner les faiblesses d'un groupe.

La conduite de réunion

Les réunions qui n'en finissent pas, où l'on se quitte sans avoir le sentiment d'avoir avancé... Le but des « guides de survie » contre la maladie de la réunionnite est d'apprendre à gérer l'expression d'un groupe. Quelques conseils sont généralement proposés: cerner les objectifs de la réunion (réunion d'information, de décision, de *brainstorming*); planifier l'ordre du jour; préparer le travail à l'avance; gérer le temps de parole; faire en sorte que chacun puisse s'exprimer; cadrer le sujet et reporter à plus tard le traitement des questions nouvelles qui apparaissent; laisser un espace pour les diversions (le but d'une réunion n'est pas purement fonctionnel, il est aussi de créer des liens de sociabilités); faire un bilan en fin de réunion pour s'assurer des accords et rappeler les décisions prises...

L'analyse transactionnelle

Créée dans les années 50 par le psychiatre et psychanalyste américain Eric Berne (1910-1970), l'AT est à la fois une technique thérapeutique qui peut s'appliquer aussi au développement personnel et à la communication.

L'idée de base est que dans nos relations (transactions) avec autrui, nous nous situons toujours dans un état psychologique donné (« état du moi »):

– l'état Parent (P) caractérisé par l'attitude de jugement moral et de protection;

– l'état Adulte (A) se manifeste par des comportements rationnels;

– l'état Enfant (E) caractérise les comportements pulsionnels et de soumission à la norme parentale.

Dans les comportements individuels ou les relations sociales, l'AT diagnostique quel « état du moi » intervient et quelle transaction – cachées ou non – se joue dans la relation. Un cadre d'entreprise peut, par exemple, se comporter en « Parent » à l'égard de ses collègues (il refuse de déléguer, distribue des reproches et des compliments sans se situer d'égal à égal avec eux).

Le but de l'AT est de faire prendre conscience aux interlocuteurs de ces scénarios et jeux (relations courantes qui s'instaurent entre personnes) pour les modifier lorsqu'ils deviennent pathologiques ou dysfonctionnels.

La programmation neurolinguistique

Fondée par deux américains: Richard Bandler, informaticien et psychologue, et John Grinder, linguiste et psychologue.

L'idée de base est que nos comportements et modes de communication sont programmés (d'où le terme « Programmation ») et peuvent être reprogrammés.

Il existe différentes façons de percevoir l'environnement et de communiquer avec autrui liés à des canaux de communication neurologiques privilégiés: visuel, auditif, kinestésique, olfactif.

En prenant conscience des modes de communication et de perception de chacun on parvient à mieux entrer en contact avec l'autre (en résonance).

À lire sur le sujet

- Pour plus de détail sur l'AT, voir l'article de J.-Y. Fournier pages suivantes.
- A. Oger-Stefanink, *La Communication, c'est comme le chinois, cela s'apprend*, Rivage/Les Échos, 1987.
- B. Meyer, *Les Pratiques de communication. De l'enseignement supérieur à la vie professionnelle*, Armand Colin, 1998.
- R. Mucchielli, *La Conduite des réunions*, ESF, 2004 (17e éd.).
- M. Josien, *Techniques de communication interpersonnelle*, Éditions d'Organisation, 2004 (2e éd.).

Jean-Yves Fournier

Les apports de l'analyse transactionnelle à la communication

Créée en 1950 par Eric Berne, l'analyse transactionnelle est une méthode d'analyse et un outil de régulation des interactions humaines et des conflits. Elle offre des applications dans de nombreuses situations de la vie quotidienne et professionnelle.

Dans la vie de tous les jours, il est des situations où nous aimerions vivre en bonne intelligence avec notre entourage, voire même établir avec lui des relations de complicité ou d'intimité. Mais nous échouons faute de savoir comment. L'analyse transactionnelle (en abrégé : AT) propose un outil d'analyse et de contrôle de la communication, simple et directement applicable. Une des situations les plus irritantes, notamment, est celle de conflit que l'on voudrait éviter ou maîtriser, mais en vain. Nous nous bornerons ici à examiner comment l'AT permet de gérer quelques-unes de ces conflits parmi les plus courants. Quelques exemples quotidiens :

« — Tu connais l'heure exacte de la réunion ?

— Bien sûr, tu as toujours l'air de croire que je ne suis au courant de rien ! »

« — Élève Dupont, vous avez vu à quelle heure vous arrivez ?

— Oui, Monsieur le professeur, à huit heures seize minutes très exactement. »

« — Chéri, il reste du gâteau ?

— Mais oui, Rosalie, une part de cinq cents calories au moins. »

Ces situations sont encore plus difficiles à supporter si, comme c'est souvent le cas dans le monde du travail, l'agresseur est un supérieur hiérarchique : l'envoyer promener, c'est s'exposer à de graves ennuis ; plier et se soumettre, c'est perdre sa dignité et à long terme s'exposer à la dépression et la maladie. Que répondre alors à de telles réflexions :

« C'est à cette heure-ci que vous arrivez ? Bien dormi ? »

« En voici une tenue, vous croyez que c'est carnaval ? »

« Quelle démarche d'éléphant vous avez, ma pauvre ! »

« Rendez-moi ce rapport pour demain si vous en êtes capable ?... » (1)

L'AT apporte ici un instrument de travail appelé transactions, permettant entre autres d'identifier avec précision ces moments cruciaux qui font basculer une relation, instrument de compréhension qui, par la même occasion, permet de redresser la barre et, bien entendu, donne toutes les clés pour mener à bien une communication saine, positive et authentique – si tel est le désir, bien sûr, de la personne concernée. Mais qu'est-ce au juste que l'analyse transactionnelle ?

Elle fut créée vers 1950 par Eric Berne, psychiatre et psychothérapeute. Ce dernier avait, entre autres, remarqué que c'est surtout dans les contacts avec autrui que se révèlent les problèmes d'une personne. Et que c'est en changeant le mode de communication de cette personne que l'on commence à lui permettre de les surmonter. Il baptisa donc son analyse « transactionnelle » parce que chaque échange, même verbal, entre deux individus peut être considéré comme une transaction (du latin transigere : faire passer au travers ; au figuré : traiter). « On l'appelle transaction parce que chacune des deux parties en présence y gagne quelque chose, c'est la raison pour laquelle elles s'y livrent. »

L'AT propose donc à ceux qui le désirent des psychothérapies. Mais sans aller jusque-là, tout un chacun peut mettre à profit cet outil que sont les transactions. Nous ne pouvons ici prendre en considération les fondements psychiques qui amènent telle ou telle personne à tomber dans les avatars d'une mauvaise communication ou à chercher inconsciemment le conflit. L'AT le fait fort bien dans son versant thérapeutique, mais là n'est pas notre sujet. Nous nous bornerons à envisager le cas de quelqu'un qui cherche consciemment et de façon manifeste à établir de bonnes relations avec son entourage.

La personnalité selon l'AT : les trois états du moi

E. Berne était frappé par le fait qu'un même individu peut, selon les circonstances, changer totalement de comportement, comme si plusieurs personnages coexistaient en lui. Ces différentes personnalités que chacun peut successivement adopter, E. Berne les appela états du moi. Il en dénombra trois qu'il dénomma Parent, Adulte, Enfant. (Pour éviter toute confusion avec l'âge de la personne, les états du moi sont toujours désignés par des majuscules).

E. Berne disposait bien d'un vocabulaire plus scientifique, mais voulant mettre sa théorie à la portée de tous, il leur préféra des termes simples. « Ce répertoire peut se classer dans les catégories suivantes : 1) états du moi ressemblant à ceux des figures parentales ; 2) états du moi orientés de manière autonome vers l'appréciation objective de la réalité ; 3) ceux qui représentent des traces archaïques, des états du moi fixés dans la prime enfance et toujours en activité. En langage technique on les nomme respectivement états du moi extéropsychique, néopsychique, archéopsychique. En langage familier, on les appelle Parent, Adulte et Enfant. »

• Le Parent représente le système des valeurs et se subdivise en deux sous-états :

– le Parent normatif qui juge, fait la morale, réprimande et menace. Il est souvent perçu comme très négatif, surtout lorsqu'il devient persécuteur (mais peut devenir positif (2) lorsqu'il conseille et défend des valeurs) *« C'est honteux et scandaleux ! J'exige… j'ordonne… il est interdit de… Il faut s'organiser en équipes »* ;

– le Parent nourricier, qui donne, rassure, protège et vient en aide. Il est à ce titre perçu comme globalement positif (mais peut devenir négatif s'il étouffe toute autonomie chez autrui : hyperprotection, paternalisme, charité aliénante) : *« Reposez-vous, vous êtes fatiguée… Voulez-vous que je vous aide ?… Fais attention en traversant ! »*

• L'Adulte est dominé par la logique, l'objectivité, la raison. Il cherche à (s')informer, il résout les problèmes, il prend des décisions. C'est l'équilibreur de la personnalité: *« Quels sont les éléments dont nous disposons ? Examinons le problème ! »*

• L'Enfant est le siège des émotions, des désirs et des sentiments. Il se décompose en trois sous-états:

– l'Enfant libre représente le côté spontané, authentique et indépendant de la personnalité. Il est globalement perçu comme positif (mais peut devenir négatif lorsque sa spontanéité donne libre cours à l'égoïsme, le sans-gêne): *« On va boire un pot! La bise ! Vivement ce soir! Rien à foutre... »*;

– l'Enfant adapté est « celui qui modifie son comportement sous l'influence Parentale »: façonné par l'éducation, il se plie aux règles, aux lois, aux normes. Il est perçu négativement en cas de suradaptation (conformisme aveugle, obséquiosité, servilité): on le dit alors soumis. Sinon, il représente toutes qualités facilitant la vie sociale (politesse, courtoisie, etc.): *« Dépêchez-vous ! On va se faire engueuler! Après vous... »*;

– l'Enfant rebelle est celui qui résiste à la soumission que veut lui imposer le Parent d'autrui. Il résulte de la friction interne entre l'Enfant libre et l'Enfant adapté. Plutôt perçu négativement (esprit de contradiction), il peut cependant être à l'origine de beaucoup de changements positifs (esprit de révolution): *« Ils nous emmerdent! S'ils osent, ils vont m'entendre! Les chefs, connais pas... »*

Mais le coup de génie de E. Berne fut sans doute de représenter ce schéma de la personnalité sous forme de ce diagramme:

Ce n'est pas par hasard que le Parent se trouve en position haute: c'est l'aspect le plus dominateur de la personnalité; pas par hasard que l'Adulte est en position centrale: c'est l'équilibreur de la personnalité; ni par hasard que l'Enfant est en position basse: c'est en lui que se trouve l'aspect le plus dépendant de la personnalité.

Les transactions

Deux personnes X et Y en situation de communication seront donc ainsi représentées :

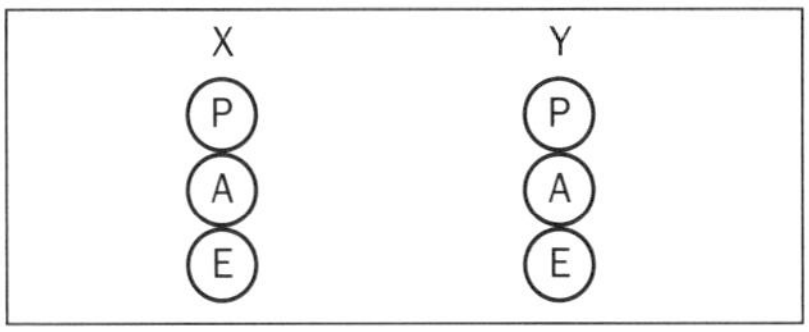

Lorsqu'une personne s'adresse à une autre, on représente alors son message sous forme d'une flèche :

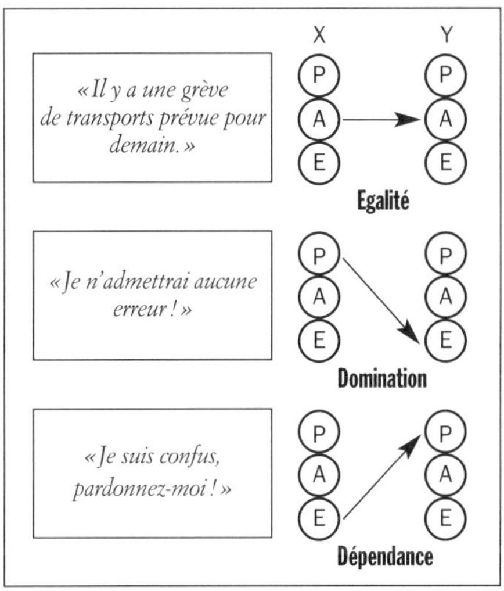

Les messages horizontaux sont un appel à une communication fondée sur l'égalité entre partenaires. C'est le cas quasi général des messages d'Adulte qui s'adressent à l'Adulte de l'interlocuteur (« *Il y a une grève de transports prévue pour demain.* ») ; mais un Parent peut s'adresser égalitairement à un autre Parent, cherchant une certaine complicité (« *Honteux les jeunes de maintenant.* ») ; de même entre Enfants (« *Et hop! On se fait la belle.* »)

Les messages diagonaux génèrent une communication fondée sur l'inégalité et génératrice de conflit :

– descendant, c'est le message de domination de Parent à

Enfant, qui bat tous les records en termes de conflit surtout s'il s'agit d'un message de Parent normatif à Enfant adapté (« *Je n'admettrai aucune erreur.* ») ;

– ascendant, c'est le message de dépendance d'Enfant à Parent, appel indirect à la domination du partenaire, qui porte le conflit en germe : elle risque d'engendrer chez l'autre un abus de pouvoir (« *Je suis si confus de cette erreur, veuillez me pardonner…* »).

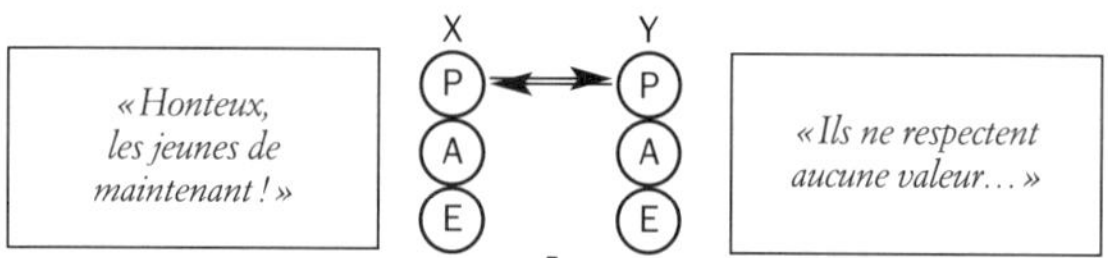

A

Le Parent de X s'adresse au Parent de Y. (3)
Le Parent de Y répond au Parent de X.

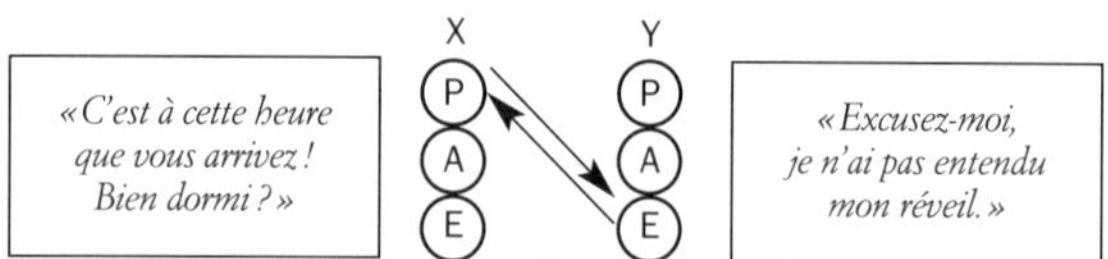

B

Le Parent de X s'adresse à l'Enfant de Y.
L'Enfant de Y répond au Parent de X.

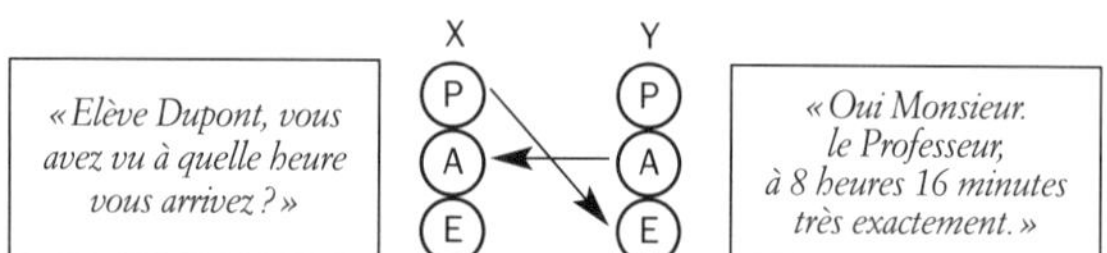

C

Le Parent de X s'adresse à l'Enfant de Y.
L'Adulte de Y répond à l'Adulte de X.

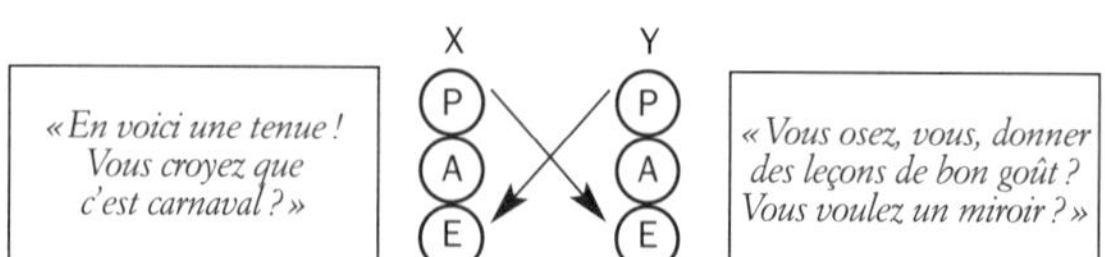

D

Le Parent de X s'adresse à l'Enfant de Y.
Le Parent de Y répond à l'Enfant de Y.

Mais comme la seconde personne répond à la première, on obtient deux messages (appelés transaction) illustrés par deux flèches :

– flèches parallèles si les deux interlocuteurs s'entendent bien : émetteur et récepteur ont deux états du moi en communication, la relation est réussie ;

– s'ils se traitent en égaux, les parallèles sont horizontales (**A**) ;

– s'ils se comportent hiérarchiquement, les parallèles sont diagonales (**B**) ;

– flèches croisées s'ils sont en conflit : émetteur et récepteur n'ont aucun état du moi en communication, la relation est rompue (**C** et **D**) ;

– flèches en rebond si les deux interlocuteurs sont en désaccord : émetteur et récepteur ont un seul état du moi en communication, la relation est réorientée (**E** et **F**) ;

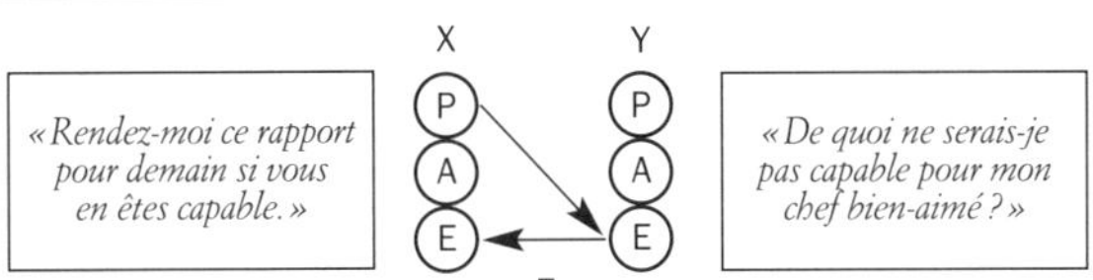

E

Le Parent de X s'adresse à l'Enfant de Y.
L'Enfant de Y répond à l'Enfant de X.

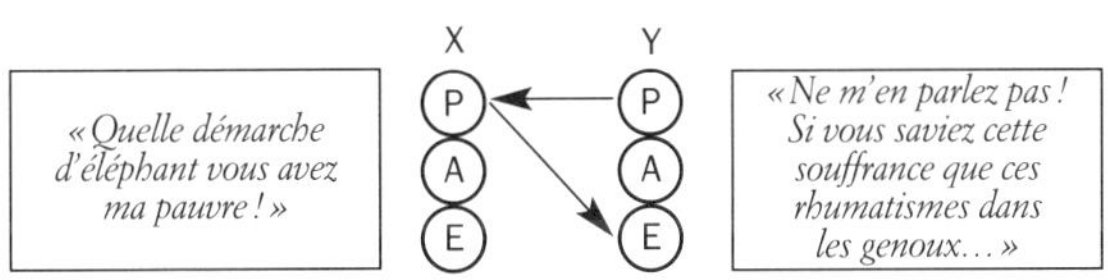

F

Le Parent de X s'adresse à l'Enfant de Y.
Le Parent de Y répond au Parent de X.

Ces dernières réponses-rebonds (**E**) et (**F**) permettent, même si l'on est agressé, de ne pas rompre la communication (si l'on estime que celle-là doit être maintenue) tout en gardant sa dignité. Elles sont très utiles lors, par exemple, de l'agression d'un supérieur hiérarchique : une transaction croisée pourrait mettre le subordonné dans de mauvais draps (**C** ou **D**) ; une parallèle serait humiliante et pourrait inciter le supérieur à continuer sur le chemin de l'irrespect (**B**). Ces transactions en rebond – il y en a beaucoup d'autres, dont certaines faisant intervenir l'Adulte sans croisement – permettent d'être « ni hérisson ni paillasson », et sont une transition en douceur pour amener l'adversaire à revenir à une communication d'égal à égal au niveau du respect de la personne, même s'il s'agit d'un supérieur. Car tel est le conseil que l'on donne à ceux qui suivent des stages : « Horizontalisez ! » c'est-à-dire qu'on leur demande de bien se représenter visuellement la transaction conflictuelle (cette capacité s'acquiert très vite) et d'engager des messages à l'horizontale mais sans croisement, afin d'amener le plus rapidement possible l'agresseur à en faire de même Qui peut nier qu'une relation à l'horizontale soit meilleure que tout autre? Honni soit qui mal y pense...). Avec un certain entraînement, cette stratégie à support visuel fonctionne très bien, de plus en plus rapidement et de plus en plus facilement.

En effet, le côté pratique de cette représentation schématique à l'aide de flèches, c'est qu'elle permet d'avoir une vision claire et éminemment explicative de ce qui se passe entre deux interlocuteurs, et de comprendre pourquoi à tel instant la communication fonctionne bien ou mal. Et qu'elle permet de réorienter la relation, l'objectif final étant d'en arriver à des parallèles horizontales d'Adulte à Adulte.

Plus subtil est le dialogue de Rosalie qui veut reprendre du gâteau (**G**) : la transaction semble bien horizontale et parallèle d'Adulte à Adulte, et pourtant elle est si lourde de sous-entendu qu'elle semble insoutenable : c'est que le partenaire de Rosalie a envoyé un message caché de Parent à Enfant (en pointillé sur le schéma).

C'est ce que l'AT appelle une transaction à double fond et, en ce cas, il faut considérer s'il y a parallélisme ou croisement par rapport au message caché et non point au message apparent :

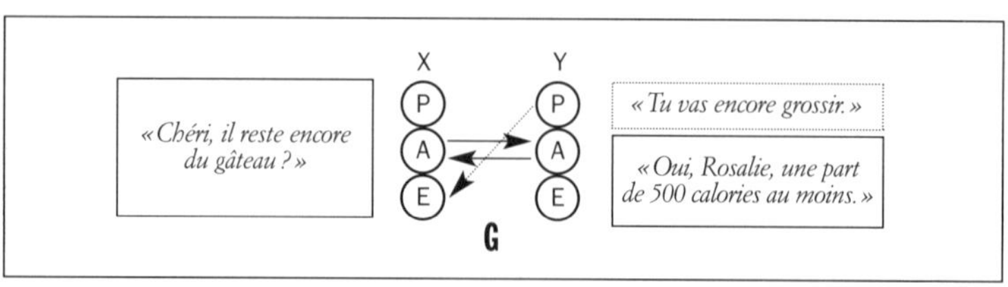

ici, il y a bel et bien croisement, d'où amorce de conflit.

Nous n'avons donné ici que quelques modèles de transactions – les plus banales – mais il en existe bien d'autres répondant à des situations plus spécifiques de communication, transactions que nous ne pouvons détailler dans le cadre de cet article (4). Certaines, entre autres, doivent faire intervenir les sous-états du moi pour rendre compte de certains phénomènes de communication.

Cependant, ces schémas transactionnels ne sont qu'une trousse de premier secours destinée à parer aux situations d'urgence (encore fallait-il l'avoir à sa disposition). Mais l'AT va plus loin encore lorsqu'il s'agit d'expliquer comment certaines personnes se trouvent toujours enfermées dans le même style de communication. E. Berne s'attacha particulièrement – c'est ce qui le rendit célèbre – à étudier les transactions à double fond et repéra que les personnes qui utilisent des messages cachés le font selon certains enchaînements répétitifs et stéréotypés, et cela le plus souvent à leur propre insu. Il les appela jeux (dans le sens où l'on dit : « *Je n'entrerai pas dans son jeu* »), en répertoria plus de trente, jeux qui bien entendu faussent totalement toute communication efficace et même peuvent déboucher sur de véritables drames (5). Une authentique communication est un échange qui considère l'interlocuteur comme un égal en tant qu'être humain, libre et respectable, différent de soi, certes, mais complémentaire. C'est ce que l'AT appelle être dans une position de vie + +. De même, utiliser volontairement l'outil-transaction qui vient d'être exposé sans un tel souci de respect de l'autre ne pourrait mener qu'à la manipulation : celle-ci alors finit tôt ou tard par être repérée comme telle par le partenaire et aboutit finalement à un échec de la communication.

Les positions de vie

Les théoriciens de l'AT se sont bien sûr demandés pourquoi telle ou telle personne établit tel ou tel type de transactions plutôt que d'autres. Pourquoi certains recherchent-ils des relations plutôt égalitaires, d'autres plutôt agressives, d'autres plutôt masochistes ? L'AT a élaboré toute une théorie de la formation de la personnalité que nous ne pouvons exposer ici, mais dont le résultat nous intéresse au premier chef : les contacts qu'établit un individu sont en relation avec l'opinion qu'il a de lui-même et celle qu'il a d'autrui en général. Ce qui donne lieu à deux convictions :

– la première sur soi-même : je suis quelqu'un de bien ou de nul ;

– la seconde sur les autres : les gens sont bien ou nuls.

Cela entraîne quatre positions de vie possibles :

– la position + +, état de la personne qui a confiance en elle et les autres, qui considèrent ceux-ci comme des égaux, différents d'elle, certes, mais respectables dans leur diversité. Une telle personne sait utiliser de façon équilibrée tous ses états du moi. Elle envoie des messages d'égalité, ce qui génère avec autrui des transactions parallèles et horizontales (par exemple, lors d'une réception : « Tiens, ils offrent du rouge avec du poisson ! Curieux et original ! Je vais voir ce que cela donne... ») ;

– la position – +, état de la personne qui n'a aucune confiance en elle, qui se dévalorise par rapport aux autres. Cela va du simple « complexe d'infériorité » à la « déprime » plus ou moins profonde engendrée par le sentiment de sa propre nullité. L'état du moi préférentiel de ces personnes est l'Enfant adapté soumis. Elles envoient des messages de dépendance (diagonales ascendantes) sollicitant le Parent d'autrui et finalement la domination de celui-ci. Ce qui génère des transactions parallèles diagonales et donc inégalitaires (« Du rouge avec du poisson ! Comme ils savent s'affirmer ! Ce n'est pas moi qui oserais faire une chose pareille... ») ;

– la position + –, position allant du « complexe de supériorité » au mépris des autres quand ce n'est pas de l'humanité tout entière : du petit chef au grand dictateur ou plus subtilement du bon apôtre au mauvais psychothérapeute qui veulent faire votre bonheur à votre propre place de pauvre type. (En fait, à la suite d'Adler (6), beaucoup d'auteurs s'accordent à penser que le complexe de supériorité n'existe pas en soi mais est un mécanisme de défense, une « compensation » contre un sentiment d'infériorité latent). L'état du moi préférentiel de ces personnes est le Parent (normatif négatif généralement, mais parfois, plus subtilement, nourricier aliénant). Elles inondent autrui de messages de domination (diagonales descendantes) sollicitant leur Enfant soumis et recherchant des transactions parallèles inégalitaires de type B (« Du rouge avec du poisson ! Bande d'incultes ! Ils feraient bien d'apprendre le B.A.BA de la gastronomie... ») ;

– la position – –, position dramatique mais plus rare heureusement : ni personne ni moi n'en valons la peine : le monde, l'humanité n'est qu'absurdité et nullité... Ces personnes ont des idées suicidaires (parfois de tragiques passages à l'acte). Leur état du moi est alors un Enfant libre négatif fait d'amertume et dépourvu de tout plaisir de vivre et les transactions recherchées sont difficilement définissables : elles recherchent peu le dialogue, quand elles ne fuient pas totalement la relation à autrui (« Tout est nul ici, tous les invités sont débiles et moi encore plus débile d'être venu ici. Ils me dégoûtent et je m'écœure »).

Seule, donc, la position + + est propice à une bonne communication. La difficulté, si l'on n'est pas coutumier de cette position, est de l'adopter ne serait-ce que provisoirement, le temps de développer une relation correcte. Comment ? En n'envoyant aucun message diagonal et en parant à ceux que l'on reçoit à l'aide des transactions ci-dessus décrites. Adopter cette attitude + + (certes artificielle au début) est plus facile que l'on ne croit, dès que l'on en a réellement compris la nécessité et constaté l'efficacité. Et à force de se positionner ainsi, bon nombre d'apprentis à la communication, encouragés par les résultats obtenus, finissent par s'apercevoir qu'ils changent en profondeur : l'autre est de moins en moins considéré comme supérieur ou inférieur, il est simplement différent. Et chacun de comprendre qu'il a tout intérêt à s'imprégner de la différence de l'autre. Et réciproquement. Un échange : telle est l'essence d'une véritable communication (7).

Intérêt et critiques

On peut encore mieux mesurer les bénéfices que l'AT peut apporter lorsqu'elle est appliquée à toute une institution : chacun, de personne à personne, peut y parler le même langage et en dévoiler les abus de pouvoir. En effet, il ne s'agit pas de lénifier les rapports de force (il y a pour cela bien d'autres techniques) ni de nier la réalité de la hiérarchie, mais de respecter les individus dans leur personne. Certains enseignants ont vu ainsi le climat de leur classe spectaculairement changer lorsqu'ils se dotent de connaissances en AT : elles leur permettent de comprendre et de mieux maîtriser les dysfonctionnements de leur classe et d'optimiser non seulement la relation professeur-élèves, mais également celle d'élève à élève, ainsi que la relation à l'institution (8). Ces enseignants pratiquent une pédagogie de contrat et certains vont même jusqu'à enseigner certains rudiments d'AT à leurs élèves afin de communiquer avec eux sur la même longueur d'ondes (9). Ces derniers, à partir du niveau collège, sont d'ailleurs très friands de ce genre de connaissances.

L'AT peut présenter le danger d'utilisations abusives de la part de ceux qui en possèdent les clés sur ceux qui ne la connaissent pas. Mais c'est là le propre de toute psychologie ou de toute théorie fondée sur un modèle de la personnalité. Il s'agit plutôt en ce cas d'un problème d'éthique de la part de ceux qui l'utilisent. C'est pourquoi les analystes transactionnels ont-ils comme déontologie de n'utiliser les principes de l'AT que de façon contractuelle, pour analyser l'ensemble des relations que l'on établit avec autrui afin de les rendre meilleures. Autre procès : son utilisation dans l'entreprise : l'AT serait un instrument de normalisation, voire de mise au pas. Là encore, il s'agit de l'idéologie de ses utilisateurs et non de l'outil en lui-même. Mais ce serait de leur part un bien mauvais choix : l'AT dévoile trop clairement les problèmes de domination et de soumission et les abus auxquels ils donnent lieu. Et les parades que l'on peut y apporter...

Notes

1. Réflexions authentiques recueillies lors de stages.
2. Aspects positifs et négatifs. Il ne s'agit pas ici de principes moraux ou de normes idéologiques mais de constatations purement pratiques : certaines attitudes provoquent conflits et difficultés relationnelles ; d'autres engendrent communication, dialogue et épanouissement.
3. Les états du moi communs aux deux interlocuteurs sont soulignés.
4. Voir à ce sujet : J.-Y. Fournier, *Désamorcer les conflits relationnels,* Éditions d'Organisation, 2005 (ouvrage illustré de plus de 150 exemples de transactions).
5. E. Berne, *Des jeux et des hommes*, Stock, 1984.
6. A. Adler, *Les Névroses*, Aubier, 1969.
7. A. Le Guernic, *États du moi, transactions et communication,* Inter Éditions, 2004.
8. C. Ramond, *Grandir : Éducation et AT,* La Méridienne/Desclée de Brouwer, 1995 (cet ouvrage montre tout le bénéfice que peut retirer un enseignant de l'AT).
9. N. Pierre, *Pratique de l'analyse transactionnelle dans la classe*, ESF, 2002.

Entretien avec Philippe Meirieu

Le formateur et la communication

La communication des savoirs ne se réduit pas à une simple transmission. L'enseignant doit aussi prendre en compte les relations affectives, les représentations, les décalages linguistiques et socioculturels qui peuvent brouiller le message pédagogique.

Sciences humaines: Quel est le rôle de la communication dans la relation pédagogique?

Philippe Meirieu: La relation pédagogique est évidemment une relation de communication mais qui a cela de spécifique qu'elle est médiatisée par des savoirs et des contenus culturels. Un danger serait de déconnecter les questions de méthodes des questions de contenus.

La communication n'est pas un objet en soi; on vient en classe ou en formation pour acquérir quelque chose; et le formateur doit parfois faire son deuil d'un certain goût pour une qualité relationnelle qui l'amènerait à être une sorte de grand frère, mais aussi à abdiquer de ses responsabilités d'éducateur. Les enseignants et les formateurs vivent trop souvent dans une espèce de nostalgie égalitaire avec les personnes dont ils sont en charge. Or, leur tâche est d'organiser le groupe et les conditions de travail, ils se doivent d'évaluer pour que chacun puisse repérer où il en est, et tout cela les place en extériorité par rapport au groupe…

Ce qui crée des difficultés, c'est que l'enseignant se trouve placé en relation de dissymétrie cognitive, mais qu'il est aussi presque toujours en situation de symétrie affective : sur le plan cognitif, il est dans une position de supériorité. Mais, sur le plan affectif, l'enseignant est tout aussi dépendant de ses élèves que ceux-là sont dépendants de lui. Peut-être même encore plus : il aime qu'on l'aime, qu'on l'admire… Par ailleurs, l'on sait bien qu'on ne peut pas décider la suspension de l'affectivité par décret et que, dans la classe même la plus rationnelle et la mieux organisée, l'affectivité circule…

Il y a certains élèves dans lesquels on se reconnaît, dans lesquels on se projette, certains avec lesquels on entretient de meilleurs rapports. Lorsque l'affectif prend ainsi le pas sur le cognitif, la communication n'est plus pédagogique. Ce qui rend la position du maître difficile, c'est qu'il doit gérer sa classe sur le registre cognitif et institutionnel tout en sachant qu'il est un être de chair et de sang, affectif, dépendant, qui a naturellement et psychologiquement des préférences…

SH : Comment peut-on alors échapper à ce type de configuration ? Et plus généralement, comment peut-on installer de bonnes situations de communication dans la classe ?

P.M. : C'est là où une attention particulière aux réseaux de communication peut prendre toute leur importance et intervenir comme antidote efficace à cette « affectivation » des relations personnelles.

Le souci de la communication doit être celui de se

doter d'outils qui permettent non pas de suspendre la circulation des affects, mais qui la régulent un minimum et permettent à chaque personne présente de s'exprimer et de recevoir le message qui lui est proposé. Par rapport à cela, il existe un certain nombre de dimensions fondamentales dans le métier d'enseignant.

Par exemple, l'installation d'un groupe de parole, sachant que ce groupe n'est pas un groupe spontané. Pour « se parler » il faut qu'un certain nombre de conditions soient réunies : des rituels, c'est-à-dire une régularité, des places, des rôles, que ce qui est dit soit retravaillé… Il faut aussi une attention à ce que les échanges ne soient pas régis par une pression, un pouvoir ou une séduction, mais par la qualité de l'explication, la rationalité de ce qui est dit et l'efficacité de la démonstration.

Pour moi, il existe deux exigences d'ordre éthique qui fondent la communication dans la classe : c'est, d'une part, l'interdit de la violence (*« Tu dois me croire parce que je suis plus fort. »*) et, d'autre part, celui de l'argument d'autorité (*« Je l'ai dit, donc c'est vrai. »*). Ce qui est dit doit être mis en négociation avec un minimum de probité. Ce qui est en jeu c'est la qualité de la démonstration, et non pas le statut de celui qui parle.

SH : Mais est-ce toujours suffisant ? On voit certains professeurs, très compétents, qui ne se rendent pas compte qu'ils ne sont pas compris de leurs élèves. N'existe-t-il pas des moyens plus ou moins efficaces de faire passer cette compétence que vous évoquez ?

P.M. : On entre là dans un autre registre également essentiel que je décrirais comme « la capacité d'entendre que l'autre n'entend pas ». C'est la capacité de se dire *« Si c'était moi qui étais sur les bancs de ma propre classe, est-ce que je n'aurais pas décroché depuis cinq minutes ? »*, d'introduire un exemple lorsque le discours devient trop abs-

trait, ou une formule lorsqu'il devient trop filandreux...
Trop souvent, l'enseignant est dans le délire, c'est-à-dire dans une parole folle, qui se déploie sans s'intéresser à la manière dont elle est reçue. La communication s'oppose au délire. Le bon enseignant est celui qui se fait lui-même apprenant de son propre savoir.
Toute personne qui enseigne devrait pouvoir vivre en même temps la difficulté qu'il y a à apprendre, et nous sommes souvent, en tant que formateur, oublieux de cette difficulté. Ce sont parfois de simples détails qui peuvent empêcher la communication. Ainsi, dans une classe primaire, une maîtresse avait tracé un triangle au tableau et écrit : soit le triangle ABC, prenons le sommet C... Il se trouve que, sur son dessin, ce sommet était placé en bas. Lorsque plus tard, elle a tenté de faire parler les élèves sur cette difficulté, ils ont expliqué que pour eux, les sommets se trouvaient en haut... C'est tout le problème des représentations des élèves qui est en jeu. Le souci devrait être permanent d'articuler ce qu'on apprend aux élèves qui apprennent.

SH : Mais dans la communication entre les élèves et les enseignants, n'existe-t-il pas aussi des difficultés d'ordre sociologique ? Ne serait-ce qu'au niveau du langage, par exemple ?

P.M. : Il est certain qu'aujourd'hui, dans les classes, il existe un écart sociologique de plus en plus grand entre l'enseignant et le monde des élèves, non seulement lié aux différences de couches sociales mais aussi aux différences culturelles.
Il ne s'agit pas simplement de la communication verbale, mais aussi de la façon de s'asseoir, de marcher, etc. Prenons l'exemple du regard : un « bon » élève ne regarde pas n'importe comment son enseignant ; il doit le regarder droit dans les

yeux suffisamment longtemps pour ne pas paraître hypocrite, mais pas trop pour ne pas paraître insolent... Cela nécessite tout un ajustement qui est très culturel.

Dans ces conditions, la seule bonne façon de communiquer est de se reconstruire une culture commune: à ce propos, les études sur les « effets établissements » montrent que les résultats scolaires sont considérablement améliorés chaque fois que des équipes d'enseignants et d'élèves investissent dans des activités qui leur permettent de se donner cette culture commune, que ce soit le soutien d'une équipe de football, la participation à un club de quartier ou l'élaboration d'une pièce de théâtre...

Je voudrais toutefois ajouter que ce n'est pas parce qu'on travaille sur la communication qu'il faut croire qu'on parviendra à la transparence. La transparence n'est d'ailleurs pas souhaitable; c'est grâce à une certaine opacité qu'il devient nécessaire de communiquer. Si tout était visible, nous n'aurions plus rien à nous dire. Donc, le malentendu, la difficulté, l'opacité qui inquiètent terriblement les enseignants – et même parfois les agressent – sont en fait une chance qui permet de parler, qui fonde la communication.

SH: La communication doit-elle – et peut-elle – être enseignée en formation?

P.M.: Je ne crois pas qu'il faille faire des cours de communication, mais je crois que la question de la communication doit toujours être présente en formation. Les gens qui se forment doivent pouvoir réfléchir, verbaliser, discuter sur la qualité de la communication dans les lieux où ils se forment pour pouvoir ensuite la pratiquer dans les lieux où ils seront formateurs.

Mais de telles pratiques nécessitent une remise

en question des formateurs d'enseignants, et ceux-là ne sont pas toujours prêts à accepter un débat sur leurs propres pratiques… En matière de formation, toutes les enquêtes montrent que lorsque les gens entrent dans le métier, ils ne font jamais ce qu'on leur a dit de faire, mais toujours ce qu'on a fait avec eux. La dimension de la communication dans la formation est donc tout à fait centrale, mais elle ne doit pas être un domaine séparé, elle doit être travaillée dans l'ensemble des activités de formation.

PROPOS RECUEILLIS PAR MARTINE FOURNIER

Quatrième partie

Médias - Information Communication

- **Comment se produit l'information ?**
  Jean-François Dortier
- **La réception, une énigme sociologique**
  Xavier Molénat
- **Pourquoi des médiologues ?**
  Daniel Bougnoux
- **La publicité entre manipulation et création**
  Vincent Troger
- **Il ne faut pas avoir peur des images**
  Entretien avec Daniel Bougnoux
- **Espace public et opinion : de la presse écrite à Internet**
  Marc Lits
- **Le sens des cérémonies télévisées**
  Entretien avec Daniel Dayan

JEAN-FRANÇOIS DORTIER

COMMENT SE PRODUIT L'INFORMATION ?

L'étude des médias est un champ de recherche très fertile né dans les années 30 aux États-Unis. D'abord centrées sur l'influence des médias, les études se sont ensuite penchées sur la fabrication de l'information pour chercher à comprendre: qui produit l'information ? Et comment ?

« Q*ui dit quoi, à qui, par quel canal, avec quel effet ?* » En 1948, Harold D. Lasswell, pionnier dans l'étude des médias, avait ainsi tracé autour de cinq questions le domaine d'étude des médias.

Avec plus d'un demi-siècle de recul, ces questions – en les modifiant à peine – suffisent bien à baliser un champ de recherche foisonnant.

Qui produit l'information ?

Les journalistes (ils sont 30000 en France, dont seulement 15 % ont suivi une école de journalisme) tiennent évidemment un rôle central dans le système médiatique.

Une sociologie du journalisme a vu le jour dans les années quatre-vingt. Elle s'intéresse notamment au degré de dépendance et d'autonomie des journalistes avec les milieux qu'ils étudient (politique, économique, sportif, etc.). Ces analyses se démarquent de deux modèles courants et caricaturaux: le modèle du « professionnel », neutre, objectif et indépendant (vision angélique promue par certains journalistes) ; le modèle inverse, hypercritique, du « chien de garde »,

L'écran rend-il violent?

En avril 2004, le jeune Julien (19 ans) était condamné pour assassinat après avoir poignardé de 42 coups de couteau son amie Alice (15 ans). Aux policiers venus l'arrêter, il avait déclaré s'être inspiré du film *Scream*.

Les images violentes à la télévision ou au cinéma encouragent-elles les jeunes à la violence? La question revient régulièrement sur le devant de la scène.

De très nombreuses enquêtes ont cherché à mesurer cet effet supposé de la violence à l'écran. Certaines reposent sur des méthodes de laboratoire. Albert Bandura fut un des premiers à faire des expérimentations où l'on observe le comportement d'enfants après qu'ils ont vu des actes d'agression. D'autres méthodes reposent sur l'analyse statistique (corrélation entre actes violents et fréquentation des images violentes).

La multiplication des enquêtes a donné lieu à des méta-analyses (comparaison et synthèse des résultats), dont se dégagent tout de même quelques tendances nettes.

Oui, il existe bien une corrélation entre violence et télévision. Cette influence n'est bien sûr ni massive ni directe. Elle ne procède pas – heureusement – de la simple imitation. Les spectateurs de films violents ne deviennent pas tous agressifs. Seul un petit nombre d'actes violents sont imputables à l'écran (5 à 10 %).

Plusieurs types d'influence ont pu être dégagés.

Le premier relève de l'initiation. Les films violents suggèrent au jeune spectateur que la violence est un recours face aux conflits et que des héros positifs la pratiquent sans état d'âme. Les images violentes ont ensuite un effet de désinhibition et de désensibilisation. À force de voir des meurtres, des crimes, des bagarres et plus généralement des scènes violentes, ils apparaissent comme banals et normaux, et ne provoquent plus de réaction de peur.

Cet impact n'agit évidemment que sur une minorité, qui se trouve sans doute déjà dans un contexte social et psychologique défavorable. La télévision aussi bien que le cinéma ne sont donc pas la cause de la violence, mais ils constituent un incitateur supplémentaire.

À lire sur le sujet

- R.M. Liebert, J.-M. Sprafkin, *The Early Window: Effects of Television on Children and Youth,* Pergamon Press, 1988.
- L. Bègue, I. Gilles, « La télévision rend-elle violent? *Cerveau et psychologie*, n° 6, 2004.

valet asservi aux puissants (à l'argent, aux hommes politiques…). La sociologie des médias s'intéresse plutôt aux réseaux formés par les journalistes, aux liens qu'ils entretiennent avec leurs contacts (hommes politiques, juges…) ainsi qu'aux structures éditoriales (entreprises de médias, groupes de presse…) dans lesquelles ils travaillent. La diversification des chaînes télévisées, la concurrence accrue, l'apparition de chaînes thématiques (cinéma, sport, jeunes, etc.) ont entraîné une course à l'audience, à l'abonnement (pour les journaux), qui semble peser beaucoup plus sur les choix éditoriaux que l'influence publicitaire ou les hommes politiques.

Quels contenus ?

Les médias assurent deux fonctions centrales : informer et divertir. L'analyse de discours et l'analyse de contenu se préoccupent de repérer les thèmes abordés, leur fréquence, les messages explicites ou implicites présents dans les films ou les documentaires. De son côté, la sémiologie de l'image s'est spécialement consacrée à l'interprétation des signes véhiculés par les médias (télévision, journaux, publicité). Elle cherche à repérer les codes souvent invisibles par lesquels les images colportent une idée ou un message.
Jusque dans les années 60, les spécialistes envisageaient les médias comme un outil de propagande qui cherchait à imposer un message précis (publicitaire, politique…). Puis, à partir des années 70, la perspective a changé : « *Les médias ne disent pas aux gens ce qu'ils doivent penser, mais à quoi ils doivent penser.* » Formulée dans les années 70 par les chercheurs américains, la théorie de l'*agenda-setting* (1) pose que les médias agissent sur l'opinion moins comme un propagandiste qui dirait « ce qu'il faut penser » qu'en sensibilisant sur certains centres d'intérêt (« ce à quoi il faut penser ») mis à l'ordre du jour.
Un autre aspect des études sur les médias concerne la sélection et la mise en forme de l'information. En effet, cette dernière (presse écrite, télévisée, radio) ne propose pas une photographie exhaustive de la réalité. La sélection s'opère selon des critères prédéfinis :
– le « rubricage » du journal, qui détermine par avance la séquence des sujets à traiter (politique, actualités internationales, faits divers, sports, spectacles, etc.). Dans ce cadre, l'information est ensuite triée selon des principes tels que le proche prime sur le lointain, le connu sur l'inconnu, l'original sur le routinier, etc. ;

– les centres d'intérêt des journalistes et des rédacteurs en chef pèsent aussi sur les choix éditoriaux;
– les contraintes de fabrication (moyens financiers, *timing*) jouent un rôle déterminant dans le traitement des sujets.
Enfin, la mise en scène de l'information a fait l'objet de nombreuses études sémiologiques. Le « formatage » des informations repose sur des techniques particulières enseignées au sein des écoles de journalistes: techniques d'écriture (phrase courte, mots concrets, situations vivantes, etc.), technique d'entretien, « scénarisation » (cadrage, séquençage). Le procédé de la mise en récit des événements a été particulièrement développé depuis les années 90. *« L'événement doit d'abord être une histoire* (story) *avant de devenir un événement communicationnel »* (Stuart Hall). Le récit est censé susciter l'attention du spectateur ou de l'auditeur plus que toute autre forme de discours.
L'idée générale est de mettre en scène l'information sous forme de petites histoires (*« Make a story »*, dit-on dans les écoles de journalisme américaines), incluant si possible: une intrigue, des personnages, des lieux, une suite d'événements.

Par quels canaux?

La diversité des médias est impressionnante. Lorsque l'on parle des « médias » en général, on oublie souvent cette grande diversité. En France, la presse écrite représente 70 journaux quotidiens et plus de 30 000 titres de publications périodiques diverses: de *Télé 7 jours* (3 millions d'exemplaires diffusés) au magazine *Les Couteaux* (quelques milliers de lecteurs tout de même). La télévision a considérablement enrichi son offre avec l'apparition du câble et du satellite. Au début des années 80, la libéralisation de la radio a conduit également à la multiplication des stations émettrices. Il y avait une douzaine de stations en France en 1980, elles sont environ 1 500 au seuil des années 2000. Internet est devenu un média à part entière.

À qui?

À la diversité de l'offre se superpose la diversité des publics. On dispose de très nombreuses études sur les lecteurs de la presse, les auditeurs de radios et les téléspectateurs. On sait ainsi que les Français lisent peu la presse quotidienne (50 % lisent un quotidien au moins trois fois par semaine), mais ils sont de gros consommateurs de magazines (95 % des plus de 15 ans lisent ou consultent

des magazines, hebdos d'information générale, magazines féminins, magazines de télévision, etc.). Concernant la radio, 98 % des ménages en sont équipés et 70 % l'écoutent tous les jours (dans la salle de bains, au réveil, dans la cuisine ou en voiture). La durée d'écoute moyenne par jour est de 210 minutes (3 heures 30).
Le temps n'est plus où l'on considérait le lecteur ou le téléspectateur comme un individu uniforme. Les médias, comme les chercheurs, s'intéressent de près à la diversité des publics et à la façon dont on écoute ou regarde. La large audience des émissions *sitcom* ou téléréalité pour jeunes montre par exemple qu'elle n'est pas formée seulement d'adolescents fascinés par leurs idoles. En effet, une part notable du public est critique envers le contenu, ce qui ne les empêche pas de regarder avec ironie leurs émissions préférées.

Avec quels effets ? L'influence des médias

L'étude de l'influence des médias est bien sûr un sujet de prédilection des sociologues. Les études ont débuté dès les années 30 et ont connu plusieurs grandes phases.
Dans une première période, celle des années 30-45, la théorie dominante est que les mass media ont un effet immédiat, massif et prescriptif sur leur audience. Selon un modèle « hypodermique », on considère que les médias injectent des idées, des attitudes et des modèles de comportement dans les cerveaux vulnérables du public.
De leur côté, les sociologues de l'école de Francfort considèrent que les médias (ou « industries culturelles ») sont l'instrument de diffusion de l'idéologie dominante. Leur influence consiste dans une uniformisation des cadres de pensée et des comportements dans le sens de l'acceptation du système capitaliste.
Les enquêtes détaillées menées dans les années 40 et 50 aux États-Unis ont bousculé l'image d'une toute-puissance des médias sur l'opinion publique. Elles ont fait apparaître un modèle plus complexe d'influence et attiré l'attention sur le pouvoir du public dans le choix des informations qui l'intéressent.
Paul F. Lazarsfeld, à partir d'études empiriques, avec Bernard Berelson et Hazel Gaudet (2) puis avec Elihu Katz (3) montre que l'influence des médias dépend des opinions préexistantes et du réseau de relations interpersonnelles du récepteur. Ce dernier est sensible à l'avis de leaders d'opinion qui lui sont proches. Les effets des médias ne sont donc pas directs : ils sont filtrés et limités à la réception.

Tel est le modèle du *two-step flow* (« à deux temps »).
Des auteurs comme B. Berelson, Charles Wright et Jay G. Blumler défendent une approche fonctionnaliste : les médias répondent à des besoins d'information, de divertissement, de culture. Ils contribuent sans doute à unifier le corps social autour d'une culture commune. Mais ces auteurs se refusent à y voir une entreprise d'encadrement et de manipulation des masses. Leurs enquêtes s'intéressent aux usages que font les consommateurs des différents genres de messages et aux satisfactions qu'ils en tirent.
Dans le courant des années 60, l'importance prise par la télévision conduit les sociologues à accorder une nouvelle importance à l'emprise des médias sur l'opinion publique. Toutefois, ce sont beaucoup moins les effets immédiats que ceux à long terme qui sont étudiés. Par ailleurs, le développement des techniques de communication fait naître l'idée qu'elles peuvent avoir un impact profond sur l'organisation des rapports sociaux.
La *cultivation analysis,* menée par George Gerbner à partir de 1967, développe l'idée que les médias ont une influence profonde et à long terme sur les perceptions, les valeurs et les comportements des individus. Par des analyses de contenu, il cherche à montrer que les grands consommateurs de télévision ont une vision du monde qui reflète celle des médias.
Les analyses d'Élisabeth Noelle-Neuman (4) ont soulevé le problème de l'influence « répressive » des médias sur l'opinion publique. Selon E. Noelle-Neuman, en effet, les mass media ne reflètent pas la totalité des opinions présentes dans le public, mais seulement une fraction « autorisée ». Ceux qui partagent ces opinions « légitimes » se sentent majoritaires et osent s'exprimer, alors que ceux qui ne les partagent pas se retirent du débat et taisent leurs convictions pour éviter d'être rejetés. Les médias, en somme, sont accusés d'entretenir un consensus artificiel.
Les études de réception (5) s'intéressent à la manière dont les contenus des médias sont retenus, restitués et interprétés par les récepteurs. Elles mettent en valeur l'effet du message, non pas tel qu'il est diffusé, mais tel qu'il est reçu en fonction des ressources culturelles du récepteur.

Notes

1. M. McCombs, D. Shaw, « The Agenda-Setting Function of Mass Media », *Public Opinion Quaterly,* n° 36, 1972.
2. *The People's Choice*, Columbia University Press, 1944.
3. *Personal Influence,* The Free Press, 1955.
4. *The Spiral of Silence,* The Free Press, 1984.
5. Par exemple E. Katz, T. Liebes, *The Export of Meaning,* Oxford University Press, 1990.

Les écoles de journalisme : entre information et communication

Douze écoles sont actuellement reconnues par la Commission nationale paritaire de l'emploi des journalistes (CNPEJ).

Quatre établissements supérieurs privés :

- L'EJT (École de journalisme de Toulouse) ;
- le CFPJ (Centre de formation et de perfectionnement des journalistes), Paris ;
- l'IPJ (Institut pratique de journalisme), Paris ;
- l'ESJ (École supérieure de journalisme), Lille.

Cinq formations supérieures rattachées à l'université :

- le CUEJ (Centre universitaire d'enseignement du journalisme), université Strasbourg-III ;
- le CELSA (École des hautes études en sciences de l'information et de la communication), université Paris-IV ;
- l'EJCM (École de journalisme et de communication de Marseille), université Aix-Marseille-II ;
- l'ICM (Institut de la communication et des médias), université Grenoble-III ;
- le DESS de l'Institut français de presse (IFP), université Paris-II Panthéon-Assas.

Trois IUT :

- Bordeaux ;
- Lannion ;
- Tours.

Par ailleurs, plusieurs universités proposent des seconds cycles d'information et de communication qui, sans être axés sur un apprentissage strictement professionnel, offrent une approche pluridisciplinaire (sociologie, linguistique, droit, histoire, économie) du monde des médias, éventuellement complétée par une initiation aux pratiques professionnelles et par des stages en entreprise.

En 2004, l'IEP (Institut d'études politiques) de Paris a ouvert une école de journalisme tournée vers l'international.

Xavier Molénat

La réception, une énigme sociologique

Comment les messages médiatiques sont-ils perçus par ceux qui les reçoivent ? Telle est la question que pose la sociologie de la réception. En se construisant contre l'idée d'effets directs, massifs et homogènes, elle a mis en évidence la diversité des réceptions possibles d'un même message.

Située au bout de la chaîne de la communication (*voir l'article précédent « Comment se produit l'information »*), la réception des messages a longtemps été le parent pauvre de l'analyse des médias, propice au prophétisme de malheur. Hantés par la question des « effets », de l'influence des médias (notamment sur les comportements politiques), les premiers travaux sur la communication ont le plus souvent postulé un récepteur passif, totalement perméable aux messages émis. C'est ainsi qu'en 1939 Serge Tchakotine s'inquiète du *Viol des foules par la propagande politique*, alors que la radio est accusée d'avoir facilité l'accès de Hitler au pouvoir en Allemagne. Après la guerre, Theodor W. Adorno et l'école de Francfort dessinent, dans une veine marxiste, un homme moderne isolé et aliéné, inapte à résister à la séduction des messages distillés par l'industrie culturelle, qui le maintiennent dans sa passivité. Dans tous les cas, les auteurs se gardent bien d'aller vérifier empiriquement ces thèses catastrophistes. Ce sera tout le mérite de Paul F. Lazarsfeld que de se contraindre à l'enquête et de fournir les premiers éléments pour,

d'une part, mettre en doute l'omnipotence des médias et, d'autre part, montrer que la réception des messages médiatiques est un processus social de part en part, dépendant des réseaux de relations interpersonnelles dans lesquels chacun s'inscrit. Malgré son intérêt, l'approche inaugurée par P.F. Lazarsfeld reste limitée en ce qu'elle s'appuie sur une vision fonctionaliste, très neutre de la société, qui s'intéresse à des individus assez largement désincarnés, détachés de leurs caractéristiques sociales et qui exclut, par exemple, toute dimension conflictuelle.
C'est à partir de la fin des années 50 que vont apparaître plusieurs courants et travaux de recherche qui jetteront les bases d'une véritable sociologie de la réception. Cette dernière vise à inverser le questionnement habituel sur les médias, en se demandant, selon une formule usuelle, non pas ce que les médias font aux gens mais ce que les gens font des médias.

Une pluralité de réceptions

De ce point de vue, l'une des approches les plus abouties est sans doute celle des *cultural studies*. En 1957, dans l'ouvrage fondateur de ce courant, *The Uses of Literacy* (1), Richard Hoggart livre, sous la forme d'une enquête « ethnographique », un portrait du style de vie des classes populaires anglaises et plus spécialement de la manière dont les contenus que diffusent les nouveaux moyens de communication (presse populaire, roman à l'eau de rose) sont « reçus » par leurs membres. Il montre notamment que les médias font l'objet d'une « attention oblique »: leur contenu est reçu, non pas comme « la vérité », mais au contraire avec une certaine distance (ironie, lecture partielle, défiance). Il montre par ailleurs combien ces supports « sont utilisés pour alimenter la réalité quotidienne en jouissances au jour le jour et pour accroître la communion au sein du foyer. Ils parlent d'un monde de promesses constitué en environnement, mais surtout, ils font parler, croître l'activité dans le foyer » (2).
Ce travail innove notamment par la justesse de sa description, dénuée de préjugés dépréciatifs ou laudateurs: même s'il est, à titre personnel, critique de ces nouveaux produits, R. Hoggart montre que les classes populaires résistent dans une certaine mesure aux messages qui leur sont adressés, qui n'ont qu'un effet à long terme sur les attitudes. C'est cette posture, entre critique des in-

dustries culturelles et mise en évidence des résistances qui lui sont opposées par le « public », qui va constituer le fil d'analyse des cultural studies naissantes.

En incorporant peu à peu un nombre grandissant d'influences (la philosophie d'Antonio Gramsci et Louis Althusser, la sociologie de Pierre Bourdieu, la sémiologie de Roland Barthes, ou encore les travaux de Michel Foucault et Michel de Certeau...), les membres des cultural studies vont mettre la question de la réception au cœur de leurs travaux. Une des étapes fondamentales de ce processus est le texte de Stuart Hall, intitulé « Codage/décodage » (3). S. Hall y souligne, que malgré le fait que les messages sont le plus souvent (mais pas toujours) codés conformément à l'ordre dominant, il ne s'ensuit pas nécessairement qu'ils sont reçus conformément à cet ordre. Il distingue trois types de lecture possibles : dominante (le message est reçu de façon naturelle, évidente), oppositionnelle (le message est compris mais lu selon un autre code) ou négociée (lecture à la fois conforme et oppositionnelle). David Morley mettra en œuvre empiriquement ce programme, à travers l'analyse de la réception d'une émission politique anglaise (4). Inaugurant la technique des groupes de discussion (focus group), il confirme partiellement les vues de S. Hall : le programme est bien perçu différemment selon la classe sociale d'appartenance, l'âge, le sexe. Mais il souligne également que la « négociation du sens » ne s'explique pas seulement par la position sociale. Il faut aussi tenir compte du cadre de réception (le plus souvent domestique), des relations au sein de la famille, de la place spécifique des femmes...

Un autre courant important, dit des « usages et gratifications », se situe dans la lignée de la sociologie de P.F. Lazarsfeld et tente de s'intéresser « aux "besoins" des usagers, aux usages qu'ils font des médias pour satisfaire ces besoins et aux gratifications qu'ils en retirent » (5). Un des principaux résultats de ce courant est la vaste étude internationale autour de la réception de la série Dallas (6), fondée sur les groupes de discussion que les chercheurs ont organisés dans six « groupes culturels » : quatre groupes d'Israéliens (Arabes israëliens, immigrants soviétiques nouvellement arrivés, Juifs marocains et membres d'un kibboutz), un d'Américain et un de Japonais (la série ayant connu un échec au Japon). Si l'enquête n'est pas sans défaut (notamment dans le fait de se baser sur des groupes censés partager une culture homogène), elle a le mérite de montrer, contre les thèses sur l'homogénéisation culturelle, la variété des lectures qui peuvent être faites d'un produit aussi « standardisé » qu'une série télévisée américaine. Elihu Katz et Tamar Liebes montrent ainsi que, parmi les groupes israéliens, « les groupes traditionnalistes (Arabes et juifs du kibboutz) (...) voient plus que les autres dans Dallas une grande saga familiale centrée sur la question de l'autorité du patriarche, de la rivalité entre les frères autour de la reconnaissance du droit d'aînesse ou de la stérilité (...). Les Juifs "soviétiques", sont ceux qui se moquent le plus d'une série qui leur semble d'abord révéler au grand jour les vices du capitalisme américain (l'obsession de l'argent) et ses contradictions idéologiques (les personnages ne sont pas heureux) ». Les Japonais, quant à eux, semblent réticents à cette « description de relations sociales chaotiques, sans cesse menacées par le conflit » (7). Enfin, les Américains sont plus prompts à développer une lecture « critique » fondée sur la connaissance des conditions de production de la série (intérêt pour les acteurs, traque des astuces du scénario, comparaison avec d'autres séries...).

Étudiant également la série Dallas, mais cette fois-ci à partir d'un corpus de lettres de fans expliquant les raisons de leur engouement, la chercheuse Ien Ang affirme franchement sa volonté de réhabilitation du « réel plaisir que les spectateurs tirent du matériel médiatique produit commercialement » (8). Dans Watching Dallas (9), elle montre que les fans de Dallas (dans lesquelles – ce sont toutes des femmes – elle s'inclut) ne s'identifient pas « naïvement » aux héros de la série. Mais ce qu'elles apprécient, c'est le « réalisme émotionnel » du feuilleton : les fans se reconnaissent dans les affaires et intrigues des membres de la famille Ewing qui, même s'ils sont de très riches Texans, restent profondément « humains ». Comme le note Brigitte Le Grignou, « ce "réalisme émotionnel" permet de comprendre l'apparente contradiction (...) de spectateurs qui sont simultanément "pris" et "dépris", qui disent et ressentent la réalité des émotions sans méconnaître l'artifice de la fiction » (10).

Vers une « démocratie sémiotique » ?

L'analyse des « résistances » du public et de la pluralité des interprétations a progressivement dérivé, au cours des années 80

et 90, vers un éloge tous azimuts de la liberté du récepteur et de sa toute-puissance interprétative. À travers des interprétations souvent forcées de travaux classiques insistant sur la diversité des réceptions possibles (« l'œuvre ouverte » d'Umberto Eco, l'analyse des pratiques braconnes proposée par M. de Certeau), mais aussi sous l'influence de la pensée postmoderne, les analyses de réception ont eu tendance, notamment au sein des cultural studies, à adopter « une conception du processus de communication purement discursif, arraché de ses fondations institutionnelles, économiques et sociales » (11), qui fait du récepteur le seul producteur de sens. John Fiske est sans doute celui qui pousse cette orientation le plus loin, en évoquant l'avènement d'une « démocratie sémiotique » entendue comme une « économie culturelle autonome où chacun construit ses significations à partir d'un vaste éventail de sub-cultures » (12). Cette analyse a également des conséquences politiques, puisqu'elle conduit à dédouaner les médias de toute responsabilité et à les faire échapper à toute critique : en effet, peu importe, dans la « démocratie sémiotique », la qualité de ce qui est diffusé, puisque, au final, c'est le récepteur qui « fait » le sens.
C'est sans doute pourquoi certains des auteurs invoqués n'ont pas tardé à réagir contre cet usage abusif de leurs propres travaux. Ainsi D. Morley, irrité par « la tendance célébratoire des "études culturalistes américaines" et son insistance répétée à trouver (et à glorifier) des traces d' "opposition" partout », juge-t-il nécessaire de rappeler que « le pouvoir de réinterprétation des téléspectateurs est loin d'être équivalent au pouvoir discursif inhérent aux organisations médiatiques centralisées. Ce sont celles-ci qui définissent ce qu'il reviendra au spectateur d'interpréter. Mettre les unes et les autres sur le même pied est tout simplement absurde. » (13) I. Ang, elle, souligne que « les publics peuvent être actifs de toutes sortes de façons dans l'utilisation et l'interprétation des médias, mais il serait naïvement optimiste de confondre leur activité avec un pouvoir effectif. Ils ne disposent en fait d'aucun contrôle sur les médias à un niveau structurel ou institutionnel durable. » (14)

Cette controverse illustre par ailleurs l'oscillation, déjà observée en sociologie de la culture par Claude Grignon et Jean-Claude Passeron (15), de la sociologie de la réception entre un misérabilisme qui, sous le sceau du mépris, conduit à ne voir dans la culture populaire ou « de masse » qu'une sous-culture aux effets dévastateurs, et un populisme qui, oubliant les rapports de domination, conduit à une glorification démagogique des pratiques et manières d'être des classes populaires. Passée en cinquante ans d'un extrême à l'autre, la discipline semble avoir encore du mal à trouver la bonne distance. Et ce d'autant que le problème est autant théorique que méthodologique : l'analyse de la réception de messages est, en effet, une des choses les plus difficiles qui soient. Les différentes techniques des sciences humaines posent toutes des problèmes : l'observation participante, susceptible de fournir un matériau très riche, pose un problème de généralisation de résultats. L'entretien, lui, risque de pousser l'interviewé « à adopter un rôle, à procéder à une "présentation de soi", marquée selon le cas par la complaisance ou le défi (...). La situation d'entretien risque constamment d'infléchir les énoncés qu'elle permet de capter » (16). En France, des travaux récents, tels ceux de Dominique Pasquier autour de la série *Hélène et les Garçons* (17) ou les études des communautés de « fans » (18), ont montré l'intérêt qu'il y a à sortir du « moment » de la réception (le spectateur face à sa télévision) pour analyser, en renouant avec la démarche de R. Hoggart et en combinant les divers moyens d'enquête, comment les produits médiatiques deviennent le support des sociabilités quotidiennes. La sociologie de la réception tend ainsi à se fondre dans une sociologie de la culture, au sens étroit (les œuvres culturelles) comme au sens large (maîtrise symbolique d'une condition de vie).

On le voit, la sociologie de la réception est encore loin d'avoir résolu le mystère qui l'occupe. Mais c'est sans doute que la tâche qu'elle s'est fixée est l'un des aspects les plus difficiles et les plus ambitieux de l'analyse du processus global de communication.

Notes

1. *La Culture du pauvre*, Minuit, 1997 [1957].
2. E. Maigret, *Sociologie de la communication et des médias,* Armand Colin, 2003.
3. 1973, partiellement traduit dans le n° 68 de la revue *Réseaux,* novembre-décembre 1994.
4. *The Nationwide audience,* British Film Institute, 1980.
5. B. Le Grignou, *Du côté du public. Usages et réceptions de la télévision*, Economica, 2003.
6. T. Liebes, E. Katz, *The Export of Meaning. Cross-Cultural Readings of Dallas,* Oxford University Press, 1990.
7. E. Maigret, *op. cit.*
8. « Culture et communication », *Hermès*, 1993, cité par B. Le Grignou, *op. cit.*
9. Methuen, 1985.

10. *Du côté du public, op.cit.*
11. B. Le Grignou, « Les périls du texte », *Réseaux*, n° 78, 1996.
12. D. Morley, « La “réception” des travaux sur la réception », *Hermès*, n° 11-12, 1993.
13. D. Morley, *op. cit.*
14. I. Ang, « Culture et communication », *op. cit.*
15. *Le Savant et le Populaire*, Gallimard-EHESS, 1989.
16. D. Daman, « Les mystères de la réception », *Le Débat*, n° 71, 1992.
17. *D. Pasquier (dir.)*, La Culture des sentiments. L'expérience télévisuelle des adolescents, MSH, 1999.
18. Le Guern (dir.), *Les Cultes médiatiques. Culture fan et œuvres cultes,* Presses universitaires de Rennes, 2002.

DANIEL BOUGNOUX

POURQUOI DES MÉDIOLOGUES ?

Pour transmettre leur pensée, les hommes ont toujours utilisé des « médias » : paroles, manuscrits, imprimés, écrans. Pour les « médialogues », l'étude des supports de transmission permet de comprendre l'efficacité de certaines idées et le pouvoir des mots. C'est donc à un vibrant plaidoyer en faveur d'une sensibilité nouvelle, la « médiologie », que se livre Daniel Bougnoux.

Toute connaissance, dit-on, commence par l'étonnement. Jusqu'à Newton, nul ne s'étonnait de voir chuter les pommes, et la pesanteur ne s'appelait pas encore gravitation. De même aujourd'hui, on ne s'étonne pas vraiment de voir les doctrines se répandre, ou telle forme de croyance, d'imaginaire ou de connaissance s'imposer au détriment d'une autre. On déclare que le propre de la vérité est de se diffuser, automatiquement. Les Pères de l'Église parlaient de « l'admirable propagation de la foi » en oubliant que les militaires et les marchands accompagnaient les missionnaires. De même, les cartésiens voyaient dans le développement de la raison la diffusion de la « lumière naturelle ». En identifiant la puissance du vrai aux rayons du soleil, cette métaphore très claire décourageait d'avance tout questionnement « médiologique » : la lumière qui voyage dans l'éther transparent ne pose aucun problème de transmission.

Ces exemples annoncent en creux la place d'une médiologie, qu'on définira comme l'examen raisonné des articulations entre les techniques de transmission, d'une part, et les représentations et les pratiques sociales, d'autre part, soit l'étude des interactions entre médium et message.

Le mystère de l'efficacité symbolique

La force et le succès des idées intéressent au premier chef les philosophes, et en général ceux qui se proposent d'agir sur le monde par des mots. Cette efficacité symbolique (titre d'un article célèbre de Claude Lévi-Strauss, Anthropologie structurale, 1958) se trouve cependant plus souvent invoquée qu'expliquée. Considérons par exemple la théorie des actes de parole initiée par John L. Austin, qui étudie le succès ou l'échec de « verbes performatifs » tels que « je baptise », « je déclare la séance ouverte », « vous êtes viré », etc. (1), devenue l'un des fleurons de la pragmatique; ou la sociologie de la distinction de Pierre Bourdieu, et ses analyses des effets de domination symbolique (à l'école, à la télévision ou dans le champ culturel en général). Pour expliquer l'efficacité des idées, ces études, toujours très en vogue, traitent des institutions, mais elles descendent rarement jusqu'aux niveaux techniques et aux logiques médiatiques, soit à ce que les outils disponibles permettent ou interdisent en termes de « performances ». Le jeu des formes, linguistiques, culturelles ou sociales, passionne nos analystes, mais faute de s'aventurer jusqu'aux forces effectives, leurs explications ressemblent trop souvent à un théâtre d'ombres. Quand P. Bourdieu, par exemple, accuse Jean-Marie Cavada ou Daniel Schneidermann de couper ou de manipuler la parole sur les plateaux de télévision, il raisonne en termes de domination traditionnelle. Il oublie de considérer les contraintes techniques de formatage, de rythme, d'encombrement, soit en général la grammaire du petit écran – qui n'est pas celle du Collège de France.

Chacun sent bien qu'une trame obscure relie nos médias et les formes du savoir, du lien social, de la représentation politique ou de la culture. Si les moyens de transport modifient notre perception du paysage (la France n'est pas la même selon qu'on la parcourt à bicyclette ou en TGV), de même les formes de l'imaginaire changent quand on passe des écrits aux écrans, et les figures de l'autorité évoluent au gré des supports: la grammaire des médias scande celle du pouvoir, dont les règles ne sont pas les mêmes selon que l'homme politique s'appuie sur l'imprimé (le livre ou le journal), sur la radio, sur une télévision gaullienne ou sur l'écran des Guignols de l'info où gesticule sa marionnette…

« *Medium is message* », a formulé Marshall McLuhan dans un génial mais obscur raccourci (2). Le support constitue une partie du message. Gravé sur la pierre, typographié sur papier bible, sur un journal, sur un écran d'ordinateur, ou énoncé oralement, un texte ne dit pas la même chose ; le passage de l'œil à l'oreille, ou de la lecture à l'oralité, change considérablement les conditions de réception des textes en général. Pourtant, cette étrange causalité des médias demeure opaque : nous peinons à relier l'idée et l'outil, le symbolique et le technique. L'identification par Ferdinand de Saussure du couple « signifiant-signifié » (3) a ouvert et nourri au cours de ce siècle les études sémiologiques ; l'articulation du médium et du message n'est pas moins prometteuse, mais encore balbutiante.

En inventant la « médiologie », dont la mention apparaît dans *Le Pouvoir intellectuel en France* (1979) et *Le Scribe* (1980), Régis Debray ne visait pas spécifiquement l'étude des médias. Dans sa *Critique de la raison politique* (1981), il avançait une démonstration – baptisée « théorème d'incomplétude » – selon laquelle les hommes, pour coexister dans une société stable, sont voués à faire appel à une médiation extérieure (à une transcendance ou à un infini fondateur). Le médio- (ou média) de « médio-logie » exprime d'abord cette exigence de mise à distance pour l'organisation du groupe humain, ou cette impossible présence immédiate des sujets à eux-mêmes.

Le projet médiologique n'a donc pas pour priorité de démonter Apostrophes, ni d'expliquer les salaires des journalistes de l'audiovisuel ou les tirages de tel essayiste plus télégénique et tapageur que d'autres. À travers ces phénomènes, on voudrait mieux comprendre comment une « graphosphère », séculairement construite autour du livre et des représentations majestueuses et sages liées en général à la culture de l'imprimé, est en train de céder une partie de la place à une « vidéosphère » organisée autour de l'audiovisuel, de l'ordinateur et des nouvelles technologies de la communication, qui favorisent le direct, l'image et l'interactivité. Le terme « média » désigne à l'origine « ce qui se tient entre », et qui, en nous reliant, nous organise ; ce qui permet notamment de dire durablement « nous ». La médiologie se rattache donc à une écologie : elle étudie ces milieux, à la fois sociaux et techniques, qui façonnent et recyclent nos représentations symboliques, et nous permettent de vivre ensemble.

L'idéalisation de la pensée

La « question des médias » s'annonce épineuse. Sont-ils bons, sont-ils mauvais ? Une tenace médiaphobie, variante de la technophobie, hante les philosophes. Les médias constituent un piège douteux, générateur d'envie et de répulsions mêlées : à quelle distance les tenir ? Comment s'en servir sans être asservi par eux ? À la rubrique des (maudits) médias, la réaction spontanée du quidam sera généralement celle que Gustave Flaubert, dans son *Dictionnaire des idées reçues*, accole au mot « Académie » : « Tonner contre ! » A l'analyse des phénomènes, on préfère généralement la polémique ou l'imprécation.

L'hypothèse qu'il faille des outils pour penser répugne à notre narcissisme spontané. La pensée jaillissante ne peut que nous paraître innée et libre. Auguste Rodin n'a-t-il pas sur ce thème sculpté son célèbre Penseur ? Ce monument d'idéalisme montre l'homme nu, concentré sur lui-même sans le secours d'aucun livre, clavier, écran ni artefact quelconque. Pourtant, la moindre de nos informations suppose généralement pour son extraction, son acheminement ou son traitement une technologie, donc un coût (même si nous ne l'acquittons pas directement). Nous n'aimons guère admettre que le bon fonctionnement de notre pensée nécessite des prothèses techniques. Imagine-t-on, par exemple, la production actuelle des sciences hors du dense réseau des laboratoires, des centres de documentation ou de calcul, et des sociétés savantes, des courriers et publications en tout genre qui relient entre eux les chercheurs ? Sapiens oublie et rejette faber, alors qu'ils se partagent le même corps. En articulant mieux le symbolique et le technique, le dire et le faire, la médiologie pourrait servir à remembrer une culture trop souvent schizophrène.

Le propre des médias est de fonctionner à bas bruit. La lecture est à son régime optimal quand on vagabonde en imagination dans le monde qu'elle ouvre ; le cinéma quand, pris par le film, j'oublie tout de la projection, etc. Comme les signes, nos médias s'effacent dans leurs effets. Quand le doigt montre la lune, il faut être imbécile – ou sémio-médiologue – pour regarder le doigt.

Pour une culture technique

Cette inconscience « sémio-médiatique » n'est pas sans conséquences sur les formes et les classements de notre culture. On connaît mieux l'histoire littéraire que celle de la librairie ou de la presse à imprimer, mieux la liste des batailles gagnées ou perdues que les détails de l'armement, mieux les œuvres d'art que le fonctionnement des métiers et des médias qui offrent les tableaux à nos jouissances esthétiques. On pense toujours depuis le sommet de la pile, en oubliant la base des moyens (des médias) qui constituent celle-ci.

Où commence, où s'arrête le « facteur technique »? L'outil est enchâssé dans les logiques sociales et dans la pragmatique des usages. Le médio- examiné par notre -logie se compose de sujets (les médiateurs) et d'objets (les techniques). Il comprend une organisation matérielle (corps constitués, institutions, églises ou partis, etc.) et de la matière organisée (les médias proprement dits). Pour rendre compte de ces phénomènes complexes, distinguons deux approches, *bottom-up* (ascendante) ou *top-down* (du haut vers le bas):

– la voie « ascendante » s'attache aux effets symboliques et sociaux des mutations techniques: comment le papier, l'imprimerie, l'électricité ou aujourd'hui Internet modifient-ils nos régimes de mémoire, de savoir, d'autorité ou de croyance? L'approche médiologique dérangera d'autant plus que l'écart entre le phénomène symbolique expliqué et le facteur technique expliquant sera perçu comme important. Quand, dans son *Cours de médiologie générale* (1991), R. Debray ose rapporter la religion monothéiste aux contraintes du nomadisme, ou la forme éternelle du divin aux impedimenta du transport, cette perspective peut sembler cavalière! Mais Jack Goody n'étonne pas moins lorsqu'il explique la forme réputée éternelle ou immanente de la raison par le développement de « simples » outils graphiques (4). Petites causes techniques, grands effets civilisationnels;

– un autre courant de recherches (*top-down*) voudrait mieux comprendre l'efficacité symbolique de nos idées, croyances ou doctrines. Comment se répand pratiquement un message (christianisme, marxisme), comment une doctrine évince-t-elle ses rivales pour devenir « incontournable »? C'est en pensant aussi en termes de transmission et d'école que Sigmund Freud, par exemple, a supplanté ses nombreux rivaux, qui examinaient comme lui l'hypothèse de l'inconscient, pour imposer sa propre théorie baptisée psychanalyse. L'explication par la pertinence ou la vérité du message, toujours avancée par les fidèles, semble un peu courte au médiologue qui ne croit pas en l'efficacité des idées, et qui pour expliquer celle-ci se met en quête de relais cachés. Le freudisme a dévoilé l'inconscient psychique ; la médiologie pourrait parallèlement révéler un inconscient technique qui hante notre vie symbolique et sociale. Pour le médiologue, il ne suffit pas de « bien penser pour bien faire » ; et le slogan soixante-huitard : « La doctrine de Marx est toute-puissante parce qu'elle est vraie » constitue un symptôme typique de la suffisance philosophique.

L'écosystème de nos idées

Comment abattre le mur qui sépare le monde des outils et celui des représentations ou idées efficaces sans tomber dans le déterminisme technologique ? Si la médiologie fait l'écologie des représentations ou des idées efficaces, elle devra mettre en évidence les interactions complexes du médium et du message, ou les ruses de la causalité technique : un écosystème n'agit pas sur ses hôtes de façon linéaire. Le sujet d'une relation « éco-logique » n'a pas les coudées vraiment franches, il est contraint de « faire avec ».

André Leroi-Gourhan, dans *Le Geste et la Parole* (5), explique que l'outil prolonge le corps dont il extériorise les fonctions : d'abord les usages durs ou lourds (le bâton, le marteau extériorisent notre squelette), puis de moins en moins matériels, jusqu'aux machines informationnelles qui étendent nos fonctions intellectuelles (mémoires de papier puis de silicium, calculettes, ordinateurs, « réseaux pensants », etc.). L'enquête anthropologique invite à ne pas couper notre évolution biologique de nos prothèses techniques : nous produisons une technique qui nous produit en retour, nos outils prolongent et accompagnent l'hominisation. Une fois bien rodés, ils semblent nous appartenir en propre et faire dorénavant partie de notre nature. Nous vivons étroitement enchevêtrés aux machinations de « la technique », depuis celles du corps décrites par Marcel Mauss (6) jusqu'aux réseaux de communication modernes, qui irriguent nos propres neurones.

Le monde technique se laisse de moins en moins isoler ; la frontière entre le vivant et l'ensemble des artefacts humains est devenue difficile à tracer.

On s'accorde aujourd'hui à dire que si l'outil autorise, il détermine rarement. Il semble clair, par exemple, que l'invention du caractère mobile par Gutenberg (autour de 1450) a formidablement accéléré la diffusion du livre, autorisant ainsi le schisme protestant, l'esprit de libre examen, l'essor du rationalisme puis de la philosophie des Lumières. Mais ces effets n'ont pu « prendre » que dans un milieu travaillé par d'autres facteurs : un papier bon marché (impossible de multiplier les tirages sur des supports aussi coûteux que le vélin ou le parchemin d'origine animale), l'infrastructure de réseaux bancaires, la demande déjà développée d'un lectorat, etc. L'outil forgé par Gutenberg eut des conséquences indéniablement révolutionnaires, mais son énoncé se trouvait lui-même pris dans un concert d'usages sociaux préexistants, dans une foule de paramètres techniques ou moins techniques.

Un autre exemple illustrant ce type de causalité nécessaire mais non suffisante serait l'innovation résumée par J. Goody sous le titre de « raison graphique » : ce que nous appelons la raison, fondée en particulier sur le principe de non-contradiction, suppose impérativement des surfaces d'inscription. Sans écriture ou en régime oral, l'esprit et la tradition critiques baptisés « raison » n'avaient, argumente J. Goody au fil de ses recherches anthropologiques, aucune chance d'apparaître ni de s'implanter. Les mathématiques et le raisonnement syllogistique en particulier exigent que l'on pose ses opérations par écrit. Mais si l'écriture autorise, elle ne détermine pas : il ne suffira jamais de développer l'écriture pour développer la raison. Une innovation technique « programme » sans doute certains usages, lesquels en retour modifient ou adaptent l'outil aux mondes propres des utilisateurs. Essentiellement inachevés quand ils sont mis ou énoncés sur le marché, nos outils sont des éponges à usages divers et ils n'arrivent à maturité qu'assez tard.

Temps technique et durée sociale

Au cours de l'histoire, le monde des objets techniques ne cesse de se transformer. Mais la durée courte de ces objets sans cesse renouvelés se trouve enchâssée dans le long terme ou le temps plus lent des usages sociaux. Toute innovation doit ainsi composer avec des usagers déjà dotés de routines et d'habitudes qui vont généralement infléchir la trajectoire du temps technique. On n'informatise pas un secrétariat ou le service comptable d'une entreprise en remplaçant simplement un matériel obsolète par des machines performantes ; derrière ce matériel, en effet, se tiennent des hommes et des femmes qui y ont mis leur savoir-faire, leur dignité, et qui auront tendance à freiner l'innovation au nom de leur propre culture.

L'histoire de chacun semble ainsi chevaucher plusieurs temps, depuis la succession accélérée et quasi cinématographique des informations jusqu'à celui presque immobile de la religion et des croyances. L'ethnique (ou le culturel) et la technique marquent deux façons opposées de vivre le temps : la culture encourage les retours aux sources et meuble nos vies avec de l'ancien ; les sciences et les techniques, en revanche, ne s'embarrassent pas d'un gros bagage historique et nous poussent à vivre on line, à la pointe du nouveau. On enseigne dans les universités littéraires l'histoire de la philosophie, de la littérature ou des beaux-arts, mais beaucoup moins l'histoire de la physique, de l'astronomie ou de la médecine chez les scientifiques.

En combien de siècles l'homme occidental est-il devenu « gutenbergien », et combien d'années faudra-t-il pour qu'il assimile pleinement l'interactivité ou les « nouvelles technologies » ? Hypermétropes, nous voyons mieux de loin que de près, mieux Gutenberg qu'Internet. Et si nous remarquons bien, parfois jusqu'à la fascination, l'existence de nouveaux outils, nous percevons moins clairement leurs prolongements sociaux, imaginaires ou culturels.

Deux écueils menacent en général une médiologie (une pensée de l'efficacité des médias et des outils de relation) : celle-ci doit se garder du réductionnisme ou du déterminisme technique, et elle ne peut davantage se complaire dans une déploration passéiste. Nous saluons dans le chapitre de Notre-Dame de Paris, intitulé « Ceci tuera cela », une anticipation visionnaire de sensibilité médiologique, sans pour autant souscrire à la thèse de Victor Hugo : le livre de papier n'a pas tué la cathédrale de pierre ni la foi chrétienne, et cet exemple nous enseigne que l'histoire des techniques et celle des idées ont des rapports nécessaires, mais plus compliqués.

Dans le domaine des cultes en particulier, le retour de certains archaïsmes religieux s'appuie aujourd'hui sur la télévision ou la diffusion de vidéocassettes ; les communautés de prière, les charismatiques, le télévangélisme ou, plus inquiétants, les intégrismes fanatiques s'avèrent très compatibles avec les « nouvelles technologies » et un développement élevé des connaissances scientifiques et techniques.

La tâche du médiologue

Le projet médiologique complète et relie entre eux les paramètres de l'énonciation et du faire sens. Cependant, l'articulation du symbolique et du technique révèle des solidarités, mais aussi certaines incompatibilités ou contradictions imparables entre telle configuration médiatique et tel message ou style de pensée. On ne doit pas attendre de la vidéosphère – radio, télévision, audiovisuel et montée en puissance du direct en général – qu'elle prolonge et entretienne les promesses nées de la graphosphère, qui reposait essentiellement sur les transmissions de l'écrit et du livre.

Nous voyons avec nostalgie s'éloigner une forme de culture liée au livre, et avec incompréhension, donc inquiétude, advenir d'autres formes d'imaginaire, de savoirs, ou d'autres façons d'être ensemble. Gardons-nous pourtant d'évaluer les écrans à l'aune des écrits et de déprécier Internet au nom des valeurs du livre. Que de dissertations renouvelées du « Ceci tuera cela » pour déplorer, avec moins de talent que Victor Hugo, la fin de la culture et la barbarie des nouveaux médias ! Mais ceux qui partent en guerre contre la télévision, Internet ou « le virtuel » oublient que cette culture dont ils se réclament si fort n'a jamais cessé d'être composée d'artefacts techniques, conditionné par les outils disponibles ; et ils demandent au pommier de produire des poires. Une meilleure compréhension des filières et des filiations techniques devrait corriger ces récriminations. La médiologie n'est pas une mélancolie.

Notes

1. Qui ont pour propriété d'effectuer une action par le seul fait d'être prononcés ; John L. Austin, *Quand dire, c'est faire*, Seuil, 1970 [1962].
2. Voir notamment M. McLuhan, *Pour comprendre les médias*, Seuil, 1977 [1964].
3. Ce sont les deux versants du signe. Le signifiant représente l'aspect extérieur du signe : le son produit, le graphisme du mot écrit... Le signifié renvoie à l'objet ou l'idée représentée. Les relations entre signifiant et signifié sont purement arbitraires.
4. Voir notamment *La Raison graphique*, Minuit, 1998 [1977] et *La Logique de l'écriture : aux origines des sociétés humaines*, Armand Colin, 186.
5. t. I : *Technique et langage*, Albin Michel, 1974 ; t. II : La Mémoire et les rythmes, Albin

Michel, 1998 [1964 et 1965].
6. M. Mauss, « Les techniques du corps », dans *Sociologie et anthropologie*, Puf, 2001 [1950], article publié à l'origine dans *Journal de psychologie* en 1936.

Cours de médiologie générale : Régis Debray

De 1988 à 1989, Régis Debray a été invité à donner un séminaire au Collège international de philosophie avec pour sujet la médiologie. Ces cours seront publiés deux ans plus tard (1). On peut considérer qu'ils constituent une des pierres fondatrices de l'édifice médiologique, qui se concrétisera notamment par la publication d'une revue – Les Cahiers de médiologie, dont le premier numéro paraît en 1996 – ou encore la création d'une collection chez un grand éditeur.

Qu'est-ce que la médiologie? Une science (ce dont R. Debray se défend)? Une discipline ou encore une méthode? C'est autour de cette question centrale que s'organise l'ensemble de ces cours. Notons qu'avant d'être diffusé au grand public sous la forme d'un livre, il s'agit ici tout d'abord d'un enseignement oral, aspect non négligeable de la forme, lorsque l'on sait que la médiologie s'applique avant tout aux faits de transmission. C'est donc en orateur que R. Debray déploie sa pensée, une pensée en cours d'élaboration dont il nous livre la primeur, sur un terrain en train de s'inventer : il ne publiera une Introduction à la médiologie qu'en 2000, soit plus de dix ans après avoir donné les cours qui nous sont ici livrés.

À lire le philosophe, la médiologie se définit comme une méthode visant à mettre en évidence les interactions entre technique et culture. Pour R. Debray, « les pensées n'existent pas indépendamment des sociétés qui les supportent et les transportent ». Plus qu'à l'étude des médias – ce en quoi elle se distingue des sciences de la communication – elle s'intéresse aux médiations, c'est-à-dire aux moyens humains, techniques et institutionnels qui font que les idées deviennent de véritables « forces matérielles », aptes à mobiliser des hommes en leur nom.

La diffusion du christianisme

Le premier objet d'étude choisi pour sa démonstration n'est pas des moindres, puisqu'il s'agit de l'expansion du christianisme. En médiologue, R. Debray se demande comment une parole aussi simple (faite d'histoires et de paraboles) que celle du Christ a pu connaître une telle diffusion et donner lieu à une institution aussi stable et pérenne qu'est l'Église de Rome. Il voit là une « victoire du sentiment sur la raison » qui dominerait alors le monde antique, doublée d'une victoire de l'oral sur l'écrit. Quand, dans un autre temps de son séminaire, il aborde la question du socialisme, il fera apparaître une trajectoire quasi inverse. En Europe, l'aventure socialiste est étroitement liée à l'imprimerie. Ainsi, le socialisme apparaît comme « le dernier triomphalisme du livre ». R. Debray souligne d'ailleurs que l'inventeur de ce terme, Pierre Leroux, était typographe et, à ce titre, fut également le créateur d'un nouveau procédé, le pianotype… Ce n'est donc pas des idéologies elles-mêmes que s'occupe la médiologie mais bien de ce qui les rend possibles. Ainsi le médiologue s'intéresse-t-il notamment au support, un des véhicules matériels des idées, qui est « peut-être ce qui se voit le moins et ce qui compte le plus ».

On l'aura compris, le terrain d'investigation médiologique est vaste, le regard du médiologue d'une grande amplitude. Il croise différents champs disciplinaires – de l'histoire des mentalités à celle des techniques en passant par l'esthétique ou encore la sociologie – dans un même mouvement. En contrepoint à ces Cours de médiologie générale se dessine le parcours singulier de l'intellectuel, du militant politique au professeur de philosophie qui n'a que tardivement satisfait aux exigences universitaires : celui d'un philosophe atypique engagé dans son temps.

STÉPHANIE BUTTA

Note

1. *Cours de médiologie générale,* Gallimard, « Folio essais », 2001 [1991].

VINCENT TROGER

LA PUBLICITÉ
ENTRE MANIPULATION ET CRÉATION

Très critiquée à cause de son rôle marchand et de sa volonté de persuasion, l'image publicitaire a pourtant fait appel aux milieux artistiques. Loin d'avoir l'efficacité qu'on lui prête, elle s'affirme comme une forme de culture à part entière.

Dans un livre dont le titre, *La Société du spectacle* (1), est désormais passé dans le langage commun, Guy Debord dénonçait dès 1967 un monde aliéné au « *fétichisme de la marchandise* », engagé dans un processus de « *fabrication ininterrompue de pseudo-besoins* ». De ce point de vue, l'image publicitaire ne serait que l'instrument d'une entreprise d'aliénation et de décervelage des individus au service d'une quête incessante de croissance des profits. Cette approche a été largement partagée, et l'est encore peu ou prou, par de nombreux intellectuels. Mais de telles critiques sont loin de faire l'unanimité, y compris dans le champ universitaire. « *La publicité (...) offre gratuitement à la société tout entière un spectacle plus inventif et plus riche de formes et de fonds à notre époque que bien des médias, des arts, des institutions culturelles patentées* », écrivait en 1987 Bernard Cathelat, docteur en psychosociologie, professeur en sciences politiques et consultant en communication (2).

L'image publicitaire semble ainsi écartelée entre deux interprétations radicalement opposées. Est-elle le nouvel œil tout-puissant d'un capitalisme *Big Brother*, ou au contraire un authentique mode d'expression artistique populaire, vecteur des grands mythes des sociétés démocratiques contemporaines ? Et le consommateur qu'est chacun d'entre nous n'est-il que la victime inconsciente d'une manipulation permanente, ou à l'inverse un spectateur informé, libre de se laisser séduire par l'esthétique de l'image publicitaire mais aussi de la juger, de la critiquer ou de l'ignorer ? Pour tenter de répondre à ces questions, il est sans doute prudent de commencer par regarder les images publicitaires pour ce qu'elles sont avant tout, un message qui utilise le langage des formes, des couleurs et des mouvements. On peut ainsi essayer d'en saisir les relations avec les modes d'expression artistique contemporains qui en sont les plus proches, arts plastiques et cinéma, et se demander ensuite quelle influence ces images exercent sur le public que nous sommes, tant sur un plan commercial qu'esthétique ou symbolique.

Les liens quasi originels du cinéma avec la publicité

Dans un livre intitulé *Analyser la communication* (3), le sociologue et sémioticien Andrea Semprini propose une analyse du logo de la RATP qui constitue une bonne entrée en matière. Ce logo est composé, on le sait, d'une ligne sinueuse qui traverse un cercle et qui symbolise à la fois un profil humain pénétrant un espace clos et le tracé de la Seine dans Paris. L'ensemble suggère habilement que la RATP, dont le nom surplombe le dessin, permet une sorte de symbiose entre le citadin et sa ville. Or, comme le montre A. Semprini, l'efficacité de ce logo repose sur quelques principes bien connus des praticiens de l'image. Le plus visible est le rapport un tiers/deux tiers qui structure l'image proposée à l'œil du spectateur : le logo RATP occupe environ un tiers de l'ensemble de l'image, et la ligne sinueuse découpe le disque en deux surfaces inégales, selon le même rapport. Cette dissymétrie introduite dans la construction des figures, le plus souvent dans une proportion d'un tiers/deux tiers, est connue pour être une des conditions déterminantes du dynamisme d'une image. À l'inverse, les rapports de symétrie suggèrent plutôt l'immobilité, la répétition, la clôture de l'espace. Dans le même ordre d'idées, l'épaisseur du trait, l'harmonie des courbes de la ligne sinueuse qui figure à la fois le visage et la Seine, ou encore l'utilisation de la couleur vert pâle, connue pour ses vertus apaisantes, appartiennent au répertoire technique d'un professionnel de l'image. Cette brève analyse montre que l'image publicitaire fonctionne comme les autres images à partir d'une grammaire plastique qui fait sens pour le spectateur, avec cette particularité, dans le cas des images fixes, d'être le plus souvent associée à un texte. Il n'est donc pas surprenant que l'image publicitaire soit à la fois un moyen d'expression pour des créateurs, et un spectacle pour le public.

De fait, les relations entre publicité et création artistique sont anciennes. Il suffit pour s'en convaincre de rappeler l'importance pour l'art moderne des affichistes au début du XXe siècle, ou les liens quasi originels de la création cinématographique avec la publicité. De Pierre Bonnard ou Henri de Toulouse-Lautrec à Georges Mathieu et Andy Warhol, de grands peintres modernes et contemporains ont investi l'univers de l'affiche, certains en étant même issus. De la même manière, les réalisateurs de cinéma ont dès l'origine participé à la production publicitaire. Jacques Guyot (4) rappelle que Georges Méliès lui-même réalisa des films de réclame pour les chocolats Meunier et Poulain. Aujourd'hui, la réalisation d'un film publicitaire est devenue un exercice de style pour de nombreux réalisateurs, y compris parmi les plus consacrés du cinéma d'auteur : Claude Chabrol, Jean-Luc Godard, Claude Sautet et Bertrand Tavernier ont travaillé pour la publicité, comme la plupart de leurs collègues.

Bien entendu, l'intérêt des artistes pour la publicité est d'abord financier. Dans le cinéma, les rémunérations sont beaucoup plus élevées pour la publicité que pour la fiction ou les documentaires, surtout rapportées à la durée du tournage. Selon J. Guyot, le rapport était à la fin des années 80 de 1 à 40 en faveur des rémunérations de réalisations publicitaires. Pour les jeunes cinéastes, c'est un domaine beaucoup plus ouvert que la fiction : en 1991, la publicité employait plus de 200 réalisateurs, sans compter les cinéastes confirmés évoqués ci-dessus. En ce qui concerne l'image fixe, la motivation financière est tout aussi présente, et peut même l'être à deux niveaux. En effet, lorsque des artistes comme G. Mathieu ou A. Warhol ont produit des œuvres à caractère publicitaire, non seulement ils ont été rémunérés, mais le succès populaire a élargi le champ de leur propre notoriété. *« J'ai commencé comme artiste commercial et je veux finir comme artiste d'affaires »*, proclamait A. Warhol. Moins connu dans ce domaine, le cas de René Magritte est pourtant exemplaire, puisqu'il a longtemps travaillé avec son propre studio de publicité et de stylisme pour subvenir à ses besoins. Devenu un peintre célèbre, et alors qu'il affirmait n'avoir pas aimé travailler pour la publicité, il a accepté de peindre pour la compagnie aérienne Sabena une toile qui a servi de base à une campagne d'affiches. Par ailleurs, ses œuvres ont été à plusieurs reprises utilisées à des fins commerciales (5).

La propédeutique du long-métrage

Mais, au-delà de la dimension alimentaire de l'activité publicitaire, il reste que tous les artistes ou professionnels de l'image qui y travaillent en reconnaissent le caractère stimulant. « *Grâce à la pub, j'ai testé du nouveau matériel, appris certains trucages* (...) », disait le cinéaste Georges Lautner. Parce qu'elle combine des budgets confortables et des objectifs précis, la production d'images publicitaires est un excellent terrain d'apprentissage et d'innovation. « *En pub* (...) *les contraintes servent de tremplin à la créativité. Elles obligent à bousculer nos propres limites* », constatait en 1984 le réalisateur Claude Miller. Ce qui fait dire à J. Guyot que la publicité « *remplit le rôle de propédeutique du long-métrage* », d'autant que la plupart des salles ont renoncé depuis longtemps à diffuser des courts métrages. Pour beaucoup de jeunes réalisateurs, le travail publicitaire est en fait une véritable formation. Et J. Guyot de citer les réalisateurs contemporains confirmés venus de la publicité: Jean-Jacques Annaud, Etienne Chatiliez, Ridley Scott, Jean-Jacques Beineix... Beaucoup des jeunes cinéastes actuels sont d'ailleurs porteurs d'une esthétique du clip directement issue de leur formation publicitaire. J. Guyot souligne cette dimension novatrice liée à l'utilisation de la vidéo, qui a fourni « *les moyens de concevoir une syntaxe nouvelle, dégagée des normes cinématographiques* ».

Du côté de l'image fixe, les relations avec les artistes sont devenues aujourd'hui un peu plus complexes qu'au cinéma. L'analyse du logo de la RATP a montré que l'image publicitaire demeure le lieu d'une expression plastique. Mais dans la première moitié du XXe siècle, les conditions techniques de création laissaient aux peintres une grande liberté. Les cas de P. Bonnard, H. de Toulouse-Lautrec ou R. Magritte ont déjà été cités, mais on pourrait aussi évoquer celui des affichistes les plus célèbres dont les productions sont aujourd'hui passées dans le patrimoine artistique, tels Leonetto

Cappiello, Cassandre, Raymond Savignac ou Bernard Villemot. La plupart du temps, ces affichistes poursuivaient parallèlement une activité de peintres, qui pouvait d'ailleurs profiter de leur notoriété acquise grâce à la publicité. Au début du siècle, Alfons Mucha, auteur des désormais très célèbres couvercles de boîtes de gâteaux Lefèvre-Utile, a toujours essayé de conserver une carrière parallèle de fresquiste dans son pays natal, la Moravie. Mais à partir des années 60, la relation entre artistes et publicité est devenue plus difficile. *« Nous autres, affichistes, nous avons été obligés de prendre le maquis. Le pays était occupé par les armées du marketing »*, dira B. Villemot à la fin de sa vie. C'est une autre façon d'exprimer ce que Bernard Brochand, préfacier du livre de B. Cathelat, appelle l'émergence dans les années 70 de la *« nouvelle publicité »*, fondée sur les techniques de marketing importées des USA, elles-mêmes inspirées des méthodes de la sociologie et de la psychologie sociale. Associées aux nouvelles techniques d'imprimerie et de traitement informatique de l'image, ces nouvelles méthodes ont annoncé la disparition des affiches peintes au profit des photomontages. Les artistes créateurs cèdent alors leur pouvoir aux « créatifs », pour reprendre le jargon du métier.

Cette diminution de l'influence directe des peintres sur la création de l'image publicitaire fixe ne signifie pas qu'il y ait eu rupture entre création publicitaire et activité artistique. Au cinéma, on l'a vu, la relation demeure étroite et, du côté de l'affiche, les élèves des écoles d'arts appliqués ou d'arts décoratifs qui travaillent dans les agences de publicité sont nombreux à demeurer porteurs d'un projet artistique personnel que leur travail contribue à nourrir, au sens propre comme au sens figuré. Néanmoins, l'émergence des nouvelles méthodes de travail des années 70 a marqué une tentative de changer de dimension dans la portée artistique des images publicitaires, les publicistes manifestant dès lors une ambition qui mérite d'être interrogée. Comme si les prétentions artistiques des publicitaires étaient inversement proportionnelles à la présence des artistes dans le processus de création.

L'image publicitaire et les vitraux du Moyen Âge

Plus elle emprunte à la communication, plus la publicité prétend en effet donner à ses messages autre chose qu'une simple fonction persuasive : *« Le langage publicitaire se fait (...) spectacle des fantas-*

mes, cassant les codes habituels du discours social et de la démonstration technique pour rendre l'objet ou le service transparents à la part de rêve que le consommateur veut y trouver », affirme B. Cathelat. Autrement dit, le publicitaire ne vante pas seulement les qualités d'un produit, il rend visible tout l'imaginaire qui lui est lié. Roland Barthes a été l'un des premiers à proposer cette lecture sémiologique des objets de consommation : *« Je crois que l'automobile est aujourd'hui l'équivalent assez exact de grandes cathédrales gothiques, écrivait-il. Je veux dire une grande création d'époque, conçue passionnément par des artistes inconnus, consommés dans son image, sinon dans son usage, par un peuple entier qui s'approprie en elle un objet parfaitement magique. »* (6) Il reviendrait donc à l'image publicitaire de donner à voir au public les grands mythes contemporains dont les objets de consommation sont porteurs, à la manière des vitraux du Moyen Age. *« Le sacré dont témoigne l'imagerie publicitaire est indissociable des figurations mythiques en présence »*, écrit Anne Sauvageot, professeur de sociologie (7). En ce sens, les célèbres campagnes d'affiches de la marque Benetton, dans les années 80-90, ont sans doute marqué un point culminant de l'appropriation par les publicitaires du discours sémiologique et sociologique tendant à légitimer la dimension artistique des images qu'ils produisent. On se souvient que pour illustrer le thème United Colors, qui se voulait l'expression de la « vocation » universaliste et humaniste de la marque, le photographe Oliviero Toscani ira jusqu'à proposer des images de malades du sida et de victimes d'attentats. O. Toscani sera d'ailleurs invité à la Biennale d'art de Venise en 1994, tandis que le musée d'Art contemporain de Lausanne proposera un historique de la campagne Benetton.

On touche ici aux excès d'une interprétation exclusivement artistique, voire philosophique, de l'imagerie publicitaire. Car si la production d'images publicitaires peut être novatrice en termes de techniques ou de formes visuelles, elle demeure aussi la plupart du temps conservatrice et répétitive dans ses contenus. Comme le souligne B. Cathelat lui-même, l'image publicitaire véhicule généralement dans ses messages des stéréotypes destinés à être facilement reconnus par les destinataires. Il en va notamment ainsi du statut de la femme dans la publicité : *« En ce qui concerne le travail des femmes, l'analyse de la production publicitaire montre que ce thème est très rarement évoqué dans les annonces, qui préfèrent pour des raisons commerciales maintenir les femmes dans un rôle de consommatrices-ménagères ou un rôle de séductrices »*, écrit l'inventeur des « sociotypes » et des « sociostyles ». Ce qui assure le succès d'une publicité, selon le même auteur, c'est le fait que le consommateur y retrouve « *une image de lui-même* ». L'image publicitaire ne doit donc pas surprendre son consommateur-cible au-delà de ce que celui-ci est censé supporter, ce qui limite drastiquement sa dimension artistique. La fin brutale de la campagne Benetton l'a montré de manière exemplaire. Si l'image publicitaire est parfois novatrice sur le plan plastique, elle se fait beaucoup plus souvent récupératrice, notamment en parodiant des styles artistiques ou des œuvres cinématographiques déjà largement connus du public qu'elle cherche à séduire.

Le discours sur les dimensions artistique et culturelle de l'image commerciale, parfois produit par d'habiles spécialistes comme Jacques Séguéla, ne doit donc pas faire oublier la finalité triviale et première de la publicité, qui est de vendre. A. Semprini, dans son étude sur la campagne Benetton (8), le rappelle sans ambiguïté : « *La marque nous présente une vision de l'existence qui met en son centre la consommation, conçue ni comme un acte coupable ou aliéné, ni comme caprice ou plaisir personnel, mais plutôt comme un véritable geste social, acte fondateur de la fraternité universelle.* » Réduire la fraternité à la consommation, voilà qui n'aurait pu que conforter G. Debord dans sa critique radicale de la « *société du spectacle* ». De la même manière, les artistes contemporains qui ont utilisé la référence à la publicité dans leurs œuvres l'ont souvent fait dans un esprit d'autodérision, associant la célébration de la beauté des objets produits par la société de consommation à la dénonciation de leur vacuité. Le pop art a été exemplaire de cette démarche. Une image publicitaire peut être belle, elle peut véhiculer des valeurs, des mythes ou des symboles fondamentaux de la société, elle n'a néanmoins pas d'autre sens que de vendre, et c'est bien ce que voulait signifier la dérision d'A. Warhol.

L'impression d'une formidable manipulation

Se pose dès lors la dernière question que la place de l'image publicitaire dans nos sociétés oblige à formuler : quels sont son efficacité et son réel pouvoir de persuasion ? Dans ce domaine, les études disponibles sont plutôt dubitatives. La psychologie behavioriste, les études de motivation, la sémiologie et la psychosociologie ont certes été successivement convoquées pour aider à construire une publicité « scientifique » qui peut donner l'impression d'une formidable manipulation des consommateurs. Les dimensions inconscientes de nos décisions d'achats et notre sensibilité à l'influence du langage des formes et des couleurs sont connues des publicitaires, et c'est leur métier de s'en servir. Mais si on revient quelques instants sur le logo de la RATP, on conviendra aisément que l'effet d'apaisement et de séduction qu'il peut induire chez le spectateur risque de ne pas résister longtemps à la fréquentation quotidienne d'un métro aux heures de pointe. Car l'image publicitaire est victime de ce qui fait sa spécificité: conçue pour séduire dans l'instant, ciblée sur les désirs supposés d'un public précis à un moment donné, elle ne résiste que rarement à la durée, et ses effets sont à court terme, à l'exception de quelques images ou logos qui ont réussi à s'imposer dans l'imaginaire collectif. Une longue et sérieuse étude sur l'influence de la publicité télévisée auprès des enfants a ainsi abouti à des conclusions incertaines (9). Les enfants sont certes sensibles aux publicités lorsqu'il s'agit d'un produit qui les concerne directement, mais ils sont aussi fidèles aux produits qui leur plaisent indépendamment de toute publicité, et ils ont tendance à chercher des informations supplémentaires lorsqu'ils sont séduits par une publicité. Surtout, ils tiennent toujours compte du prix du produit dans leur requête éventuelle auprès des parents, et la décision d'achat est de toute façon négociée avec ces derniers dont l'avis est globalement pris en compte. *« Il ne semble pas qu'en situation expérimentale l'exposition des enfants à des messages publicitaires télévisés les conduise à privilégier ces produits dans leurs choix »*, estime prudemment l'auteur. Autrement dit, l'image publicitaire est une source d'information séduisante, mais sa puissance de suggestion est à court terme.

En étudiant l'échec de la dernière campagne Benetton, composée d'images évoquant des morts violentes, A. Semprini confirme que l'influence de l'image publicitaire peut difficilement sortir du champ restreint qui est le sien: celui de la séduction superficielle. Il estime en effet que c'est moins le caractère choquant des photos concernées qui ont motivé leur condamnation que leur irruption illégitime dans l'évocation de la réalité. Tant qu'elle était restée dans le champ de l'utopie, même provocante (par exemple un prêtre embrassant une nonne), la publicité Benetton avait été acceptée et généralement appréciée. Dès lors qu'elle évoquait des morts violentes réelles, elle sortait de son domaine légitime, celui de l'imaginaire, pour entrer dans une réalité où elle n'avait pas « *la légitimité nécessaire* ». Cette analyse indique les limites en définitive probables de la place de l'image publicitaire dans nos sociétés. Porteuse d'une part des mythologies contemporaines, terrain d'apprentissage pour nombre de futurs plasticiens ou cinéastes, elle a sans aucun doute une influence sur nos comportements de consommation, et son omniprésence participe peut-être à l'élaboration d'une partie de nos représentations collectives. Mais nous la percevons aussi pour ce qu'elle est, une image pour vendre, et nous sommes capables de conserver un esprit critique – A. Semprini propose même le terme de « *citoyen* » – et de ne pas être complètement dupes des tentatives de manipulation auxquelles nous sommes soumis.

Notes

1. G. Debord, *La Société du spectacle,* Gallimard, « Folio », 1996 [1967].
2. Voir B. Cathelat, *Publicité et société*, Payot, 1987.
3. A. Semprini, *Analyser la communication. Comment analyser les images, les médias, la publicité,* L'Harmattan, 2007.
4. J. Guyot, *L'Écran publicitaire. Idéologie et savoir-faire des professionnels de la publicité dans l'audiovisuel,* L'Harmattan, 1992.
5. Notamment un album des Rolling Stones, *Angie*, dont la pochette plagie la peinture intitulée *Le Viol* (1934). Cette peinture représente un portrait de femme dont le corps se substitue aux traits du visage, les seins figurant les yeux, le nombril le nez et la toison pubienne la bouche.
6. R. Barthes, *Mythologies*, Seuil, 1970 [1957].
7. A. Sauvageot, *Figures de la publicité, figures du monde,* Puf, 1987.
8. A. Semprini, *op. cit.*
9. N. Guichard, *Publicité télévisée et comportement de l'enfant*, Economica, 2000.

Entretien avec Daniel Bougnoux

IL NE FAUT PAS AVOIR PEUR DES IMAGES

Les séductions de l'image sont-elles à même d'appauvrir notre intelligence et d'inhiber notre sens critique ? Pas plus que d'autres inventions historiques, nous explique Daniel Bougnoux.

Sciences Humaines : Que ce soit en bien ou en mal, on ne peut que constater, depuis la Seconde Guerre mondiale, une inflation rapide de la présence d'images imprimées ou projetées dans notre environnement. Certains en font même la caractéristique première de la culture contemporaine : nous serions entrés dans une « ère de l'image ». Avant d'en tirer les conséquences, a-t-on seulement le droit de parler ainsi de l'image en général ?

Daniel Bougnoux : Oui, peut-on confondre pêle-mêle dans un grand sac toutes les images, fixes ou animées, imprimées, gravées ou projetées sur un écran…, qui s'offrent à notre regard ? Quand on le fait, c'est en général pour opposer globalement le lisible au visible, l'image au discours. De fait, nous ne portons pas le même regard sur un texte et sur une image, et ces deux types de regards suscitent en nous des postures mentales très différentes.

Le balayage d'une image est libre, on peut entrer et sortir par où l'on veut. Le balayage d'un texte est contraint par un sens (une direction) de lecture obligatoire. Le discours parlé ou écrit est linéaire alors que l'image ne l'est pas, même si l'on y décèle parfois un parcours de « lecture ». D'autre part, l'image est analogique : elle fonctionne par ressemblance avec l'objet représenté. Le discours fait appel au langage articulé, lequel s'exprime à travers un ensemble de codes symboliques oraux et écrits, qu'il nous faut maîtriser. *A priori*, comprendre une image demande donc moins de travail et suppose moins de compétences acquises que lire un texte. Au nom de cela, l'image est réputée plus facile à appréhender que tout ensemble de signes appartenant au domaine logico-langagier. En principe, regarder une image demande moins d'efforts que déchiffrer un énoncé en langage naturel, ou plus encore, une formule chimique ou mathématique. La mise en ligne des informations exige un effort de déchiffrement. Devant l'image, au contraire, notre pensée se relâche et c'est pourquoi l'image procure un plaisir immédiat. Ainsi, la chute de l'esprit dans le sommeil se manifeste par un flot d'images : ce sont les rêves. Il y a très peu de mots dans nos rêves, et quand il y en a, ils fonctionnent selon Freud comme des images, sur le mode du rébus. On a donc quelques raisons fondamentales d'opposer les deux modes de communication iconique et logico-langagier, même si différentes images peuvent aussi faire appel à différents codes.

Cette différence a beaucoup de conséquences. Pour communiquer facilement et rapidement, l'image semble supérieure au texte. La culture de masse, on le voit tous les jours, privilégie l'image : les magazines illustrés se vendent plus facilement que les magazines de texte. Pour agrémenter une conférence, il est bienvenu de projeter comme on dit des « visuels »; l'impératif de communication mène à l'iconisation des messages, avec tous les bénéfices immédiats qui s'ensuivent : saisie rapide, plaisir, adhésion. En revanche, les institutions savantes ou les religions monothéistes se sont méfiées de l'image à un moment ou à un autre de leur histoire. Jusqu'à il y a peu, l'école républicaine était « iconophobe » : on n'y aimait pas beaucoup le cinéma ni la photo, encore moins la télévision et la bande dessinée, et pas du tout la publicité. La photographie, l'ordinateur et l'infographie sont entrés aujourd'hui à l'école, mais sans y être enseignés à la hauteur d'autres disciplines. On voit bien que les programmes sont encore de nos jours largement construits autour de la « graphosphère », de l'imprimé et de l'ordre logico-langagier. C'est une ligne de partage tenace, et qui explique qu'on s'alarme de la surabondance des images dans notre vie quotidienne. Or, dans l'histoire de l'humanité, il semble bien que l'image ait été pratiquée avant l'écriture ; faut-il pour autant voir dans cette prolifération des images une régression culturelle ? Les séductions de la culture de masse mettent-elles vraiment l'esprit logique ou critique en danger d'affaissement ? Je ne partage pas cette crainte, mais elle est dans l'air du temps.

SH : Il existe une critique récurrente de l'image, en particulier dans son usage par l'enfant, qui la désigne comme un média paresseux, qui sature le champ visuel et coupe toute envie d'exercer son intuition ou son imagination. Est-elle nuisible à ce point ?

D.B. : Il y a effectivement un danger contenu dans l'image : celui de faire écran et d'arrêter un autre type d'approche ou d'investigation.

D'un point de vue moderne, la connaissance sérieuse du réel doit aller au-delà du visible. La science aristotélicienne s'arrêtait aux apparences sensibles, la science moderne va au-delà : selon

Galilée et Descartes, la nature est un livre écrit en symboles mathématiques, et non en images. Pour comprendre le monde, la physique doit dépasser celles-ci jusqu'aux idéalités mathématiques. Aller au *logos,* c'est viser au-delà de l'icône. Mais de plus en plus surgissent des images qui relèvent elles-mêmes de cet ordre logique ou mathématique : les figures de la géométrie, les représentations des atomes et des molécules que manipulent les chimistes ou, aujourd'hui, l'imagerie médicale qui offre une analyse très fine des tissus et des cellules vivantes. Il serait ridicule, en sciences, d'opposer l'image aux connaissances exactes comme Platon opposait les apparences aux idées.
En revanche, dans le champ de la communication, il est vrai que certaines images peuvent faire écran, parce qu'elles sont grossières ou ambiguës : une image d'agence d'information, sans discours ni explication, peut signifier tout et son contraire. Il faut donc toujours le cadrage d'une légende ou d'un texte pour la rendre intelligible ; l'image sans le texte demeure infirme. Notre tradition logocentrique exige pour l'image cette assistance du discours : l'image réduite à elle-même s'impose à nos sens et les flatte par le plaisir qu'elle induit. En réalité, une image douée de sens ne va jamais seule : elle est accompagnée d'un texte ou d'un contexte qui la rend lisible. Ce n'est donc pas l'image seule qui porte la responsabilité du message : nous la tenons pour véridique, stupide ou mensongère selon le texte ou la légende qui va avec.

SH : Une autre forme de critique attribue à l'image un pouvoir de fascination tel qu'elle s'apparenterait à une hypnose. Le risque de manipulation par l'image est-il si grave ?

D.B. : Certaines images sont fascinantes, et nous

pouvons coller à elles au point de perdre toute distance, tout sens critique et finalement notre liberté de penser. C'est ce qu'ont dit et répété plusieurs penseurs de la modernité. Toutefois, la dénonciation du pouvoir hypnotique de l'image ne prend son sens que par contraste avec le discours. Le langage est abstrait, distant, voire « coupant » par rapport à ce dont il parle ; il dispose d'un pouvoir séparateur et de négation. Une image tend à être toujours positive : ne pouvant que montrer, elle a du mal à nier ce qu'elle montre... Les mots peuvent dire non et désigner l'absence, alors que la monstration iconique s'accompagne d'un effet positif de présence... D'autre part, les mots peuvent manier l'abstraction : on peut dire que « tous les hommes naissent égaux en droit », mais quel moyen de le montrer ou de le figurer, même par une suite d'images ? Difficile également de figurer par quelque Pictionary les opérations logiques fondamentales : alternative, conséquence, implication... On peut donc reprocher aux images beaucoup de déficits et vanter les mérites du langage abstrait et articulé.

Mais inversement, tant de choses ne passent que dans l'image : si je veux reconnaître quelqu'un, connaître un pays avant d'y aller, rien ne vaut une bonne photo plutôt qu'une longue description. Et en amour, on sait qu'une fiche d'État civil ou une description ne remplaceront jamais une bonne (ou bête) photo.

L'autre aspect risqué de l'image tient à la séduction qu'elle dégage. Et de fait, *« là où il y a de l'image, il y a du désir et de l'amour »*, affirmait le théologien Hugues de Saint-Victor. La publicité fonctionne largement sur ce principe et permet de vérifier à quel point l'image est un objet de désir : la pulsion acheteuse, aujourd'hui, s'accroche en grande partie à des images. Il y a un écho de cela en psychanalyse ; quand Freud veut que tout rêve soit la réalisation d'un désir, il faudrait préciser que le rêve n'accomplit ou n'assouvit pas le désir par des contenus, mais par sa forme imagée, par le relâchement iconique de la pensée. Or la publicité, avec sa fantasmagorie visuelle changeante et peu articulée, s'applique à rejoindre ce « travail du rêve ». Il y a un risque d'attachement par l'image dans la mesure où celle-ci ne dispose pas au même degré que le langage de la fonction de déliaison. Les « représentations de mots » nous détachent plus des choses que ne le font les images. La psychanalyse demeure méfiante à l'égard de celles-ci, en rappelant toujours combien il est important d'accéder aux mots ou au « symbolique », de dire

Catastrophes en direct : quelles réactions ?

Peu d'images d'actualité ont été aussi rapidement et massivement diffusées que celles de l'attentat contre le World Trade Center du 11 septembre 2001. Comment ont-elles été reçues ? Il existe, chez les psychologues, deux théories concurrentes sur l'impact de l'image d'actualité : l'une table sur l'accoutumance du spectateur (donc sur une relative absence d'émotion), l'autre sur une identification de l'image au monde vécu (donc sur une émotion identique à celle qu'éprouvent les protagonistes du drame).

Une étude *a posteriori* menée auprès de 56 téléspectateurs français présents devant leur poste le 11 septembre 2001 montre que les images de cet attentat ont été reçues de manière très émotionnelle, mais rapidement partagée et verbalisée. L'enquête de Didier Courbet et Marie-Pierre Fourquet (1) a établi, chez le spectateur, une séquence réactionnelle en trois temps :

– *dans la minute qui suit les images.* Une réaction émotionnelle négative forte, faite principalement de stupeur, d'incrédulité et d'impuissance. L'identification aux spectateurs présents sur place et victimes potentielles est faible, car le sentiment dominant n'est pas la peur, sauf chez les gens qui ont des amis ou parents à proximité du lieu (New York) ;

les fantasmes pour s'en détacher. L'accès à la fonction critique, y compris sur soi-même, passe massivement par le langage, face auquel l'ordre des images est vu comme un peu régressif ou « primaire ». Mais tout cela n'est vrai que si l'on considère toujours les mêmes images : dès qu'elles se contredisent entre elles, le sens critique renaît, et l'argument qui consiste à condamner l'image en général comme facteur incapacitant de la pensée est tout simplement faux. C'est la répétition des mêmes images (ou des mêmes mots) qu'il faut incriminer dans le matraquage publicitaire ou les informations ressassantes ; l'abondance et la diversité des images constituent au contraire un enrichissement.

– *dans les trois minutes suivantes.* Une première phase d'interprétation des faits et, surtout, de recherche immédiate de communication : les spectateurs parlent entre eux, téléphonent à leurs proches et vérifient la normalité de leurs émotions ;

– *après sept à huit minutes.* Une réflexion sur la gravité de l'événement, accompagnée de tristesse et éventuellement de peur devant les menaces collectives que véhicule cette actualité.

Seule une minorité de spectateurs fait état de sentiments « machiavéliques », c'est-à-dire d'une excitation positive comparable à celle que peut procurer une fiction dramatique.

Bien que très partielle, cette étude contribue à mettre en doute certaines idées courantes concernant la réception des images d'actualité : le téléspectateur moyen n'est pas *a priori* blasé (mais l'événement était exceptionnel…) ; il ne confond pas un vécu effrayant avec une image incroyable (mais cela se passait très loin…) ; il verbalise rapidement ses réactions, poussé par un besoin urgent de communiquer. La minorité des « positivement excités » peut inquiéter, mais les auteurs suggèrent que leur attitude pouvait provenir d'une hostilité culturelle ou politique envers les États-Unis.

NICOLAS JOURNET

Note

1. D. Courbet, M.-P. Fourquet, « Réception des images d'une catastrophe en direct à la télévision », *Revue européenne de psychologie appliquée,* vol. LIII, n° 1, 2003.

SH : L'image animée, en particulier, n'a-t-elle pas des effets directs sur nos états émotionnels et finalement sur nos comportements ?

D.B. : L'induction mimétique des images est une boîte noire qu'il est intéressant d'essayer d'ouvrir, et sur laquelle on ne sait pas grand-chose. Cela n'empêche pas la plupart des discours publics tenus sur ce sujet d'être d'une pétulance désarmante. On parle beaucoup pour condamner la violence, et la télévision est un point de passage obligé de ce discours. Mais la violence est partout, éparse, rampante. Quand un enfant blesse ou tue un camarade, les images qu'il vient de voir sont-elles la cause ultime de son acte ? Même si l'enfant prétend avoir imité tel film ou telle série télévisée, cela peut être une rationalisation après coup, une façon de donner un sens à un acte qui le dépasse. L'image n'est qu'un maillon dans une chaîne de causes extrêmement diverses, la violence de l'acte surgit de multiples raisons.

En revanche, il est clair que les images sont capables d'induire des sentiments, des émotions, voire des états du corps. Beaucoup d'images sont faites pour provoquer la compassion, l'horreur ou la colère ; et l'imagerie érotique entraîne assez mécaniquement l'excitation sexuelle. Le cinéma abuse amplement de ces effets visuels directs. Mais ces débordements qui oblitèrent notre délibération ou notre intelligence ne sont pas le fait des seules images : un discours peut produire les mêmes effets, de même qu'une musique peut être stressante ou relaxante. Cette causalité n'est jamais sans faille et nos réactions face aux images demeurent ouvertes : devant une image pornographique, nous pouvons éprouver du désir, du dégoût ou éclater de rire. Une image violente suscitera de la haine, de la souffrance ou de l'inhibition. Car on peut aussi se détacher complètement ; devant *Salo ou les 120 jours de Sodome*

(1975) de Pasolini, film d'une cruauté quasiment insoutenable, inacceptable, certains spectateurs réagissent par le rire, pour échapper au tragique et se désensibiliser. Un certain cinéma, très dur, se porte aux extrêmes et ne peut que diviser le public, qui marche ou qui « débraye ». Tout cela pour dire que nous sommes certes « sujets aux images », que nous nous formons à travers elles, et que ce mimétisme peut nous égarer ou nous construire, mais que l'empire croissant des images (que nous apprendrons de mieux en mieux à gérer) n'exerce pas sur nous une emprise ni une tyrannie inévitables. Rappelons-nous la réception des premières bandes du cinématographe : devant l'entrée du train en gare de La Ciotat, les spectateurs se couchaient de terreur sous les tables ! Les publics n'en sont plus vraiment là.

SH : Comment expliquer ces interrogations répétées sur le pouvoir de l'image de mettre en danger la culture, notre façon d'agir et, finalement, d'inhiber notre liberté ?

D.B. : Nous vivons un moment de l'histoire marqué par une déferlante d'images, qui tranche avec le rythme lent et majestueux de la production des beaux-arts et d'une graphosphère articulée autour du livre. Devant cette amplification du flot, il est normal que les défenseurs de la valeur de l'écrit se rebellent. Mais le discours catastrophiste qui dénonce une décadence générale de la culture et de l'intelligence provoquée par les industries de l'image semble très exagéré, et il manque de recul historique. On traite comme nouvelles et inédites des crises qui ont leur équivalent dans l'histoire longue, et ce que nous percevons comme un cataclysme unique a des antécédents. Quelle innovation technique n'a pas fait crier à la décadence du savoir et de la culture les détenteurs du monopole précédent, que cette invention dépouillait ? Il faut se rappeler les chocs qu'ont été l'invention de la photographie pour la peinture, et celle de l'imprimerie pour le manuscrit. L'arrivée de l'écriture elle-même, si nous en jugeons par le *Phèdre* de Platon, put être perçue comme une régression par rapport aux moyens vivants, chaleureux et exigeants pour la mémoire de la communication orale. De même, la diffusion de l'imprimé a permis de stigmatiser dans la lecture des livres un comportement asocial, un suspect repli sur soi, ni normal ni très vertueux ; et aujourd'hui, les mêmes arguments réapparaissent à propos d'Internet et des écrans en général, accusés de changer leurs servants et leurs pratiquants en dangereux autistes, aussi déplorables que les premiers lecteurs de livres imprimés... Et pourtant, quelle liberté a apporté le livre dans la transmission et le partage des savoirs ! Le Web comporte certainement des dangers, mais pas forcément celui d'abrutir l'internaute.

Enfin, pour ce qui est du rôle éducatif de l'image, voyez le destin de la bande dessinée : il y a cinquante ans à peine, elle était rejetée par tous les éducateurs et parents culturellement exigeants, qui y dénonçaient le comble de la facilité et de la vulgarité. En fait, on lui reprochait de prendre la place de l'écrit et d'offrir des narrations littérairement assez pauvres. Or les parents essaient aujourd'hui de faire lire les albums de Tintin à leurs enfants ! Et dans les ventes publiques, les originaux de ces albums atteignent les prix du livre ancien. En quoi ces images seraient-elles laides, pauvres ou abrutissantes ? Non seulement elles nous ont éduqués, mais elles suscitent autour d'elles une intense communication : Tintin a beaucoup fait parler de lui sous les préaux d'école, et la « tintinologie » s'enseigne aujourd'hui à l'Université.

Propos recueillis par Nicolas Journet

Marc Lits

Espace public et opinion de la presse écrite à Internet

Après deux siècles d'existence, la presse d'opinion a irrémédiablement décliné. Les médias audiovisuels dominants ne favorisent pas le débat démocratique en raison de la contrainte des images. Le multimédia, intégrant l'écrit, l'audiovisuel et l'interaction, peut modifier les formes du débat, mais n'est pas, en soi, le lieu unique de la constitution de l'espace public.

Dans sa première période (du XVIIIe au milieu du XXe siècle), une part notable de la presse écrite s'est créée comme presse d'opinion. Il s'agissait de construire un « espace public », c'est-à-dire un lieu de débats polémiques et contradictoires, caractéristique des nouvelles manières de concevoir la politique. Les médias seront d'ailleurs considérés, par extension, comme l'expression même de l'opinion publique, voire comme l'opinion publique elle-même. Évidemment, il s'agit de l'opinion publique de la fraction de la population qui s'insère dans le jeu du combat politique démocratique durant le XIXe siècle, et non de celle du peuple, qui en sera longtemps exclu.

Cette presse écrite engagée sera concurrencée de plus en plus fortement à partir de la fin du XIXe siècle par de nouvelles formes fondées sur l'objectivité et la relation « neutre » des faits. Aux États-Unis et en Angleterre émerge alors une figure professionnelle nouvelle, le journaliste, que caractérisera de plus en plus la fameuse règle des « 5 W » qu'un directeur de journal du Middle West avait édictée pour ses rédacteurs : *what, who, when, where, why*. Fondée sur la relation « objective » des faits ou sur la vulgarisation scientifique, cette figure professionnelle ne cessera de s'affirmer tout au long du XXe siècle : « *L'objectivité n'était pas un problème pour la presse du XVIIIe siècle ou de la première moitié du XIXe siècle, tout entière vouée à l'expression d'opinions, au débat d'idées constitutif de l'espace public. Elle le devient avec l'essor de la grande presse et le développement de l'information. La grande presse se voit contrainte d'observer une neutralité ajustée à ses ambitions marchandes. Comment faire pour déplaire au moins grand nombre de lecteurs potentiels, à défaut de pouvoir plaire à tous ? Tel est alors, formulé en termes de marché, l'enjeu de l'objectivité journalistique.* » (1) Cependant, prise sur un terme plus long, cette affirmation d'une presse objective est due également aux évolutions sociopolitiques, c'est-à-dire à la pacification progressive des débats politiques, ou encore à la diffusion des cultures scientifiques. Ce sera particulièrement vrai en Europe après la Seconde Guerre mondiale.

Ainsi, la dimension subjective de la presse écrite, qui s'était définie à l'origine comme le lieu d'investissement de personnalités affirmant les positions de leur camp, va progressivement diminuer.

La fin d'une presse d'opinion

Depuis près d'un siècle, la presse écrite a perdu son public au profit des autres médias, et la presse d'opinion davantage que la presse moins engagée (2). En France, par exemple, la période 1939-1945 fut la dernière à connaître une explosion de la presse d'opinion : plus de 1 100 journaux sont créés (*Liberté, Combat*...). Dans la période d'après-guerre, les grandes signatures s'expriment (Jean-Paul Sartre, Albert Camus, Raymond Aron, Boris Vian, Emmanuel Mounier...) dans une presse qui veut à la fois défendre des opinions très clairement marquées, fondées sur les valeurs d'un groupe politique ou social, mais aussi toucher, influencer et reconstruire l'opinion de manière générale. Malgré cela, cette presse ne cessera de décliner. Le journal *Combat*, emblème de cette presse, passera de 180 000 exemplaires en 1945 à 60 000 (avec 30 % d'invendus) en 1959 et à moins de 10 000 en 1974, année de sa mort.

Les raisons de ce déclin définitif de la presse écrite d'opinion sont multiples mais tiennent essentiellement aux évolutions sociopolitiques et à l'émergence des médias audiovisuels. Progressivement, l'engagement ne sera plus le fait de journalistes tenus à l'objectivité et à la neutralité, mais se trouvera le plus souvent délégué à des prises de parole « périjournalistiques » : courriers des lecteurs, « cartes blanches » laissées à des experts ou à des intellectuels, débats entre invités… Cet espace peut être accordé pour apporter une expertise, un éclairage historique ou contextuel, une tentative d'interprétation ou d'analyse à chaud. Mais ce peut être parfois pour des raisons moins « avouables » : le choix d'entretenir une polémique payante en termes d'audience en recourant à des professionnels du débat contradictoire, voire le souhait par le journaliste de faire dire par un expert les analyses qu'il ne peut pas ou ne souhaite pas assumer lui-même. Ainsi, au XXe siècle, et particulièrement après la Seconde Guerre mondiale, le journaliste a délégué à l'intellectuel le rôle de construction de l'opinion, au point que ce dernier va être défini par cette fonction d'intervention publique. Le journaliste, davantage que par le passé, s'est cantonné dans un rôle de témoin, d'observateur. S'il appartient historiquement et sociologiquement à la classe intellectuelle à laquelle il rêve toujours d'être associé, il va néanmoins se tourner vers celui qui peut tenir une parole à la fois critique et engagée pour tenter de donner sens à l'information au sein d'un espace public beaucoup plus éclaté qu'auparavant (3).

Mais l'engagement, qu'il soit celui de l'éditorialiste du XIXe et du début du XXe siècle, ou de l'intellectuel au XXe siècle, se traduit surtout à travers des argumentations qui passent par l'écrit. C'est même l'une de ses principales caractéristiques. La construction d'une opinion individuelle, comme d'une opinion collective, passe en effet pour chacun par la mise en récit des événements et de l'information. Il n'y a appropriation de l'argumentation que si l'individu replace les informations dans un « scénario ». Les travaux de sociologie des médias (Paul Lazarsfeld, Elihu Katz) ont montré combien les récepteurs filtrent les informations et les réinsèrent dans leur cadre idéologique et leurs représentations. Pour que cette appropriation soit efficace et contribue à la construction d'une « vision du monde » pour chacun, il convient également qu'un fort lien de confiance (une identification) existe entre le média pourvoyeur d'informations ou d'opinion et le lecteur. Deux aspects qui précisément caractérisaient la presse écrite d'opinion. Mais celle-ci a progressivement disparu et ce sont de nouveaux supports, liés à des fonctions de communication ou de publicité, qui sont aujourd'hui dominants. Dès lors, la question est de savoir comment l'opinion peut se construire lorsque ces médias écrits cèdent la place aux médias audiovisuels et électroniques.

Le choc des images contre le poids des mots

Tous les analystes insistent sur la spécificité d'usage des canaux de diffusion et sur les différences que cela entraîne dans le traitement de l'information. Régis Debray a rappelé que « *le support est ce qui se voit le moins et qui compte le plus* » (4). L'information n'est pas la même en système écrit ou audiovisuel. Les cérémonies rituelles partagées par la collectivité lors de décès de personnalités politiques prennent une dimension autre quand elles sont télévisées. L'image amplifie le partage de l'émotion, autrement et avec plus de force que ne le fait un texte. S'y ajoutent les effets dus à la transmission en direct et à la mise en spectacle de ces événements. Cette mise en scène télévisuelle de l'information ne favorise guère le débat d'idées, réduit à des affrontements judicieusement construits autour de thèmes choisis pour leur aspect spectaculaire plutôt que pour leurs enjeux démocratiques.

Les médias audiovisuels favorisent en outre des effets de simplification et d'uniformisation du discours. Quand le journaliste dispose d'une minute et demie pour un sujet de journal télévisé, il ne peut guère laisser son interlocuteur développer une pensée complexe, argumenter en plusieurs étapes, conclure sur un aveu d'incertitude peu télégénique. La seule discussion possible entre souvent dans le registre de la polémique. C'est ce que dénonçait Pierre Bourdieu lorsqu'il estimait que la télévision n'autorise aucun espace de discussion et d'argumentation (5). La charge est cependant exagérée. La télévision a ses contraintes propres. Il faut accepter de se mouler dans le format imposé par le support, tout en le maîtrisant, non selon la logique du sociologue qui veut imposer unilatéralement son discours savant comme le souhaitait P. Bourdieu, mais en construisant son intervention en fonction du support et du public.

En effet, contrairement à ce que pensait P. Bourdieu, les médias, et la télévision en particulier, ne sont pas par nature des

« instruments d'oppression symbolique ». Si la télévision ne permet pas d'argumenter longuement, c'est tout simplement qu'elle est fondée sur la parole et l'image et non sur l'écrit. À la différence du temps où régnait la presse écrite, la télévision et les principaux médias audiovisuels forment un système qui organise aujourd'hui notre espace public en fonction de ses contraintes d'énonciation et de sa nature. Il faut se souvenir, comme le souligne par exemple Jean-Marc Ferry, que *« le monde vécu n'est plus, dans nos sociétés modernes le seul milieu de reconnaissance des individus »* (6). Au contraire, nous avons sans cesse à faire avec des systèmes symboliques, comme avec une autre réalité.

Le « système médiatique » contemporain n'est que l'un des systèmes, à côté de nombreux autres tels que les systèmes monétaire, juridique, administratif… qui font la « réalité » des hommes. Il s'inscrit, avec les systèmes pédagogique et scientifique, au sein d'un vaste « complexe socioculturel » qui médiatise la communication des sociétés avec elles-mêmes et entre elles, en rendant le monde contemporain, ses réalités sociologiques, historiques et géographiques immédiatement accessibles. L'analyse des guerres d'Algérie ou du Proche-Orient, l'histoire politique nationale constituent par exemple des réalités que l'école, les sciences sociales et les médias contribuent ensemble et souvent en même temps à médiatiser pour les individus.

La grande nouveauté de la seconde moitié du XXe siècle réside dans la priorité donnée aux images visuelles et sonores, ce qui, selon J.-M. Ferry, modifie *« complètement, du côté de la réception, les conditions de la reproduction culturelle des sociétés ». Désormais, « le public construit un aspect de son identité sur des messages dont une partie importante n'est pas d'emblée explicitée dans les formes symboliques et grammaticales du discours verbal »*. Bien sûr, cela peut rendre la communication plus accessible, et à terme *« constituer un fonds commun d'images mentales qui fonctionneront dès lors comme des signes de reconnaissance à travers les communautés de réception »*; mais cela suppose que le système pédagogique (éducation et formation) prenne en charge la formation des jeunes générations au décodage de ces nouveaux modes communicationnels. En effet, ces images émises et reçues de manière brute ne peuvent en soi établir de relation de communication. Elles assurent en quelque sorte une fonction culturelle subsidiaire par rapport à l'appropriation et l'incorporation durables. Celles-ci restent le fait des systèmes scolaires institutionnels. Elles passent toujours par une mise en récit narratif fondée sur l'écrit.

Le choc du direct ou le temps de la réflexion

L'opinion et l'expression de l'opinion se transforment donc radicalement selon le média utilisé. Et quand des avancées technologiques modifient les conditions d'émission, les expressions vont aussi évoluer. La guerre du Golfe fut le premier grand spectacle d'information télévisuelle en temps réel, qui engendra de nouveaux rapports de temporalité avec l'information médiatique et sa « spectacularisation ». Dès ce moment, l'objectif des médias, qui consistait à informer le plus vite possible le public après que fut survenu un événement, a été remplacé par cette exigence inimaginable jusqu'il y a peu : l'événement doit si possible être médiatisé pendant qu'il se déroule. Les moyens techniques de captation et de transmission le permettent, le public y a pris goût. Comme le dit Jean Baudrillard, *« la guerre implose en temps réel, l'histoire implose en temps réel, toute communication, toute signification, implose en temps réel »* (7).

Dès lors, quand l'information devient concomitante à l'événement, dans quelle mesure ces émissions peuvent-elles encore permettre une véritable compréhension ? L'urgence semble faire office d'analyse et empêche toute forme de réflexion. Quel besoin de continuer à développer des débats d'idées, puisque les sujets qu'ils abordent sont déjà balayés par le surgissement d'autres événements médiatisés ? Il faut cependant nuancer cette vision négative, en rappelant que la presse d'opinion n'a jamais été majoritaire dans le monde de l'information. Elle n'a jamais touché qu'un public restreint (intellectuels, personnes engagées dans des groupes syndicaux, politiques, associatifs). Cette tranche de la population se replie vers d'autres lieux de discussion, dans les pages d'idées des journaux plus ou moins engagés, dans des journaux d'analyse politique qui affichent leurs choix de société (*Le Monde diplomatique* par exemple), dans des journaux du monde associatif, ou des forums de discussion en interaction directe sur Internet.

La question pour nombre d'analystes est de savoir si ces formules de contournement sont suffisantes, si un débat politique peut se construire en dehors ou à la marge du système médiatique, au moment où celui-ci occupe une place centrale dans le dispositif social. Certains pensent que non, et soulignent que ces lieux se reconstruisent dans les nouveaux médias. Pourquoi chercher à rénover une presse écrite qui ne construit plus une opinion mais se contente de compiler des points de vue juxtaposés, ou espérer construire des débats argumentés dans les médias audiovisuels, technologiquement et ontologiquement organisés selon d'autres logiques ?

Internet, un nouveau forum ?

Il vaudrait mieux vérifier, par exemple, dans quelle mesure une structure médiatique comme Internet permet de rebâtir un débat d'opinion où se confrontent des énonciateurs engagés. Ce nouveau support soulève différentes questions par rapport à la construction de l'opinion. Comme dans les autres supports, le divertissement, les jeux, les offres commerciales en constituent une part majeure, et ce qui relève de l'information ou du débat d'idées y est marginal. Ce n'est donc pas là que se construit un espace public au sens traditionnel du terme. Le réseau des réseaux répond-il au moins aux objections de J.-M. Ferry, pour qui seul l'écrit permet la construction d'une opinion argumentée ?

Certes, l'écran d'Internet réhabilite l'écrit, mais l'affaire est plus complexe. Il faut d'abord prendre avec précaution cette opposition trop rapide entre image et écrit. En effet, le système iconique est de plus en plus étudié comme mode de représentation et d'appropriation du réel (8), et la suspicion originelle dont il est victime semble peu à peu s'estomper. La nouveauté est ailleurs. Le recours à Internet constitue une remise en cause radicale de l'organisation classique de la profession journalistique, entre autres dans une « rediscussion » du rapport aux sources, qui est un des enjeux essentiels de la profession. En effet, les sources sont désormais multiples et moins fiables. De plus, chacun y a accès au même titre que le journaliste professionnel, qui perd donc sa fonction de « maître des sources » au sein de la société de l'information. Pour certains, cette ouverture des sources poussera la presse écrite à retrouver sa fonction de défense et d'affrontement des opinions. Pour d'autres, l'usage d'Internet déclasse le journalisme classique en proposant des approches plus diversifiées, par renvoi à des sources extérieures et à d'autres sites. Mais il permet aussi une interaction plus grande avec les récepteurs : *feed-back* permanent, courrier des lecteurs *on line*, évaluation des articles téléchargés grâce à un système de notation (c'est le cas des principaux journaux en ligne, issus de la presse classique).

L'hypertextualité entraîne une mutation du mode de communication journalistique. L'énonciation journalistique était fondée sur le rapport d'un émetteur, détenteur d'informations, à un récepteur ignorant ces éléments. La communication multimédiatique rompt ce modèle, puisque, au monopole du savoir transmis, elle substitue une élaboration commune de ce savoir (9). Il s'agit là de l'une des caractéristiques majeures d'Internet, qui s'incarne dans la multiplicité des émetteurs de messages : ces « polyphonies énonciatives » dont parlent les sciences de l'information et de la communication. Certes, la participation et l'interaction des internautes, largement mises en avant, sont souvent illusoires, mais elles donnent le sentiment au récepteur d'informations d'en être en même temps le coproducteur. L'énonciation devient alors partagée, pendant qu'elle se dilue au sein d'échanges multipolaires.

De ces observations sur le fonctionnement encore balbutiant du journalisme multimédia, deux remarques ressortent. L'émetteur n'est plus unique, mais se construit en relation avec son (ou ses) récepteur(s) ; les lieux d'émissions se démultiplient au point de perdre leur identité propre. La seconde remarque tempère l'illusion que pourrait constituer la communication non hiérarchisée des forums et lieux de discussion. En effet, le gain relationnel tout à fait évident, puisque chaque récepteur peut devenir énonciateur ou peut construire son parcours de lecture, est aussitôt annulé par une perte identitaire. Les renvois permanents d'une source à l'autre rendent rapidement impossible l'identification de l'instance émettrice. Or, pour que la confrontation d'idées ait lieu, que le conflit puisse éclater de manière réelle et non virtuelle, et donc être résolu, la polémique doit se livrer à visage découvert. L'absence de pôle énonciateur clair, idéologiquement marqué, comme avaient pu l'être les journaux écrits peut être considérée comme un obstacle majeur à la construction des opinions et donc de l'espace public démocratique. Internet n'est pas, de ce point de vue, la panacée démocratique, capable de construire un « nouvel espace public » à lui seul.

Notes

1. D. Cornu, *Journalisme et vérité. Pour une éthique de l'information,* Labor et Fides, 1994.
2. F. Antoine (dir.), *Coupures de presse. Disparition de La Cité et survie des médias d'opinion,* Academia Bruylant, 1996.
3. R. Rieffel, *L'Élite des journalistes,* Puf, 1984.
4. R. Debray, *Cours de médiologie générale,* Gallimard, 1991.
5. P. Bourdieu, *Sur la télévision*, Liber, « Raisons d'agir », 1996.
6. J.-M. Ferry, *Les Puissances de l'expérience*, t. II, Cerf, 1991.
7. J. Baudrillard, *La guerre du Golfe n'a pas eu lieu,* Galilée, 1991.
8. J.-P. Meunier, « Connaître par l'image », *Recherches en communication,* n° 10, 1998.
9. B. Grevisse, « Journalistes sur Internet : représentations professionnelles et modifications des pratiques », *Les Cahiers du journalisme,* n° 5, décembre 1998.

Cybercitoyenneté et démocratie

La participation des citoyens à la vie démocratique est-elle modifiée par la « cybercitoyenneté » ?

Depuis plus de dix ans, dans les collectivités territoriales françaises, et plus particulièrement dans la vie municipale, la cybercitoyenneté s'installe progressivement à la faveur d'expériences multiples, dans des villes de dimensions très variées.

Ces nouvelles formes de démocratie, bien intégrées à des institutions qui nous sont familières, réinventent de façon plutôt heureuse le rapport entre représentation et démocratie directe. Tout semble indiquer qu'elles peuvent rajeunir la pratique de la démocratie locale à tous les niveaux sans la dénaturer sensiblement : information, contact interactif avec les élus, participation à distance aux débats et aux votes... Certaines mairies se sont même inscrites à « second life* » ! Toutes ces voies qui semblent aujourd'hui prometteuses ont ceci de commun qu'elles créent ou renforcent une interactivité permanente entre gens qui se connaissent déjà ou peuvent se rencontrer personnellement, sur des territoires de dimension modérée, donc facilement accessibles.

En revanche, dans l'espace politique national, plus vaste et fortement structuré par l'État, la cybercitoyenneté ne se manifeste guère jusqu'ici que pendant les campagnes présidentielles. Le déficit de communication interactive entre les électeurs et « leur » candidat y reste important, et les perspectives de la cybercitoyenneté semblent paradoxalement plus incertaines.

Les innovations relevant de la cyberdémocratie se sont limitées jusqu'ici aux clips vidéos systématiquement diffusés par des sites spécialisés et aux commentaires qu'ils suscitent dans des blogs qui ont surgi en très grand nombre. Les observatoires de la blogosphère politique et des campagnes électorales sur le net se multiplient. L'un de ces observatoires, consacré aux élections américaines, affiche ce slogan révélateur: « *They decide, we watch.* » Il n'est pas impossible que cette amplification du commentaire spontané des événements politiques contribue à la remontée de la participation électorale, mais rien n'indique à ce jour que cela influe vraiment sur la structuration des choix.

On a donc l'impression, un peu surprenante, que le développement rapide des possibilités de la cyberdémocratie profite surtout à la démocratie locale, mais semble bien plus difficile à transposer aux rapports entre les citoyens et l'État, ou au déroulement des campagnes électorales nationales, en l'absence d'évolution notable des institutions et des mentalités.

À lire sur le sujet

« La démocratie électronique », *Regards sur l'actualité* (n°327, janvier 2007), La Documentation française.

Consulter :

www.netpolitique.net
www.villes-internet.net

ENTRETIEN AVEC DANIEL DAYAN

LE SENS DES CÉRÉMONIES TÉLÉVISÉES

Les cérémonies télévisées concernent trois grands types d'événements, renvoyant soit au passé (célébrations traditionnelles), soit au présent (confrontations démocratiques), soit encore à l'avenir (histoire en train de se faire).

Sciences Humaines: Vous distinguez trois grands types de cérémonies télévisées. Pourriez-vous préciser en quoi consiste cette typologie?

Daniel Dayan: Ces trois types de cérémonies télévisées ont en commun de célébrer des moments de « passage » ou des événements. Une première catégorie est constituée par des « couronnements », terme qui ne recouvre pas seulement des événements monarchiques tels que le couronnement de la reine Élisabeth, ou le mariage du prince Charles, mais également des investitures, des célébrations commémoratives. Souvent liés aux rites de passage du personnel politique, ces « couronnements » sont nos événements les plus « classiques ». Ils établissent un lien entre des figures contemporaines et les symboles que l'on ira puiser dans la mémoire collective. Ces symboles seront ainsi incarnés par de nouveaux personnages, et réactualisés. Quant aux personnages offerts en exemple (disons : les membres de la famille royale anglaise), ils en sortiront légitimés. Les funérailles officielles font également partie de ces événements-couronnements. Ainsi, celles de John Kennedy associent le président défunt aux valeurs centrales de la religion civile américaine. Elles font de celui-là une sorte de réincarnation de Lincoln. Le présent semble ainsi prolonger la tradition. Les événements-couronnements comprennent toujours une dimension commémorative. Ils mettent en jeu une temporalité rétrospective.

Le deuxième type d'événements cérémonialise le processus démocratique lui-même en usant d'une temporalité au présent. Nous les avons appelés événements-confrontations, ou « confrontations réglées ». Les débats présidentiels en constituent un modèle exemplaire. Ils célèbrent comme parfaitement légitime la dimension possiblement conflictuelle de tout débat politique, à partir du moment où les différentes parties se situent en référence à un « bien commun ». Néanmoins, depuis quelques années, le genre des confrontations réglées dérive vers des formes où l'on voit peu à peu s'évanouir la référence à un « bien commun ». Pensons ainsi à ce qui s'est passé aux États-Unis, avec le procès de O.J. Simpson, célébration du déchirement.

SH : Je suppose que l'événement-confrontation est spécifique aux régimes démocratiques.

D.D. : Oui, car contrairement à ce qui se passe avec les commémorations, seuls des régimes démocratiques peuvent se permettre de jouer à ce jeu dangereux qui consiste à dire que toutes les opinions sont susceptibles d'être émises.

Si un régime non démocratique se met à produire

de tels événements, sans étouffer ou simuler les débats, le public découvre alors qu'il existe des alternatives aux discours dominants. Cela crée alors une fissure où la revendication démocratique peut s'engouffrer.

SH : En quoi consiste le dernier type d'événements de votre typologie ?

D.D. : Le troisième type d'événements met en jeu une cérémonialité non plus contemporaine ou rétrospective, mais prospective. On y célèbre l'histoire sur le point de se faire. Les événements de ce genre sont les plus rares. Nous avons étudié les voyages du pape Jean-Paul II dans diverses régions du monde, et en particulier ses premiers voyages en Pologne.
Jouant de ses interventions cérémonielles, le pape provoquait des bouleversements dont il choisissait délibérément de restreindre la portée. Il suscitait de nouvelles perceptions historiques, mais en veillant à ce que ces perceptions ne mènent pas à l'insurrection ouverte, et donc à la répression. Sa stratégie consistait à faire « comme si ». Comme si la Pologne était de retour dans le sein de l'Église ; comme si la parenthèse communiste était sur le point de se refermer.
Nous avons également étudié la visite du président Anouar El Sadate à Jérusalem en 1977. Alors qu'il est le chef d'une armée qui vient de livrer une guerre meurtrière à l'État d'Israël, Sadate y est accueilli, « comme s'il » avait toujours été le représentant de la paix, et « comme s'il » représentait en cela, non seulement les Egyptiens, mais l'ensemble des pays arabes.
Dans chacun de ces cas, et dans quelques autres, cette stratégie du « comme si » parvient, dans une transformation spectaculaire de l'opinion publique, à faire advenir la réalité cérémoniellement

mimée. Cette dimension du « faire comme si » met en jeu les aspects de l'univers rituel, que privilégie l'anthropologue britannique Victor Turner. Au mode « indicatif », qui caractérise la réalité quotidienne, Turner oppose, en effet, le monde « subjonctif » du rituel, c'est-à-dire le monde de ce qui pourrait être ou de ce qui mériterait d'exister. Le public peut alors répondre en suspendant son scepticisme habituel. Les membres de la société concernée par l'événement vont mettre leurs doutes entre parenthèses. Ils vont laisser agir « l'enchantement » et se laisser « conquérir » par la proposition de réorientation historique qui leur est faite. Voilà pourquoi nous parlons de « conquêtes » à propos de tels événements. Ce sont de véritables conquêtes de l'opinion publique.

SH: Vous opérez, dans votre ouvrage, un intéressant rapprochement entre votre typologie et celle de Max Weber sur les sources de l'autorité.

D.D.: Max Weber distinguait trois formes d'autorité. Une autorité fondée sur le pouvoir des traditions; une autorité fondée sur la compétence des individus et sur la rationalité des choix; une autorité de type « charismatique », liée à la force de conviction de certains personnages exceptionnels.

Les événements-conquêtes me semblent étroitement liés à l'exercice d'une autorité charismatique. On y voit des personnages hors du commun tenter de changer les orientations historiques d'une société. Leur force de conviction leur permet de proposer de façon crédible ce qui, chez d'autres, semblerait inacceptable, transgressif ou désespérément utopique.

Quant aux événements-couronnements, ils se caractérisent non seulement par leur dimension rétrospective, mais aussi par l'affirmation de loyauté qu'ils proposent vis-à-vis de normes traditionnellement formulées. Mais les plus intéressants ici sont les événements-confrontations : fortement tournés vers un registre argumentatif, ils montrent qu'il peut exister des cérémonies visant à solenniser un mode d'autorité fondé sur la raison.

SH : Certains analystes des médias considèrent que les cérémonies constituent des pseudo-événements. Vous vous inscrivez radicalement en faux contre cette interprétation.

D.D. : Vous faites évidemment allusion au fameux livre de Daniel Boorstin sur la création de « pseudo-événements » (1). Cette notion est parfaitement pertinente, mais pas dans ce cas. Les événements qui manifestent des ambitions cérémonielles deviennent des cérémonies effectives, parce qu'ils se trouvent un public pour valider leurs prétentions symboliques. Mais en amont de cette validation par le public, il en faut une autre sans laquelle de tels événements ne sauraient se distinguer d'une simple gesticulation. À la différence des grands événements effectifs (désastres, catastrophes, guerres), les événements expressifs sont loin d'avoir automatiquement accès à la sphère publique. Pour cela, ils doivent être avalisés, légitimés, validés. Ils peuvent alors être validés de trois façons. Ils peuvent être validés par leur capacité à représenter le « centre » d'une société. Tel est le cas des cérémonies télévisées décrites ici. Ils peuvent aussi être validés par leur vocation à représenter la société civile. Tel est le cas des événements expressifs du type « manifestation ». Mais ils peuvent aussi ne pas être validés du tout, et se retrouver néanmoins sur les médias, alors qu'ils ne représentent ni le centre d'une société ni la société civile, mais des intérêts privés ou ultra minoritaires. Dans ce cas, je dirais qu'ils atteignent la sphère publique « en contrebande ». C'est ainsi que je définirais les « pseudo-événements ». Les médias qui sont normalement les gardes vigilants de l'accès à la sphère publique (*gate keeping*) choisissent ainsi parfois de fermer les yeux. Enfin, il existe aussi des événements expressifs qui atteignent la sphère publique sans validation, et sans « contrebande », mais par coercition. Tels sont, par exemple, les événements terroristes. Pour en revenir aux grandes cérémonies télévisées, on peut donc dire qu'elles sont – comme les pseudo-événements – des « gesticulations expressives ». Mais ces « gesticulations » ont été validées par les institutions représentatives du centre d'une société, par de vastes publics. Elles cessent alors d'être futiles et acquièrent un puissant statut symbolique : elles relèvent de ce que Clifford Geertz appelle *« jeu profond »*.

SH : Depuis 1996, date de parution de votre livre, avez-vous constaté une évolution du genre des cérémonies télévisées ?

D.D. : Oui, les cérémonies que je décrivais en 1996 étaient pour l'essentiel des cérémonies consensuelles et souvent des cérémonies heureuses. Au cours des années 80 et 90, nombre de conflits semblaient réglés ou en voie de règlement. Depuis lors, on assiste à un dramatique élargissement du spectre cérémoniel. Les cérémonies que j'ai décrites subsistent, mais on voit apparaître de nouveaux types de cérémonies : des cérémonies d'humiliation, d'exclusion, d'annihilation. Par exemple, celles que des « kamikazes », avant d'activer leurs bombes, enregistrent sur des cassettes vouées à être diffusées après leur mort, cassettes dont la fascination relève non pas du « direct », mais, au contraire, de « messages d'outre-tombe » ; ou encore celles qu'enregistrent, dans un style proche des « *snuff movies* » (2), les auteurs des meurtres rituels d'otages occidentaux choisis au hasard (ou presque), puis déshumanisés et décapités. Ces nouvelles cérémonies ont en commun d'être marquées par un culte de la mort et de promouvoir une violence soustraite à toute négociation. Grâce au recours à une technologie légère, aisément disponible, elles réussissent à minimiser le rôle des journalistes ou des médias, qui deviennent alors les simples relais techniques d'événements livrés prêts à être diffusés. La nouvelle cérémonialité télévisée engage alors de nouveaux acteurs, de nouveaux publics, un nouveau type de contenu (agonistique plutôt que consensuel ou même conflictuel), une nouvelle temporalité (non plus directe mais rétrospective), une nouvelle définition de l'agir cérémoniel (créer l'irrémédiable) et une nouvelle définition du rôle des médias (boîte aux lettres).

PROPOS RECUEILLIS PAR JACQUES LECOMTE

Notes

1. D. Boorstin, The Image : a Guide to Pseudo-events in America, Harper & Rox, 1964.
2. Films dans lesquels une personne est tuée en direct.

CINQUIÈME PARTIE

DES NOUVELLES TECHNOLOGIES À LA SOCIÉTÉ DE L'INFORMATION

- **Nouvelles technologies, nouveaux usages?**
  Bernard Miège
- **Communication à distance: au-delà des mythes**
  Alain Rallet
- **Internet : le pouvoir de l'imagination. À propos du livre La Galaxie Internet**
  Sylvain Allemand
- **Au cœur de l'imaginaire technique**
  Entretien avec Patrice Flichy
- **Les communications de l'intimité**
  Patrice Flichy
- **Les mythes de la communication**
  Nicolas Journet
- **Pour une cohabitation...culturelle**
  Entretien avec Dominique Wolton
- **Le net sentimental**
  Pascal Lardellier
- **Vers une intelligence collective?**
  Jean-François Dortier
- **Comment Internet a changé notre façon de penser ?**
  Emmanuel Sander
- **Le Web, mode d'emploi**

Bernard Miège

Nouvelles technologies, nouveaux usages ?

Après s'être focalisées sur les usages des premiers utilisateurs, les recherches actuelles s'attachent à suivre l'introduction et le développement des techniques de l'information et de la communication dans la société.

Le développement des techniques de l'information et de la communication (TIC*) a donné lieu à une abondante production de théories et de travaux de recherche émanant de sociologues, voire d'économistes, ainsi que de spécialistes des sciences de l'information et de la communication. Dès le début des années 80, la formation des usages des premiers outils a été l'objet de différentes études. En France, l'impulsion majeure est venue de la Direction générale des télécommunications (qui a pris le nom commercial de France Télécom en 1986). En dépit des assurances des ingénieurs et des décideurs, les premières études confirmaient ce que l'observation montrait déjà, à savoir que les outils ne suivaient pas les prescriptions des offreurs et que les usages réels étaient loin de correspondre à ce qui était attendu (1). En guise d'explication, les chercheurs font appel majoritairement à la problématique de l'« autonomie sociale », empruntant à la fois à des travaux sociologiques tels que ceux d'Yves Barel ou d'Yves Stourdzé, aux thèses de Michel de Certeau, au courant *« uses and gratifications »*, et aux études de réception des œuvres et des programmes.

Depuis le début des années 90, les recherches ne se limitent plus aux usages émergents des premiers utilisateurs, mais en viennent peu à peu à suivre le développement des TIC dans les organisations, dans des champs comme l'éducation, la santé ou l'action publique, voire la vie associative ou la communication politique. Un déplacement s'opère : tandis que les producteurs, quelque peu désorientés par les réactions imprévues des consommateurs, se tournent vers les spécialistes du marketing pour tenter de percer les mystères des usages des produits communicationnels, c'est le processus d'insertion des TIC dans la société qui est de plus en plus au centre des préoccupations des chercheurs. D'où l'accent mis sur le phénomène de l'innovation technique et les efforts faits pour en comprendre la complexité. Après s'être portés dans un premier temps sur la critique du modèle de la diffusion, alors dominant, ces efforts vont conduire à l'élaboration d'autres modèles explicatifs.

Le modèle de la diffusion

Élabore dans les années 50 par l'Américain Everett Rogers (2), ce modèle postule notamment qu'une innovation se diffuse si les différentes catégories d'acteurs y trouvent successivement de l'intérêt, en passant par des étapes (information, persuasion, décision, application et confirmation) auxquelles correspondent des groupes d'acteurs différents (les innovateurs *stricto sensu*, les adopteurs précoces, la majorité précoce, la majorité tardive et les retardataires) ; cette catégorisation, si évidente soit-elle à première vue, s'appuie en fait sur une théorie du comportement qui reprend la théorie du consommateur rationnel de l'économie politique néoclassique ; elle fait le constat de certains comportements récurrents sans expliquer comment se fait le passage d'une étape à l'autre, et pourquoi certains acteurs sont impliqués dans telle ou telle étape.

Le modèle de la traduction

Proposé par Michel Callon et Bruno Latour (3), il reprend en les systématisant les observations de travaux américains. M. Callon et B. Latour insistent sur le fait que les innovations techniques (comme les connaissances scientifiques) résultent de négociations. Ils montrent également que certains individus jouent un rôle décisif en se montrant capables de prélever des informations dans un « monde » (par exemple celui de la recherche scientifique) et de les traduire en informations acceptables dans un autre (par exemple celui des investisseurs) ; soit les « innovateurs-traducteurs ». Ce modèle a connu et continue de connaître un certain succès auprès des spécialistes. Il est vrai qu'il attire avec pertinence l'attention sur la nécessité d'accords entre les différents protagonistes, et sur le fait qu'il n'y a pas de solution de continuité entre le technique et le social, qu'il fonctionne dans le court terme (dans la période où sont prises les décisions qui s'avéreront déterminantes) et ne permet en rien de comprendre les préférences des consommateurs.

Le modèle de l'innovation

Proposé par le sociologue Patrice Flichy (4), à partir d'une connaissance précise de l'histoire des moyens de communication et des outils théoriques de l'ethnométhodologie, il souligne qu'une innovation devient stable à l'issue d'un processus long, lorsqu'il y a « alliance », dans un cadre sociotechnique, entre, d'une part, le cadre de fonctionnement (celui des savoirs et des savoir-faire de la communauté technicienne) et, d'autre part, le cadre d'usage (de l'interaction entre producteurs et consommateurs se dégage une « valeur d'usage », à l'issue de plusieurs étapes identifiables). Incontestablement, le modèle de P. Flichy prend en compte, à la différence des précédents, la complexité des processus sans négliger la spécificité de la dimension technique ni surestimer l'« activité » des usagers. Cependant, trois critiques doivent lui être adressées (5) : d'abord, il privilégie le temps court, alors que les mouvements de la société et de la technique sur le temps long expliquent largement l'émergence de certaines catégories de produits ; ensuite, il postule le « cheminement en parallèle » des cadres de fonctionnement (considéré comme prédominant) et d'usage, puis leur alliance *in fine* (ce que ne confirment pas les stratégies industrielles et commerciales des firmes, de plus en plus soucieuses d'essais-erreurs, d'expérimentations et d'interactions avec les usagers) ; enfin, il néglige la dimension informationnelle et communicationnelle des TIC.

Contrairement aux opinions et aux représentations les plus fréquentes, le développement des TIC ne trouve pas son origine dans la diffusion rapide de quelques outils au cours de la décennie

90: le réseau des réseaux Internet, à partir de 1992, la téléphonie mobile de deuxième génération, à partir de 1997. Les prémices de ce développement sont bien antérieures: dans la plupart des pays développés, ils remontent au milieu des années 70, lorsqu'il s'est agi de trouver de nouveaux débouchés pour les industries de la communication. Au cours des années 80, la croissance de la micro-informatique a certes été le facteur clé, mais avec des résultats encore limités, les micro-ordinateurs, à l'exception de ceux des grandes organisations, n'étant pas reliés en réseau, tant à l'intérieur que vers l'extérieur.

Les écueils à évter

Aussi la recherche en communication doit-elle éviter deux écueils fréquents: premièrement, se limiter au temps court (et même parfois au futur annoncé), en se laissant prendre au piège de l'effervescence d'une actualité effectivement riche en initiatives (qui s'avéreront parfois être des actions de promotion, des prises de risques ou des effets d'annonce); deuxièmement, traiter les TIC comme n'importe quelles autres techniques, sans les considérer en permanence comme des moyens d'accroître les échanges, les flux d'information, les interactions sociales ou encore l'accès à des programmes, et ce indépendamment des instances de médiation sociale et culturelle.

Un troisième écueil menace les chercheurs: celui de tomber dans l'énonciation de théories générales, comme si celles-ci pouvaient à elles seules rendre compte de phénomènes aussi complexes que l'information et la communication. C'est ce qui m'a conduit à plaider pour des « problématiques transversales » (c'est-à-dire ne se limitant pas à un champ ou à un secteur) et « partielles » (ne visant pas à la généralisation). Les huit problématiques qui suivent participent d'une grille de lecture du développement des TIC. Élaborée en collaboration avec le sociologue canadien Gaëtan Tremblay (6), elle vise à éviter tout particulièrement cet écueil.

La liaison étroite entre l'introduction des TIC et le management du travail. Dès les premiers temps de la bureautique, et à plus forte raison depuis que les organisations, grandes et moins grandes, se dotent de systèmes d'information, que ceux-ci soient réalisés selon une logique apparemment purement technicienne (à l'initiative des directions des ressources informatiques), ou qu'ils soient conduits par les directions des ressources humaines en vue de favoriser la « prise de responsabilité » des personnels, il apparaît nettement qu'il ne s'agit pas d'un jeu à somme nulle : non seulement la productivité s'accroît en même temps que la charge de travail (on travaille plus ou on remplit des tâches nouvelles, sans le savoir ou en le découvrant progressivement), mais encore des catégories de personnels y trouvent de l'intérêt au détriment d'autres ; pour les responsables du management du travail, l'introduction des TIC est une opportunité qu'ils saisissent en vue de favoriser les réorganisations, les déplacements, etc.

La mise en réseau du travail. C'est la caractéristique la plus connue et... la plus attendue de la part des directions des organisations. De tous côtés, on en surestime généralement les avantages comme si le travail pouvait se calquer sur des systèmes techniques aux composantes encore conçues de façon fruste. Dans certaines organisations, l'installation des dispositifs s'accompagne d'une stratégie (négociée) de recomposition socio-organisationnelle. Le télétravail se rattache à cette orientation : on en attendait des résultats rapides et significatifs, cela n'a pas été le cas, mais, depuis quelques années, on observe des développements dans des directions bien différentes qui doivent être soigneusement distinguées : le travail à domicile, qualifié ou non, à temps partiel ou permanent ; le travail au sein de centres locaux de services partagés ; le travail délocalisé au sein d'un centre satellite situé souvent au sud. Malgré les avancées récentes, l'inadaptation des logiciels et les insuffisances des réseaux tout autant que les résistances des personnels freinent les évolutions.

L'« informationnalisation » de la production et de la distribution. Ce néologisme peu élégant (il le serait encore moins si on prenait en compte, comme on le devrait, la dimension communicationnelle du processus, car cela donnerait « infocommunicalisation... ») exprime bien les mutations engagées dans la sphère de la circulation depuis, bien sûr, la circulation des flux financiers jusqu'à l'acheminement des produits et leur commercialisation, et particulièrement des produits immatériels. Annoncé de longue date, ce mouvement s'est fait attendre ; il s'est accéléré dans la dernière période. C'est à lui que l'on doit un phénomène majeur de la dernière décennie : la croissance rapide de la circulation *via* des réseaux de communication des informations professionnelles et des informations spécialisées (à la fois en volume, en vitesse et à travers les frontières). Cette « opulence informationnelle » est évidemment moins spectaculaire que celle qui était promise par les systèmes intelligents et les programmes multimédias interactifs. Pour l'instant, elle semble être cependant la plus décisive.

Le soutien apporté à l'industrialisation de l'information et de la culture. Même si, de divers côtés, on paraît découvrir que la culture et l'information donnent lieu à une production industrialisée et internationalisée, les réseaux et les nouveaux outils constituent incontestablement un facteur favorable et même accélérateur ; ces industries du contenu doivent même être considérées comme un élément clé du maintien de la croissance des industries de réseaux (les opérateurs de télécommunications) et des industries de matériels et logiciels (les compagnies d'informatique pour l'essentiel) ; elles comptent également parmi les plus représentatives des industries de services (qualifiées parfois de néo-industries) encore en formation. Ces différents traits, qui s'interpénètrent, expliquent l'exacerbation des enjeux dans ce secteur et l'intensification des fusions-acquisitions qui se produisent dans ce secteur, entre les industries de réseaux et de contenu (comme la mégafusion Vivendi-Canal Plus avec Universal pour ne citer qu'un exemple récent). On notera que les modalités d'exploitation des produits restent indécises.

L'autonomisation croissante des pratiques sociales et l'acceptation croissante de la forme marchandise. L'extension de la marchandise est d'une certaine façon consubstantielle à l'avancée des industries de la communication (sous leurs diverses formes : réseaux, matériels et contenus) ; les modalités de fonctionnement des médias de masse sont mises à mal et surpassées par le paiement des consommateurs, institutionnels et individuels. Cette tendance de longue durée prend appui sur des modifications affectant les pratiques sociales elles-mêmes, tout particulièrement celles des populations jeunes, éduquées et vivant dans les grandes agglomérations. Ce sont elles qui sont le plus sensibles aux campagnes de promotion des constructeurs des nouveaux outils ; elles font de ces derniers des éléments distinctifs de leurs stratégies d'ascension sociale. La contrepartie, c'est que, pour longtemps, la « nouvelle communication » a toutes chances d'être fortement ségrégative :

élément de distinction sociale et culturelle, tant dans l'activité professionnelle que dans les loisirs, elle peut entraîner de surcroît une accentuation des écarts entre des catégories dotées et fonctionnant de plus en plus dans le cyberespace, et une majorité exclue pour l'essentiel.

La tendance à la médiatisation de la communication. L'essor de la télécommunication (la communication à distance) entraîne-t-il le remplacement et l'obsolescence des communications plus socialisées (la communication quotidienne interpersonnelle), ou assiste-t-on à une « conjonction » des deux formes ? On met généralement l'accent sur l'émergence de nouvelles formes d'intermédiation (par exemple dans l'e-commerce ou l'éducation à distance) et certains penseurs ne cessent d'attirer notre attention sur les atteintes, voire la dissolution des structures de médiation. Plus rarement, des travaux montrent que les modalités de la communication ordinaire se reconstituent ou se reconstruisent dans la communication à distance. On conviendra que, sur cette question décisive, les connaissances restent minces qui permettent de dépasser les généralités ou les imprécations souvent émises.

La recomposition en cours des services publics. Les politiques des États, en matière de communication, se sont appliquées depuis plus de dix ans à changer systématiquement les règles de fonctionnement ; ce mouvement de déréglementation/re-réglementation affecte autant l'audiovisuel que les télécommunications. C'est à ce titre qu'ont été profondément réorganisés les services publics ; les établissements qui en sont chargés sont ainsi conduits à développer une offre de produits en concurrence avec celle des opérateurs et producteurs privés, et aux missions de service public s'est peu à peu substituée une notion aussi peu précisée que celle de « service universel » (parfois réduite à celle d'accès universel).

Les contextes ont évolué sans que des réponses soient apportées à des questions pressantes : dans un cadre avant tout marchand, que devient la notion politico-culturelle de service public ? Le service universel concerne-t-il toutes les TIC, ou seulement certaines d'entre elles ? La communication mobile ou seulement la commutation* ? Les bouquets numériques ou seulement la télévision généraliste de masse ? Comment prendre en compte les attentes nouvelles (par exemple : l'usage du Net dans les écoles primaires et les collèges) et selon quelle tarification? Les systèmes de masse ne risquent-ils pas d'être réservés *de facto* aux plus démunis, avec des ressources publicitaires en diminution?

La lenteur des changements affectant les supports de la communication. Les peurs et les espoirs sont multiples, « attisés » par les mises en garde ou les prophéties de quelques penseurs ou experts: le remplacement de l'imprimé par le numérique, et encore plus du texte écrit par le multimédia, s'ils sont maintenant rendus possibles, relèvent à coup sûr de la très longue durée, et donc d'une approche anthropologique et transhistorique plus que d'une étude d'ordre sociologique. Les certitudes affichées surprennent d'autant plus que, là où l'on annonce des substitutions brutales, on constate plutôt des adjonctions, des complémentarités et des métissages; quant aux potentialités du support multimédia, elles sont à peine esquissées, le nouveau support étant en réalité en quête d'innovations.

À défaut d'apporter des réponses, ces clés de lecture nous persuadent que la recherche en communication peut d'ores et déjà aider à démêler, au sein des enjeux multiples qui se manifestent, ceux qui sont les plus décisifs, et à mieux identifier, parmi les stratégies des acteurs directement concernés, celles qui relèvent, par exemple, de pratiques d'adaptation, ou celles qui s'inscrivent dans une perspective d'innovation sociale.

Notes

1. J. Jouët, « Retour critique sur la sociologie des usages », *Réseaux*, n° 100, 2000.
2. E. Rogers, *Diffusion of Innovations*, New York Free Press, 1953.
3. M. Callon, B. Latour (dirs), *La Science telle qu'elle se fait*, La Découverte, 1991.
4. P. Flichy, *L'Innovation technique*, La Découverte, 2003 [1995].
5. B. Miège, *La Société conquise par la communication*, t. II: *La Communication entre l'industrie et l'espace public*; t. III: *Les Tic entre innovation technique et ancrage social*, Presses universitaires de Grenoble, 1997-2007.
6. B. Miège, G. Tremblay, « Pour une grille de lecture du développement des techniques de l'information et de la communication », *Sciences de la société*, Presses universitaires du Mirail, n° 47, 1999.

Alain Rallet

Communication à distance : au-delà des mythes

Les réseaux de communication à distance remettraient en cause les relations de proximité, permettraient de télétravailler, bouleverseraient l'organisation du territoire... Autant d'idées communément admises et pourtant infirmées par la réalité.

À l'heure d'Internet et du virtuel, que devient notre rapport à l'espace physique? N'est-on pas en train d'assister à une transformation de ce rapport comparable à celle créée par l'automobile? En particulier, la révolution des télécommunications et d'Internet (1) ne porte-t-elle pas à son comble le processus de dislocation des lieux amorcé par la révolution des transports depuis la deuxième moitié du XIXe siècle? Internet, ce vaste théâtre technologique, serait ainsi comme l'envers du théâtre classique qui avait sacralisé l'unité de lieu, de temps et d'action.

Rien ne semble en effet devoir arrêter la déterritorialisation des lieux de travail, de consommation, de loisirs et de sociabilité provoquée par l'abaissement des coûts de communication et l'enrichissement des formes de télécommunication (la voix, mais aussi le texte, l'image...). Ainsi, toute activité paraît pouvoir être conduite à distance: le travail est censé se transformer en télétravail, l'entreprise en un réseau virtuel, l'hypermarché en cybermarché, l'enseignement en télé-enseignement, la santé en télésanté... La perspective d'un cybermonde généralisé alimente autant les espoirs intéressés des vendeurs (de plates-formes électroniques, de services en ligne...) que les craintes de nombreuses personnes de perdre tout contact humain direct.

Mais, comme on le sait, l'imaginaire qui accompagne les bouleversements technologiques se réalise rarement. Produit de la fascination pour la technologie, il manifeste surtout notre incapacité à anticiper les transformations à venir. Faute de points de repère, le monde futur n'est que la projection des mille et une merveilles de la technologie: ainsi nous décrit-on un monde d'individus en communication permanente qui, tout en bénéficiant d'une conduite assistée par satellite sur des routes intelligentes, surferont sur le web à l'aide de terminaux multi-usages, permettant d'envoyer un mail accompagné d'un bouquet de fleurs virtuelles, de réserver sans délai une place de théâtre ou de télécharger un livre. Caricature? Pas sûr, tant le discours qui nous est aujourd'hui présenté converge vers le mythe d'une mobilité et d'une déterritorialisation absolues.

Une communication « au loin » ou de proximité?

La difficulté est évidemment que les transformations spatiales induites par les réseaux de télécommunication sont à peine esquissées. Essayons de les anticiper à partir des données les plus récentes dont nous disposons.

Pour commencer, il ne faut pas se laisser abuser par le préfixe « télé » du mot télécommunication. Celui-ci signifie bien « au loin », mais rappelons que l'essentiel (70 %) du trafic de télécommunication est constitué par les communications non seulement locales mais encore entre proches.

Rien d'étonnant à cela: plus nous sommes physiquement proches les uns des autres, plus nos rencontres sont fréquentes, plus nous avons des raisons de nous téléphoner. Il faut donc cesser d'assimiler « télécommunication » et communication « au loin », ne pas oublier que les télécommunications peuvent servir à nouer des relations de proximité. Loin d'être l'instrument froid d'un espace sans frontières peuplé d'individus rivés à leurs claviers et à leurs webcams, Internet peut être le support de la reconquête d'une sociabilité de voisinage. Le discours technologique nous appâte avec la possibilité de nous connecter en pleine nuit avec un inconnu de

Singapour (2). Ce n'est pas sans intérêt, mais il est vraisemblable qu'Internet servira tout autant à rompre l'anonymat des grands ensembles et la solitude des villes ou des campagnes en favorisant la rencontre associative ou l'offre de services de proximité.

Internet est certes le lieu de vastes communautés virtuelles où s'échangent et se structurent des opinions mais, à l'exception d'une minorité de gens (très fortement représentée chez les premiers utilisateurs) qui en font une sorte de cadre existentiel, la plupart des utilisateurs ne voient dans ce réseau qu'un canal complémentaire de communication.

Les télécommunications donnent l'impression de pouvoir s'affranchir totalement de l'espace. La mobilité des hommes et des marchandises rencontre des limites, car elle repose sur des flux physiques et implique des coûts même s'ils ont fortement baissé. Tandis que la mobilité des informations apparaît sans limite, car de nature immatérielle, et sans coût en raison de l'impressionnant progrès technologique (la concentration du trafic sur des artères à haut débit rend le coût de transmission entre villes ou entre continents dérisoire).

Une force de dispersion ou d'agglomération ?

On en a souvent tiré une conclusion hâtive : puisque l'espace est si facile à franchir, il est possible que des activités, notamment les activités intensives en information et en connaissance, s'implantent dans des régions ou zones restées à l'écart du mouvement d'industrialisation. Autrement dit, les télécommunications dans le contexte d'une économie de plus en plus immatérielle redonneraient une chance aux régions périphériques, par exemple celles au climat ou au paysage agréable et à l'environnement préservé. Elles permettraient ainsi de combattre les tendances à la polarisation et à la métropolisation croissantes.

Ces espoirs risquent fort d'être déçus. Pour une raison très simple : la difficulté à franchir l'espace est une force de dispersion des activités, car elle atténue les effets de la concurrence. Inversement, une plus grande mobilité favorise la concentration des activités. En témoigne le secteur de la grande distribution dont la concentration n'a cessé de se renforcer avec la diffusion de l'automobile. De manière générale, plus les coûts de transfert dans l'espace sont faibles, plus la tendance à la concentration est forte. C'est l'enseignement qui se dégage de la baisse radicale des coûts de transport: elle joue en faveur des métropoles et des grands pôles économiques qui sont plus compétitifs car ils offrent des rendements croissants: économies d'échelle, marché du travail abondant et diversifié, infrastructures de haut niveau, gamme étendue de produits et de services...

La mobilité instantanée et sans coût des informations renforce cette tendance. S'il n'y a plus d'obstacle au transfert des informations dans l'espace, alors les forces d'agglomération vont pleinement jouer. Les marchés financiers constituent un excellent exemple de ce phénomène: la transmission des flux financiers est totalement électronisée d'une place à l'autre, d'un acteur à l'autre (même les petits épargnants utilisent Internet pour leurs ordres de bourse) mais la polarisation autour des quelques grandes places internationales n'a jamais été aussi forte. Les bourses de province ont été marginalisées en France. Car la possibilité de traiter les flux à distance accroît l'avantage des grandes places: ressources humaines de niveau supérieur, existence d'un milieu professionnel de forte densité d'où émanent les croyances qui donnent le ton au marché...

C'est un paradoxe: moins l'espace est physiquement contraint, plus il est économiquement polarisé. Plus les individus s'affranchissent de l'espace physique, plus le spectre de leurs localisations possibles se réduit.

Jusqu'ici, on a fait comme si les télécommunications abolissaient l'espace pour les activités reposant sur le transfert de flux d'information. Il faut maintenant dissiper cette illusion. L'espace physique est loin d'être aboli.

Télétravail et commerce électronique

Prenons deux exemples: le télétravail et le commerce électronique. Même s'il semble aujourd'hui passé de mode, le thème du télétravail a été fortement agité, il y a quelques années, en France et en Europe. Selon ses promoteurs, le télétravail semblait promis à un développement rapide. Déjà, aux États-Unis, en 1971, le président d'ATT (compagnie de téléphone) ne déclarait-il pas que 80 % des Américains seraient des télétravailleurs en 1990? De même ici, on nous exposait tout à la fois que le travail tertiaire transformé en télétravail risquait d'être délocalisé aux Philippines ou à l'île

Maurice et qu'il pouvait permettre de revitaliser les zones rurales profondes de notre territoire. Rien de tout cela ne s'est réalisé : le télétravail salarié concerne une fraction de salariés (3) (sauf à considérer que toute personne donnant un coup de téléphone dans le cadre de son travail est un télétravailleur qui s'ignore) dont la plupart avaient déjà ce statut avant les technologies de communication (les travailleurs nomades, les salariés au travail autonome...) et les délocalisations massives d'emplois tertiaires n'ont pas eu lieu.

Concernant le télétravail, l'explication est que la contrainte de proximité reste forte pour certaines dimensions de la relation salariale. En particulier, les salariés redoutent d'être poussés vers le statut de travailleur indépendant, de rater des opportunités de carrière (loin des yeux, loin du cœur), d'affaiblir leur capacité de négociation collective et surtout d'être désocialisés. Quant aux entreprises, le coût du changement résultant de la mise en place d'une nouvelle organisation du travail et de nouvelles méthodes de management et de contrôle leur apparaît supérieur à des gains aléatoires.

Le commerce électronique a fait l'objet des mêmes prédictions futuristes que le télétravail il y a cinq ans : les chiffres proposés par les cabinets de consultants donnent à penser qu'une bonne partie du commerce devrait devenir virtuelle. Si tel était le cas, l'activité urbaine par excellence qu'est le commerce, facteur d'agglomération et de sociabilité depuis les fameuses foires de Champagne au Moyen Age, laisserait place à des transactions électroniques directes entre offreurs et demandeurs. À la limite, le lieu comme la fonction d'intermédiation commerciale disparaîtraient. Pour échapper au discours, il convient de faire quelques distinctions. La première est de séparer le commerce interentreprises (le *B to B* ou *Business to Business*) du commerce à destination du client final (le *B to C ou Business to Consumer*). Bien antérieur à Internet, le commerce *B to B* est déjà fortement électronisé dans le cadre de systèmes EDI (échange de documents informatisés) spécifiques à chaque secteur (4). Les supports des transactions (bons de commande, de livraison, factures...) sont électronisés et transmis sur des réseaux généralement spécifiques. Les systèmes de réservation aérienne mis en place dans les années 80 constituent un des exemples les plus importants de commerce électronique. Le *B to B* constitue et restera de loin la principale forme de commerce électronique (le commerce interentreprises, hors EDI, représenterait 90 % des transactions commerciales sur Internet en 2002, estimation du cabinet de consultants IDC), mais il n'a pas d'impact sur les localisations des partenaires. Il ne fait que modifier la logistique des échanges. Le *B to C* a un poids beaucoup plus faible. Aux États-Unis, pays où il est le plus développé, il ne représente en 2004 que 2 % du commerce de détail (d'après US Bureau of the Census, http://www.census.gov/). Il est principalement focalisé sur quelques produits (voyages, produits informatiques, divertissements). Rien d'étonnant à cela car la vente à distance, dont il est une composante, se situe entre 2 et 4 % du commerce de détail selon les pays. On peut néanmoins se poser la question de savoir si le commerce électronique ne va pas à terme modifier la manière de faire les courses ainsi que les modes de distribution des produits dans les villes. Imaginons par exemple que les gens décident de faire leurs courses sur un cybermarché au lieu d'aller à l'hypermarché le samedi après-midi. Que deviennent alors les vastes centres commerciaux construits à la périphérie des villes grâce à l'automobile ? Que vont devenir aussi les commerces spécialisés de centre-ville (distribution de biens culturels, fleuristes, cavistes...) ? Pour répondre à ces questions, il faut bien voir que seule une partie des fonctions commerciales peut être électronisée, l'autre continuant d'impliquer une dimension physique.

L'impossible commerce intégralement virtuel

Les fonctions facilement électronisables sont celles qui consistent à traiter de l'information : recherche des vendeurs, informations sur les prix et les caractéristiques des produits, catalogues, constitution de bases de données sur les acheteurs... Les transformations dans ce domaine sont déjà bien avancées. En revanche, la décision d'achat et les interactions qui l'entourent sont plus délicates à électroniser (selon le responsable du site électronique d'un grand magasin que nous avons interviewé, moins de 10 % des visites sur le site se concluent par un achat). La livraison des produits matériels implique évidemment une chaîne physique de distribution et les services après vente (réparation, maintenance...) des structures relais sur place.

Au total, une bonne partie de l'activité commerciale continue de supposer des infrastructures physiques, contrairement à une vision naïve où le commerce électronique est implicitement confondu avec un commerce intégralement virtuel. La manière de commercer dans le cadre de ces infrastructures physiques va certainement changer (par exemple, l'électronisation de la fonction catalogue permet de consacrer moins de place à la présentation des produits et plus à des fonctions récréatives incitant à l'achat), mais pas leur existence ni même peut-être leur localisation dans la ville.

L'exemple précédent montre bien que le monde virtuel ne supprime pas le monde physique, mais déplace ses contraintes et en recrée même. Les nouvelles contraintes physiques créées par la virtualisation des relations commerciales tiennent à deux choses : la double nature, matérielle et immatérielle, de tout service (le commerce est un service), l'impératif de temps induit par l'utilisation des réseaux de communication.

Contrairement à la vulgate qui associe services et activités immatérielles, tout service implique l'intervention d'un support physique. Prenons l'exemple du service de surveillance de bâtiments. La télésurveillance permet d'exécuter à distance la fonction de contrôle, mais elle est inopérante s'il n'existe pas sur place une équipe prête à intervenir avec des moyens matériels (5). La performance n'est pas tant dans la virtualisation de la supervision que dans la capacité d'intervention rapide sur place.

Cet exemple illustre aussi l'autre cause de recréation des contraintes physiques de localisation : la gestion du temps induite par les services rendus sur les réseaux. Une des raisons pour lesquelles le commerce électronique se développe lentement est que les vendeurs n'ont pas encore mis en place les infrastructures physiques nécessaires aux transactions virtuelles : à quoi sert en effet de pouvoir commander d'un clic un livre à toute heure, si on ne peut être livré que cinq jours après, aux heures d'ouverture ? N'est-il pas plus efficace de faire un tour chez son libraire ? Le principe de réalité du commerce électronique n'est pas la transaction virtuelle mais la logistique physique. La grande distribution a si bien compris l'importance du problème de la logistique dans la relation au consommateur qu'elle a décidé de supprimer ce problème : l'hypermarché, c'est le client qui va vers le distributeur et non l'inverse.

Le télé-enseignement offre un autre exemple de déterritorialisation/reterritorialisation. La prestation à distance ne peut être pleinement exploitée qu'avec un formateur sur place (ou par la mobilité de l'enseigné assistant périodiquement à des séances en face-à-face). Même chose pour la télésanté. Il faut à cet égard relever le caractère particulièrement pervers de l'argument consistant à présenter les téléservices comme des instruments de rééquilibrage du territoire : grâce aux télécommunications qui permettent de consulter un célèbre professeur de médecine ou d'assister à des cours de qualité sans se déplacer, le dépeuplement des zones rurales et des villes petites et moyennes pourrait être enrayé.

Or, la viabilité économique des téléservices est liée à l'industrialisation de leurs contenus, comme la télévision l'a montré pour le télédivertissement. L'industrialisation des contenus, c'est un transfert de savoir-faire localisés vers des productions réalisées dans les zones centres puis distribuées sous forme de télédiffusion.

Sous cette forme, le télé-enseignement n'arrêtera pas plus la désertification des zones rurales que la télé ne l'a fait dans les années 60 et 70. De même, la diffusion d'un cours au Collège de France aura autant d'effet sur le dépeuplement des campagnes que la retransmission télévisée du concert du Nouvel An à Vienne. Le maintien sur place d'enseignants, de médecins et de facteurs est une meilleure protection contre le dépeuplement des campagnes que la télédiffusion de contenus industrialisés.

Contrairement à une idée répandue, les télécommunications ne réduisent pas la mobilité des personnes mais l'accroissent. Une telle relation de complémentarité a déjà été observée entre les flux d'information et les flux de marchandises : la capacité à gérer à distance l'information dans le cadre de systèmes de juste à temps a contribué à engorger les routes.

Une mobilité accrue ?

Il en va de même pour la relation entre flux d'information et flux de personnes : plus celles-ci télécommuniquent, plus elles ont besoin de se rencontrer et donc de se déplacer. Par ailleurs, la portabilité croissante des terminaux de communication accroît le nombre de travailleurs mobiles, puisque le déplacement n'est plus synonyme de rupture avec le monde extérieur. On peut être en déplacement et continuer à travailler.

Cette complémentarité de la mobilité des informations et des personnes recouvre celle des télécommunications et des transports. La facilité de communiquer à distance engendrant des besoins de rencontres, il importe d'être à proximité d'un point d'entrée dans les réseaux de transport à grande vitesse (aéroport, gare TGV, nœud autoroutier). On retrouve ici le paradoxe souligné plus haut : la liberté plus grande donnée à la localisation des individus par les télécommunications se traduit en fait par des contraintes plus fortes de localisation. On retrouve aussi l'enseignement du commerce électronique : rien ne sert de pouvoir facilement communiquer à distance si la contrepartie physique de la télécommunication implique de longs délais ou des coûts importants.

Il s'avère ainsi que notre monde continue d'être dual (virtuel et physique) et que l'impact des télécommunications sur l'organisation spatiale dépend de la manière dont elles réarticulent cette dualité.

Notes

1. Sur ce point, le lecteur se reportera au rapport de A. Rallet et E. Brousseau pour le Commissariat général du Plan *Technologies de l'information et de la communication et Efficacité économique* (1999) ainsi qu'au petit livre de G. Dang Nguyen et D. Phan, *Economie des télécommunications et de l'Internet* (Economica, 1999).
2. On doit à la vérité dire que les relations « au loin » se font surtout avec les belles inconnues de Singapour : la pornographie représente le quart de l'audience du web.
3. La définition du télétravail étant floue, les chiffres varient selon les études. Une étude européenne le situe à 1,2 % des salariés en Europe au milieu des années 90, tandis qu'une étude américaine l'estime à près de 5 % des salariés aux États-Unis à la même période.
4. Selon l'OCDE, fin 1998, 25 000 entreprises françaises utilisaient l'EDI et 500 seulement avaient un site web marchand.
5. Les tempêtes de la fin du siècle dernier ont également montré que les pylônes sont la première composante des services de téléphone et d'électricité.

SYLVAIN ALLEMAND

INTERNET : LE POUVOIR DE L'IMAGINATION

À PROPOS DU LIVRE DE MANUEL CASTELLS LA GALAXIE INTERNET (1)

Les réseaux de communication à distance remettraient en cause les relations de proximité, permettraient de télétravailler, bouleverseraient l'organisation du territoire... Autant d'idées communément admises et pourtant infirmées par la réalité.

Galaxie Internet: le titre renvoie naturellement aux galaxies Gutenberg et Marconi imaginées quarante ans plus tôt par le sociologue canadien Marshall McLuhan (1911-1980) pour désigner les transformations suscitées respectivement par l'imprimerie puis les médias nés de l'électricité. M. McLuhan appartenait à la génération qui a « découvert » le poste à galène. Au moment où il fait paraître son célèbre livre, *La Galaxie Gutenberg*, en 1962, la télévision, le produit le plus abouti de l'« âge électronique », a pénétré les foyers. De même, Manuel Castells avait à peine plus de 25 ans quand est créé le réseau Arpanet, l'ancêtre d'Internet. Au moment où paraît son livre, ce dernier s'est depuis très largement démocratisé. Comme son illustre prédécesseur, M. Castells ne peut s'empêcher de voir dans le réseau des réseaux un mode de communication radicalement nouveau. De fait, ne permet-il pas d'échanger avec le plus grand nombre, à tout moment (principe de l'interactivité), de mettre en relation des textes mais aussi des images et des sons (principe de l'hypertexte et de l'hypermédia), d'entrer dans un environnement multidimensionnel (principe de la virtualité)? Le parallèle entre les deux ouvrages s'arrête là. Sous la plume de M. Castells, nul aphorisme dont le sociologue canadien avait le secret (comme par exemple: *« Le média est le message »).* Considérant que les nouvelles technologies modifient l'équilibre entre nos différents sens, le même M. McLuhan avait cru bon déduire de l'apparition de nouveaux médias l'avènement d'un homme nouveau. Nulle promesse de ce genre chez M. Castells. Ni même de village global dans lequel les individus abandonnés à eux-mêmes communieraient au rythme d'événements de portée planétaire. Nulle prédiction non plus. Et pour cause: *« Internet est une technologie particulièrement malléable, susceptible d'être profondément modifiée par la pratique sociale et de nourrir en son sein une vaste gamme d'effets sociaux potentiels – à découvrir par l'expérience, et non à proclamer par avance. »*

Enfin, depuis *La Galaxie Gutenberg*, quarante ans se sont écoulés et autant d'années de recherche sur les médias qui ont amené à relativiser le déterminisme technologique. M. Castells a manifestement fait sien cet enseignement. *« Les individus, les institutions, les entreprises et la société en général transforment la technologie en se l'appropriant, en la soumettant à toutes sortes d'expériences. »*

Nuancer les effets d'Internet

Une différence aurait dû d'emblée retenir l'attention: Gutenberg et Marconi étaient des hommes. Internet est une technologie. À bien y réfléchir, ni l'édition ni les médias nés de l'électricité ne sont réductibles au nom d'un « inventeur ». Ils sont le produit d'interactions multiples. C'est d'autant plus vrai avec Internet. Comme M. Castells le rappelle dans un premier chapitre retraçant sa genèse, Internet est né de l'intervention successive de plusieurs catégories d'individus de cultures différentes: les chercheurs qui furent les premiers à utiliser l'Arpanet, les *hackers*, les communautés virtuelles, enfin, les entrepreneurs.

Dans les chapitres suivants, le sociologue M. Castells s'attache autant à convaincre ceux qui, depuis les déboires rencontrés par le Nasdaq (2), doutent qu'Internet puisse donner naissance à une « nouvelle économie » qu'à nuancer les dires des futurologues patentés ou des mordus du cybermonde. À l'attention des sceptiques, M. Castells rappelle qu'Internet est une innovation « générique » appelée à ce titre à se diffuser dans l'ensemble des secteurs économiques bien au-delà de la seule net-économie. Cette mise au point faite, il passe en revue l'ensemble des domaines concernés par Internet. Non, explique-t-il en substance, Internet ne se substituera pas aux autres médias malgré les espoirs fondés dans le multimédia. Non, il ne fera pas de nous des télétravailleurs, pas plus qu'il ne nous transformera en sédentaires rivés à nos écrans d'ordinateurs...

Rien de bien nouveau, dira-t-on. Mais, avec le même esprit encyclopédique que pour sa précédente trilogie *L'Ère de l'information*, M. Castells appuie son propos sur les résultats de données récentes issues, pour l'essentiel, de travaux anglo-saxons. On mesure au passage l'avance des États-Unis dans ce domaine par rapport aux pays européens, dont la France. M. Castells ne se borne pas aux chiffres ; il nous fait profiter de sa familiarité avec le cybermonde, ses internautes, sa cyberculture, ses *start-up*...

Considérons par exemple le télétravail, auquel M. Castells consacre de longs développements. D'après les enquêtes les plus récentes, moins de 10 % des salariés américains déclarent travailler chez eux, et encore n'est-ce que quelques jours par semaine. Nous sommes loin des prévisions faites dans les années 70. En fait, si Internet transforme les conditions de travail, c'est en brouillant encore un peu plus la frontière entre l'espace travail et l'espace hors travail. Déjà, les nouvelles technologies de communication permettent de poursuivre ses échanges professionnels dans sa voiture, le train, l'aéroport, etc. Pour M. Castells, Internet ne fait qu'intensifier cette mobilité multiple.

Parmi les possibilités associées à Internet, l'une retient particulièrement l'attention de M. Castells : l'hypertexte*. Pour lui, il s'agit en fait moins d'une innovation technique qui s'imposerait de l'extérieur que d'une caractéristique humaine. Si les esprits humains *« ont la possibilité matérielle d'accéder à l'ensemble des expressions culturelles, de choisir des éléments et de les recombiner,* explique-t-il, *nous avons bel et bien affaire à un hypertexte : il est en nous »*. Se pose alors la question de savoir comment des personnes qui s'adonnent à Internet peuvent faire société. En effet, *« plus nous choisirons notre hypertexte personnel dans un contexte de structure sociale en réseaux et d'expression culturelle individualisée, et plus nous aurons du mal à trouver un langage commun, donc un sens commun »*.

Une vision dont M. Castells accentue le pessimisme pour mieux souligner ensuite le salut que pourrait apporter… l'art. « *N'a-t-il pas toujours servi, avance-t-il, à bâtir des ponts entre ceux que séparaient la nationalité, la culture, la classe, l'ethnie, le sexe ou le pouvoir?* »

On pourra regretter que M. Castells ait fait l'impasse sur les applications d'Internet dans le domaine éducatif. Mais, tout en s'excusant de cette lacune, il promet d'y travailler pour une réédition du livre. En attendant, un chapitre mettra du baume au cœur des géographes, dont certains annonçaient ni plus ni moins la fin de la discipline du fait de la contraction des distances sous l'effet des nouvelles technologies de télécommunication. Qu'on l'envisage à travers la répartition dans l'espace de son équipement technique, de ses utilisateurs ou de ses producteurs, le cybermonde est caractérisé par de fortes concentrations géographiques qui correspondent à peu près aux nœuds des réseaux formés par les grandes métropoles. Encore une fois, le fait a déjà été signalé, mais M. Castells en apporte une illustration spectaculaire à l'aide des cartes élaborées par le spécialiste mondial de télé géographie, Matthew Zook.

Outre l'extrême concentration des domaines, ces cartes mettent en évidence l'inégale répartition des populations connectées, non seulement entre les pays, mais aussi au sein des pays, selon le sexe, l'appartenance sociale ou ethnique. Certes, Internet se diffuse rapidement, mais les nouvelles innovations ajoutent de nouvelles sources d'inégalité, notamment entre ceux qui ont un accès aux réseaux à haut débit et les autres. « *Il est donc possible que, lorsque les masses accéderont enfin en rangs serrés à l'Internet par téléphone, les élites de la planète se seront déjà retirées dans une plus haute sphère du cyberespace.* »

On le voit: la fracture numérique ne se mesure pas seulement au nombre de connectés mais « *aux effets simultanés de la connexion et de la non-connexion* ». Que dire alors du retard pris par les territoires dépourvus en infrastructures de télécommunication? C'est, pour M. Castells, un enjeu aussi important que les « *vrais problèmes* » du tiers-monde que sont l'éducation, la santé ou l'accès à l'eau.

Internet et les utopies

Au terme de la lecture de *La Galaxie Internet*, les premiers espoirs placés dans Internet paraîtront n'avoir été finalement que l'expression d'une nouvelle utopie pour ne pas dire « e-topie ». Internet est bien un espace de libre circulation comme l'avaient souhaité ses pionniers, mais... sous contrôle. La bataille entre les partisans de la liberté d'expression et les avocats d'une plus grande protection de la vie privée a été amplement décrite. M. Castells va plus loin en expliquant comment la lutte contre la cybercriminalité contribue à la restriction de la liberté d'expression tout en accentuant la capacité de contrôle des ressortissants d'un pays non démocratique hors de ses frontières.

Sans attendre l'issue de cette bataille, on ne saurait trop suggérer au lecteur de se reporter à l'ouvrage publié quelques mois plus tôt par le sociologue Patrice Flichy, *L'Imaginaire d'Internet* (3). À partir de l'examen d'un large échantillon de l'abondante littérature (grise mais aussi de science-fiction) qu'Internet a suscité outre-Atlantique depuis sa création, il montre comment de multiples utopies ont nourri l'imagination technique des pionniers avant de se transformer, le cas échéant, en « mythes » ou en « idéologies ». Ces « *utopies ne s'opposent pas au réel, elles sont au contraire l'un des éléments qui permettent de le construire* ». Si danger il y a à l'avenir, il réside donc moins dans leur persistance que dans la domination d'un seul et même imaginaire. Pour l'heure, constate P. Flichy, l'imaginaire Internet renvoie à de nombreux thèmes de l'univers culturel américain : celui de la « frontière », qui incline à voir dans le cyberespace un territoire à conquérir, celui de la communauté ou encore de la liberté individuelle. Sous réserve d'inventaire, la littérature aussi bien savante que politique ou romanesque consacrée en Europe et en France en particulier au réseau des réseaux paraît moins prolifique qu'outre-Atlantique.

C'est, conclut P. Flichy, d'autant plus regrettable que « *la prolifération des utopies, l'abondance des discussions et des controverses sont les conditions pour qu'une société s'approprie une nouvelle technique, la fasse sienne, l'intègre dans sa vision d'avenir* ».

Notes

1. Fayard, 2001. Né en Espagne en 1942, Manuel Castells est professeur de sociologie à l'Université de Berkeley (Californie). Spécialiste mondialement reconnu de sociologie urbaine et des réseaux, il est l'auteur d'une vingtaine d'ouvrages, dont les trois tomes de *L'Ère de l'information* (Fayard) : *La Société en réseaux* (1998, rééd. 2001) ; *Le Pouvoir de l'identité* (1999) ; et *Fin de millénaire* (1999).

2. National Association of Securities Dealers-Automated Quotation (NASDAQ). Le Nasdaq est le marché américain des valeurs technologiques. C'est un marché entièrement électronique.

3. La Découverte, 2001.

Entretien avec Patrice Flichy

Au cœur de l'imaginaire technique

Aucun imaginaire technique n'est allé aussi loin que celui d'Internet... Une tentative d'explication de la fascination qu'exerce Internet.

Pour vous, la diffusion des techniques comme Internet ne tient pas seulement à l'innovation technologique et ses usages pratiques, mais doit prendre en compte le rôle de l'« imaginaire technique ». Pouvez-vous expliquer cela?

Patrice Flichy: Cette approche par l'imaginaire est quelque chose d'essentiel pour comprendre le processus d'innovation. On ne peut mobiliser des acteurs différents – concepteurs et usagers mais aussi réparateurs, commerciaux, etc. – en l'absence d'une représentation commune de la technique. Cet imaginaire se manifeste tour à tour sous forme d'utopie, d'idéologie et de mythe. L'utopie et l'idéologie, je les entends au sens où les définit Paul Ricœur. Comme il le montre bien, ces notions ne s'opposent pas au réel, au contraire. L'utopie est la première manifestation d'un nouvel imaginaire technique. Elle ouvre la perspective de transformations radicales et d'un monde nouveau. Elle peut soit se transformer en pure fantasmagorie ou en rêve, soit au contraire s'incarner dans un projet collectif. C'est à ce stade qu'intervient l'idéologie qui, par définition, permet de mobiliser différents acteurs sociaux. Mais comme l'histoire l'a enseigné, une idéologie peut aussi n'être qu'un masque ou une illusion du réel. C'est alors que se justifie la notion de mythe, que j'entends au sens de Roland Barthes, c'est-à-dire comme un changement de référence, la transformation d'une histoire particulière en une représentation naturelle. Prenons l'exemple d'Internet : jusque dans les années 80, le réseau des réseaux est présenté par la communauté des chercheurs comme un outil de communication ouvert, égalitaire, qui permet de créer de nouvelles communautés. Il s'agit là de l'utopie maîtresse de l'imaginaire technique d'Internet. Depuis, sa diffusion dans la société a débouché sur la naissance d'un mythe : la communauté virtuelle à laquelle pourrait participer l'ensemble de la population. Pas plus que la technique, cet imaginaire ne tombe du ciel. Autrement dit, il n'y a pas je ne sais quel père fondateur qui aurait défini une fois pour toute un imaginaire technique qui n'aurait plus qu'à se déployer dans le temps. Cet imaginaire est lui aussi le résultat d'une construction sociale.

Comment cette construction procède-t-elle concrètement ?

P.F. : Pour l'essentiel, à partir des discours produits par les concepteurs eux-mêmes, mais aussi à travers les romans et les films d'anticipation. Ceux-ci doivent être pris d'autant plus au sérieux qu'ils permettent souvent de donner une cohérence aux intuitions des concepteurs. À quoi il faut ajouter le rôle médiateur des journalistes : par leur travail de vulgarisation, ils font le lien entre le monde de la recherche et le grand public. Dans

L'Imaginaire d'Internet, je montre ainsi comment les thématiques chères aux pionniers ont fini par circuler en dehors des revues confidentielles destinées aux spécialistes, pour atteindre les grands médias. À l'origine, il y a bien des visions ou des intuitions qui sont produites par des personnalités hors du commun. Mais, elles se modifient peu à peu au gré des négociations implicites qui s'engagent avec les autres parties prenantes du processus d'innovation. Revenons à Internet. Cette technologie doit certes beaucoup à des personnes comme Joseph Licklider ou Douglas Englebart, alors à la tête, dans les années 60, du programme informatique de l'Arpa, l'Agence de recherche fondamentale du ministère américain de la Défense. À cette époque, ils publient un texte dans lequel ils avancent l'idée que l'informatique pourrait contribuer à améliorer l'intelligence humaine et la communication entre les hommes. Cela dit, des idées voisines sont exposées au cours de colloques qui ont lieu à la même époque. Pour mettre en œuvre leur intuition, J. Licklider et D. Englebart vont devoir mobiliser la communauté informatique, constituer une équipe. Ce n'est que progressivement que leur projet prendra une forme précise.

En quoi L'Imaginaire d'Internet, le thème de l'un de vos derniers livres, se différencie-t-il des autres imaginaires techniques?

P.F. : Aucun imaginaire technique n'est allé aussi loin que celui d'Internet. Dans leurs écrits, les concepteurs usagers dessinent les contours d'une société radicalement différente, qui pourrait se réguler en l'absence de tout pouvoir politique. L'interaction sociale procéderait sur la base de la divulgation d'un minimum d'éléments d'identification. Il n'est pas jusqu'à la question du rapport au corps qui se trouve posée en termes nouveaux avec l'émergence des communautés virtuelles. Sans doute est-ce le caractère ambitieux de cet imaginaire qui explique la fascination qu'Internet exerce, et l'ampleur de la mobilisation des acteurs industriels dont ont témoigné la bulle spéculative et les débats autour de la « nouvelle économie ». Hormis le chemin de fer, aucune innovation n'avait par le passé suscité un tel engouement des acteurs économiques.

Propos recueillis par Sylvain Allemand

PATRICE FLICHY

LES COMMUNICATIONS DE L'INTIMITÉ

Depuis le XIXe siècle, on a assisté à la fois au déclin des spectacles collectifs et au développement des divertissements à usage privé. Du phonographe au mobile, l'histoire de la communication moderne s'est articulée aux exigences de l'individualisme contemporain. Le lien social en est-il pour autant plus lâche ?

La vie publique s'est profondément modifiée au cours du XIXe siècle. Richard Sennett (1) estime qu'elle a perdu à cette époque son caractère de convivialité et d'échange pour devenir un espace où les gens se côtoient en silence. A propos de cette *« vie privée publique »*, il parle de *« rêve éveillé »*. Il retrouve ainsi le constat que faisait déjà Charles Baudelaire dans son étude sur le flâneur (2). Il y présentait un individu qui est à la fois hors de chez lui et partout chez lui.

Cette tendance s'observe dans tous les spectacles collectifs, et en particulier au théâtre. Pendant une bonne partie du siècle, la salle de spectacle est avant tout un lieu de sociabilité. La loge est une sorte de salon où l'on peut converser, observer les autres spectateurs et regarder le spectacle. Petit à petit, on prend l'habitude d'éteindre les lustres de la salle et de concentrer la lumière sur la scène. L'écoute silencieuse s'impose. La nouvelle architecture théâtrale est conçue pour permettre avant tout au spectateur de voir le spectacle. Les salles accueillent alors une foule solitaire, le public est un ensemble où chacun vit ses émotions de façon séparée (3). Le cinéma connaîtra la même évolution. Si au début du siècle le public commente à voix haute, et même participe collectivement au spectacle, avec l'apparition du cinéma parlant, l'écoute silencieuse et solitaire s'imposera.

La fin du XIXe siècle verra ainsi le déclin des spectacles collectifs. Dans le même temps, les divertissements à domicile connaîtront un remarquable essor. Il est donc tentant de voir dans la privatisation et l'individualisation les deux clés permettant de comprendre l'évolution des modes de divertissement et d'échange interpersonnel depuis cent cinquante ans. Disparition des spectacles collectifs et développement d'une consommation privée dans les espaces domestiques d'une part; réception des spectacles toujours plus individuelle d'autre part.

Chacune de ces deux évolutions est autonome. La première correspond à une lente érosion des lieux collectifs et à un repli sur le « *home* ». Quant à l'individualisation, elle se manifeste aussi bien dans les lieux collectifs que dans l'espace privé.

Le lent glissement de l'espace public à l'espace privé

Une étude attentive de ces deux mouvements montre cependant que ces évolutions sont complexes. La « privatisation » de la communication s'est en effet accompagnée d'une étrange dialectique entre le public et le privé. De plus, l'individualisme contemporain s'est déployé dans un contexte marqué par la multiplication des dispositifs de mise en relation. Se replier sur son territoire personnel ne veut pas dire pour autant s'isoler des autres. Ainsi, le développement des médias a moins accompagné un passage du public au privé et du collectif à l'individuel qu'il n'a facilité de nouveaux agencements entre public et privé d'une part, et individu et lien social de l'autre.

Le repli sur le *home*, qui a été noté par les historiens de la vie privée, se manifeste notamment par l'apparition d'une vie musicale privée qui adopte le piano comme principal instrument. Celui-ci devient un élément emblématique du mobilier des classes moyennes. Cet instrument va permettre de reprendre la musique publique au sein de l'espace domestique. Cette transformation va être réalisée par une activité très particulière d'écriture musicale: la réduction. Des compositeurs vont ainsi transformer un morceau écrit pour un orchestre en une pièce pour piano. On retrouve ce même phénomène d'adaptation au début du jazz aux États-Unis, les éditeurs s'efforçant de simplifier la complexité rythmique du *ragtime*.

La musique pour pianiste amateur n'est pas qu'une musique savante. Un très important marché de partitions de chansons se développe. Celles qu'on appelait les « *royalties songs* » pouvaient avoir des tirages qui dépassaient le million d'exemplaires. L'exécution de ces chansons accompagnées au piano constituait une part importante des loisirs domestiques de la bourgeoisie et des classes moyennes. On estime d'ailleurs qu'avant la guerre de 1914, un quart des ménages anglais étaient équipés d'un piano (4).

C'est dans ce contexte qu'apparaît le phonographe, qui va rapidement prendre sa place dans l'espace domestique. Aux États-Unis, 3 % des ménages en étaient équipés en 1900, 15 % en 1910 et 50 % en 1920. Au début, le catalogue est constitué de chansons, de ballades populaires ou de quelques morceaux symphoniques réputés. Un deuxième catalogue sera constitué à partir des grands airs d'opéra. Alors que certains chanteurs commencent à bénéficier d'une notoriété considérable, l'enregistrement phonographique va permettre de garder le souvenir des airs et des vedettes déjà écoutés. Car, comme le dit Walter Benjamin, *« l'art de collectionner est une forme de ressouvenir pratique »* (5). D'ailleurs, le goût de la collection ne concerne pas que le disque, mais aussi la photographie et la carte postale. Cette dernière permet aussi de transmettre une image des grands monuments à ceux qui ne voyagent pas. Il en est de même pour le disque, qui va aussi trouver son public chez ceux qui n'ont pas pu aller à l'opéra et qui peuvent écouter à domicile *« la sélection la plus enchanteresse des plus grands chanteurs du monde »* (6).

Le phonographe, comme le piano, n'est pas seulement l'instrument qui permet de substituer une activité musicale privée à une activité musicale publique, c'est aussi un dispositif qui assure l'adaptation, la réduction de la musique de spectacle à la musique domestique.

Radio et télévision, des médias familiaux

Dans l'entre-deux-guerres, la radio va très largement remplacer le disque. On présente le nouveau média comme un outil qui permet d'écouter un spectacle théâtral ou musical chez soi. Les publicités présentent souvent l'appareil de radio comme une salle de spectacle installée dans le salon. Les appareils sont « *prévus pour s'adapter à tous les cadres de la vie familiale et de l'intimité du home* » (7). Quant au récepteur Ergos, « *toutes les ondes du monde viennent y faire leur nid* » (8). On assiste ainsi à une privatisation de l'espace public du spectacle. La réception, comme le montrent de nombreux documents de l'époque, a lieu en famille. Il s'agit d'une sorte de rituel. C'est souvent le père qui règle le poste et le silence est requis pour l'écouter. De son côté, Cecil A. Lewis, qui fut le premier responsable des programmes de la BBC, estime que « *la radiodiffusion implique une redécouverte du home. En ces jours où la maison et le foyer sont largement délaissés pour de multiples activités extérieures, avec comme conséquence l'éclatement de la famille et de ses liens, il apparaît que ce nouveau mode de persuasion peut, d'une certaine façon, réinstaller le toit familial dans son rôle habituel* » (9).

Ce média familial rencontra un succès considérable. Aux États-Unis, cinq ans après le démarrage des émissions *broadcast*, soit en 1927, 24 % des ménages étaient équipés. En 1932, malgré la crise économique, plus de 60 % des familles avaient un poste. En Angleterre, 73 % des ménages sont équipés à la veille de la guerre et ils écoutent en moyenne la radio quatre heures par jour (10).

À partir de la fin des années 40, c'est la télévision qui va entrer à son tour dans l'espace domestique. Toutefois, son introduction dans le foyer ne s'est pas effectuée de la même façon que celle du phonographe ou de la radio. Alors que, dans le monde victorien, on a une coupure profonde entre la sphère privée et la sphère publique, que la maison familiale est conçue comme un lieu fermé et clos, l'espace domestique des banlieues américaines de l'après-guerre est au contraire basé sur une interaction complexe du privé et du public. Selon Lynn Spigel, « *de façon paradoxale, la privacy était quelque chose dont on ne pouvait jouir qu'en compagnie des autres* » (11).

Dans l'architecture pavillonnaire modèle de cette époque, on supprime les cloisons de façon à disposer d'un grand *living* et d'une cuisine attenante. Les pièces s'ouvrent très largement sur l'extérieur de telle façon qu'on a l'impression que l'espace public prolonge l'espace domestique. C'est ce nouvel imaginaire spatial articulant public et privé qu'on retrouve à la naissance de la télévision. En 1946, Thomas Hutchinson publie un ouvrage grand public d'introduction à ce nouveau média qu'il intitule *Here is Television. Your Window on the World.* Quatre ans plus tard dans un autre livre destiné au grand public, *Radio, télévision et société*, Charles Siepmann écrit : « *La télévision fournit un élargissement maximum de l'environnement perçu, pour un effort minimum (...). Elle apporte le monde sur le pas de la porte.* » Ainsi, la naissance de la télévision correspond à un double mouvement de privatisation d'un espace public et de « publicisation » d'un lieu privé.

Cette thématique se retrouve dans les publicités de la radio et de la télévision. Alors que les publicités du phonographe mettaient en valeur l'aspect décoratif de l'appareil, son intégration dans le mobilier, celles de la radio insistent encore sur ce point mais y ajoutent l'idée que le poste apporte les sons du monde chez soi : « *Toutes les routes du monde s'ouvrent devant vous aisément, c'est la belle, la splendide aventure... sans quitter votre fauteuil!* » (12). Les publicités de la télévision restent dans la même ligne et nous montrent le monde. Dans la photo d'un téléviseur, on trouve, par exemple, la tour Eiffel ou Big Ben, ou encore la statue de la Liberté. Dans une autre publicité, on peut voir un terrain de base-ball avec au milieu un fauteuil et un téléviseur avec l'image d'un joueur.

Un autre thème revient dans les publicités de l'époque, celui de la théâtralisation de l'espace domestique. Certaines publicités parlent de la télévision comme d'un théâtre familial ou du théâtre dans son fauteuil, ou encore du salon-théâtre. On peut également voir des illustrations avec une femme en robe du soir regardant la télévision chez elle. Mais ce sont aussi les grands événements rituels de nos sociétés que la télévision va apporter dans le foyer : fêtes nationales, couronnements, grandes compétitions sportives.

Le contraste est grand avec la télévision des années 80, qui ne cherche plus à associer le spectaculaire et le quotidien, à orchestrer les grands rituels sociétaux, mais plutôt à organiser des petits rituels familiers. Dans cette nouvelle forme que les sociologues italiens ont appelée « néotélévision » (13), le contenu des échanges ou la personnalité des participants importent peu, seule compte la présence. La télévision met donc en scène la vie quotidienne, mais elle devient aussi la référence à laquelle le quotidien peut se conformer. On assiste ainsi à un jeu de miroirs permanent entre la télévision et la société.

Vivre ensemble séparément

Alors que la famille se réunit autour du nouveau média télévisuel pour regarder la télévision collectivement, elle abandonne la radio qui devient un média individuel. Grâce à la portabilité et au faible coût des radios à transistor, chacun peut s'enfermer dans sa chambre ou vaquer à ses propres occupations en écoutant sa radio. Cette nouvelle famille peut « vivre ensemble séparément ». C'est probablement avec la nouvelle musique qui naît à cette époque, le rock, que l'usage du transistor et du média associé, l'électrophone, connaît son véritable essor. Alors que dans les années 50, l'écoute collective autour des juke-box est déterminante, par la suite, elle s'effectuera à domicile, notamment pour les jeunes filles qui écouteront la musique dans leur chambre et s'y entraîneront à danser (14). Le rock que les *teenagers* écoutent sur leurs transistors leur donne la possibilité de contrôler leur espace. Se crée ainsi un « foyer juxtaposé » où les jeunes peuvent être eux-mêmes, tout en cohabitant avec leurs parents. Il y a une individualisation des goûts musicaux selon les âges.

Ainsi, ce déplacement de l'écoute de la radio du salon à la chambre est bien plus qu'une nouvelle modalité d'écoute. Il favorise l'affirmation de soi et la constitution de cultures de groupes de pairs.

Cette individualisation de l'écoute va-t-elle se généraliser et atteindre la télévision ? Au milieu des années 80, c'était loin d'être le cas. L'enquête ethnographique réalisée à cette époque par David Morley montrait que le téléviseur familial était une source perpétuelle de tensions au sein de la famille entre les hommes et les femmes, les parents et les enfants (15). La progression du multi-équipement mettra-t-elle fin à la guerre des living-rooms ? L'hypothèse est plausible, mais il n'y a pas à l'heure actuelle, comme pour la radio, de disparition de l'appareil de salon. Celui-ci reste l'appareil principal autour duquel la famille peut se réunir, les postes installés dans les chambres étant semble-t-il moins utilisés (16).

Le téléphone mobile, aujourd'hui, s'inscrit également dans ce mouvement d'individualisation de la communication. Contrairement au téléphone fixe, la ligne mobile renvoie à un individu et à un seul. Le téléphone mobile est ordinairement porté sur soi, c'est une technologie qui, comme un vêtement, est associée au corps. Il s'agit en quelque sorte d'une extension de soi, d'une prothèse immédiatement disponible. L'appareil ne passe pas de main en main. On constate, selon les enquêtes, qu'environ 30 % seulement des usagers prêtent leur portable à un tiers. Enfin, le mobile, comme le walkman auparavant, est un outil de communication qui quitte le foyer pour occuper les lieux collectifs, contribuant là encore à modifier les frontières entre le public et le privé. Ce téléphone personnel permet en effet, lui aussi, de vivre ensemble (le mobile sert à appeler le fixe ou les autres mobiles de la famille) séparément (le possesseur de mobile développe une sociabilité téléphonique spécifique). Il s'inscrit dans une nouvelle dialectique de l'autonomie et du contrôle tant au sein de la famille que de l'entreprise (17). Comme la radio des années 50, il s'est fortement diffusé chez les jeunes. Il leur permet, comme le transistor, comme le walkman, de s'autonomiser par rapport à la cellule familiale, d'y vivre tout en étant ailleurs. Pour les adultes vivant en couple, en revanche, les usages sont plus diversifiés. Le portable peut aussi bien leur permettre de renforcer leur espace commun que de développer des relations plus personnelles (18).

On s'en convainc aisément, l'individualisation de l'usage des médias, qui est une des caractéristiques de l'écoute de la radio, ne signifie pas pour autant que la vie communicationnelle est totalement cloisonnée, bien au contraire. La télévision se regarde encore largement en famille et, plus généralement, les médias constituent un des thèmes de discussion quotidienne des familles. La télévision est à la fois un objet de conflit et d'échange. Il en est de même avec le téléphone portable qui, grâce à ses différentes formes, peut être à la fois un outil de contrôle, de coordination et d'échange, mais aussi d'autonomie. L'individualisme ne tue pas le lien social (19). On peut vivre séparément… et ensemble.

Notes

1. R. Sennett, *Les Tyrannies de l'intimité,* Seuil, rééd. 1995 [1974].
2. C. Baudelaire, « Le peintre de la vie moderne » [1863], *Œuvres complètes*, Gallimard, « La Pléiade », 1961.
3. P. Flichy, *Une histoire de la communication moderne,* La Découverte, 2004 [1991].
4. C. Ehrlich, *The Piano: A History,* Clarendon Press, éd. révisée 1990 [1976].
5. W. Benjamin, *Paris, capitale du XIXe siècle* [1939], Cerf, 1989.
6. Slogan publicitaire du label rouge lancé par la Gramophon Company en 1902.
7. « Le XIIe Salon de la TSF », *L'Illustration*, 12 octobre 1935.
8. *L'Illustration,* 7 septembre 1935.
9. C.A. Lewis, *Broadcasting from Within,* Newnes, 1924.
10. A. Briggs, *The History of Broadcasting in the United Kingdom, t. II: The Golden Age of Wireless,* Oxford University Press, 1965.
11. L. Spigel, « Installing the Television and Domestic Space, 1948-1955 », dans L. Spigel, D. Mann, *Private Screenings: Television and the Female Consumer*, University of Minnesota Press, 1992.
12. « Le XIIe Salon de la TSF », *L'Illustration, op. cit.*
13. U. Eco, « TV, la transparence perdue », dans U. Eco, *La Guerre du faux*, Grasset, 1985.
14. Les sociologues anglais parlent de « *bedroom culture* ».
15. D. Morley, *Famille Television: Cultural Power and Domestic Leisure,* Comedia, 1986.
16. Une enquête récente du ministère de la Culture montre ainsi que 90 % des jeunes de moins de 14 ans possèdent un équipement audio, alors que moins d'un tiers a un téléviseur personnel.
17. C. Licoppe, M. relieu, Dossier « Mobiles », *Réseaux,* n° 112-113, 2002.
18. O. Martin, F. de Singly, « Le téléphone portable dans la vie conjugale », *Réseaux*, n° 112-113, 2002.
19. P. Flichy, « L'individualisme connecté entre la technique numérique et la société », *Réseaux*, n° 124, 2004.

Le "Net sentimental"

Depuis la fin des années 1990, Internet, les sites de rencontres (SDR) et les forums de discussions métamorphosent les stratégies de séduction. Sur ces sites, chacun devient son propre « cyber-agent matrimonial ». Un pseudo, une fiche de présentation, un court texte résumant la personnalité et la quête, une photo éventuellement, et voici le (ou la) célibataire prêt(e) à entrer dans le grand bal masqué du "Net sentimental". Ensuite, on s'écrit des messages dans les boîtes aux lettres électroniques (la relation est alors asynchrone) ou on chatte en direct sur les plates-formes de discussion. Chronophage, la pratique est particulièrement absorbante et nombreux sont ceux qui souffrent de Net-addiction, illustrant à l'envi ce que certains spécialistes décrivent comme la tyrannie du branchement (Dominique Wolton) ou l'obsession du lien.

Révolution sociale et amoureuse, Internet constitue une révolution relationnelle, aussi, tant les timides peuvent oser là ce qu'ils ne se permettraient pas dans la vraie vie. Sur le Net, ils sont affranchis du regard d'autrui et libérés de la pesanteur de ces corps dont ils ne savaient que faire avant. Désormais protégés par l'écran, l'anonymat du pseudo et l'absence des corps, bien loin des lieux de représentation sociale, les âmes seules peuvent se permettre toutes les audaces. Orgueil, timidité et quant-à-soi se trouvent évincés d'un coup de clic, irrémédiablement relégués au rang de scories relationnelles d'avant le cybermonde. Quitte à voir se généraliser le zapping relationnel et l'industrialisation de la drague. Car on passe des un(e) s aux autres sans justification ni explication, et le jeu des lettres en « copier-coller » permet de contacter des dizaines de personnes en même temps.

Dès les pages d'accueil, les SDR proposent des modes de recherches très performants, accompagnés de listes d'amis, d'indésirables (black lists) et de coups de cœur. Ce faisceau de facteurs entérine un nouvel âge relationnel, caractérisé par un réalisme et un pragmatisme qui tendent à évincer le danger, l'erreur, les errements. Et la logique sentimentale qui s'impose est ostensiblement consumériste : réduction des risques de toutes sortes, catégorisation des termes de la quête, tentative de mise en adéquation entre ses aspirations et les contours très (et souvent trop) précis du partenaire idéal, et du couple rêvé.

Avec, souvent, cette illusion que l'on sélectionne au mieux celui (ou celle) à aimer, en fonction de multiples critères physiques, sociaux et moraux: il faut en fait avoir les bonnes croix dans les bonnes cases. On peut à bon droit parler de marketing amoureux.

Mais le contexte numérique est aussi le premier qui voit des inconnus devenir intimes, tomber amoureux virtuellement, se séduire sans se connaître, reconfigurant (si l'on peut dire) le statut social et philosophique de la relation. Auparavant, la relation (a fortiori amoureuse) se fondait sur la rencontre des corps, en première lecture (voir la thématique romantique du coup de foudre illustrée par Phèdre devant le bel Hippolyte). Et c'est alors que tout commençait. La Toile permet de faire les choses à l'envers, puisqu'on se découvre de l'intérieur.

Hommes et femmes, des attentes différentes

Le Net sentimental des SDR se fonde sur une série d'asymétries fondatrices. Parlant d'amour, une différence radicale oppose les hommes et les femmes quant aux attentes, source dès lors de bien des malentendus et d'autant de désillusions. La plupart des abonnées sont là car elles souhaitent une rencontre sérieuse, voire la rencontre qui changera leur vie. La thématique du prince charmant est omniprésente, et on trouve sur les SDR un suremploi féminin des majuscules absolutisant l'amour et les valeurs afférentes.

« Le public féminin a tendance à magnifier ses rencontres virtuelles. Ces femmes dissocient le sentiment amoureux du désir sexuel, et construisent l'image d'un autre proche d'un rêve qu'elles ont en elles. Le Net peut être un excellent moyen de fuir le corps (1). » Sur les SDR, les hommes, par contre, sont nombreux à rechercher des aventures rapides qui, éventuellement, déboucheront sur l'amour. Car presque toujours sont dissociés pour eux le sexe et la flamme. Et Internet est accessoirement devenu le premier vecteur des adultères numériques.

Télédrague, marivaudage et libertinage en ligne ont plus que jamais le vent en poupe, grâce aux SDR. Quelques décennies après les balbutiements du Minitel rose, voici revenue la mode de la sexualité orale, c'est-à-dire parlée. Ce nouvel érotisme se fonde sur l'échange épistolaire (puis rapidement téléphonique) de fantasmes entre des abonnés ayant déjà noué une relation virtuelle intime.

Plus qu'un épiphénomène, cette télé sexualité ressortit encore à cette mise à distance généralisée, et à ce contrôle total que le (et surtout la) célibataire postmoderne souhaite exercer dans l'absolu. Car il est très sécurisant de maîtriser le désir d'autrui et de jouer? voire de jouir? de ce contrôle. Et ils sont nombreux à évoquer la toute-puissance découlant de la gestion de dizaines de relations amoureuses virtuelles menées simultanément.

Internet, lien social et lien amoureux

La Toile et son expansion actuelle produisent des effets sociaux et relationnels considérables. Mais avant tout, le Réseau pose des questions sociologiques d'importance. Car Internet, ni plus ni moins, renouvelle les notions de lien social et de relation, obligeant à les penser autrement.

Qu'est-ce qu'une relation? Plus seulement un face-à-face, mais des liens qui peuvent outrepasser la présence et le visage, pour trouver leur origine ailleurs, avant ceux-ci, pour exister sans eux. Les critères classiques et millénaires de définition de la relation ont bel et bien été bouleversés par l'irruption d'Internet.

Depuis quinze ans environ, les (N)TIC* posent avec acuité une vraie question épistémologique, œuvrant surtout à une révolution copernicienne puisque l'on assiste à un changement de perspective. La première des révolutions d'Internet réside en effet dans ce décentrement et cette désincarnation des rapports sociaux, qui continuent pour autant à s'engendrer, quoi qu'en pensent les contempteurs du Net. Or, les célibataires sont les premiers bénéficiaires de cette « métamorphose du social ». Ils la vivent intensément, avec des risques et des délices nouveaux liés aux spécificités du Web.

Internet est peut-être une nouvelle forme de ce que Gregory Bateson appelait une « structure qui relie ». Il s'agit d'une matrice sociale qui, à l'instar des rites ou des fêtes, génère du lien, et contribue à engendrer et produire la société dans l'épaisseur insondable et la profondeur intangible de ses arcanes. Les technologies sociales d'une société hyperindividualiste produisent paradoxalement les conditions d'une nouvelle « connectivité », agrégeant des « solitudes collectives » (D. Wolton).

PASCAL LARDELLIER

Nicolas Journet

Les Mythes de la communication

Les nouvelles technologies de l'information et de la communication ont fait naître, au lendemain de la guerre, l'espoir d'une révolution qui mettrait fin aux fléaux persistants des sociétés développées: arbitraire, opacité, conflits, violences... Mais la prophétie laisse bientôt la place au désenchantement et aux critiques.

Les industries de l'information et de la communication sont devenues, au lendemain de la Seconde Guerre mondiale, le ferment d'une mythologie moderne. Elles sont créditées du pouvoir de résoudre les conflits d'idées et d'intérêts, de mettre de l'ordre dans la gestion des choses, d'assurer l'abondance, d'accroître la démocratie et même d'amener la fusion des consciences. De plus, elles sont appelées à mettre fin aux maux éternels des collectivités humaines déchirées par la politique, accablées par les guerres et minées par l'incompréhension. Les facettes successives de cette mutation annoncée sont à peine assombries par la crainte du schéma inverse – anarchie, désordre et repli sur soi – avancé par certains critiques.

Pourquoi l'ère de la communication ?

D'où vient cette idée que nous entrons dans une « société de la communication et de l'information », de l'horizon de réflexion ouvert par les « machines intelligentes » ? Entre 1942 et 1949, le cybernéticien Norbert Wiener publie les premiers textes assignant à la communication un rôle de transformation globale des sociétés (1). Partant de l'idée – inspirée par la « machine de Turing » (2) – que l'intelligence n'est rien d'autre qu'un dispositif de traitement et d'échange d'informations, N. Wiener fait de ces deux notions les concepts permettant de décrire toute activité intelligente et toute interaction raisonnée. La communication devient l'outil principal de gestion de la vie en commun, dont les dysfonctionnements sont attribués à des causes informationnelles (rétention, erreurs, blocage, bruit). Ces vues théoriques n'auront d'abord d'influence que sur la communauté scientifique, mais elles définissent la mission générale de la communication : résoudre les tensions, induire la coopération et éliminer les désordres de l'action humaine. Cette promesse fixe aussi les idéaux de l'infosphère (médias et ressources d'information) : rationalité et transparence.

Le savoir : une nouvelle richesse ?

À la fin des années 50, le sociologue Daniel Bell pronostique une mutation d'envergure touchant les sociétés occidentales : il annonce la fin des idéologies, l'apaisement des passions politiques, le nivellement des hiérarchies sociales et, surtout, l'émergence d'une nouvelle sorte de richesse : le savoir. La richesse des sociétés industrielles étant fondée sur la production de biens, D. Bell peut annoncer l'arrivée d'une nouvelle ère de production, dite « post-industrielle » (3). L'expression caractérise à ce stade les changements touchant la structure économique, l'organisation de la production et les rapports de travail. D. Bell en souligne trois : la montée des secteurs de service, l'importance accrue des compétences théoriques et techniques, le souci de la prévision. Sa perspective est technocratique : le savoir des scientifiques tend à remplacer les idéaux politiques dans les processus de décision. Alain Touraine, qui introduit l'idée de D. Bell en France à partir de 1969, décrit un processus moins harmonieux : selon lui, la « société programmée » voit aussi naître de nouveaux mouvements sociaux antitechnocratiques, de la part d'acteurs qui aspirent à plus d'autonomie (les étudiants, par exemple).

Vers un monde unique ?

Dès les années 60, la capacité des réseaux de télécommunication de contracter l'espace et le temps fait resurgir une utopie ancienne :

celle de la levée des frontières entre les communautés humaines menant à la création d'un monde unique. Marshall McLuhan, en 1962, dans La Galaxie Gutenberg, prophétise l'avènement du « village global » (4). À ses yeux, l'explosion des télécommunications numériques constitue une révolution culturelle, qui achève celles du livre et des transports rapides : le transfert instantané d'images, de sons et de textes permet à n'importe quel endroit de devenir un centre. L'homme peut désormais mener une vie de villageois et entrer en communication avec le monde.

La prophétie de M. McLuhan convergera dans les années 80 avec le processus de globalisation de l'information. Les performances des liaisons satellites donnent raison à ses vues futuristes. L'explosion d'Internet la décennie suivante confirme le phénomène. Mais les vertus organisatrices et pacifiantes de la communication ne sont plus les seules relevées : le sociologue Manuel Castells relève les désordres (mafias, krach boursier de 1987) et les réactions politiques (insurrection zapatiste) engendrés par le « nouvel ordre mondial » (5). D'autres auteurs soulignent le creusement des inégalités entre ceux qui sont dans les réseaux, et ceux qui n'y accèdent pas (6).

Le rêve de la démocratie directe

La mise en œuvre des technologies de l'information a suscité, dès les années 70, l'idée d'une démocratisation politique et culturelle des sociétés avancées. Selon Alvin Toffler (7), l'abondance des sources d'information et des moyens de diffusion promet à tous l'accès aux biens culturels. D'autre part, la télématique est créditée de la capacité de transformer l'exercice du pouvoir politique : les expériences de « Teledemocracy » menées aux États-Unis permettent à chaque citoyen de s'informer et d'intervenir dans des décisions politiques locales. Les réseaux câblés et les mémoires informatiques rendent potentiellement superflue l'existence de représentants : la « computopia » réalise la démocratie directe. Par ailleurs, l'interactivité soumet les médias de masse à la critique des consommateurs. Selon Yoneji Masuda (8), la transformation des structures de pouvoir et d'influence est inéluctable. L'individu autonome est appelé à remplacer les organisations. Il joue des rôles multiples : en même temps qu'ouvrier, il peut être décideur. La société du futur sera « polycentrique », une forme de démocratie qui peut aussi aboutir à la fragmentation ou, selon Michel Maffesoli, à la « tribalisation ». La parade à cette dérive est la « convivialité », terme proposé par Ivan Illich en 1973 (9). L'image existe donc en plusieurs teintes : celle, « anarchisante », d'un réseau d'acteurs de plus en plus autonomes, mais guidés par la morale de la communication, ou celle, plus inquiétante, d'une constellation de groupes d'intérêt en compétition.

La stratégie des idées

Fondé sur l'idée que l'ouverture des flux d'information a une incidence directe sur l'état des relations internationales, le rôle stratégique des TIC (techniques d'information et de communication) a été imaginé dès les années 60 par des experts géopolitiques américains : en 1968, dans La Révolution technétronique, Zbigniew Brzezinski propose de substituer la « diplomatie des réseaux » à la « diplomatie de la canonnière » pour gérer les affaires internationales et diffuser un « modèle global de modernité ». L'ouverture de l'infosphère est alors associée à la lutte des États-Unis contre les régimes communistes. Après leur chute, le concept se dématérialise encore plus : le « soft power », théorisé par Joseph Nye en 1990, énonce la primauté des idées, des valeurs, des normes, du droit et de la morale sur le pouvoir des armes et de l'industrie (10). Leurs supports sont les réseaux du cyberespace ; l'objectif recherché, la diffusion des idéaux démocratiques et libéraux, et la réduction de la conflictualité dans le monde. Des stratèges de la Rand Corporation (11) proposent une « noopolitique » : le savoir menant à la sagesse, c'est en promouvant le partage des connaissances et des idées – plus que des richesses – entre tous les acteurs que le maximum de coopération sera obtenu. Il s'agit donc de lever le maximum de barrières, juridiques notamment. Ce programme ne cache pas son orientation stratégique : les idées libérales et les savoirs scientifiques devront l'emporter sur les autres.

Ordre ou désordre ?

Des années 60 à 90, le regard critique sur le phénomène communicationnel passe de la dénonciation de la « culture de masse » à la dérision du postmodernisme. En 1970, Jean Baudrillard, dans La Société de consommation (12), dénonce encore l'emprise symbolique de la publicité et des médias sur l'homme moderne. En 1979, Jean-François Lyotard forge l'adjectif « postmoderne » pour qualifier l'abandon des prophéties rationnelles, le détachement et l'anomie intellectuelle qui caractérisent l'homme des sociétés avancées (13). Pour tous ceux qui le suivent, les technologies de l'information qui, dix ans plus tôt, incarnaient encore « Big Brother » deviennent au contraire les vecteurs de l'individualisme et de la fragmentation sociale. Gilles Lipovetsky décrit dans *L'Ère du vide* (14) un individu apathique et privé de liens trouvant dans la sphère communicationnelle un palliatif à son isolement et à la perte du sens. J. Baudrillard caractérise l'époque contemporaine comme une ère de simulacres, où les images des choses tiennent lieu de réel. Philippe Breton décrit les travers de l'« utopie de la communication » (15) : illusion d'harmonie, individualisme, tribalisation sociale, effondrement des valeurs, nivellement des savoirs.

Ces visions critiques attribuent aux nouvelles technologies de l'information et de la communication le pouvoir d'agir profondément sur les rapports sociaux, les croyances des hommes et la nature même des connaissances. Mais pas pour le meilleur.

Vers la conscience universelle

Certains analystes donnent au phénomène communicationnel la dimension d'une mutation de la nature même du savoir humain. Le philosophe Pierre Lévy, par exemple, annonce l'émergence d'une intelligence collective par le truchement des réseaux numériques. Il leur attribue le pouvoir d'abolir les barrières, jusqu'à celle qui sépare le sujet de son environnement. L'interactivité illimitée du web annonce la formation d'une sphère universelle du savoir, sans auteurs, sans hiérarchie de nature (sciences, arts, religion, opinions...), produit de la coopération des sujets et des machines. Le cyberespace « incarne une méditation collective de l'esprit humain, une conscience de l'espèce enfin réunie », qui rejoint la prophétie de la noosphère de Pierre Teilhard de Chardin (16). Dans cet espace, il n'y a plus ni conflit ni critique, mais seulement partage, coopération, fusion des esprits. Cette vision est partagée par certains penseurs des réseaux (Joël de Rosnay, Kevin Kelly, Tim Berners-Lee, Marc Pesce).

Notes

1. *Cybernétique et société*, UGE, 1971, [1948, trad. 1952].
2. Du nom du mathématicien et ingénieux anglais Alan Mathison Turing (1912-1954). Voir notamment J. Lassègue, *Turing*, Les Belles Lettres, 1998.
3. D. Bell, *Vers la société postindustrielle*, Robert Laffont, 1992 [1973].
4. Gallimard, 1988 [1962].
5. Concernant M. Castells, voir S. Allemand « Internet, le pouvoir de l'imagination » dans

cette cinquième partie.
6. A. Bressand, C. Dister, *Le Monde prochain*, Seuil, 1985.
7. Voir notamment son livre *Les Nouveaux Pouvoirs? Savoirs, richesse et violence à la veille du xx*[e] *siècle,* LGF, 1995.
8. Voir notamment Y. Masuda, *The Information Society as Post-Industrial Society*, Washington Futures Society, 1980.
9. I. Illich, *La Convivialité,* Seuil, 2003 [1973].
10. Voir de J. Nye, *Quand les règles du jeu changent,* Presses universitaires de Nancy, 1992 [1990].
11. John Arquilla, David Ronfeld, 1999.
12. J. Baudrillard, *La Société de consommation, ses mythes, ses structures,* Gallimard, 1986 [1970].
13. J.-F. Lyotard, *La Condition postmoderne*, Minuit, 1994 [1979].
14. Gallimard, 1989 [1983].
15. P. Breton, *L'Utopie de la communication. Le mythe du « village planétaire »*, La Découverte, 2003 [1992].
16. Voir l'article de J.-F. Dortier « *Vers une intelligence collective* » dans cette cinquième partie.

ENTRETIEN AVEC DOMINIQUE WOLTON

POUR UNE COHABITATION... CULTURELLE

Avec l'essor des moyens d'information et de communication, l'autre qui nous paraissait lointain est devenu proche. Une situation nouvelle qui, pour Dominique Wolton, impose de réfléchir aux conditions d'une cohabitation entre les identités culturelles du Nord et du Sud.

Sciences Humaines : Vous écrivez dans votre dernier ouvrage qu'avec la mondialisation de l'information, le moindre événement est rendu visible. Pour autant, la compréhension du monde n'est pas plus grande. Comment expliquez-vous ce paradoxe ?

Dominique Wolton : Pour le comprendre, il suffit d'extrapoler ce que l'on a appris du fonctionnement de l'information dans les sociétés de masse et de la communication interpersonnelle entre des personnes d'une même société : il ne suffit pas d'émettre un message pour qu'il soit compris tel quel par un récepteur. La communication ne se résume pas à la technique, elle comporte aussi une dimension politique et des conditions culturelles. Seulement, ces composantes n'évoluent pas au même rythme : les individus modifient moins vite leur manière de communiquer qu'ils ne changent d'outils. C'est pourquoi un même message, adressé au plus grand nombre, n'est jamais reçu de la même manière par chacun. Ce constat fait à l'échelle d'un Etat-nation vaut *a fortiori* à l'échelle mondiale ! La même information est reçue par des populations qui la traitent selon le contexte socioculturel où elles se trouvent. Le monde est peut-être devenu un village global sur le plan technique, il ne l'est pas sur le plan social, culturel ou politique. Loin de rapprocher, les nouvelles technologies de l'information et de la communication révèlent l'hétérogénéité des systèmes de valeurs. L'autre, qui était une réalité lointaine, est devenu une réalité avec laquelle il faut cohabiter. En bref, l'abondance d'informations ne simplifie rien ; on peut même dire qu'elle complique tout.

SH : Que dites-vous à ceux qui voient plutôt, dans la mondialisation de la communication, des opportunités de métissage des cultures ?

D.W. : Il est clair que la diversité culturelle que la mondialisation met en évidence est un facteur de cosmopolitisme. Mais la question du cosmopolitisme ne se pose plus aujourd'hui dans les mêmes termes qu'autrefois. Au XIXe siècle, le cosmopolitisme était le fait d'une minorité composée de commerçants, de gens de lettres et de voyageurs qui se « frottaient » à d'autres cultures et civilisations. Aujourd'hui, ce frottement revêt une ampleur sans précédent : il est le fait de millions de personnes qui voyagent ; il provient aussi des images diffusées à travers le monde. Nous ne sommes plus dans la situation où des identités culturelles bien constituées se frottaient aux autres, mais dans un frottement généralisé qui peut alimenter un sentiment de dépossession, de perte de repères. Les pays riches y sont d'autant moins sensibles qu'ils disposent d'identités relativement stables, comparés à des pays du Sud qui n'ont pas de maîtrise sur les flux d'informations et les productions des industries culturelles. En bref, selon où l'on est, on n'a pas le même regard sur les vertus du cosmopolitisme ou du métissage. Ces idées sont peut-être à la mode pour quelques élites qui voyagent, travaillent et vivent confortablement, mais elles ne correspondent pas à ce que vivent des millions d'individus. C'est pourquoi je considère que plus il y a de la communication, plus il faut renforcer les identités culturelles pour que des peuples ne se sentent pas dépossédés et menacés par l'ouverture aux autres. Car alors, le risque est de basculer dans ce que j'appelle une « identité-refuge ». Si on veut que la communication reste un facteur d'émancipation et ne suscite pas du rejet, il importe de comprendre que les identités culturelles sont quelque chose qu'il faut valoriser, sans y voir forcément une source de nationalisme.

SH : Mais qu'entendez-vous par identités culturelles ?

D.W. : Par là, j'entends des identités non pas repliées sur le communautarisme, mais au contraire reliées à des valeurs politiques démocratiques. Le récepteur filtre et hiérarchise, mais il ne peut le faire seul. Sa capacité critique suppose comme condition préalable l'existence d'une identité culturelle. Et dans cette hypothèse, la capacité de résistance des récepteurs n'est pas la même d'un pays à l'autre, selon que l'identité culturelle est affirmée ou déstabilisée. En ce sens, valoriser les identités culturelles, ce n'est pas faire le lit du nationalisme. C'est tout le contraire.

SH : Cette valorisation des identités culturelles est déjà au cœur du multiculturalisme…

D.W. : Certes, la question n'est pas nouvelle ; elle est au centre du débat qui s'est déroulé au sein des sociétés multiculturelles : le Canada, les États-Unis, l'Australie… La question qui s'est posée était de savoir dans quelle mesure la diversité des origines ethniques ou culturelles empêchait ou non de faire une société. Ce qui me frappe, c'est que ce débat n'a jamais été repris à l'échelle mondiale. Il s'agit donc de reprendre non pas tant les réponses qui y ont été apportées à l'échelle des Etats-nations que la question elle-même : comment faire vivre ensemble des identités culturelles différentes ?

SH : Vous promouvez à cette fin le concept de « cohabitation culturelle ». Qu'apporte-t-il de plus par rapport au multiculturalisme ?

D.W. : Le multiculturalisme suppose un principe d'unité. Quand on est aux États-Unis, on peut se poser la question du multiculturalisme parce que l'Etat-nation n'y est pas un vain mot : il existe. Même chose au Canada, en Australie, etc. Or au niveau international, il n'existe encore aucun principe d'unité. C'est pourquoi il faut œuvrer à une cohabitation entre des systèmes de valeurs différents. Outre sa simplicité, le concept de cohabitation culturelle a de surcroît le mérite de supposer le respect, quelle que soit l'importance numérique de l'identité culturelle à laquelle on a affaire. La spécificité même du monde, c'est sa diversité. Il n'y a donc pas lieu de hiérarchiser les identités culturelles. Une langue parlée par seulement quelques milliers de personnes est tout aussi digne de respect que l'anglais ou le français. D'autant qu'une langue est porteuse d'une vision du monde. La cohabitation est un principe démocratique : poser le concept de cohabitation culturelle, c'est poser l'égalité des cultures. C'est une posture plus modeste que celle du mondialiste qui prétend manifester un intérêt égal à toutes les cultures alors que dans les faits il n'en est rien. Au moins la cohabitation s'attache-t-elle à les respecter sans nécessairement obliger à s'intéresser à toutes les cultures. À l'origine, j'ai pensé que ce concept correspondait assez bien à la réalité historique et politique de l'Europe. En réfléchissant à la mondialisation, j'ai trouvé qu'il restait opératoire à l'échelle mondiale. Il offre une alternative politique au projet technique de la société de l'information.

SH : Comment mettre en œuvre cette cohabitation ? Faudrait-il créer une… OMC, Organisation mondiale des cultures ?

D.W. : En fait, cette organisation existe déjà, elle s'appelle l'Unesco. Moyennant un effort pour la revitaliser, cette institution pourrait jouer un rôle aussi important que les autres grandes organisations internationales. La cohabitation culturelle passe aussi par un renversement intellectuel. Jusqu'à présent, on a eu tendance à considérer que les priorités pour les pays en développement étaient l'assistance alimentaire et la santé. Nous avons omis les objectifs affichés au cours de ce que j'appelle la première mondialisation : initiée par la création de l'Onu à l'issue de la Seconde Guerre mondiale, elle avait posé les conditions d'un ordre international, sur la base du respect des nations mais aussi des cultures et des religions en vue d'organiser démocratiquement et pacifiquement la communauté internationale. Puis il y eut la deuxième mondialisation, qui a concerné principalement l'économie et qui s'est traduite par l'ouverture des frontières. L'« autre mondialisation » que j'appelle de mes vœux n'est autre que la réalisation de la première sur le plan culturel.

SH : Comment analysez-vous la création d'une chaîne de télévision comme Al-Jazira ?

D.W. : Pour moi, c'est une avancée, car cela introduit un élément de pluralisme dans la production de l'information mondiale. Il y aurait un paradoxe à ce que les pays occidentaux qui ont lutté pour la liberté de l'information s'en émeuvent. Ces mêmes pays occidentaux doivent admettre que les récepteurs de nos informations étant de plus en plus nombreux et diversifiés, ils acceptent de moins en moins cette information qui se révèle pour ce qu'elle est : une information occidentale. Jusqu'ici le pluralisme était interne à l'Occident avec une concurrence limitée entre les agences d'informations américaines, anglaises et françaises. Il est indispensable qu'apparaissent d'autres médias représentant le point de vue des pays du Sud. On découvrira alors que les conceptions de l'information ne sont pas toujours les mêmes. Certes, Al-Jazira a commis des erreurs dans sa couverture de la guerre en Afghanistan, mais il faut lui laisser le temps de faire son apprentissage. Et puis avant de faire le procès de ce concurrent, les médias occidentaux seraient avisés de faire leur autocritique. Lors de la guerre du Golfe de 1991, CNN avait montré jusqu'à la caricature le point de vue américain sur le monde. À sa façon, Al-Jazira a fait prendre conscience aux Occidentaux qu'il fallait compter sur d'autres sources d'information, mais aussi prendre en compte les opinions publiques du reste du monde.

PROPOS RECUEILLIS PAR SYLVAIN ALLEMAND

Al-Jazira et les autres

Depuis sa création en novembre 1996, la chaîne d'information continue du Qatar a fait des émules. Tandis que les Américains projettent de lancer une nouvelle chaîne de télévision en arabe, Middle East Television Network (Le Monde, 15 mars 2003), Al-Arabiya vient de s'ajouter à la liste qui comprend déjà Abu Dhabi TV, Arab News Network (ANN, basée à Londres), Al-Alam (« le monde », en arabe, lancée à titre expérimental par... l'Iran) ou encore l'algérienne Khalifa TV.

Créée par le puissant groupe audiovisuel saoudien MBC (Middle East Broadcasting Center), Al-Arabiya émet depuis le 19 février, à partir de Dubaï. Les intentions sont clairement affichées : contrer l'influence d'Al-Jazira, forte de 55 millions de téléspectateurs estimés, et dont la liberté de ton déplaît tant aux monarchies pétrolières. Des intentions guère louables donc, mais qui n'en contribuent pas moins à renforcer le pluralisme de l'information dans des pays où la liberté de la presse reste encore limitée.

CF mag Sciences Humaines. SYLVAIN ALLEMAND

Jean-François Dortier

Vers une intelligence collective ?

Avec sa théorie de la noosphère, Pierre Teilhard de Chardin aurait-il anticipé l'émergence d'une Pensée universelle dont Internet serait devenu le support ? L'étude du fonctionnement des communautés scientifiques sur Internet tempère cet espoir de constituer une intelligence collective de la planète.

Pierre Teilhard de Chardin sera-t-il le grand philosophe du IIIe millénaire ? Depuis quelques années, le paléontologue jésuite et auteur du *Phénomène humain* (1), décédé en 1955, est devenu le prophète d'une pléiade de théoriciens d'Internet. Sa théorie de la « noosphère » (sphère des idées) n'est-elle pas l'anticipation de ce qu'Internet est en train de réaliser ? Une « conscience planétaire », née de l'interconnexion de millions de pensées individuelles et d'où va émerger un nouveau stade de la pensée humaine, ce que P. Teilhard de Chardin nommait le point Oméga.

Le Phénomène humain, rédigé à la fin des années 30 et remanié en 1947-1948, offre une vision grandiose de l'évolution cosmique et humaine. La première partie de l'ouvrage (« La Prévie ») nous plonge aux premiers temps de l'univers, lorsque la matière s'organise : des particules élémentaires naissent les atomes ; des atomes, les molécules. Puis apparaît la vie, et la deuxième partie décrit son expansion sur Terre. Au fil du temps, les espèces végétales et animales prolifèrent et se complexifient. Les premières formes d'intelligence animale apparaissent. Une intelligence encore embryonnaire, mais qui augmente avec la croissance du cerveau chez les mammifères, et parmi eux, des primates. Puis, un jour, une nouvelle espèce survient : *« L'homme entre sans bruit dans le monde. »* S'ouvre une nouvelle étape de l'histoire, celle de la Pensée (troisième partie).

Vers l'émergence d'une Pensée universelle

C'est ici que P. Teilhard de Chardin avance sa théorie de la noosphère. Cette sphère des idées (en grec, *noos* signifie idée) est définie comme une *« nappe pensante »*, à l'image de la biosphère et de l'atmosphère qui enveloppent la planète. La noosphère est apparue avec l'homme à la fin de l'ère tertiaire. Elle se développe avec toutes les formes de connaissances humaines qui se répandent sur la Terre: inventions techniques, morale, spiritualité, philosophie, sciences. P. Teilhard de Chardin survole à grands pas les grandes étapes de cette évolution psychique. Avec le XXe siècle, un nouvel âge de la pensée surgit : *« Nous passons, en ce moment même, par un changement d'âge. Âge de l'industrie, âge du pétrole, de l'électricité et de l'atome. Age de la machine, âge des grandes collectivités et de la science. (...) Terre fumante d'usines. Terre trépidante d'affaires. Terre vibrante de cent radiations nouvelles. Ce grand organisme ne vit en définitive que pour et par une âme nouvelle. Sous le changement d'âge, un changement de pensée. »*

Des mille pensées individuelles émerge une pensée collective, dont la science est l'une des plus hautes conquêtes. Survient une nouvelle étape de l'évolution: la « Survie ». À ce stade, les pensées individuelles s'assemblent et fusionnent en une conscience collective. Science et religion ne font plus qu'un. Esprit et action sont unifiés. L'esprit est illuminé. Tel est le point Oméga. *« La Noosphère tend à se constituer en un seul système clos. (...) Une collectivité harmonisée des consciences, équivalente à une sorte de superconscience. La Terre non seulement se couvrant de grains de pensée par myriades, mais s'enveloppant d'une seule enveloppe pensante, jusqu'à ne plus former fonctionnellement qu'un seul vaste grain de pensée, à l'échelle sidérale. La pluralité des réflexions individuelles se groupant et se renforçant dans l'acte d'une seule réflexion unanime. »*

Des grains de pensée qui s'assemblent pour former une superconscience, tout cela ne fait-il pas songer à Internet ? Un réseau d'ordinateurs interconnectés et d'où émergerait une intelligence collective ? L'analogie ne va pas manquer de susciter l'intérêt de théoriciens.

Dans un article consacré au phénomène, la philosophe américaine Joan Houston, qui dirige la Fondation de la recherche sur l'esprit, déclare que P. Teilhard de Chardin est « *devenu le saint patron de toute une coterie de théoriciens d'Internet* » (2).
Dès 1995, on voit fleurir – sur le web justement – de nombreux sites consacrés à P. Teilhard de Chardin : la noosphère, l'intelligence collective et la cyberculture. Ces sites présentent un curieux mariage de spiritualité et de culture *high-tech*. Il y est question de « conscience planétaire », d'« Esprit émergent », d'« intelligence collective », de « cerveau global », de l'« esprit du Cyberspace ».

Le Net est grand et Teilhard de Chardin est son prophète...

La thèse de l'intelligence collective est également diffusée à travers une série d'essais (sur le support assez peu interactif, collectif et hypertextuel qu'est le livre). Ainsi, dans *L'Intelligence des réseaux* (3), Derrick de Kerckhove, professeur de français à l'université de Toronto et directeur du programme McLuhan sur les liens entre culture et technologie, baptise « webitude » cette « *nouvelle condition cognitive* » qui résulte de l'interconnexion de « *millions d'intelligences humaines* » à travers Internet. Ce réseau est fondé sur plusieurs principes : l'interactivité (la personne reçoit et agit sur son environnement numérique) ; l'hypertextualité (tous les contenus de connaissances sont liés les uns aux autres et rendent possible la « *convergence de toutes les données* ») ; la connectivité (les personnes sont connectées entre elles). En somme, la pensée n'est plus hiérarchique mais interactive ; le savoir n'est plus localisé mais dispersé. Il n'appartient plus à une élite mais est partagé et produit par tous.

Pierre Lévy reprend ces thèmes, qui lui sont chers, dans son dernier essai *World Philosophie* (4). Ce philosophe s'est imposé comme l'un des principaux gourous d'Internet à travers une série d'ouvrages aux titres évocateurs : *La Machine univers* (1987), *Les Technologies de l'intelligence* (1990), *L'Intelligence collective* (1997), *Cyberculture* (1999). Tous ces essais sont à mi-chemin de la philosophie technique et de l'utopie sociale. Dès *La Machine univers*, il soutenait que l'avènement de l'ordinateur est comparable à l'invention de l'écriture ou de l'imprimerie. Il va permettre un nouveau bond dans l'histoire de la pensée humaine. À condition toutefois d'ancrer l'outil technique à un projet social : celui

d'une culture informatique fondée sur l'échange des savoirs. Car P. Lévy situe ses analyses dans le cadre d'une utopie sociale totalement assumée. L'intelligence collective est définie comme « *une intelligence partout distribuée, sans cesse valorisée, coordonnée en temps réel, qui aboutit à une mobilisation effective des connaissances. Le réseau, mieux que l'entreprise issue des forges tayloriennes, est le réceptacle organisationnel d'une intelligence collective mobilisatrice. Personne ne sait tout et tout le monde sait quelque chose.* » (5)
Son dernier livre *World Philosophie* (sur le mode de « *world music* ») prend même des accents prophétiques. Il y est question du « *tissu des âmes* » où convergent toutes les sciences, les religions, les philosophies, les sagesses d'Orient et d'Occident : « *Après le feu, la magie de l'art, la ville, l'écriture, voici donc le cyberespace, où convergent à la fois le langage, la technique et la religion. Le cyberespace est l'ultime machine à explorer toutes les formes.* » Plus loin, le ton devient quasi mystique : « *Nous sommes les fils et les filles de toutes les sciences et de toutes les techniques. Dans l'espace de communication universelle convergent en chacun de nous, nous parvenant du fond, de longues lignées de chanteurs, de danseurs, de comédiens et d'artistes. Nous sommes les fils et les filles de tous les poètes. Tous les efforts humains pour élargir notre conscience convergent dans une noosphère qui, désormais, nous habite, parce qu'elle est l'objectivation de la conscience et de l'intelligence collective de l'humanité.* » Ce passage est tiré d'un chapitre titré justement « La montée vers la noosphère ». Car la référence à P. Teilhard de Chardin est explicite (6).

Communautés savantes ou intelligence collective ?

Internet, nouvelle étape de la pensée universelle ? Support de la noosphère dont P. Teilhard de Chardin avait imaginé le premier l'existence ? L'idée est séduisante : le réseau des réseaux n'est-il pas ce formidable outil de partage des savoirs, de mémorisation des données, de création collective dont nous parlent les prophètes du Web ? On trouve sur le Net toute une série d'instruments utiles pour la connaissance : bases de données, sites de documentation, bibliographies en ligne, forums de discussion, journaux, revues, archives électroniques de toutes sortes... Mais cela suffit-il à produire de l'intelligence collective ?

Au-delà de l'énoncé des principes généraux, la littérature des théoriciens du Web est assez évasive sur la description concrète

Naissance d'Internet

· La création du premier réseau informatique date du début des années 60. l'Arpa (Agence américaine d'innovation, liée au ministère de la Défense) lance un programme destiné à mettre en réseau (*network*) des ordinateurs situés sur des sites différents. Il s'agit de créer un système capable de résister à une attaque nucléaire, mais aussi de promouvoir la recherche civile. Le nombre d'ordinateurs puissants est alors très réduit sur le sol américain. Un réseau permettrait d'accéder à un centre de calcul à partir de n'importe quel autre. D'emblée, les informaticiens et universitaires sont impliqués dans ce projet. En 1969, le premier réseau d'ordinateurs, Arpanet, voit le jour.

Dans les années suivantes, d'autres réseaux (NSFnet, Bitnet...) se développent. Réservés aux seuls universitaires, informaticiens et ingénieurs militaires, ils vont connaître dans les années 70 et 80 un succès de plus en plus grand.

· Le courrier électronique a été inventé pour gérer la communication directe entre membres du réseau. Devant l'augmentation du nombre de participants, il faudra créer le DNS (*Domaine Name Service*), organisme distribuant les adresses électroniques (adresses IP) de chaque ordinateur. Elles seront divisées par domaines (.gov pour les organisations gouvernementales, edu pour les institutions d'éducation, com pour les sociétés commerciales, etc.).

· Internet a englobé et absorbé d'autres réseaux (Arpanet, Bitnet, NSFnet). La fusion a réussi grâce à la création d'un protocole commun de communication entre ordinateurs, le TCP/IP, par l'intermédiaire du téléphone. Internet devient le réseau des réseaux. Au milieu des années 80, le réseau a acquis une indépendance par rapport à ses promoteurs initiaux, notamment grâce à de nouveaux venus – étudiants de l'Université, employés du secteur commercial, ingénieurs, informaticiens amateurs.

· La création du Web* en 1989 est une autre innovation majeure. Elle est due à Tim Berners-Lee, un ingénieur travaillant alors au Cern (Centre européen de recherche nucléaire).

· Au début des années 90: Internet quitte le réseau universitaire et touche un public beaucoup plus large. Les sociétés commerciales font leur entrée. Des logiciels de navigation se diffusent (Mosaic, puis Netscape). La numérisation des images et du son propulse Internet dans le domaine de la communication de masse.

J.-F.D.

de la production intellectuelle sur le Net. Est-il vrai que l'on peut désormais dialoguer avec les ingénieurs de la Nasa, comme le soutient P. Lévy (7) ? La bibliothèque universelle contenant tous les savoirs du monde, accessible à tous, est-elle vraiment en passe d'être réalisée ? Les communautés de savoirs sont-elles en train de fusionner en une « conscience universelle » ?
On dispose désormais de quelques bonnes études sur l'histoire d'Internet, son fonctionnement, l'organisation des internautes, pour valider ou non la thèse de l'intelligence collective.

Au départ, la création d'Internet semble correspondre en tout point au modèle de l'intelligence collective. Le premier réseau d'ordinateurs (Arpanet), apparu en 1969, a été impulsé par le ministère de la Défense américain, mais il s'est vite développé chez les informaticiens et universitaires comme un système autonome, largement auto-organisé (8). L'essor d'Internet s'est réalisé selon un modèle d'innovation technologique tout à fait intéressant, mariant innovation sociale et technique.
Mais l'esprit militant des premiers informaticiens était celui des *hackers* (bidouilleurs). Ceux qui ont créé Internet ont été débordés par son développement. Chacune des communautés scientifiques – physiciens, mathématiciens, ingénieurs, informaticiens – a appliqué sur Internet les modes d'organisation qui étaient les siens, reflétant ses propres règles du jeu. L'esprit d'anarchisme communautaire des pionniers a cédé la place à des formes d'organisation différentes. On retrouve sur le Net à peu près toutes les formes de structuration sociale du savoir : des communautés spécialisées de chercheurs, des réseaux d'amateurs, des écoles de pensée, des forums de discussion anarchiques, des revues et journaux commerciaux, de l'enseignement en ligne… Josette de la Vega, chercheuse du Cnet (Centre national d'études des télécommunications), a réalisé une belle étude sur la communication scientifique au sein d'un secteur de la recherche fondamentale : la physique théorique (9).
Dès les années 80, l'e-mail y est devenu un mode courant de communication entre chercheurs anglo-saxons. Puis le web est apparu en 1990 : il répondait justement à une exigence des chercheurs du Cern (Centre européen de recherche nucléaire). Dans un secteur où la recherche avance rapidement, le web est devenu un lieu privilégié de diffusion des informations. Les chercheurs se sont mis à

diffuser leurs préprints (articles diffusés auprès des collègues avant publication dans une revue). En 1991, à l'initiative de Paul Ginsparg, un physicien installé à Los Alamos, un serveur d'archives électroniques, E-Print, a été créé. Il permettait d'accéder rapidement aux principaux articles diffusés avant publication. Ce serveur est rapidement devenu la référence des physiciens des hautes énergies. En quelques mois, des milliers de chercheurs du monde entier sont allés visiter le serveur.

Ce mode de fonctionnement de la communauté des physiciens n'est cependant en rien nouveau, comme le montre bien J. de la Vega : la circulation des prépublications au sein d'une communauté existait bien avant Internet. De même que l'échange et le dialogue entre chercheurs. C'est depuis longtemps la fonction essentielle des séminaires, colloques, *workshops*, ateliers d'été qui forment un des modes de socialisation des chercheurs en physique. Ce mode de travail n'est pas dû à Internet. Il est inscrit dans une longue tradition intellectuelle qui remonte à la république des savants du XVIIe siècle. À l'époque, les savants correspondaient entre eux par l'intermédiaire de sociétés savantes (qui vont se transformer en académies) et par un courrier abondant. Le père Mersenne, l'un des piliers de ce réseau, entretenait une correspondance avec tous les grands savants de son temps, recopiant les lettres des uns pour les envoyer aux autres, constituant ainsi un « serveur » d'informations avant l'heure.
Les règles de fonctionnement de cette communauté scientifique ne sont pourtant pas celles d'une communauté idyllique telle que nous la décrivent les visions de l'intelligence collective. S'il y a bien diffusion des informations, elle reste dans le cadre du jeu de concurrence et coopération très particulier qui règne dans le monde de la physique théorique. Elle n'abolit pas les frontières entre disciplines. Les règles du jeu de la validation des savoirs restent les mêmes. La publication dans une revue de référence (sur support papier ou électronique) reste *in fine* le critère de légitimation d'une recherche. Enfin, l'existence du réseau et la circulation des informations ne créent pas spontanément des programmes de recherche communs. Chacun continue à travailler en explorant ses propres pistes, tout en suivant le travail de ses collègues. Le Net transforme les conditions de production des revues scientifiques, accélère la communication entre chercheurs, mais ne change pas fondamentalement les règles du jeu.

Une bonne illustration de la façon dont on travaille en physique théorique nous est donnée par Brian Greene, un des spécialistes mondialement reconnus de la théorie des cordes, un des secteurs de pointe de la physique fondamentale. Dans son livre *L'Univers élégant* (10), il raconte comment, un jour de 1995, il découvre sur le serveur E-print un article qui lui livre un maillon essentiel pour faire avancer ses propres recherches. L'après-midi, B. Greene en parle à un collègue puis entre en contact avec l'auteur de l'article. En quelques jours et au terme de quelques échanges par courrier électronique, les trois chercheurs publient un second article qui constitue une véritable avancée dans le domaine de la théorie des cordes. Cet article deviendra une référence.

Par la rapidité de l'information, par la collaboration à distance, Internet a certainement permis une réalisation plus rapide de cette découverte. Mais il n'a pas changé le mode de collaboration entre chercheurs. Dans le même ouvrage, B. Greene évoque aussi la concurrence acharnée entre spécialistes d'un même domaine, le jeu subtil de coopération et de confrontation entre collègues, les secrets stratégiques qu'il faut conserver un temps pour ne pas dévoiler une découverte en cours d'élaboration, puis la nécessité de la diffuser au plus tôt de peur « de se faire doubler »; il évoque aussi l'hypersophistication des modèles, qui limite à un cercle très restreint de spécialistes la communication scientifique. Les fameux forums ou *newgroups* (sortes d'agoras intellectuelles où l'on discuterait librement de tous les problèmes, sans souci de priorité), qui sont le modèle de la démocratie cognitive chère à P. Lévy, ne sont pratiquement pas utilisés par les physiciens, comme le note J. de la Vega. Internet n'abolit donc pas les frontières entre communautés scientifiques, et encore moins les frontières entre scientifiques et profanes. Le physicien des particules qui échange son savoir avec un pêcheur de brochets? Le moine bouddhiste qui débat avec un psychanalyste (11)? L'image est sympathique, mais elle relève du monde enchanté de la publicité et non de l'observation réelle du fonctionnement des communautés intellectuelles.

WWW: la bibliothèque virtuelle universelle?

Autre idée phare de l'intelligence collective: celle d'une bibliothèque virtuelle universelle où se trouveraient rassemblés tous les savoirs du monde. Là encore, elle ne résiste guère à l'expérience.

Internet met à disposition de nombreuses sources d'informations : les encyclopédies (telle la célèbre *Encyclopædia Britannica* dont l'accès en ligne est gratuit), des bases de données bibliographiques, des portails spécialisés, des archives historiques, des sites de références... C'est en cela un outil nouveau et très utile.
Mais l'idée d'une bibliothèque universelle où se trouveraient consignées toutes les œuvres humaines se heurte à quelques contraintes – économiques, juridiques – évidentes. Les droits d'auteurs interdisent aux bibliothèques de mettre en ligne les ouvrages qui ne sont pas dans le domaine public. Par exemple Gallica, la bibliothèque en ligne de la Bibliothèque nationale de France, a numérisé des milliers de livres qu'elle met librement en ligne. Mais la consultation en ligne est limitée par les droits d'auteurs et les droits commerciaux pour tous les documents pour plusieurs dizaines d'années. Or, en matière scientifique, ce sont bien évidemment ces documents les plus récents qui intéressent les lecteurs.

Au demeurant, même si elle était réalisée, la bibliothèque universelle ne résoudrait pas les questions majeures de la documentation électronique : comment s'y retrouver dans une information proliférante ? La somme des informations séparées ne suffit pas à faire une intelligence globale (12).

Toutes ces questions relèvent bien de l'organisation de la pensée humaine, et non de la seule mise en connexion des données. La théorie de l'intelligence collective repose sur un présupposé implicite. La connexion des intelligences (par le biais des ordinateurs) suffirait à produire une conscience collective « émergente », un univers de pensée virtuel – celui de la noosphère – où il n'y aurait plus de frontières entre les disciplines scientifiques, les sciences et la philosophie, les arts, la religion...
Belle utopie, mais qui ne permet pas de comprendre les conditions sociales, institutionnelles, épistémologiques de production et de diffusion des savoirs.

Notes

1. P. Teilhard de Chardin, *Le Phénomène humain*, Seuil, 1970 [1955].
2. « L'essor d'une nouvelle conscience », *Courrier international*, n° 511, 17 août 2000.
3. D. de Kerckhove, *L'Intelligence des réseaux*, Odile Jacob, 2000.
4. P. Lévy, *World Philosophie*, Odile Jacob, 2000.
5. P. Lévy, *L'Intelligence collective. Pour une anthropologie du cyberspace*, La Découverte, 1994.

6. « *Avec l'émergence de l'homme, c'est l'univers qui s'enflamme et s'éclaire lui-même. Cette idée, si bien exprimée par Teilhard de Chardin, que le cosmos en évolution est une sorte de "quelqu'un" qui converge vers l'humain et vers le plus qu'humain qu'est l'humanité consciente d'elle-même, du cosmos qu'elle éclaire et de son rôle dans l'illumination du monde (...).* »
7. « *Quand j'étais petit, j'allais à la bibliothèque et je lisais des livres d'astronomie. Aujourd'hui, je peux non seulement visiter le site de la Nasa – qui est comme une bibliothèque – à la maison, mais je peux discuter avec des astronomes. Et cela, je ne pouvais pas le faire avant.* » (Entretien dans *Sciences & Vie*, édition spéciale, « Tout savoir sur Internet », 2000).
8. J.-L. King, R.E. Grinter, J.-M. Pickering, « Grandeur et décadence d'Arpanet. La saga de Netville, cité champignon du cyberspace », *Réseaux*, n° 77, 1996; P. Flichy, « Internet ou la communauté scientifique idéale », *Réseaux*, n° 97, 1999.
9. J. de la Vega, E. Brezin, J.-M. Salaun, *La Communication scientifique à l'épreuve de l'Internet,* Presses de l'Enssib, 2000.
10. B. Greene, T. Xuan Thuan, *L'Univers élégant,* Robert Laffont, 2000. La théorie des cordes est devenue un des domaines de recherche de pointe les plus prometteurs en physique théorique: il vise à construire un modèle qui unifie et dépasse la physique quantique et la théorie de la relativité générale.
11. Force est de constater que les gourous de la pensée Internet continuent à produire leur théorie selon les méthodes traditionnelles: livre écrit en solitaire et diffusé par les canaux traditionnels de la librairie!
12. G. Varet, *Comment savoir? La science et son information à l'heure d'Internet,* Puf, 2000.

Emmanuel Sander

Comment Internet a changé notre façon de penser ?

Dématérialisant les supports de connaissance, s'affranchissant de l'espace et du temps, Internet offre de nouvelles manières d'organiser les connaissances. Une révolution cognitive ?

L'univers d'Internet est paradoxal. D'un côté, les expressions de « révolution de l'information » ou « d'ère informationnelle » ne sont pas qu'emphatiques ; Internet a pris une telle place en quelques années que certains redoutent plus une coupure de réseau que d'eau ou d'électricité. Les prospectivistes d'antan n'ont pas, loin s'en faut, imaginé ce qu'offre la Toile : les possibilités d'accès, de diffusion, et d'échange d'information mettent le monde à portée de souris, dissolvent les distances et font de l'instantanéité la règle.

Dématérialisations en cascade

De l'autre, et là pointe le paradoxe, Internet bouleverse le monde avec des « mots pour le dire » qui ne dépayseraient pas nos aïeux. Comme au bon vieux temps, on ouvre sa boîte aux lettres pour relever son courrier, on envoie des messages à des adresses, on transmet des documents, on visite des sites, on effectue des recherches, on consulte des pages, on crée des liens, on navigue, on est en ligne. Des expressions que les surréalistes n'auraient pas reniées en leur temps, comme surfer sur la Toile, installer un pare-feu, héberger un site sur un serveur, attacher un fichier, témoignent aussi que cette révolution est appréhendée comme une transposition du monde sensible.

Ce phénomène renvoie aux théories de l'« *embodiment* » (incarnation ou incorporation) (1), dont l'essor est sans précédent dans le champ des sciences cognitives. Elles affirment que ce dont notre corps ne peut faire l'expérience est appréhendé à travers des analogies et des métaphores (2), qui constituent le seul moyen de donner sens à des concepts sans réalité tangible. Ce sont sur des catégories familières que se greffent les modes de pensée nouveaux issus de la Toile. De fait, Internet n'offre jamais que des moyens nouveaux pour atteindre des buts pas moins fondamentaux il y a quelques millénaires qu'aujourd'hui : un moteur de recherche sert à trouver ; les courriels, environnements de *chats* et autres forums servent à communiquer ; les sites servent à montrer quelque chose ou à fournir un service ; les liens servent à se déplacer ; attacher des fichiers sert à transmettre de l'information. Ramener Internet à ses racines concrètes n'est pas minimiser les changements cognitifs qu'il induit. Au contraire : c'est justement parce que certains concepts mobilisés sont primaires que les évolutions provoquées par Internet, en transformant ces concepts, sont profondes.

Physiquement incarné, unique, écrit à la main ou tapé à la machine, coûteux à modifier, la notion d'original d'un document gardait tout son sens il y a une vingtaine d'années. Lors de l'avènement des traitements de texte, l'usage persista un temps d'imprimer systématiquement les documents. Depuis, Internet contribue à une dématérialisation progressive de l'objet de possession : assimilé d'abord à une disquette, matérialisation technologique de l'exemplaire papier, on considère aujourd'hui communément qu'un fichier sur un disque dur, généralement au format PDF et téléchargé sur Internet, constitue une possession tout aussi réelle qu'une version papier. Et lorsque l'on dispose d'un lien Internet à partir duquel le document est téléchargeable à tout moment, la dématérialisation est presque totale, car le fichier n'est même plus sur le disque dur. Ainsi, l'objet de possession s'est dématérialisé jusqu'à n'être qu'une simple adresse accessible à tout moment. La même analyse peut être menée pour les photos, avec la multiplication des albums en ligne, mais aussi pour la musique et les films voire les logiciels dont certains n'ont plus besoin d'être téléchargés pour fonctionner.

Quelle frontière entre réel et virtuel ?

Si la Toile a ébranlé « l'avoir », « l'être » n'est pas en reste. Le concept de présence notamment est en mutation. Avec l'avènement de murs de téléprésence ou des salles de réunions construites sur mesure, dans lesquelles les personnages sont de taille réelle, se regardent, dont la voix semble provenir de la bouche, avec la table de réunion prolongée par son homologue distante, l'illusion de proximité physique est telle qu'un important effort d'imagination est nécessaire pour se dire que l'interlocuteur se trouve à des milliers de kilomètres. La frontière entre réel et virtuel en devient encore plus incertaine, voire de moins en moins pertinente. Le développement sur la Toile d'univers tels que Second Life* ou World of Warcraft, à l'intérieur desquels une multitude de participants évoluent et interagissent à travers des avatars qui se sophistiquent à grande vitesse, est une autre facette de cet estompage. Questionnant la place de l'expérience proprement sensorielle dans la sensation de réalité, dirait-on que ce que vit son personnage arrive « réellement » au participant ? Il est aisé de faire une expérience de pensée dans laquelle l'avatar est visuellement hyperréaliste et que des dispositifs traduisent ses péripéties par des sensations transmises à son possesseur. Dans un contexte quelque peu différent, cette situation évoque le paradigme du cerveau dans le bac analysé par le philosophe Daniel C. Dennett (3) : si des sensations sont transmises par le biais d'activations neuronales à un cerveau conservé hors d'un corps dans un bac et artificiellement « maintenu en vie », et que ces influx donnent l'impression que les événements se produisent « réellement », sont-ils effectivement vécus ? Internet est en voie de transformer ces interrogations philosophiques en expériences cognitives. Lorsque les distances se dissolvent, les lieux se métaphorisent et les actions changent de nature.

Internet transforme également la conception de la distance et, de manière indissociable, le rapport au temps. L'éloignement physique perd toute pertinence dans de multiples contextes et l'instantanéité devient la règle lorsque l'humain est hors de la boucle: les adresses postales sur la Toile rendent leurs détenteurs immédiatement accessibles et les mettent à égale distance, tous à portée de courriel. Et réserver une chambre d'hôtel, passer une commande, consulter la météo ou les nouvelles locales se fait sur Internet de la même manière dans sa ville et aux antipodes. Que peut encore signifier l'expression « à deux pas de chez soi » lorsque le stock de certains libraires sur un autre continent devient à bien des égards plus proche que celui du bouquiniste au coin de la rue?

Les sirènes des mémoires externes

De la même manière, le « où », composante spatiale du « où et quand », indissociable jusque-là de tout événement, se délite lorsqu'il s'agit du réseau. « Où a lieu ce congrès virtuel? » Le site concerné est sans doute la meilleure réponse car aucun lieu physique, comme le serveur de l'université du Minnesota, ne serait pertinent. Des lieux métaphoriques se substituent ainsi aux lieux physiques. Ils ont des adresses comme ces derniers, ce qui légitime la métaphore, mais les conceptions classiques ne sont pas moins remises en cause car tous ces lieux deviennent équidistants, chacun à portée de lien de chaque autre.

Internet conduit également à dissocier matérialité et possibilité d'action, qui semblaient consubstantielles jusqu'à peu. Les objets immatériels deviennent des supports d'action au même titre que les objets matériels dans l'environnement quotidien. On peut, grâce à la souris, feuilleter un livre virtuel en ligne, régler le volume d'un haut-parleur, le contraste d'une image, remplir un caddie, essayer des lunettes, etc.

Internet change également notre rapport à la connaissance. La caractéristique la plus évidente d'Internet est sans doute de ressembler à un eldorado de la connaissance: il n'y a qu'à se pencher pour ramasser. Qui plus est, l'information disponible sur Internet n'a pas seulement la forme inerte de documents électronique. Elle a aussi une dimension humaine et interactive, c'est une communauté d'information, de connaissances, d'expériences, matérialisée par des blogs, des forums ou des groupes de messageries instantanées. En rendant accessible à tout moment une multitude d'informations, Internet modifie profondément notre relation au savoir.

Il serait pourtant tout à fait illusoire d'imaginer que ce qui est accessible sur la Toile n'a pas besoin d'être appris pour la simple raison de sa disponibilité permanente, car posséder tous les livres du monde, comme pouvoir accéder à tous les sites du monde, ne se substitue pas à la connaissance. La disponibilité des mémoires externes que permet Internet place cette question de l'appropriation au centre du débat, car acquérir des connaissances conduit effectivement à les structurer au moyen de catégories, qui ont une structure complexe et sont liées les unes aux autres (4). Avoir accès par la Toile aux mêmes informations ne compense absolument pas l'absence d'apprentissage.

La question du rôle de l'enseignement dans ses dimensions informatives *versus* structurantes est donc posée avec une acuité nouvelle par Internet, car l'essentiel n'est pas seulement l'information apprise – de toute manière aisément disponible sur la Toile – mais ce qu'elle structure mentalement. En outre, de la même manière que l'on peut apprendre seulement ce que l'on est prêt à apprendre, c'est-à-dire ce pour quoi l'on a construit les structures cognitives adéquates, on ne peut rechercher que ce pour quoi l'on a identifié les dimensions pertinentes de recherche (5): l'espoir est ténu de trouver une information pertinente sans connaissance du domaine. Ainsi s'amorce un phénomène circulaire, cercle vicieux ou cercle vertueux selon son sens d'expansion, qui rend la connaissance d'autant plus accessible qu'elle est déjà riche, et d'autant moins qu'elle est lacunaire. Une métaphore intéressante d'Internet en tant que mémoire externe pour chaque individu est celle d'une couche supplémentaire autour d'un tronc d'arbre: si le tronc est large, la couche ajoute un périmètre important, si le tronc est rachitique, l'ajout est mineur.

Au-delà des mémoires externes et des enjeux qu'elles soulèvent, Internet peut contribuer aux apprentissages en fournissant des outils adaptés et dédiés à l'enseignement. Il recèle en cela la potentialité de bouleverser nos façons d'apprendre.

Apprentissages en miroir

Notamment, la transmission de connaissances sur la Toile offre des latitudes de structuration des contenus d'apprentissage rompant radicalement avec la linéarité naturelle des autres médias – déroulement temporel du discours pour l'oral et séquence des pages pour l'écrit. Les documents hypermédias, dont Internet, peuvent avoir des structures complexes et servir de supports de curriculums d'apprentissage structurés en miroir de l'organisation cognitive que l'on cherche à enseigner, un peu comme si l'apprenant « se promenait » dans le champ conceptuel à acquérir, structuré selon les dimensions souhaitées. Une autre analogie est celle de l'étude de la géographie d'une ville en s'y déplaçant ou en étudiant une carte, alors que jusque-là seules des descriptions de parcours (lorsque vous êtes rue X, la première à droite est la rue Y) sans support spatial auraient été disponibles. Ainsi, nous avons montré avec Laurence Dupuch, Jean-Marc Meunier et Christelle Bosc-Miné, que faire apprendre à partir de contenus de connaissance structurés comme ils peuvent l'être sur la Toile était susceptible de favoriser, relativement à un enseignement traditionnel, les acquisitions d'enfants à l'école primaire et d'adultes universitaires (6).

Il faut noter que l'on manque de notions unificatrices pour analyser les apprentissages, et plus généralement les stratégies de traitement de l'information, sur la Toile. Le coût cognitif constitue un indicateur qui fait office de plus petit dénominateur commun : les bénéfices en termes d'apprentissage sont mis en regard du coût pour maîtriser l'interface de navigation. Cet indicateur a de réducteur qu'il ne retient d'un phénomène que son coût, un peu comme si l'étude de la vie d'un ménage était réduite à un équilibre budgétaire, mais il a l'intérêt de tenir compte du fait que l'être humain est limité dans ses capacités de traitement et guidé par des principes d'économie cognitive. Il permet de s'interroger sur des questions essentielles comme l'influence de la sollicitation de plusieurs modalités perceptives ou sur des aspects de saturation attentionnelle. Cette approche a donc du sens en attendant que des cadres propres au domaine s'imposent.

Prothèse d'un nouveau type

L'être humain se développe désormais avec des « prothèses » qui lui sont données au même titre que ses propres membres. En effet, ce qui est littéralement le substitut d'un membre manquant s'étend métaphoriquement aux entités matérielles qu'il s'approprie comme des extensions de son propre corps. Que ces entités soient biologiquement données, comme nos membres, ou non, n'est pas une distinction essentielle comparée à leur fonction d'interaction avec l'environnement et d'instrument de réalisation des buts (7). Une souris, une télécommande, un robot électronique, un téléphone portable, une voiture, un ordinateur, etc., peuvent devenir de telles prothèses.

Internet est une prothèse d'un nouveau type. Extension corporelle, il l'est par l'intermédiaire de la souris et du clavier qui permettent à chacun d'œuvrer sur la Toile. Sa nature intrinsèquement décentralisée et communautaire, son caractère immatériel et la globalité de son champ d'interaction avec les autres activités humaines lui donnent un statut particulier. L'ampleur des changements qu'il induit dans les conceptions du monde environnant en témoigne plus encore. En cohérence avec les théories de l'*embodiment*, ces conceptions sont appelées à constituer de nouvelles sources d'analogie, car un objet d'analogie peut à son tour en devenir source dès lors qu'il est suffisamment maîtrisé.

Durant la fraction temporelle, infime à l'échelle de l'évolution humaine, de son existence, la prothèse Internet est pensée par analogie au monde sensible. Mais elle est appelée à devenir elle-même outil de pensée. Lorsque le monde sensible se concevra par analogie avec Internet, ce sera une nouvelle révolution.

Notes

1 Raymond W. Gibbs, *Embodiment in Cognitive Science*, Cambridge University Press, 2006; George Lakoff et Mark Johnson, Philosophy in the Flesh, Basic Books, 1999.
2 Douglas Hofstadter, *Fluid Concepts and Creative Analogies*, Basic Books, 1995; Emmanuel Sander, *L'Analogie, du naïf au créatif*, L'Harmattan, 2000.
3 Daniel C. Dennett, *The Conscience Explained*, Little Brown, 1992.
4 Gregory L. Murphy, *The Big Book of Concepts*, Bradford Book, 2002.
5 Jean-François Richard, *Les Activités mentales*, Armand Colin, rééd. 2005.
6 Laurence Dupuch et Emmanuel Sander, « Apport pour les apprentissages de l'explicitation des relations d'inclusion de classe », *L'Année psychologique*, vol. CVII, 2007; E. Sander, Jean-Marc Meunier et Christelle Bosc-Miné, « Approche ontologique et navigation dans un EIAH », *Revue Sticef*, vol. XI, 2004.
7 Donald A. Norman, *Things that make us smart*, Addison Wesley, 1993.

LE WEB, MODE D'EMPLOI

Du Web 2.0 au Web sémantique

Tim Berners-Lee dit « que le Web soit ». Et le Web fut. C'était en 1990. T. Berners-Lee, ingénieur anglais qui travaillait au Cern, avait eu l'idée d'associer le réseau Internet avec des documents hypertextes (c'est-à-dire des pages comportant des liens vers des ressources). Dès lors Internet n'était plus simplement un moyen de communiquer entre ordinateur, mais un immense livre ouvert, constitué de milliards de pages reliées les unes aux autres. C'est grâce au Web qu'Internet s'est propagé avec une vitesse foudroyante dans le monde entier, pénétré dans nos vies et nos foyers. En quelques années, le Web s'est imposé comme le média que l'on connaît : aussi important, dans l'histoire de la communication, que le livre, le journal, la radio ou la télévision.

À partir de 2004 est apparue la notion de Web 2.0. Ce terme est d'abord un slogan, qui associe l'idée de participation et interaction avec des nouvelles technologies associées. Dans le Web classique (ou Web première manière), chaque site est comme une ville faite de petites maisons, construite par son propriétaire et reliés par des canaux de circulation. On peut visiter les maisons que l'on souhaite. Le Web 2.0 apporte une nouvelle idée : la construction en commun de bâtiments fabriqués avec des briques et les matériaux apportés par chacun. Concrètement, Wikipedia, You tube, Flickr, Dailymotion sont des principales réussites du Web 2.0. Des outils et protocoles ont été mis en place pour permettre son développement. On peut construire un blog collaboratif en syndiquant et remixant les actualités.

Le Web 2.0 voyait à peine le jour qu'on parlait déjà de Web 3.0. L'idée de « Web 3.0 » ou « Web sémantique » avait été lancée par T. Berners-lee, le fondateur du Web, lors de la conférence de fondation du W3C en 1994. Devant le succès de la toile, il devenait nécessaire de s'y retrouver les informations pertinentes et utiles. Comment les internautes – et les moteurs de recherches – peuvent-ils se retrouver dans ce continent virtuel en expansion continue, où grouillent des milliards de données enchevêtrées ? Le Web sémantique vise à résoudre ce problème par un nouveau mode de catalogage des sources et de représentation des connaissances.

L'idée est la suivante. Supposons que vous soyez un mordu de littérature asiatique et que vous cherchez sur le Web des pages consacrées à votre passion. Selon que vous effectuez des recherches à partir du mot « littérature », « roman », ou « écrivain » vous obtiendrez des résultats très différents. De même le mot « asiatique » va exclure a priori les sites consacrés aux romans indiens, japonais, chinois, coréens…, pourtant susceptibles de vous intéresser. Car les moteurs de recherche mènent leur investigation sur des mots et non sur leur sens. L'idée du Web sémantique est justement d'accéder au sens (la sémantique est la science du sens des mots). Le principe consisterait à associer à chaque document une étiquette (notice) qui contient de l'information sur le document : sa nature (la littérature), ses relations (Chine, Japon, Inde, Corée, etc., appartiennent à Asie), la date, l'auteur, le titre, la langue, etc. L'idée est d'identifier un site qui porte sur la littérature asiatique, même si son titre est « poésie orientale ».

Pour mettre au point le Web sémantique, des équipes se sont alors lancées dans la réalisation de langages de protocole de communication (RDF, OWL), de logiciels spécialisés et d'« ontologies », c'est-à-dire des vocabulaires standards relatifs à des domaines de connaissance.

Le concept du Web sémantique repose sur l'idée qu'il est possible de classer clairement le monde en objets, classes et relations. C'est au fond le vieux rêve de Descartes ou Leibniz, visant à organisation toutes les connaissances à partir d'atomes de sens élémentaires et dépourvus de toute ambiguïté. Les fameuses « idées claires et distinctes » de Descartes. Mais ce rêve d'ingénieur se heurte à des problèmes sémantiques bien connus des linguistes. Dès que l'on sort du cadre des micro-univers de connaissance dont le vocabulaire est très standardisé (comme la météo ou la finance), la description d'un concept et le nombre de relations qu'il entretient avec des concepts voisins deviennent d'une complexité inextricable.

Tags et folksonomies, le moteur de recherche c'est vous

Une façon de classer ses documents – textes ou photos, vidéos - dans un ordinateur consiste à leur donner un titre (par exemple « Journal du Pérou » ou « Paroles de schizophrène ») et les classer ensuite dans des dossiers correspondants (« Photos de famille », « Courrier administratif », « Journal personnel »...). Mais un titre ne décrit pas forcément le contenu du document. D'où l'intérêt d'associer au document un mot-clé (par exemple autisme, histoire de Rome, chanson française, etc.). Cette étiquette ou « tag » (en anglais) permettra plus facilement de retrouver le document.

Sur le Web, il est possible de demander aux utilisateurs d'étiqueter ou « taguer » eux-mêmes leurs documents. Les moteurs de recherche pourront alors retrouver et regrouper les informations à partir de leurs tags. Et même présenter les sujets voisins à proximité, sous forme de nuages de tags (tagclouds).

L'ensemble des tags relevant d'un domaine correspond à une folksonomie, c'est-à-dire à l'indexation des documents numériques par les usagers eux-mêmes. Le terme folksonomie se différencie des méthodes utilisées par les documentalistes et spécialistes d'un domaine, qui utilisent un vocabulaire contrôlé de mots-clés (thésaurus) pour indexer les documents.

Les tags et folksonomies sont des modes de classification correspondant à la démarche du Web 2.0, où ce sont les utilisateurs eux-mêmes qui finalement participent à l'organisation des données sur le Web.

Blogs, qui écrit quoi ?

Raconter sa vie, commenter l'actualité, faire partager ses passions... L'explosion des blogs est un des phénomènes les plus surprenants du Web 2.0. Mais combien y en a-t-il? Impossible de le savoir avec précision, tant le phénomène évolue chaque jour. Depuis fin 2004, le site spécialisé de recherches Technorati tente d'évaluer « l'état du Web vivant » (*state of the live Web*). Selon leur dernière estimation en date d'avril 2007, on compterait plus de 70 millions de blogs, chiffre qui a été multiplié par deux en... 320 jours. Il s'en créerait 120000 par jour. 1,5 million de « posts » (messages) seraient postés quotidiennement, soit 17 toutes les secondes. 37 % des blogs seraient publiés en japonais, première langue de la blogosphère devant l'anglais (33 %) et le chinois (8 %). 2 % des blogs seraient publiés en français. Des chiffres spectaculaires mais néanmoins trompeurs. Car seuls 21 % (15,5 millions) de ces blogs sont actifs, c'est-à-dire avait été actualisés au cours des 90 jours passés. En mai 2006, le pourcentage était de 37 %, soit un peu moins de 14 millions de blogs actifs. Une progression beaucoup faible donc, qui fait dire à certains que la blogosphère serait proche d'atteindre sa taille plafond. Les sociologues Dominique Cardon et Hélène Delaunay-Teterel ont essayé de voir quelles étaient les différentes sortes de blog que l'on pouvait rencontrer. Ils en distinguent quatre types, selon le type de communication et de public.

• « Le partage des intériorités ». Entrent dans cette catégorie des blogs intimistes, où « l'énonciateur livre des contenus portant sur sa vie privée ». Une pratique plutôt féminine, marquée par le refus de la communication banale et superficielle, qui récolte peu d'audience et de commentaires (les correspondants du blogueur ne trouvent pas de raisons de dialoguer entre eux) mais est prétexte à des échanges réguliers et réciproques.

• « La conversation continue » consiste en une description de son environnement et de ses activités quotidiennes. Infos, potins, blagues, souvenirs, projets..., le contenu est semblable à celui des interactions ordinaires. Ce type de communication très prisé chez les ados sert à l'entretien du lien conjugal, familial ou amical : ils renforcent des liens préexistants. L'audience prend ici la forme clanique d'un petit réseau de correspondants entretenant entre eux des relations très denses.

• « Le recrutement des pairs ». Le blogueur dévoile là une facette de son identité – dessinateur, collectionneur, fan... – et met en évidence des capacités et des compétences spécifiques. Il est parfois producteur de contenus diffusés (écriture, vidéo, images). Se retrouve ici une population d'amateurs à la recherche de reconnaissance, palliative à la consécration.

• L'énonciation « citoyenne » se caractérise par une ouverture inconditionnée de l'espace de parole, et une recherche de la pluralité des points de vue. De nombreux liens sont faits vers d'autres blogs et vers le Web, il y a beaucoup de commentaires. L'identité du blogueur est affichée. Il peut s'agir de journalistes commentant l'actualité, d'experts, de faire de la contre-information ou de mobiliser pour une cause précise. Les auteurs soulignent néanmoins que cette typologie n'est qu'un repérage « sommaire », l'une des spécificités du blogging étant justement de pouvoir mélanger ces registres que l'on tient d'habitude pour distincts (1).

Google, le grand organisateur de savoirs

Plus de 8 milliards de pages indexées revendiquées, 90 % de part de marché en France: en huit ans d'existence, le moteur de recherche Google est devenu un point de passage quasi obligé pour s'orienter sur le Web. D'où chez certains la crainte d'une américanisation de la culture. La philosophe et philologue Barbara Cassin met en doute la mission que s'est fixée Google: « Organiser toute l'information du monde ». Affichant un discours philanthropique, la firme masquerait les bénéfices énormes qu'elle tire de son activité. D'autre part, la façon dont elle classe les résultats de recherche (le fameux système « PageRank »: les sites les mieux placés sont ceux vers lesquels les autres sites pointent le plus) transformerait le Web en supermarché, avec ses têtes de gondole et ses arrière-salles. Doit-on, s'interroge B. Cassin, laisser Google hiérarchiser la connaissance selon le nombre de clics? Ancien directeur de la Bibliothèque nationale de France, Jean-Noël Jeanneney exprime les mêmes craintes à propos de l'entreprise de numérisation de tous les livres existants dans laquelle s'est lancé le moteur de recherche (sous le nom « Google Print »). Il salue la volonté de mettre à la disposition de tous le plus grand nombre de livres possible. Mais il s'inquiète: comment s'assurer que les contenus anglo-saxons n'écraseront pas les autres? Que les best-sellers n'éclipseront pas les petits tirages? Autre souci: la publicité. Qui peut garantir, demande J.-N. Jeanneney, qu'une page de Proust ne soit pas assortie d'une publicité pour un fabricant de madeleines? Face à ce qu'il perçoit comme des dangers, J.-N. Jeanneney a lancé une initiative de numérisation du patrimoine des bibliothèques européennes. Une nouvelle guerre culturelle s'annoncerait-elle? (2)

Notes

1. www.sifry.com/stateoftheliveweb Dominique Cardon et Hélène Delaunay-Teterel, « La production de soi comme technique relationnelle. Un essai de typologie des blogs par leurs publics », Réseaux, vol. XXIV, n° 138, 2006.
2. Barbara Cassin, Google-moi. *La deuxième mission de l'Amérique*, Albin Michel, 2007. Jean-Noël Jeanneney, *Quand Google défie l'Europe*, Mille et une nuits, rééd. 2006.

ANNEXES

- **Mots clés**
- **Bibliographie générale**
- **Index thématique**
- **Index des noms de personnes**

Mots clés

Agenda (fonction d')
La fonction d'agenda, présentée par Maxwell McCombs et Donald Shaw en 1972 (« The Agenda-setting Function of Mass-Media », *Public Opinion Quarterly*, n° 36), insiste sur la capacité des médias à focaliser l'attention du public sur tel événement, en choisissant et en hiérarchisant les sujets qui « feront l'actualité ». En déterminant l'agenda politique, la presse ne dit pas aux gens « ce qu'il faut penser », mais « ce à quoi il faut penser ».

Analyse de conversation
Ce champ de recherche, qui a pris son essor dans les années 70, renvoie en fait à une multitude d'approches : l'ethnographie de la conversation (Dell Hymes, John Gumperz) ; l'ethnométhodologie (Harold Garfinkel, puis Harvey Sacks et Emanuel Schegloff) ; la sociolinguistique (William Labov, Joshua A. Fishman) ; l'anthropologie de la communication (Erving Goffman) ; les nouvelles théories de l'argumentation (Chaïm Perelman, Oswald Ducrot) ; la linguistique pragmatique (John L. Austin) ; et les approches proprement linguistiques (Catherine Kerbrat-Orecchioni).
L'analyse de conversation étudie les conversations en situation réelle. Elle montre que le langage courant est loin de correspondre aux règles de la grammaire formelle, qu'il existe beaucoup de différences dans l'expression selon les milieux sociaux et les situations, que le sens des mots dépend beaucoup du contexte,

des intonations et des expressions faciales qui les accompagnent, que la conversation comporte beaucoup d'implicite (et donc suppose une culture commune entre interlocuteurs), que la conversation est fortement ritualisée par des tours de parole, etc.

Analyse du discours
Dans l'analyse de discours, le mot « discours » ne renvoie pas simplement à la parole officielle tenue par les personnalités politiques et autorités de toutes sortes. Le discours s'étend ici à toute forme de message linguistique oral ou écrit : texte littéraire, conversation, texte juridique, texte scientifique... L'analyse de discours revient à décortiquer le texte en question pour analyser les thèmes fondamentaux, ses modes d'argumentation, ses genres et formes de récit.
L'analyse du discours, s'est développée comme courant de recherche autonome à partir des années 70. Il regroupe en fait des approches très diverses qui vont de l'analyse de conversation à l'étude archéologique des textes, telle que l'envisage Michel Foucault (recherche des paradigmes sous-jacents à un discours scientifique).

Approche systémique
Née vers la fin des années 40, ses pères fondateurs sont : Norbert Wiener, théoricien de la cybernétique ; Warren McCulloch, créateur de la bionique ; Ludwig von Bertalanffy, auteur d'une théorie générale des systèmes (1954) et Jay W. Forrester, électronicien au MIT. L'approche systémique repose sur trois principes fondateurs : le principe d'interaction, le principe de totalité et le principe de rétroaction.
• Selon le principe d'interaction ou d'interdépendance, on ne peut pas comprendre un élément sans connaître le contexte dans lequel il interagit.
• Le principe de totalité rappelle que « le tout est supérieur à la somme des parties ».
• Le principe de rétroaction (*feedback*) est un type de causalité circulaire où un effet (B) va rétroagir sur la cause (A) qui l'a produit. Le thermostat est un bon exemple de cette causalité en boucle.

Attracteur étrange
En théorie du chaos, on appelle « attracteurs étranges » des points d'équilibre vers lesquels convergent – et semblent irrésistiblement attirés – des systèmes dynamiques.

Constructivisme
En sciences humaines, l'appro-

che constructiviste considère que les individus participent à la construction de leur réalité. C'est-à-dire qu'ils ne se contentent pas d'observer le monde tel qu'il est (attitude réaliste ou objectiviste) mais que leurs représentations, leurs relations au monde sont le produit d'une construction du sujet.

La notion de constructivisme ne renvoie pas à un courant de pensée unifié mais se décline en fait sous diverses formes :

– en philosophie, c'est une théorie de la connaissance partagée par des auteurs comme Giambattista Vico, Emmanuel Kant et Ludwig J. Wittgenstein ;

– en psychologie, le terme sert à désigner une approche différente : celle de Paul Watzlawick de l'École de Palo Alto, la théorie de l'intelligence de Jean Piaget, la psychologie de la forme (*Gestalt-théorie*) ;

– en sociologie, le terme a une signification quelque peu différente. Il renvoie à l'idée que nos conduites sociales et les systèmes sociaux ne sont pas des dispositifs « naturels » mais font l'objet d'une construction et d'une reconstruction permanente.

Cyber... space,...culture,... café,...monde, etc.

La racine commune à ces différents néologismes – cyber – vient du grec *Kubernein* qui signifie « gouverner » au sens de « piloter ». C'est en référence à ce terme que l'informaticien Norbert Wiener avait introduit, dans les années 40, le terme « cybernétique », une discipline spécialisée dans la conception de mécanismes autorégulés. Mais c'est aussi du côté de la littérature de science-fiction qu'il faut se tourner pour saisir une autre caractéristique des termes construits sur le préfixe cyber- apparu depuis. Le cyberspace, par exemple, est évoqué pour la première fois dans un roman publié en 1984, *Le Neuromancien* de l'Américain William Gibson : il désigne alors un espace virtuel de communication fondé sur l'interconnexion des ordinateurs.

Déictique (geste)

Geste consistant à montrer du doigt (ou de la tête) une personne, une direction ou un objet.

Double-bind (double contrainte)

Expression introduite par Gregory Bateson pour qualifier une situation contradictoire et inévitable. Par exemple, quand un individu dit à un autre « *Sois spontané* », en obéissant, ce dernier ne sera pas spontané.

École de Francfort
Ce courant de pensée naît dans les années 30, lorsque Max Horkheimer prend la tête de l'Institut de recherches sociales fondé en 1923 à Francfort. Sous son impulsion, de nombreux intellectuels vont travailler ensemble : les plus connus sont Herbert Marcuse, Theodor W. Adorno ou Erich Fromm, dont on peut également rapprocher Walter Benjamin. Leurs recherches sont marquées par une référence commune à la pensée de Karl Marx, mais critique et non dogmatique. Lors de l'arrivée au pouvoir des nazis, M. Horkheimer et ses collaborateurs sont contraints à l'exil. Si, dans un premier temps, deux annexes ouvrent à Paris et à Genève, très rapidement ils doivent émigrer aux États-Unis.
L'école de Francfort connaît alors une seconde phase, marquée par un profond pessimisme. T.W. Adorno et M. Horkheimer publient en 1947 *La Dialectique de la raison*, dans laquelle ils mettent en question la rationalité technique et scientifique qui instrumentalise la nature mais aussi l'homme pour les intérêts de la classe dominante. À partir de la fin des années 40, une bonne partie des membres de l'école de Francfort revient en Allemagne et le courant connaît désormais une grande reconnaissance de la part des universitaires mais aussi des médias. Le succès de l'œuvre d'H. Marcuse, et notamment d'*Eros et civilisation* (1 955), inspirée par la psychanalyse, en est un bon exemple. Le philosophe et sociologue Jürgen Habermas, qui fut pendant trois ans l'assistant de T.W. Adorno, peut être considéré comme le dernier représentant de l'école de Francfort, même s'il ne fait pas partie du premier cercle des fondateurs. Il reprend en effet à son compte « la théorie critique » sous la forme d'un double projet : la critique d'une raison fondatrice universelle et la recherche d'un fondement légitime de l'ordre social dépassant le discours dominateur de la science et de la technique.

École de Vienne (ou Cercle de Vienne) École qui regroupa autour de Moritz Schlick, son fondateur, plusieurs philosophes, logiciens et savants allemands et autrichiens (Rufolf Carnap, P. Frank, Hans Reichenbach, et à ses débuts Ludwig Wittgenstein). Marquée par la logique mathématique et par le développement de la physique moderne, l'École de Vienne a cherché à construire une science de la signification cohérente par une analyse du langage, et à unifier les sciences en leur donnant une assise unique qui prit comme modèle la physique. Paul Lazarsfeld a été le principal propagateur en sciences sociales des principes du Cercle de Vienne.

Ethnométhodologie
Courant de la sociologie né aux États-Unis dans les années 60 dont Harold Garfinkel est la principale figure. Pour l'ethnométhodologie, le social se construit et se reconstruit sans cesse dans les relations quotidiennes qui se nouent entre acteurs. Ceux-ci véhiculent des connaissances ordinaires et des représentations du monde que le sociologue, par une procédure proche de l'ethnographie, cherche à dévoiler.

Groupware
Ensemble des techniques de communication utiles au travail collectif d'équipes dispersées sur des stations de travail distantes.

Habitus X
Selon Pierre Bourdieu, ensemble des dispositions (comportements, style de vie…) acquises au sein du milieu social d'origine et qui vont par la suite structurer les pratiques quotidiennes. Le langage châtié de l'aristocratie ou le franc-parler populaire sont des habitus linguistiques.

Haptique
Ce qui se réfère à la sensibilité tactile en l'absence de vision. La sensibilité haptique concerne les capacités de la main à percevoir, en l'absence de vision, les caractéristiques tactiles d'un objet, comme sa forme, sa texture, son poids ou sa substance.

Hypertexte
Ensemble de textes interconnectés les uns aux autres dont on obtient la visualisation sur l'écran d'un ordinateur en cliquant sur un mot ou une icône. Les encyclopédies électroniques disponibles sur CD-Rom se lisent selon ce principe. L'originalité de l'hypertexte réside dans le mode de lecture non linéaire qu'il autorise. Les progrès réalisés dans la numérisation permettent d'accéder selon le même mode à des documents sonores ou audiovisuels. C'est pourquoi, on parle désormais d'« hypermédia ».
L'inventeur du mot, Ted Nelson, concevait l'hypertexte comme un gigantesque réseau (qu'il nommait le Xanadu) : de lien en lien, Xanadu finirait par contenir toute la culture littéraire, scientifique et artistique de nos sociétés…

Information X
Le concept de « société de l'information » est apparu à la fin du XXᵉ siècle. Il soulignerait un trait

central de nos sociétés : l'information est devenue le centre de gravité de l'évolution technique (technologie de l'information), de la croissance économique (économie de l'information), de la diffusion et de la maîtrise du savoir.

Comment ce mot « information » en est-il venu à jouer un tel rôle dans notre représentation de la société ? Selon Jérôme Segal, « *c'est parce que l'information est à la fois une grandeur scientifique et une notion "malléable", "ajustable" à différentes théories, qu'elle suscite un tel engouement* » (*Le Zéro et le Un. Histoire de la notion scientifique d'information au XX*e *siècle*, 2003). La théorie mathématique de l'information, forgée par Claude E. Shannon, va d'abord être l'une des bases du développement de l'informatique et des télécommunications. Puis elle va devenir un paradigme général pour toute une série de développements dans les domaines de la physique, de la génétique, de la linguistique, de l'économie…, en perdant son sens originel et devenant un mot attrape-tout.

La théorie mathématique de l'information a été élaborée dans les années 40. Elle est due à un ingénieur des Bell Telephone Laboratories, C.E. Shannon. Le problème était : comment transmettre un message dans des conditions optimales à travers un moyen de communication (téléphone, télégraphe…) ? Une information traduit une réduction d'incertitude : plus on possède d'informations sur une chose, plus on réduit son incertitude sur elle. Cette information peut donc être considérée comme l'inverse d'une probabilité. Par exemple, si je recherche un objet (mes clés) perdu dans dix endroits possibles N (nombre de probabilités = 10), la probabilité qu'il se trouve dans mon bureau ou dans chacun des autres endroits est de 1/n (une chance sur 10). Après quelques recherches, j'apprends que ces clés ne se trouvent ni au bureau ni dans la voiture ; j'ai réduit l'incertitude de 2/n. On comprend que l'information donnée I, acquise en cherchant, est fonction à la fois de N et de n. Lorsque N/n = 1, l'information est totale.

Par convention, on pose que la quantité d'information I = k log (N/n) où k est une constante. Cette formule permet de calculer la quantité d'informations d'un message (indépendamment du sens de ce message). Le « bruit » qui vient parasiter un message réduit l'information et augmente l'incertitude.

Cette théorie de l'information va devenir un des piliers de la cybernétique.

À partir des années 80, ce concept d'information va connaître une certaine fortune dans de nombreux domaines. Le mot, dans son acception assez générale, servira à désigner aussi bien les nouvelles technologies d'information et de communication (NTIC), qui voient leur essor avec la multiplication des ordinateurs personnels et le développement d'Internet, que les médias, la gestion de l'information en entreprise (veille technologique, communication interne), en passant par l'« économie de l'information » (cette expression étant déjà en elle-même le condensé de plusieurs choses : la théorie microéconomique de l'information et la « nouvelle économie »). Dès lors, la société contemporaine tout entière semble devoir graviter autour de l'information. Certains sociologues parlent alors d'une « société de l'information » ou de l'« ère de l'information » (Manuel Castells) pour rendre compte de la convergence de plusieurs phénomènes : technologiques, économiques (les réseaux), sociaux (médias), de l'innovation et de la science dans le développement économique, la croissance de l'éducation…

Kinésique

Théorie qui étudie l'ensemble des signes relatifs aux mouvements et positions du corps, émis culturellement ou naturellement. La kinésique a appliqué les méthodes de la linguistique structurale au système des gestes, sans les dissocier de l'interaction verbale.

Loi de Moore

Observation empirique, mais vérifiée depuis une trentaine d'années, selon laquelle le prix des matériels informatiques est divisé par deux tous les dix-huit mois, à performance égale.

Médiologie

Pour Régis Debray (*Cours de médiologie générale*, 1991), l'objectif de la médiologie est l'étude des conditions matérielles de la diffusion des messages. Pour qu'une idée ou une idéologie s'impose, il ne lui suffit pas d'être convaincante, elle doit encore s'appuyer sur un réseau humain et technique – la « médiasphère » –, objet d'étude de la médiologie.

Morphème

Plus petit segment de signe porteur de signification. Le mot « valise » constitue à lui seul un morphème, car il ne peut pas être décomposé en éléments plus simples ayant une signification. Mais dans le mot « nageuse », par exemple, « nage » et « euse » sont deux morphèmes qui permettent de distinguer « nageuse » des deux mots voisins « nageur » et « rageuse ».

Nouvelle rhétorique

On appelle « nouvelle rhétorique » le courant de recherche initié par Chaïm Perelman (1912-1984). L'ancienne rhétorique est l'étude classique de l'art oratoire et des règles de l'argumentation. Cette rhétorique classique a disparu de l'enseignement à la fin du XIXe siècle. La nouvelle rhétorique vise à énoncer des règles générales de l'argumentation qui ne tiennent pas uniquement compte de la forme du discours, mais aussi des différents types de réception de l'auditoire.

NTIC

Nouvelles technologies de l'information et de la communication.

Phonème

On appelle phonème un son de la langue, comme/a/ou/b/en français. Par exemple, le mot « pas » comprend deux phonèmes :/p/ et/a/. En français, il existe une trentaine de phonèmes différents.

Mais un phonème n'est pas simplement un son différent d'un autre. Pour avoir le statut de phonème, il faut que la différence produise un changement de sens. Ainsi, le fait de prononcer le mot « rat » ou « rrrat » (en roulant les « r ») ne change pas le sens du mot. Par contre, la distinction entre/p/ou/b/, qui sont des sons proches, suffit à distinguer deux mots (« pas » et « bas » par exemple).

Pragmatique

Étude du langage en acte, l'approche pragmatique met l'accent sur l'importance du contexte dans l'exercice de la langue ; et, par ailleurs, sur le fait que « dire, c'est faire ». La pragmatique étudie le langage en tant qu' instrument d'action.

Proxémique

Discipline étudiant les relations spatiales comme mode de communication. Le jeu des territoires, la façon de percevoir l'espace dans différentes cultures, les effets symboliques de l'organisation spatiale, les distances physiques de communication relèvent de la proxémique.

Savoir procédural

Le raisonnement procédural désigne l'ensemble des règles à suivre pour atteindre un objectif donné. Le savoir procédural est un « savoir-faire ». Exemple : démonter et remonter un moteur de Mobylette, intervenir dans le logiciel d'un jeu vidéo sont des procédures que les jeunes affectionnent particulièrement.

Second life

Simulation sociétale virtuelle qui permet de vivre, sur le web, une « seconde vie » sous la forme d'un avatar dans un univers géré par les joueurs.Plusieurs millions de personnes et/ou d'institutions y sont présentes.

Sémiologie

Du grec *semeton* (signe). La sémiologie ou sémiotique (les Anglo-Saxons utilisent le terme *semiotic*) a été définie le plus généralement comme la science des signes. Elle s'intéresse à tous les types de signes : ceux du langage écrit mais aussi les signes iconographiques, le cinéma, la publicité, les codes vestimentaires, les rituels de politesse, les codes de toutes sortes...

Le travail du sémiologue consiste à interpréter la signification implicite des signes : le Coca-Cola est une boisson mais aussi le symbole de l'*american way of life*; la cravate est un signe extérieur d'appartenance sociale. La tâche du sémiologue est également de rechercher comment s'articulent les signes en systèmes : code de la route, code de comportements, etc.

Les fondateurs de la sémiologie sont le philosophe Charles Sanders Peirce (1839-1914), *Écrits sur le signe* (1978), et le linguistique Ferdinand de Saussure (1857-1913), *Cours de linguistique générale* (1916). Parmi les principales figures de la sémiologie contemporaine, on retient les œuvres de Roland Barthes (1915-1980), Algirdas J. Greimas ou Umberto Eco (né en 1932).

Signe

« Supposons que M. Sigma, citoyen italien en voyage à Paris, se mette à ressentir un "mal de ventre". (...) Brûlures d'estomac ? Spasmes ? Coliques ? M. Sigma tente de donner un nom à des stimuli imprécis : en les dénommant, il les culturalise ; c'est-à-dire qu'il range ce qui jusque-là n'était qu'un ensemble de phénomènes naturels sous des rubriques précises et codifiées. Il cherche par là à coller à son expérience personnelle une étiquette qui la rende comparable à d'autres expériences auxquelles les livres de médecine ont déjà donné un nom. » Ainsi débute l'ouvrage *Le Signe* d'Umberto Eco en 1971.

Le mal de ventre est désigné par un mot, plus ou moins précis, que M. Sigma va pouvoir utiliser pour décrire son mal. *« Tout un chacun serait d'accord pour dire que le mot ainsi identifié par M. Sigma est un signe. »*

M. Sigma décide d'aller voir le médecin. C'est l'occasion pour U. Eco de nous introduire dans l'univers des signes. M. Sigma trouve le nom (un signe) d'un docteur dans le bottin téléphonique, prend le téléphone et compose le numéro (encore un signe), puis se rend au cabinet médical en taxi (auquel il fait un signe pour qu'il s'arrête). Le long du trajet, le chauffeur de taxi stoppe et redémarre, circule en fonction des nombreux signaux routiers (feu rouge ou vert, sens interdit, stop...). *« Finalement, voici notre héros assis devant le médecin, à qui il tente d'expliquer ce qu'il lui est arrivé ce matin-là : "J'ai mal au ventre! »* Le médecin procède à un examen et, voyant des taches rouges sur les paumes de la main, déclare: *« C'est mauvais signe! »* Nous vivons dans un monde peuplé de signes. Des nuages noirs? Signe d'orage. Des yeux cernés? Signe de fatigue. Des panneaux de circulation? Signalisation routière. Des mots écrits sur le journal, des paroles échangées, un sourire sur le visage, un geste de la main..., des signes, encore des signes.

La sémiologie – science des signes – apparaît au début du XXe siècle. Ses deux pères fondateurs sont Ferdinand de Saussure et Charles S. Peirce.

F. de Saussure est considéré comme un linguiste parce qu'il s'est intéressé à un type particulier de signe: le signe linguistique. Mais, au départ, son projet était plus vaste: dans son *Cours de linguistique générale* (1916), le signe est défini de façon très large. Outre les signes linguistiques, il y a les images codifiées (comme les symboles du code de la route), mais aussi les gestes codifiés (sémaphores, les gestes de politesse) ou encore les marques (un écusson). F. de Saussure distingue deux facettes du signe: le signifiant* et le signifié. Et il ajoute que le rapport entre le signifiant et le signifié est purement arbitraire. Le même objet (un arbre) sera désigné par le mot « tree » en anglais et « arbre » en français. Voilà ce qu'on nomme, depuis F. de Saussure, l'« arbitraire du signe ».

Du philosophe et logicien C.S. Peirce (1839-1914), on retient habituellement trois types de signe: l'indice, l'icône et le symbole. L'indice, c'est la fumée qui indique le feu. L'icône, c'est l'image plus ou moins schématisée qui représente un objet (une fourchette et un couteau sur un panneau qui indiquent un restaurant à proximité). Enfin, le symbole entretient avec ce qu'il représente un rapport purement conventionnel. Le feu rouge indique l'ordre de s'arrêter. L'icône n'est pas que l'image, ce peut être aussi des arômes, des onomatopées... Par ailleurs, C.S. Peirce fait remarquer que l'interprétation d'un signe suppose une relation entre trois composantes : le signe, l'objet représenté et l'interprétant, la personne qui fait la relation entre le signe et la chose. Car, dans la mesure où un même signe peut représenter plusieurs objets, il y a toujours une part d'interprétation. Charles W. Morris, qui fut l'un de ses élèves, soutient que peut devenir signe tout ce qui *« à un moment donné est interprété »*. À la limite, un nuage en forme de lapin devient un signe pour celui qui le voit ainsi.

Signifiant-signifié
Cette distinction est établie par Ferdinand de Saussure. Ce sont les deux versants du signe. Le signifiant représente l'aspect extérieur du signe : le son produit ou le graphisme du mot écrit. Le signifié renvoie à l'idée ou à l'objet représentés.
Roland Barthes a introduit cette distinction à un second niveau. Dans le mythe national par exemple, le signifiant correspond à un drapeau, et le signifié renvoie à l'idée qu'il évoque : la patrie.

Sociolinguistique
« Non, mais j'y crois pas ! » ; « T'es top délire, *man* ! » ; « Je n'en disconviens pas » ; « C'est follement drôle ! » ; « Grouille, ça urge ! ». On ne parle pas de la même façon dans un quartier populaire et dans les couloirs des grandes écoles. L'expression linguistique varie selon les milieux sociaux. Le but de la sociolinguistique consiste justement à étudier les différences linguistiques selon ces mêmes milieux.
À la fin des années 60, William Labov avait entrepris d'étudier la façon de s'exprimer des jeunes Noirs de Harlem (*Le Parler ordinaire*, 1972). Il a découvert que l'anglais utilisé par ces adolescents, avec les nombreuses tournures grammaticales incorrectes, les expressions toutes faites, etc., ne saurait être une simple déformation ou un appauvrissement d'un anglais « correct ». Les variations étudiées étant systématiques au sein d'une communauté et cohérentes entre elles, leur langage formait bien sa propre logique, même si elle ne correspondait pas au canon de la langue correcte. W. Labov remettait donc en cause les thèses de Basil Bernstein (*Langage et classes sociales*, 1975) qui considérait que les enfants des milieux populaires possédaient un code linguistique « restreint » par rapport au « code élaboré » des enfants des milieux culturellement favorisés.
Par ailleurs, W. Labov (*Sociolinguistique*, 1973) avait remar-

qué aussi qu'un même locuteur pouvait utiliser des registres de langage différents selon les situations et les milieux où il évoluait (langage familier, langage raffiné, langage officiel).
W. Labov a décrit les types de variations que subissent les règles de grammaire.
– Il est tout d'abord des règles catégoriques qui ne sont jamais violées. Par exemple, aucun Français ne dit : « Je mangé trop. » ;
– Les règles semi-catégoriques dont les violations – fréquentes – s'interprètent socialement : « C'est qu'est-ce que j'ai dit. » ;
– Les règles variables comme l'emploi du « pas » à la place de « ne pas » : « J'ai pas faim » au lieu de : « Je n'ai pas faim. » L'emploi de cette règle par une même personne varie selon les circonstances (la forme familière est acceptable dans le privé, la seconde sera employée dans un contexte officiel).
Pour l'Américain Dell Hymes, fondateur de l'ethnographie de la communication, il ne suffit pas d'acquérir la maîtrise grammaticale d'une phrase pour être un locuteur compétent. Il faut aussi qu'elle soit appropriée au contexte. Par exemple, « Comment ça va ? », phrase anodine, doit être utilisé dans un contexte approprié (face à une personne que l'on connaît bien) ou acceptable (on ne dit pas : « Comment ça va ? » à la personne qui vous reçoit pour l'enterrement d'un de ses parents).
C'est pourquoi l'une des notions principales de l'ethnographie de la communication est la « compétence communicative », qui pose que les faits de langage doivent être étudiés dans leur contexte naturel. Cette notion fait pendant à celle de « compétence linguistique » de Noam Chomsky.
Comment analyser ces situations de communication : repas, cérémonie, réunion... ? D. Hymes a proposé un modèle résumé en une formule : Speaking (*Setting, Participants, Ends, Acts, Key, Instrumentalities, Norms, Gender*), mettant en évidence la variété des stratégies discursives, leurs composantes et leurs finalités.
L'analyse de conversation, qui s'occupe d'étudier les règles implicites de la conversation (gestion des tours de parole, phrases incomplètes, rires, pauses...), peut être intégrée au champ d'étude de la sociolinguistique (John J. Gumperz).

Structuralisme

Le structuralisme s'est imposé comme un courant dominant de l'analyse en sciences humaines dans les années 60. Il a affecté autant l'anthropologie que la sociologie, la linguistique ou la psychanalyse. Il ne faut pas chercher dans ce courant une unité de méthodes ou de théories. La notion de structure a plusieurs sens et a des contours flous. Ce sont plutôt des perspectives communes qui permettent de rassembler les divers auteurs en un même courant. Le cadre d'analyse commun peut se résumer ainsi :

– il existe, par-delà le sens que les sujets donnent à leurs discours ou à leurs actes, des « structures » sous-jacentes qui fixent un cadre à leur expression ;

– le rôle de l'analyste est de mettre à jour ces structures, d'en déceler la trace ;

– le structuralisme privilégie la dimension « synchronique » (dans le même temps) par rapport à la dimension « diachronique » (ou historique) des phénomènes ;

– le discours, le langage sont l'objet d'analyse privilégiée des structuralistes : Michel Foucault étudie le discours scientifique ou médical, Roland Barthes le discours littéraire, Jacques Lacan la parole de l'analysé, Claude Lévi-Strauss les récits mythiques. On peut noter d'ailleurs que l'approche structurale provient de la linguistique (Ferdinand de Saussure, Roman Jakobson).

Après avoir connu son heure de gloire dans les années 60, le paradigme structuraliste connaît un net déclin à partir des années 70. En 1968, Raymond Boudon, publiait *A quoi sert la notion de structure ?* Il critique l'usage ambigu de la notion de structure et de la démarche structuraliste.

Dans *Le Périple structural* (2002), le linguiste Jean-Claude Milner, revenant sur l'histoire de ce courant de pensée, propose de distinguer deux types de structuralisme : l'un « faible » et l'autre « fort ». Le structuralisme « faible » consiste à simplement affirmer l'existence de structure. À un certain niveau de généralité, cette thèse est indiscutable. Le programme « fort » du structuralisme, tel qu'il est exposé par des linguistes (R. Jakobson, Noam Chomsky), des anthropologues (C. Lévi-Strauss) ou des sémiologues (Algirdas Greimas), reposait certes sur une démarche précise, mais très différente d'un auteur à l'autre. De plus, les résultats escomptés n'étaient pas toujours à la hauteur des attentes et la démarche non transférable. De sorte que la notion de structure apparaissait plus comme un « esprit commun » que comme une démarche scientifique clairement identifiable et produisant un corpus de résultat précis.

Système

→ *Approche systémique*

TIC
Technologies de l'information et de la communication.

WWW
World Wide Web, est un système permettant d'accéder à des documents (fichiers de texte) dispersés sur le réseau mais reliés entre eux par un système de liens « hypertextes ».

Bibliographie générale

Ouvrages de référence

Denis Benoît (dir.), *Introduction aux sciences de l'information et de la communication*, Éditions d'Organisation, 1995.

Daniel Bougnoux (dir.), *Sciences de l'information et de la communication, Recueil de textes classiques*, Larousse, 1996.

Daniel Bougnoux, *Introduction aux sciences de la communication*, La Découverte, collection « Repères », 1998.

Robert Escarpit, *L'Information et la Communication, théorie générale*, Hachette « Supérieur », 1991.

Bernard Lamizet et Ahmed Silem (dirs), *Dictionnaire encyclopédique des sciences de l'information et de la communication*, Ellipses 1997.

Judith Lazar, *100 mots pour introduire aux théories de la communication*, les Empêcheurs de penser en rond, 2004.

Jean Lohisse, *La Communication, De la transmission à la relation*, De Boeck, 2000.

Eric Maigret, *Sociologie de la communication et des médias*, Armand Colin, coll. U, 2e édition 2007.

Armand Mattelart, *Histoire des théories de la communication*, La Découverte, 1996.

Bernard Miège, *La Pensée communicationnelle*, Presses universitaires de Grenoble, 1999.

Alex Mucchielli, *Sciences de l'information et de la communication*, Hachette éducation, 2006.

Étude des communications, information et communication interne, Armand Colin, 2006.

Alex Mucchielli et Jeanine Guivarch, *Nouvelles Méthodes d'études des communications*, Armand Colin, 1998.

Bruno Ollivier, *Les sciences de la communication*, coll. U, Armand Colin, 2007.

Emmanuel Pedler, *Sociologie de la communication*, Nathan, 2000.

Philippe Riutort, *Sociologie de la communication politique*, coll. « Repères », La découverte, 2007.

Lucien Sfez (dir.), *Dictionnaire critique de la communication*, 2 volumes, Puf, 1993.

Dominique Wolton, *Penser la communication*, Flammarion, 1997.

Les Sciences de l'information et de la communication

Robert Boure (éd.), *Les Origines des sciences de l'information et de la communication*. Regards croisés, Presses universitaires du Septentrion, 2002.

Coll., « *Les sciences de l'information et de la communication. Savoirs et pouvoir* », Hermès, n° 38, éd. CNRS, 2004.

Armand Mattelard, *L'Invention de la communication*, La Découverte, 1997.

Bernard Miège, *L'Information-communication, objet de connaissance*, De Boeck, 2004.

Communication interpersonnelle

Jean-Claude Abric, *Psychologie de la communication, méthodes et théories*, Armand Colin, 1996.

Christian Baylon et Xavier Mignot, *La Communication*, Nathan Université, 1991.

Janine Beaudichon, *La Communication : processus, formes et applications*, Armand Colin, 1999.

Jacques Cosnier, *Émotions et sentiments*, Retz, 2006.

Jacques Cosnier et Alain Brossard, *La Communication non verbale*, Delachaux et Niestlé, 1984.

Erving Goffman, *Les Rites d'interaction*, Éditions de Minuit, 1974.

Catherine Kerbrat-Orecchioni, *Les Interactions verbales*, tomes I, II, III, Armand Colin, 1990-1993.

Paul Watzlawick, J. Helmick Beavin et Don D. Jackson, *Une logique de la communication*, Seuil, 1972.

Yves Winkin, *L'Anthropologie de la communication, de la théorie au terrain*, De Boeck université, 1996, Seuil, « Points », 2001.

Communication dans les groupes et organisations

Gilles Amado et André Guittet, *Dynamique des communications dans les groupes*, Armand Colin, 1991.

J.-F. Chanlat, *L'individu dans l'organisation, les dimensions oubliées*, Presses de l'Université de Laval, 2003.

A. Degenne et M. Forsé, *Les réseaux sociaux*, Armand Colin, 2e édition 2004.

G.N. Fischer, *Les concepts fondamentaux de la psychologie sociale*, Dunod, 3e édition 2005.

Christian Le Moenne (dir.), *Communications d'entreprises et d'organisations : concepts et théorisations*, Presses universitaires de Rennes, 1998.

Thierry Libaert, *Communication, la nouvelle donne*, Campus press, 2004.

Alex Mucchielli, Jean-Antoine Corbalan et Valérie Ferrandez, *Théorie des processus de communication*, Armand Colin, 1998.

Médias

Fabrice d'Almeida et Christian Delporte, *Histoire des médias en France, de la grande guerre à nos jours*, Flammarion, 2003.

Francis Balle, *Médias et sociétés*, Montchrestien, 994.

Frédéric Barbier et Catherine Bertho-Lavenir, *Histoire des médias, de Diderot à Internet*, Armand Colin, 1996.

Daniel Bougnoux, *La crise de la représentation*, La découverte, 2006.

Régis Debray, *Cours de médiologie générale*, Gallimard, 1991.

François Jost, *Introduction à l'analyse de la télévision*, Ellipses, 2004 (2e éd.).

Judith Lazar, *Sociologie de la communication de masse*, Armand Colin, 1991.

Eric Macé, *La Télévision et son double*, Paris, Amand Colin, 2006.

E.Maigret et E. Macé (dir), *Penser les media culturels : nouvelles pratiques et nouvelles approches de la représentation du monde*, Armand Colin/INA, 2005.

Pascal Marchand (dir.), *Psychologie sociale des médias*, Presses universitaires de Rennes, 2004.

Marshall McLuhan, *La Galaxie Gutenberg*, Gallimard, 1977.

Jean-Pierre Meunier et Daniel Péraya, *Introduction aux théories de la communication, Analyse sémio-pragmatique de la communication médiatique*, De Boeck, 2004 (2e éd.).

J.L. Missika, *La fin de la télévision*, Le Seuil/République des idées, 2006.

Remi Rieffel, *Sociologie des médias*, Ellipses, 2005, *Que sont les médias*, coll. « Folio », Gallimard, 2005.

Valérie Sacriste, *Communication et médias : sociologie de l'espace médiatique*, Foucher, 2007.

Vincent Troger, A. Semprini *Analyser la communication*, L'harmattan, 2007.

Technologies et société de l'information

Philippe Breton et Serge Proulx, *L'Explosion de la communication à l'aube du XXIe siècle*, La Découverte, 2002 (2e éd.).

Serge Cacaly, Yves F. Le Coadic, Paul-Dominique Pomart, Eric Sutter, Dictionnaire de l'information, Armand Colin, 2004 (2e éd.).

Patrice Flichy, *Une histoire de la communication moderne. Espace public et vie privée*, La Découverte, 1997.

Armand Mattelard, *Histoire de l'utopie planétaire. De la cité prophétique à la société globale*, La Découverte, 1999.

Bernard Miège, *La société conquise par la communication : tome 3, « Les TIC entre innovation technique et ancrage social »*, P.U. Grenoble, 2007.

Dominique Wolton, *Internet et après ? Une théorie critique des nouveaux médias*, Flammarion, 1999.

Il faut sauver la communication, Flammarion, coll. « Champs », 2007.

Les revues

Communications, Seuil, 27, rue Jacob, 75006 Paris.

Communication et langages, Armand Colin, 11-15 rue Pierre Rigaud, 94207 Ivry-sur-Seine Cedex.

Communication et organisation,
Greco, Maison des Sciences de l'Homme d'Aquitaine, 10 Esplanade des Antilles, Domaine universitaire, 33607 Pessac Cedex.

Hermès: cognition, Communication, Politique,
CNRS Éditions, 15 rue Malebranche, 75005 Paris.

*Langage et Société,*Éditions de la MSH, 54, bd Raspail, 75270 Paris, Cedex 06.

Le Temps des médias, Nouveau Monde Éditions, 24 rue des Grands Augustins, 75006 Paris.

*Les Cahiers de Médiologie,*Fayard, 75, rue des Saints-pères, 75278 Paris Cedex 06.

Médium,
Éditions Babylone, 4 rue de commaille, 75007 Paris.

Réseaux,
Hermès sciences publications, 8 quai Marché Neuf, 75004 Paris.

LISTE DES AUTEURS

Sylvain Allemand
Journaliste.

Michel Augendre
Directeur général adjoint de la Chambre de commerce et d'industrie de Versailles-Val d'Oise, chargé de la formation.

Daniel Bougnoux
Professeur émérite en sciences de l'information et de la communication à l'université Stendhal de Grenoble-III. A publié notamment : *Introduction aux sciences de la communication,* La Découverte, « Repères », 2002 [1998], *La crise de la représentation,* La Découverte, 2006.

Philippe Cabin
Journaliste et coordinateur de cet ouvrage.

Jacques Cosnier
Professeur émérite à l'université Louis-Lumière-Lyon-II et chercheur au laboratoire ICAR. A publié notamment *Psychologie des émotions et des sentiments*, Retz, 2006 [1994].

Daniel Dayan
Directeur de recherche au CNRS, coauteur avec Elihu Katz de *La Télévision cérémonielle*, PUF, 1996, et directeur de l'ouvrage *La Terreur Spectacle, Terrorisme et Télévision*, INA/ De Boeck, 2006.

Willem Doise
Professeur honoraire de psychologie sociale à l'Université de Genève et auteur, avec Serge Moscovici, de l'ouvrage *Dissensions et consensus,* Puf, 1992.

Jean-François Dortier
Fondateur de *Sciences Humaines*. Coordinateur du présent ouvrage. A dirigé notamment le *Dictionnaire des sciences humaines*, Éditions Sciences Humaines, 2004.

† Jean-Baptiste Fages
Auteur de nombreux ouvrages de vulgarisation en sciences humaines.

Gustave-Nicolas Fischer
Professeur de psychologie sociale à l'Université de Montréal et à l'Université de Metz, directeur du laboratoire de psychologie de l'environnement de travail. Il a publié *Les Concepts fondamentaux de la psychologie sociale*, Dunod, 3e édition 2005.

Patrice Flichy
Professeur de sociologie à l'Université de Marne-la-Vallée et directeur de la revue *Réseaux*. Il a publié notamment : *Une Histoire de la communication moderne*, La Découverte, 2004 [1994], *L'Imaginaire d'Internet*, La Découverte, 2001.

Jean-Yves Fournier
Professeur de psychopédagogie à l'IUFM de Créteil. A notamment

publié : *Désamorcer les conflits par l'analyse transactionnelle*, Éditions d'Organisation, 2005, *À l'école de l'intelligence, comprendre pour apprendre, ESF,* 1999.

Martine Fournier
Rédactrice en chef du magazine *Sciences Humaines.*

Jacques Goldberg
Professeur à la Sorbonne, directeur du laboratoire de biosociologie animale et humaine (université Paris V). A publié notamment *Les Sociétés animales*, Delachaux et Niestlé, 1998.

Nicolas Journet
Journaliste scientifique au magazine *Sciences Humaines.*

Catherine Kerbrat-Orecchioni
Professeur de sciences du langage à l'université Louis-Lumière-Lyon-II. A publié notamment : *La Conversation*, Seuil, 1996, *Les Interactions verbales*, 3 tomes, Armand Colin, 1991-1998, *Les Actes du langage dans le discours*, Nathan, 2001.

Pascal Lardellier
Professeur en sciences de l'information et de la communication à l'Université de Bourgogne. A publié notamment *Le Cœur net. Célibat et amours sur le Web*, Belin, 2004, *Le Pouce et la souris. Enquête sur la culture numérique des ados*, Fayard, 2006, et *Les Bonimenteurs de la communication. Arrêtez de décoder*! L'Hèbe, 2008.

Xavier de La Vega
Journaliste scientifique au magazine *Sciences Humaines.*

Marc Lits
Professeur au département de communication de l'université catholique de Louvain, où il dirige l'observatoire du récit médiatique.

Edmond Marc
Professeur de psychologie à l'université Paris-X-Nanterre. A publié *Relations et communication interpersonnelle*, Dunod, 2000, *Psychologie de l'identité*, Dunod, 2005.

Philippe Meirieu
Professeur en sciences de l'éducation, directeur de l'Institut des sciences et pratiques d'éducation et de formation de l'université Louis-Lumière-Lyon-II. Auteur de *L'École, mode d'emploi. Des « méthodes actives » à la pédagogie différenciée*, ESF, 2004, *Faire l'école, Faire la classe*, ESF, 2004.

Bernard Miège
Directeur du Gresec, Groupe de recherche sur les enjeux de la communication, à l'université Stendhal-Grenoble-III. Coauteur de *SIC, Objets, savoirs, discipline*, avec Jean-Paul Metzer, Hélène Hardy et Pascal Froissart, Presses universitaires de Grenoble, PUG, 2006.

Xavier Molénat
Journaliste scientifique au magazine *Sciences Humaines.*

Edgar Morin
Sociologue et philosophe, directeur de recherche émérite au CNRS. A publié de nombreux ouvrages et, récemment, *Où va le monde ?* L'Herne, 2007.

Alex Mucchielli
Professeur de sciences de l'infor-

mation et de la communication à l'université Montpellier-III. A publié notamment *Sciences de l'information et de la communication*, Hachette éducation, 2006, *Étude des communications, information et communication interne*, Armand Colin, 2006.

Karine Philippe
Chargée de cours à Paris-III et journaliste scientifique.

Dominique Picard
Professeur de psychologie sociale à l'université Paris-XIII-Villetaneuse. A publié notamment *Les Rituels du savoir-vivre*, Seuil, 1995, *Politesse, savoir-vivre et relations sociales*, PUF, « Que-Sais-Je ? », 2003.

Alain Rallet
Professeur à l'université de Bourgogne, chercheur à l'Iris, (université de Paris-Dauphine). Auteur avec Eric Brousseau d'un rapport pour le Commissariat général au Plan, *Technologies de l'information et de la communication et Efficacité économique*, 1999.

Emmanuel Sander
Maître de conférences en psychologie à Paris-VIII, responsable de l'équipe « Compréhension, raisonnement et acquisition des connaissances », auteur de *L'Analogie, du naïf au créatif. Analogie et catégorisation*, L'Harmattan, 2000.

Vincent Troger
Maître de conférences à l'IUFM de Versailles.

Yves Winkin
Professeur de sociologie à l'École Normale Supérieure Lettres et sciences humaines (Lyon). A publié notamment *La Nouvelle communication*, Seuil, 2000, [1981], *Anthropologie de la communication, de la théorie au terrain*, De Boeck Université, 1996, Seuil, « Points », 2001.

Dominique Wolton
Directeur de L'Institut des sciences de la communication du CNRS et de la revue *Hermès*, spécialiste de la communication et des médias.
A publié notamment *Penser la communication*, Flammarion, 1998, *Internet et après ? Une théorie critique des nouveaux médias*, Flammarion, 2000, *L'Autre Mondialisation*, Flammarion, 2004, *Il faut sauver la communication*, Flammarion, coll. « champs », 2007.

INDEX THÉMATIQUE

INDEX DES NOMS DE PERSONNES

Table des matières

Quatrième partie – Médias - Information - Communication

Cinquième partie – Des nouvelles technologies à la société de l'information

LES ÉDITIONS SCIENCES HUMAINES
« L'état des connaissances en sciences humaines »

Ouvrages encyclopédiques

Le Dictionnaire des sciences humaines, Jean-François Dortier (dir), 2004.

La Bibliothèque idéale des sciences humaines, Martine Fournier (dir), 2006.

Une Histoire des sciences humaines, Jean-François Dortier (dir), 2006.

Ouvrages de synthèse

Les Sciences humaines. Panorama des connaissances, Jean-François Dortier, 998.

L'Histoire aujourd'hui, Jean-Claude Ruano-Borbalan (coord.), 1999.

Philosophies de notre temps, Jean-François Dortier (coord.), 2000.

La Sociologie: histoire et idées, Philippe Cabin et Jean-François Dortier (coord.), 2000.

Éduquer et Former. Les connaissances et les débats en éducation et en formation, Jean-Claude Ruano-Borbalan (coord.), 2001 (2e éd. refondue et actualisée).

Le Langage: nature, histoire et usage, Jean-François Dortier (coord.), 2001.

Familles: permanence et métamorphoses, Jean-François Dortier (coord.), 2002.

La Culture: de l'universel au particulier, Nicolas Journet (coord.), 2002.

Le Cerveau et la Pensée. La révolution des sciences cognitives, Jean-François Dortier (coord.), 2003 (2e éd. actualisée et augmentée).

Le Moi: du normal au pathologique, Gaëtane Chapelle (coord.), 2004.

Identité(s): l'individu, le groupe, la société, Catherine Halpern et Jean-Claude Ruano-Borbalan (coord.), 2004.

Les Organisations: état des savoirs, Philippe Cabin et Bruno Choc (coord.), 2005 (2e éd. actualisée).

La Religion. Unité et diversité, Laurent Testot et Jean-François Dortier (coord.), 2005.

L'Individu contemporain. Regards sociologiques, Xavier Molénat (coord.), 2006.

Les mécanismes de la Violence. États, institutions, individu, Régis Meyran (coord.), 2006.

La Psychanalyse. Points de vue pluriels, Magali Molinié (coord.), 2007.

Achevé d'imprimer en février 2008
Par Walleyn Graphics
Dépôt légal : premier trimestre 2008